A Study, Collation and Annotation of Yanagiwara
Sakimitsu's *The Diary of an Envoy to Qing Dynasty*

柳原前光《使清日记》研究与校注

聂友军 著

图书在版编目（CIP）数据

柳原前光《使清日记》研究与校注 / 聂友军著. -- 北京：北京大学出版社，2024.8. -- ISBN 978-7-301-35393-6

Ⅰ.D829.313

中国国家版本馆 CIP 数据核字第 20243FT224 号

书　　名	柳原前光《使清日记》研究与校注 LIUYUANQIANGUANG《SHIQING RIJI》YANJIU YU JIAOZHU
著作责任者	聂友军　著
责任编辑	兰　婷
标准书号	ISBN 978-7-301-35393-6
出版发行	北京大学出版社
地　　址	北京市海淀区成府路 205 号　100871
网　　址	http://www.pup.cn　新浪微博：@北京大学出版社
电子邮箱	编辑部 pupwaiwen@pup.cn　总编室 zpup@pup.cn
电　　话	邮购部 010-62752015　发行部 010-62750672 编辑部 010-62753027
印　刷　者	天津中印联印务有限公司
经　销　者	新华书店 720 毫米 ×1020 毫米　16 开本　20.25 印张　330 千字 2024 年 8 月第 1 版　2024 年 8 月第 1 次印刷
定　　价	98.00 元

未经许可，不得以任何方式复制或抄袭本书之部分或全部内容。
版权所有，侵权必究
举报电话：010-62752024　电子邮箱：fd@pup.cn
图书如有印装质量问题，请与出版部联系，电话：010-62756370

国家社科基金后期资助项目
出版说明

　　后期资助项目是国家社科基金设立的一类重要项目，旨在鼓励广大社科研究者潜心治学，支持基础研究多出优秀成果。它是经过严格评审，从接近完成的科研成果中遴选立项的。为扩大后期资助项目的影响，更好地推动学术发展，促进成果转化，全国哲学社会科学工作办公室按照"统一设计、统一标识、统一版式、形成系列"的总体要求，组织出版国家社科基金后期资助项目成果。

全国哲学社会科学工作办公室

内容提要

本书"研究篇"从赋予言说以意义的文学性阅读出发,梳理《使清日记》所载内容,研讨柳原前光的中国观察和中国认识,从文学发生学角度分析日记的文本生成,并从一个侧面呈现晚清社会、近代中日关系以及两国殊途分野的近代化进程。"校注篇"对《使清日记》写本录文并断句标点,校记其中的衍字、脱字、误字、旁注、誊录空白等,据上下文和逻辑关系改正书页混乱情况,对中日重要人物、节点事件以及难解字词的含义、诗文的用典出处等予以笺注。

序

在中日关系由前近代迈向近代的历程中，1870年柳原前光使节团使清是一个重要的节点事件，它肇始了两国间一个世纪（直至1972年中日邦交正常化）的纠葛与恩仇。柳原前光用典雅的汉文撰《使清日记》一卷三册记录此次出使[①]始末。以往中外研究者多将《使清日记》视作1871年《中日修好条规》签订前两国正式交往的实录文献，既低估了其应有的价值，又限制了研究所能达致的深度。

关于近代中日关系的研究，数量不可谓不多，但相关研究在对象选择上大多为宏观的、非具象性的，研究过程也相对缺乏对事件、人物等内在的、本源性的把握，从而导致研究结果往往是二维的和平面的，常有大而化之且陈陈相因的不足。如果只是将《使清日记》视作一个实录文本或文学文本，探讨其间呈现的中国形象等表层指向，《使清日记》得到客体化对待的程度不充分，也影响立论的公允度。

本书将对《使清日记》的分析解读分为两个阶段，分别用两种方法来展开：一是对文本的深入剖析，通过赋予言说以价值意义的文学性研读，梳理出《使清日记》所承载的历史图景，还原出处于这一时期的清朝官方和民间近乎真实的样貌，判断作为异域他者的柳原前光如何看待晚清中国这一历史镜像，是为"研究篇"。二是文本的一般性整理，对世界范围内尚无刊本的《使清日记》录文、标点断句、校记并作必要的笺注，是为"校注篇"；二者互为对照，表里求一，以期对关联研究、纵深研究生成绵密性和可持续性的助推。

自梁启超提出"新史学"[②]以来，日记等非主流文献渐受学界重视，因其能与政治化、伦理化程度更高的正统文献互补，借助对它们的挖掘和

[①] 这是柳原前光第一次来华，之后四年他几乎每年都被派到中国办理交涉，并于1874年5—12月任日本首任驻清国特命全权大使。

[②] 1901年梁启超发表《中国史叙论》[《清议报》第90、91册（1901年9月）]，翌年发表《新史学》[《新民丛报》第1、3、11、14、16、20号（1902年2月、3月、7月、8月、9月、11月）]，批判传统史学，提倡新史学，希望通过重写中国史（为全体国民写史，写全体国民的历史）让民众从中得到教益，倡导进化论史观，注重发挥史学研究的社会作用。

解读，使对事物的观察会更立体，对历史的认识会更真切，对问题的思考会更通透。未刊稿的整理与研究并行，有助于提高写本文献（包括稿本和抄本）的利用价值。系统的资料整理是开展相关研究的基础，有助于研究者真正步入历史情境，形成回到现场、贴近当时的历史感，对研究对象也更容易形成同情的理解，进而深化对材料的分析利用，提升研究的深度。

本书抛开过去学界普遍视《使清日记》为一般外交史料的定式，在文学尤其是文人的内心情怀、初心流露等层面寻找端倪，为当时的历史（包括生活化的历史）提供更多维度的想象与推断，也努力在中日文学与文化比较研究、中日关系研究方面做一点扎实的工作。针对《使清日记》文本结构较为松散的文体特征，将碎片化的片段描述适当缀合，化繁琐为专题，勉力呈现一时一地较完整的历史图景。"研究篇"以纵横结合、经纬交织的方式，整体观照与个案分析相统一，研讨柳原使团完成出使任务的始末，图解他们在华交涉的意图、策略、方式和效果，观照其公私交往，着意考察使团成员有意识的信息收集和情报刺探，将对日记文本的解读融入到对近代中国社会的理解之中，从一个侧面呈现晚清社会，并关注中日关系走向近代的发展变迁。

本书从文学发生学的角度分析《使清日记》文本的生成逻辑，日记中明确载有"削其可削"，也以隐而未显的方式表露事后增益的痕迹，徇此就日记所收资料的原始性、真实性进行研判，在辩驳中确认其不同部分不同程度的"信用等级"。特设专章研讨《使清日记》的叙事节奏、材料取舍与柳原前光自我塑造的关系，既关注日记中所写的内容，也留意有意不写的潜文本，深入探究日记书写记录的方式选择与表达效果之间的耦合、博弈、龃龉，从中管窥国内外时势与思想潮流之一斑，如以柳原前光为代表的日本少壮派官员的对华认识，日本明治政府初期的对华态度与方针等。

《使清日记》提供了丰富的跨学科的话题，是以本书致力于以跨学科的方法对其进行分析解读，涉及文献学、近代中日关系、文艺心理学、思想史等不同领域。本书运用知识考古的方式，将《使清日记》呈现的许多常规的人、事、物问题化，条分缕析地阐释"是什么""有什么""怎么样"和"为什么"，并以《使清日记》为依托，内部研究与外部研究相贯通，截取中国走向近代历程的横断面与纵剖面交织行文，力争文本分析与理论评议相兼顾。

借助旁观性思考，《使清日记》可以用作中国反观自身的镜鉴，有助于克服目不见睫的弊端。柳原前光来华之际，国人关于日本社会变革尤其是日本人的"世界观"了解得非常少，尽管当时先进的中国人早已提出"师夷长技以制夷""开眼看世界",但在实践层面进展有限,而且当时国人并不看重日本。日本主动要求与中国建立外交关系、订立商贸协定等诉求和行动则是从幕府末期就开始着手。柳原前光代表日本外务省出使中国,而且在交涉中千方百计达到目的,满足政治、商贸等方面的诉求,足见柳原前光本人、使团随行人员乃至整个日本早有谋划,进而可以推知之后清政府在军事乃至外交上的失败绝非完全偶然。本书是以点带面地检证鸦片战争以来清政府以及民间的对日乃至对外态度的"非近代性"的尝试,也是追索那段屈辱史产生原因的另一种例证。

《使清日记》撰著时正值中国面临"三千年未有之大变局",其中蕴涵一些事关中日文化和两国关系的大问题,具有强烈的现实性,某些思考对当下仍有启发意义。切实而审慎地认识当下的中日关系大变局,对于两国更好地把握未来具有非常重要的意义,这也是当前深入研究柳原前光《使清日记》的题中应有之义。

但正所谓"知多偏好,人莫圆该",打通研究领域的创新尝试背后,无形中使得文学研究的意味变得稀薄,研究视野仍不够恢宏,与当时日本思潮的关联性分析尚显薄弱,这些缺憾只能留待后续新的研究来纠偏和补足。

凡　例

一、本书研究与校注所据《使清日记》底本为日本临时帝室编修局大正十一年（1922年）写本，校记中简作"写本"。

二、写本原无标点，录文依据现代文规范与标点方式断句标点。

三、对篇幅较长的段落，依文义史事加以厘定，适当分段。

四、凡中外人名（有时仅有姓或名），校注篇录文皆作下画线。

五、写本在"王""旨""陛""朝""命""敕""天皇""皇国""天子""皇纲""圣躬"等字词前皆空格以示敬重，录文不予照录，也不出校记。

六、《使清日记》通篇以农历记事，且写本不著页码，研究篇中凡引用《使清日记》内容一律以农历日期（×月×日）标注出处。

七、写本中疑有衍字、脱字、误字处，皆出校记。

八、写本中的俗字异体，若非关涉所在条目的考证，录文一律改作通行的规范正字，一般不出校记。

九、写本中的旁注内容，录文正文中一律从略，但予以校记说明。写本中的双行夹注，录文以括号夹注于正文中，不另出校记。

一〇、凡写本中出现连续两行以上的空白，皆加以校记说明；对写本中的书页混乱情况，据上下文与逻辑关系改正后录文，并作校记。

一一、凡"事出于沉思，义归乎翰藻"处，皆随文作笺注。笺注以释事（含重要人物、节点事件、年号、地名、职官名等）和辞藻的溯源（难解字词释义和诗文用典出处等）为主，对文意的析解则在研究篇中探讨。

目　录

上编　研究篇

导　言 ··· 3

第一章　柳原使团与《使清日记》概说 ·· 8
第一节　柳原前光使清背景 ·· 8
第二节　柳原使团主要成员 ·· 16
第三节　《使清日记》概览 ·· 21

第二章　多方交涉完成使命的主线 ·· 28
第一节　交涉谋通信贸易之事 ·· 28
第二节　实现权委员驻沪诉求 ·· 34
第三节　办结清民伪造日钞案 ·· 39
第四节　交涉策略及其遗产 ·· 43

第三章　与清官员及外国领事交往的个案 ···································· 49
第一节　与沪津两地官员交往 ·· 50
第二节　与曾国藩礼节性接触 ·· 56
第三节　五次会晤李鸿章始末 ·· 60
第四节　与外国驻华领事互动 ·· 65

第四章　广泛结交中国士商的余兴 ·· 70
第一节　赠诗索书多风雅 ·· 70
第二节　数字笔谈亦好缘 ·· 73
第三节　翰墨为缘频酬唱 ·· 79
第四节　旧友牵线结新知 ·· 86

第五章　多层面的晚清社会实录 ·· 91
第一节　使途纪行 ·· 91

第二节　览胜纪游 …………………………………………… 96
　第三节　日常纪事 …………………………………………… 104

第六章　有意识的情报刺探与信息收集 ……………………… 117
　第一节　关注天津教案 ……………………………………… 118
　第二节　指摘鸦片危害 ……………………………………… 120
　第三节　慨叹府学不兴 ……………………………………… 124
　第四节　留意炮台防务 ……………………………………… 127

第七章　《使清日记》的文本生成逻辑 ………………………… 132
　第一节　叙事节奏烘托使事进程 …………………………… 133
　第二节　描摹笔致泄露遮掩意图 …………………………… 135
　第三节　观照视域尽显一体两面 …………………………… 143

结　语 …………………………………………………………… 147

下编　校注篇

《使清日记（上）》校记与笺注 ………………………………… 160
　使清日记序 …………………………………………………… 162
　凡　例 ………………………………………………………… 164
　使清日记 ……………………………………………………… 165

《使清日记（中）》校记与笺注 ………………………………… 203

《使清日记（下）》校记与笺注 ………………………………… 243

参考文献 …………………………………………………………… 301
附录：《使清日记》写本书影 …………………………………… 305
后　记 ……………………………………………………………… 311

上 编

研究篇

梳理日本自幕府末期到明治初年的对华积极接触尝试，理解柳原前光使清的背景，从不同层面解读《使清日记》所载内容及其内在实质，关注使团的行程见闻、公务交涉、与清官员及外国驻华领事互动、与中国士商交往等细节，聚焦柳原前光多层面的对清观察和实录，探究其有意识的情报刺探与信息收集活动，并从文学发生学角度着眼，分析《使清日记》的文本生成逻辑。并以研讨柳原前光对中国的认识为切入点，从一个侧面呈现晚清社会、近代中日关系以及中日两国殊途分野的近代化进程。

导　言

  1870年(清同治九年,日本明治三年)日本外务省委任柳原前光(やなぎわら　さきみつ,1850—1895)出使中国,谋通信贸易之事。柳原等在上海登岸,与地方官接洽后决定进京,遂取海路经烟台抵天津,在接获总理衙门前后两番照会与回函后返沪归国。柳原前光以典雅的汉文撰著《使清日记》一卷三册(《使清日记序》撰于1871年三月,当于其时整理成书)[①],详细记载了使团往还数月的行程见闻,包含当事处变的议论、触目感心的诗文,冀望为"他日订盟定约,其将有所取矣乎"[②]。柳原前光撰著《使清日记》,明显带有为"他日订盟定约"作参考的意图,而且日本此次遣使中国,其实也是为日后的对外扩张提前布局。

  本书以柳原前光所撰《使清日记》为研究对象,系统观照它所载的不同层面的内容,聚焦柳原前光的中国观察和中国认识,追索《使清日记》的文本生成逻辑,进而从一个侧面反思中日两国殊途分野的近代化进程。

一、研究对象与思路

  《使清日记》逐日收录了柳原使团的行程见闻和在华活动,详细记载了使团成员为达到目的而多方奔波、交涉的努力,包括使团围绕两桩清民伪造日钞案交涉的细节,以及使团提出在正式订约建交前暂时委任官员驻沪并最终如愿的情形。

  《使清日记》对清日建交前的外交交涉记录翔实,忠实呈现了两国走向近代的进程中在若干层面存在的差异。此外,也收录了使团成员在中国的私人交往、见闻观感和诗歌创作,其中包含他们与中国士人数次"笔话"的细节和部分诗歌酬唱的记录。

---

① 本书参考〔日〕柳原前光:《使清日记(明治三年)(上、中、下)》,东京:临时帝室编修局,1922年。以下不再一一标注版本信息,《使清日记》写本现藏日本宫内厅宫内公文书馆,竖排繁体、线装白口,半叶十行,行十九字,夹注小字双行,三册誊录者不同,字体各异,上册全部与中册前半(九月一日至十七日条)附朱笔日式句点。考以对中秋、重阳等节日的记载,《使清日记》通篇皆以农历记事,且写本不著页码。以下引述《使清日记》内容不再详细著录版本信息,仅以日期标注出处。

② 〔日〕柳原前光:《使清日记(上)》,"使清日记序""凡例"。

《使清日记》对晚清社会有独到的观察和记录,来华初印象、游历记胜、观剧记趣、青楼见闻等内容堪称浓墨重彩。使团成员特别留意对华情报刺探和信息收集,对中国国情、天津教案、外国租界等方面着墨尤多,并留意到当时晚清社会府学不兴、文学不振的颓势。

本书拟重新审视1870年柳原前光使清这一历史事件,将对《使清日记》的细密解读融入对近代中国以及中日关系走向近代历程的理解之中,着意梳理其间的发展变迁,重点关注具有节点意义的中日重要人物、关键历史事件,拆解其间的纠葛缠绕关系,尽可能还原出一个个"实像"来。

《使清日记》用典雅的汉文文言写就,实录性与文学性双美兼具。鉴于它在世界范围内尚无刊本,目前常见和多用的仅有日本临时帝室编修局所藏1922年写本一种,学界尤其是国内研究者利用起来多有不便,本书将研究与校注冶为一体,在围绕《使清日记》的文本内容与生成机制开展研究的同时,完成录文、标点、校记与必要的笺注,以便给研究界和读书界提供一个可信赖且方便使用的版本。

二、国内外研究综述

《使清日记》作为一种文献资料虽然称不上稀见,但国内外的既有成果清楚地表明,对它的研究远不够充分和深入,更不成体系。以往研究者多强调其"实录"价值,将它视作1871年《中日修好条规》签订前两国官方接触的第一手史料,因而它得到客体化对待的程度不高,绝大多数既有研究未能有意识地与它拉开一定的时空距离详加审视。对它记录了什么、记录得如何、为何如此记录分析得不够全面,从内部研究与外部研究相结合的角度着眼,从文学"发生学"(Phylogenetics)[①]的角度系统地探究其文本生成机制、内容构成和价值影响的整全性研究尚付阙如。

在日本,藤村道生研究《中日修好条规》缔约始末有首倡之功,《明治初年亚洲政策的修正与中国——对日清修好条规草案的探讨》[②](1967)一文指出,柳原前光1870年出使中国期间向中方提出条约草案属于逾越权限的做法。该观点至今仍为学界所普遍接受。

---

① 文学"发生学"的观念与方法强调从学术史梳理、实证研究、整体描述与个案分析相结合的理路出发,动态地把握研究对象(主要是文本)得以生成的多元文化语境,并以符合逻辑的方式探究其背后起关键作用的动因。

② 藤村道生「明治初年におけるアジア政策の修正と中国―日清修好条規草案の検討」、『名古屋大学文学部研究論集』(44)、1967年3月、第3-26頁。

彭泽周《明治初期日韩清关系研究》①(1969)从东亚三国的纠葛关系角度立论,视野较为开阔。安井达弥《日清修好条规缔结的外交过程》②(1977)、森田吉彦《幕末维新时期对清政策与日清修好条规》③(2004)、薄培林《东亚国际秩序变化中的中日新关系探索——日清修好条规交涉之际清朝官僚的"联日"论》④(2006)等研究文章和坂野正高《近代中国外交史研究》⑤(1970)、佐佐木扬《清末中国的日本观与西洋观》⑥(2000)等论著都将研究重心放在1871年《中日修好条规》的缔结交涉方面,虽然也在一定程度上兼及柳原前光1870年使清的相关内容,但后者无论在篇幅还是着力点方面都不是研究的重点。

长井纯市《日清修好条规缔结交涉与柳原前光》⑦(1987)专题分析了柳原前光1870年和1871年两度出使中国及其在外交交涉中的立场和表现,对柳原前光1870年使清着墨不少。但诚如论题所示,研究重心仍放在1871年《中日修好条规》缔结过程中柳原的交涉方面,对前者的研究不够系统深入。

在中国,王芸生《六十年来日本与中国(第一卷)》⑧(1932)对柳原使团来华的分析解读有着鞭先行之功,但未论及《使清日记》,当是由于资料获取受限制导致的。米庆余、薛敬文《一八七一年中日立约分析》⑨

---

① 彭沢周『明治初期日韓清関係の研究』、東京:塙書房、1969年。
② 安井達弥「日清修好条規締結の外交過程」、『学習院大学法学部研究年報』通号12、1977年、第67-83頁。
③ 森田吉彦「幕末維新期の対清政策と日清修好条規」、『国際政治』第139号、2004年11月、第29-44頁。
④ 薄培林「東アジア国際秩序の変容における対日新関係の摸索—日清修好条規交渉時の清朝官僚の『聯日』論」、『法政研究』第72巻第4号、2006年3月、第989-1036頁。
⑤ 坂野正高『近代中国外交史研究』、東京:岩波書店、1970年。
⑥ 佐々木揚『清末中国における日本観と西洋観』、東京:東京大学出版会、2000年。
⑦ 長井純市「日清修好条規締結交渉と柳原前光」、『日本歴史』第475号、1987年12月、第61-79頁。
⑧ 1932年1月11日起,王芸生在天津《大公报》开设"六十年来中国与日本"专栏,持续两年半之久。1932年4月《大公报》社出版部将连载文稿汇集成册,出版单行本,是为《六十年来中国与日本(第一卷)》,后又陆续出版第二至七卷。1980年三联书店出版王芸生生前修订完成的八卷本修订版,后多次重印。
⑨ 米庆余、薛敬文:《一八七一年中日立约分析》,《历史档案》1982年第4期,第123—129页。

（1982）侧重论述日本通过与清立约，在朝鲜取得了与中国比肩对等的地位，对1870年柳原前光使清的关涉有限。

李启彰（2011）①对柳原前光《使清日记》的研究比较深入、具体。尤其值得称道的是，他在研究柳原使清的过程中充分调用了《总理各国事务衙门清档》《筹办夷务始末（同治朝）》《李鸿章全集》《日本外交文书》等中日双方的相关资料，克服了仅就《使清日记》所载内容立论的局限，也增强了论述的严谨度。

李启彰认为柳原前光为达到与清订约目的，实施对清"友好策略"，在交涉过程中策略性地主张"日清联合"②。柳原前光提出"日清联合"确实不无助力达到出使目的的策略考量，但完全将其定性为策略性主张则有脱离语境之嫌，而且以后设的眼光观照历史人物与事件多有不够准确之弊。比如使团成员之一名仓信敦早在此次出使之前，就一直主张日本应"与清国合纵而行攘夷之事"③，他也献策直接派使者出使以与清商议修好，反对通过西洋国家介绍的方式实现与清建交的目的。这说明在日本国内的确有主张"日清联合"的考量因素，虽然不能将类似主张完全当真，但径直将其视作柳原等到中国后为达成出使目的而临时起意的策略表达，显然是不够准确的。至于柳原等归国后，"日本政府却又仿照清朝与普鲁士条约，重新拟定对清极为'不友好'的草案"④，并不能据此断言"日清联合"论在日本完全销声匿迹。

李启彰在该文中又说，恭亲王奕䜣主导的总理衙门仅允以通商，与以缔约为目的柳原"各自误判对方意图，导致协商陷入僵局"⑤。对该判断应持谨慎的保留态度。总理衙门基于日本外务省为柳原一行出具的《委办

---

① 李启彰：《近代中日关系的起点——1870年中日缔约交涉的检讨》，《"中研院"近代史研究所集刊》第72期，2011年6月。该文为李启彰日文博士论文第一章修订而成，参见李启彰『近代中日外交の黎明—日清修好条規の締結過程から見る』（東京：東京大学人文社會系研究科博士学位論文，2008年）第1章。

② 李启彰：《近代中日关系的起点——1870年中日缔约交涉的检讨》，《"中研院"近代史研究所集刊》第72期，2011年6月，第80—82页。

③ 参见「名倉予何人筆那破翁墓の詩」，志賀重昂『世界写真図説 雪』（東京：地理調査会，1911年）。转引自森田吉彦「兵学者名倉信敦の幕末海外見聞」、『帝京大学文学部紀要日本文化学』（40）、2009年1月、第45頁。

④ 李启彰：《近代中日关系的起点——1870年中日缔约交涉的检讨》，《"中研院"近代史研究所集刊》第72期，2011年6月，第96页。

⑤ 同上，第55页，同类表述又见第76，79，86页。

限单》,判断柳原此行的使命在于"专议通商,而于立约一层,仅于此次陈述其意"①,对《委办限单》做出了十分精准的解读,并无"误判"一说。订约事宜本非柳原此行的职责,他之所以以急就章方式草拟一份条约草稿,实为一种策略的谈判手段:先进两步以给谈判对手施加一定的压力,再退一步,给对方造成自己已然做出让步的感觉。而且综合起来判断,柳原在交涉时将"谋通信贸易之事""权委员驻沪""办结清民伪造日钞案"三项诉求捆绑在一起,实施相辅相成、步步为营的谈判战术,实质上对中方的意图有着准确的把握,看不出存在何种程度的误判。

李启彰还指出,在此番柳原来华与对清交涉过程中李鸿章的"日清联合"论未能得到伸张,但日后"在李主导拟定对日条约草案时,……形成当时对日政策的重要特征"②,而由于主客观原因,"联合""友好"并非日本政府的对清政策③。说李鸿章的"日清联合"论未得伸张,当是指应否与日本订约建交一事在朝廷内尚未达成广泛共识。但有必要指出,柳原使团最终接获总理衙门允以订约通商的回复,意味着达到了出使目的,在此过程中李鸿章向总理衙门的建言居功甚伟。这一点无论从总理衙门致柳原的复函,还是在柳原在向外务省汇报交涉成果的报告中都有明确言及。

整体而言,国内外既有的研究大多将《使清日记》用作《中日修好条规》缔结前中日官方接触的一手史料,而未对其予以充分客体化处理,尚缺乏从内部研究与外部研究相结合的角度系统审视其生成逻辑与内容构成的综合研究,从长时段研讨其价值与影响的深度研究也有待进一步开掘。

---

① 〔日〕柳原前光:《使清日记(中)》,九月十一日。
② 李启彰:《近代中日关系的起点——1870年中日缔约交涉的检讨》,《"中研院"近代史研究所集刊》第72期,2011年6月,第95页。
③ 同上,第96页。

第一章　柳原使团与《使清日记》概说

在柳原前光使团出使中国之前，幕府末期的日本曾多次尝试对华接触，《使清日记》中收录了幕末长崎奉行与江海关道之间的四通往还书信，侧面交代了明治政府派遣柳原使清的历史渊源。

柳原前光撰写的《使清日记》逐日记录了使团的行程见闻、外交交涉，以及私人交往情况。借助细读《使清日记》，不仅可以更加准确地还原近代中日订交前两国正式交涉若干层面的细节，而且有助于更加全面地理解晚清社会，更加深入地掌握近代来华日本人的中国观察与中国认识。

第一节　柳原前光使清背景

自幕府末期以来，日本日渐清晰地意识到与中国建立直接联系的重要性：既有打开中国市场，进行通商贸易以便从中获利的愿望；也有与中国联合，共同对抗西方列强压制的愿景；此外，日本试图与朝鲜订交，也因中日尚未订交而遭朝方拒绝。"千岁丸""健顺丸"等日本商船曾到上海试探，幕末长崎地方官曾与上海道台之间也有过数通书信往来，但双边关系终未获得实质性突破。明治维新后日本外务省派出柳原前光一行出使中国，意在向清政府表达立约订交的强烈意愿。

一、幕末日本对华接触尝试

近代中日虽无官方往来，但两国间的人员交流却不绝于缕。事实上清朝长期保持日本第一大贸易伙伴国地位，清朝前期在日本开港地长崎居住的中国人数量庞大。来华日本人中既有海上遭风被动而来的漂流民，也有从横滨、神户、长崎等地搭乘英美公司轮船主动前来的日本商民。[①]待到

---

① 陈祖恩：《寻访东洋人：近代上海的日本居留民（1868—1945）》，上海：上海社会科学院出版社，2007年，第13页。尾张国出身的船夫"日本音吉"因遭遇船难漂至美国西海岸，一度返回日本后又于1853年前后到上海，入宝顺洋行，从事鸦片、生丝、茶叶等购销贸易，后因同情太平天国，不满英国的对华政策而离开上海，移居新加坡。（参见〔日〕菊池秀明：《末代王朝与近代中国：清末中华民国》，马晓娟译，桂林：广西师范大学出版社，2014年，第327—329页。）

幕府末期日本开国以后，政府层面也开始主动进行对华接触尝试。

日本历来有持续留意中国的传统，并有意识地进行对华资料收集工作。在日本所谓的"锁国"时代，先后担任幕府儒官大学头的林春胜（1618—1680，以号"春斋"行世）、林信笃（1644—1732，号凤冈）父子收集整理了1644年（清顺治元年）至1717年（清康熙五十六年）间到长崎的商船带来的中国情报，汇编成口述资料集《华夷变态》[①]35卷，后附有1717年至1724年（清雍正二年）间风说书的《崎港商说》3卷，共计2300余份笔讯记录，清晰地呈现了明清易代之后中国的历史变迁。

日本有意识地收集有关中国的信息，初时系出于中国文化相对高势位的吸引，后来则逐渐演变成情报收集，意在争取本国利益最大化，乃至为殖民扩张服务。[②]历史上中国长期以来仅满足于对日本大而化之的了解，甚至历代官方史书对日本的记载也多陈陈相因。到幕府末期，日本主动尝试与中国接触，清政府则漠然处之，两国间的这种态度对比一仍其旧。其实，清政府不肯答应日方请求的缘由，一方面在于此前清与欧美列强立约订交基本都是战败后的"城下之盟"，清廷天然地拒斥条约体系，另一方面，当时日本的国力尚不够强盛，远未达到令清政府重视、警惕的程度，而且在清廷朝野眼中，日本与欧美列强本质有别，故面对日本的持续请求，清政府一概不为所动。

（一）"千岁丸"到沪

《使清日记（中）》载有清总理衙门回复日本外务省的函一通，内称："查同治元年，据上海道禀，称贵国头目助七郎等八人，带领商人十三名，携有海菜等物，来上海贸易。"[③]1862年（清同治元年，日本文久二年），长

[①] 日本江户时代前期长崎奉行上报给德川幕府的中国形势报告书（「唐船風説書」）的文件汇编，收录报告书2000余件，绝大部分为日文，秘藏于内阁文库，1958年日本东洋文库首次刊行排印本（三册附补遗一册，补遗册收录下延至1728年）。

[②] 1895年黄遵宪曾慨叹日本人研究中国的著作汗牛充栋。（黄遵宪：《日本国志叙》，《日本国志（上卷）》，天津：天津人民出版社，2005年，第4页。）1928年戴季陶警觉于"日本把中国放在手术台上、显微镜下观察了几千次"（戴季陶：《日本论》，上海：明智书局，1928年，第4页。），后来的历史证明，这些"观察""研究"或有意或不经意间为日本对华侵略扩张所用。

[③] 〔日〕柳原前光：《使清日记（中）》，九月廿一日。

崎奉行①高桥和贯派遣幕府官员根立助七郎、沼间平六郎等携高杉晋作、五代才助（友厚）等藩士搭乘商船"千岁丸"②到上海寻求通商，5月27日从长崎启航，6月1日（农历五月初五）③抵达上海吴淞江口，翌日上岸。船上载英国水手十五名，假托货主的荷兰人一名，日本人五十一名，其中包括幕府官吏（当时中文文献谓之"头目"）八名、各藩藩士十名，商人十三名，载有海参、鱼翅、海带、鲍鱼、漆器和纸扇等货物。

在荷兰领事④哥老司的中介下，根立助七郎等八人及通事三人与苏松太道⑤吴煦（1858—1863年在任）会面。鉴于当时中日两国尚未订约建交，吴煦体恤他们历涉重洋前来不易，允许以荷兰商人货物的名义通关贩售后离境，但不许转卖中国货物。根立等7月31日（七月初十）离沪返航，8月9日回到长崎。"千岁丸"在沪期间及返国一段时期内，上海地方与总理衙门曾数番讨论应对策略。

沼间平六郎等曾提出仿照当时西方无约小国的在华做法，请求允许日本到上海通商并设置领事官，实质上并非完全外交意义上的"领事官"，而是"由各该国择一贸易最大之人充当领事官，遇有该国交涉公事，地方官亦与会办"⑥。按照吴煦密禀，根立助七郎等与吴煦再次会面时"屏人面禀"，"意在见好，以明该国与中国彼此皆有往来，而以受制西商，欲分利权为主，因而吁请通商更为坚切"⑦。吴煦在呈五口通商大臣薛焕的禀文中建议可以如其所请，称他们"但求上海一口通商，亦无狡诈别

---

① 长崎奉行为江户幕府的远国奉行之一，位居远国奉行首席（日语谓「首座」）地位。长崎奉行负责掌管长崎贸易，因幕府实行锁国政策，日本外贸集于长崎一地，故长崎奉行事实上负责日本全国的对外贸易，接受幕府直接领导。长崎奉行一职一直到幕末均常置。
② 冯天瑜：《"千岁丸"上海行——日本人1862年的中国观察》（北京：商务印书馆，2001年）对"千岁丸"乘员及其上海纪行有详细论述。
③ 此时间点各家著录有歧，此取陈可畏据纳富介次郎《上海杂记》所作的考证。参见陈可畏：《上海与近代早期的中日交涉》，《历史教学问题》2016年第6期，第32页注释4。
④ 因此时荷兰尚属清朝的"无约通商之国"，所谓"领事"事实上只是该国在沪商人。
⑤ 隶属江苏省，因道台衙门设在上海，亦俗称上海道。
⑥ 奕䜣：《奕䜣等又奏大吕宋国来请立约请先告以领事不得用商人充当片》，中华书局编辑部、李书源整理：《筹办夷务始末（同治朝）（三）》，北京：中华书局，2008年，第1089页。
⑦ 黄荣光编选：《同治年间中日经贸交往清档》，《历史档案》2008年第2期，第8页。

情"①。

在薛焕与李鸿章联署致总理衙门的呈文中，针对吴煦认为日方所请"似无别项流弊"的判断，表示"实未敢遽信"②。一如薛焕七月一日致总理衙门书中的态度："此次日本国头目带同商人来沪试行贸易，未遂所欲。此后或可杜其再至"，并特别指出："荷兰亦属无约通商之国，乃竟带同日本国头目、商人前来贸易。此端一开，恐启包揽之弊。将来各国纷纷效尤，何所底止，不可不防其渐"③。

总理衙门多次答以未置可否的"相度时势，察看情形，妥为办理"；"就近体察情形，以如何办法为妥，即行会商妥办"。④吴煦因未获顶头上司及总理衙门的明确支持，故不敢贸然行事，日方的请求最终未获满足。继吴煦之后署理苏松太道的黄芳（1862—1863年在任）认为日本方面似不致遽起得陇望蜀之心，遂以与吴煦相同的意见再次咨呈薛焕、李鸿章，薛、李转呈总理衙门，但直到"健顺丸"商船来沪，总理衙门仍无回复⑤。

（二）"健顺丸"到沪

《使清日记（中）》九月廿一日条又载："三年四月贵国官锡次郎等复携带货物数种，在上海贸易而回。"⑥指的是1864年（清同治三年，日本元治元年）3月28日⑦日本箱馆奉行派遣调查官山口锡次郎⑧、森山多吉郎等五名官员带领五十余人乘坐"健顺丸"运海菜、参、绸缎、漆器等货物到上海，再求通商，并承诺并不上岸居住。此番来航的水手悉数为日本人。日本官商因英国驻上海领事巴夏礼（Harry Smith Parkes, 1828—1885）介绍，得以拜见首度署理江海关道的应宝时（1821—1890）。

---

① 黄荣光编选：《同治年间中日经贸交往清档》，《历史档案》2008年第2期，第6页。黄荣光误记作"八月初四日"，"同治元年八月初四日〔收通商大臣薛、署江苏巡抚李文一件〕"明确载有转禀发生在七月八日。
② 黄荣光编选：《同治年间中日经贸交往清档》，《历史档案》2008年第2期，第9页。
③ 同上，第5页。
④ 同上，第8、10页。
⑤ 详见应宝时禀上海通商大臣文，载黄荣光编选：《同治年间中日经贸交往清档》，《历史档案》2008年第2期，第10页。
⑥ 〔日〕柳原前光：《使清日记（中）》，九月廿一日。
⑦ "健顺丸"1864年二月二十一日（3月28日）至四月九日（5月14日）期间在上海停留。
⑧ 山口锡次郎（山口举直，1836—?）担任正使暨"健顺丸"船长，其职衔为"御军舰奉行支配组头箱馆奉行支配调役并"。山口著有航海日记及上海见闻录《黄埔志》（原本藏京都大学附属图书馆）。

应宝时参照1781年（乾隆四十六年）户部颁发的《江海关则例》，内载有东洋商船进出口货物税则①，以例所不禁，遂允许以日本编号报关销售货物②。如此则意味着日本对清贸易无须再通过西方国家中介。同时应宝时也严令日本人办完货物交卸即行回国，不得稽留。时任通商大臣李鸿章同意应宝时的做法，总理衙门在回函中也表示认可，但重申"不准擅入长江各内口并觊觎他口通商，以示限制"③。此番日方除贸易诉求外，未提及设立领事等其他要求。

二、明治初年再谋通商往来

明治初期日本国内仍潜伏着一些不安定因素，在国家往何处发展的问题上也存在派系纷争。王芸生指出："日本政府在这时积极进行中日通商条约的缔结，一面是为了缓和国内的矛盾，同时也为了由此取得进入朝鲜的一种资格。"④对清贸易与逐利的愿望、受欧美列强强加于中日的不平等条约刺激、对清交涉作为对朝鲜交涉的先决条件等三方面的考量，共同促成了明治初年日本向清廷提出通商往来的诉求。

即便在日本幕府所谓"锁国"的年代，中国商船仍通过开港的长崎一直持续与日本保持贸易往来。幕府末期日本从官方到民间都表现出较强的与中国通商贸易的意愿，尽管中方以两国无约为由，态度一直比较冷淡，但日本商船屡次主动前来上海，背后显然有巨大的利益驱动。

至于欧美列强不平等条约的刺激，既有西方强加于日本的不平等条约的反弹，列强强加于中国的不平等条约也对日本产生不小的诱惑。明治维新实施不久，尚未完全强盛起来的日本同时在做两件事情：一是与欧美列强交涉，试图修改西方与日本签订的一系列不平等条约（日语谓「条约改正」），并派出岩仓具视使节团出访欧美十余国，但改约未果；二是与中国、朝鲜等邻国接触，试图与中、朝订约且极力争取"约同西例"，试图仿效西方列强，攫取在华、在朝鲜的利益。

---

① 黄荣光编选：《同治年间中日经贸交往清档》，《历史档案》2008年第2期，第12页。

② 《使清日记》中收录了1868年（同治七年）三月应宝时复河津祐邦的信，信中提及"健顺丸"来沪，很快在税钞交清、货物售完后返回日本的情况。（〔日〕柳原前光：《使清日记(中)》，九月廿九日。）

③ 黄荣光编选：《同治年间中日经贸交往清档》，《历史档案》2008年第2期，第11页。

④ 王芸生编著：《六十年来中国与日本：由一八七一年同治订约至一九三一年九一八事变（第1卷）》，北京：生活·读书·新知三联书店，2005年，第38页。

(一)长崎奉行与江海关道书信往还

据《使清日记(中)》九月廿九日条记载,柳原前光在递送给署理三口通商大臣成林的照会中,提供了外务省致柳原的信函翻译件,其中不厌其烦地抄录了1867年(清同治六年,日本庆应三年)长崎奉行河津祐邦致江海关道应宝时书、1868年三月应宝时复河津祐邦书、1868年闰四月继任长崎奉行泽宣嘉(清原宣嘉)致应宝时书、1868年十一月应宝时复泽宣嘉书,共计四通书信。日方提出两国通商并往来用印章为证,中方拒绝。

1867年河津祐邦委托英国驻上海领事温思达(Charles Alexander Winchester)递送致应宝时的书信一通。信中首先回顾了1862年时任长崎奉行高桥和贯"特差僚属数员"到上海,拜于江南道衙门,"面叩通商事宜",继之提出仿照日本与欧洲诸国往来的成例,中日两国通商并往来用印章为证,以便照应日本人到上海"传习学术或经营商业就便侨寓者",并"查核箝束""于阛撣人"者,还承诺一旦收到回信,将"另当专差缕述一切"①。

1868年正月二十四日应宝时收到该信,随即向时任上海通商大臣曾国藩禀报,并建议"由道暂允日本商人凭照进口,另与议立钳制章程,以示中国朝廷宽大之恩,亦可免目前多一换约之国"②,曾国藩转咨呈总理衙门,并附河津祐邦来信。三月十四日应宝时将回信交英国领事转寄,其意旨主要贯彻曾国藩二月二十六日批文指示:不阻其进口,允以在沪经商,但不收印章,并查明其请传习者是何学术。③总理衙门在三月八日致曾国藩函中也提醒,需留意日方传习学术的居心,提出"明则以示怀柔,隐以杜其觊觎"④的应对方略,并饬应宝时详细查明中国商人在日本贸易的章程限制,以备将来日本请议定章时参考。总理衙门以其人之道还治其人之身的做法值得称道,针对将来日方可能会请议定章,这一未雨绸缪的先手棋颇有预见性。

应宝时回复长崎奉行的信中诘问:"不知所传系何项学术,是否欲就中国人传习,抑欲传与中国人习学?"⑤又说事关中外交涉,查核日本印章照验之事超出自己职权范围,因而"未便接收"。"传习学术"在当时尚属

---

① 〔日〕柳原前光:《使清日记(中)》,九月廿九日。
② 黄荣光编选:《同治年间中日经贸交往清档》,《历史档案》2008年第2期,第12页。
③ 同上,第13页。
④ 同上,第14页。
⑤ 〔日〕柳原前光:《使清日记(中)》,九月廿九日。

颇为敏感的话题，比如鸦片战争前广州十三行街一直允许西方客商居住，但不准从事经济贸易以外的活动，比如传教。针对日本人来华的态度，应宝时表示，倘若前来者"果能入境问禁，入国问俗，一守中国法度，与我小民无争无忤"，则"皆以宾至如归之乐"，并举山口锡次郎等五人曾到上海经营商业，"旋于税钞交清、货物售完后起碇回国"①的具体事例为证。

1868年初日本发生王政复古、明治维新等大事，河津祐邦也卸任长崎奉行，转任他处。当年闰四月继任长崎奉行的泽宣嘉又托温思达转致应宝时 封书信，答以："盖其所谓学术者，凡有益于我国家之事，不论何项，皆欲使之学焉者也。"②并希望应宝时将日方提出的查核印章事"仍以转申上宪是祈"。信中也提及日本"今皇纲肇就一新，圣躬亲总万机"的新变情况，并再次表达"修善邻之好"的意愿。

应宝时八月二十五日收悉来信，十一月复书泽宣嘉，针对来信中举凡学术之有益于日本者皆愿受习的解释，追问："惟贵邦人士倘亦欲授教于中国民人，究是何项学术？其间有无趣向异同之处？尚烦缕示端末。"③对日方念兹在兹的交收查验印章请求，应宝时则谓"可勿议及"，他提出遇有日本商船来沪，"凭借船牌赴关报验纳税，可遵成轨，无事更张"④。

根据总理衙门和曾国藩的指示，应宝时着手向有赴日经商经历的中国人调查他们在长崎的具体通商情况，以及日本政府管理在长崎贸易的中国商人的细则。了解到"中国与彼国通商二百余年，向无关口完税。自西洋通商，彼始设关，概须完税"⑤，中国人往日本贸易者"俱系投入西洋行商"，"一切章程限制悉照西洋人款式"⑥。调查还发现，由江户幕府长崎奉行转任明治政府外务省的泽宣嘉继承了幕府的外交遗产，积极尝试对华通信贸易。中方的应对仍基本延续对待幕末日本的方针和策略，但因应国内国际形势迅速、深刻的变化，对日态度也出现了某种程度的松动。

随着日本商船迭次来沪，中方慢慢放宽了限制：最初只能凭荷兰商人报关进口，到允许以日本人身份售货完税，继之准许在上海贸易居住，几番交涉后准其前来传习学术，但坚持拒收其船照印信，事实上等于避免出

---

① 〔日〕柳原前光：《使清日记（中）》，九月廿九日。
② 同上。
③ 同上。
④ 同上。
⑤ 黄荣光编选：《同治年间中日经贸交往清档》，《历史档案》2008年第2期，第16页。
⑥ 同上，第17页。

现官方层面的外交往来。此番柳原一行奉命出使,并将其诉求明确标举为"谋通信贸易之事",便不难理解了。

(二) 对朝鲜交涉的先决条件

日本所处的地理环境决定了它若走向世界,取道朝鲜半岛与中国交往是最便捷的方式。其实日本人觊觎朝鲜半岛由来已久,历史上为满足扩张欲望也曾数次对朝鲜用兵。《古事记》和《日本书纪》中都记载了充满神异色彩的神功皇后(じんぐうこうごう)三次下令西征朝鲜的传说。目前学界大多倾向于认为"此传说是朝鲜问题、日本社会现实与地方信仰三方面相结合的产物"[①]。虽然神功皇后征韩的传奇故事起源相对较晚,历史上也未必实有其事,但它既是该故事逐渐成型过程中日本人对外扩张欲望的真实呈现,又不断被后世尚武的日本人翻检出来,为自己的侵略野心张目。

1592年丰臣秀吉出兵朝鲜,试图吞并半岛,并以之为跳板占领中国,进而控制亚欧大陆,直至称霸世界。作为朝鲜宗主国的明朝应朝鲜之请派兵入朝救援,在中朝联军英勇抗击下,日本终因1598年丰臣秀吉病死而退兵。经此一役,奠定了东亚此后三百年的和平局面。

幕府末期日本再次将目光瞄向朝鲜。吉田松阴(よしだ しょういん,1830—1859)在《幽囚录》中提到,日本宜取进取之势以成保国之道,不加遮掩地表达对包括朝鲜在内的周边国家领土的觊觎。[②]他还在《复久坂玄端书》中描绘日本的扩张路径,"取朝鲜"同样被排在优先位置。[③]

江户时期日本德川幕府以对马藩为中介与李氏朝鲜建立了外交关系,对马藩官员驻扎在釜山的"倭馆"负责与朝鲜贸易和联络事宜。明治维新后日本天皇朝廷致力于将其转变为日朝直接外交关系,而且日本朝野宣扬并吞朝鲜的声音一直不绝于耳。以木户孝允、西乡隆盛、板垣退助、江藤新平、副岛种臣和后藤象二郎为代表,主张武力入侵朝鲜的一派被称为"征韩派"。日本"征韩派"最初提出征韩论也有转移国内矛盾、借机镇压内部反对势力的用意。朝鲜因是中国的"属邦",坚持不可能先于中国与日

[①] 参考聂友军:《日本学研究的"异域之眼"》,北京:北京大学出版社,2016年,第74—76页;亦可参见张桂荣、聂友军:《〈清议报〉对近代日俄在朝鲜半岛角逐的刊载》,《日本研究》2017年第3期,第73—74页。
[②] 吉田松阴「幽囚録」、山口県教育会編集『吉田松陰全集』第1巻、東京:岩波書店、1986年、第596頁。
[③] 吉田松阴「丙辰幽室文稿」、山口県教育会編集『吉田松陰全集』第4巻、東京:岩波書店、1986年、第38—39頁。

本缔约，是以日本急于派柳原来华也有这一层考量。

　　1870年3月佐田白茅（さだ　はくぼう，1833—1907）与森山茂（もりやましげる，1842—1919）被派往朝鲜釜山的草梁倭馆，交涉因书契问题引起的纠纷①，并与朝鲜进行建立国交的预备谈判。朝鲜方面拒绝与该使节会面，佐田白茅4月愤而归国，并向政府提交主张征韩的报告书。日本外务省向太政官提出"对鲜政策三个条"，即"断交状态""国使派遣""对清条约先行"等三个选择项。依据外务省的判断，与清订约建交在优先性上压过与朝鲜直接交涉建交。

　　日本政府采纳了将第二、三两个选择项折衷调和的政策。正是在此历史背景下，1870年7月外务省派遣柳原前光出使中国，同年末又派遣外务权少丞吉冈弘毅到釜山，与朝鲜进行建立正式国交的交涉。1871年9月《中日修好条规》及《中日通商章程》签订，日本继而又紧锣密鼓地将与朝鲜订约建交提上日程②。在与中国取得"通信贸易"关系的同时，寻求与朝鲜直接接触与交往，并伺机攫取在朝鲜半岛的特权，是明治政府1870年派遣柳原前光使团出使中国隐而未显的一个重要考量因素。

第二节　柳原使团主要成员

　　《使清日记（上）》八月十七日条抄录了日本外务省致清总理衙门的公信，内称特遣柳原等"于贵国预前商议通信事宜，以为他日我公使与贵国定和亲条约之地。"③以柳原前光为首，使员五名，仆从八名，一行十三人④七月底动身出使中国。

　　八月六日行经长崎时，柳原等会晤长崎县知事野村盛秀，得遇山口藩

---

① 指1869年2月明治政府通过对马向朝鲜递交国书，宣告以天皇为中心的新政权成立，但朝鲜方面认为日本僭越，使用了只有中国皇帝才有资格使用的"皇室""奉敕"等用语，拒绝接收日本国书。

② 日本于1876年2月威逼朝鲜缔结了朝鲜近代史上第一个不平等条约《日朝修好条约》，又因在1894—1895年中日甲午战争、1904—1905年日俄战争中相继取胜，从而扩大了在朝鲜半岛的特权，加深了对朝殖民程度，至1910年强行通过《日韩并合条约》，完成了对朝鲜半岛的并吞。

③ 〔日〕柳原前光：《使清日记（上）》，八月十七日。

④ 《使清日记（中）》九月二日条载陈仪亭致崔子亨的信，拜托他照应不日到津的柳原一行，信中说："今有东洋大官员主仆十三位，由申江坐搭'满洲'本船至津，暂住三五日之久，然后进京。"

士儿玉真感，因其"素怀入清之志，请陪行"，于是答应了。但儿玉真感只是同行，并非使团成员。《使清日记（上）》载："桥口正弘、儿玉真感乘美国汽船回长崎，附送致本省书。"①桥口正弘系受长崎县委派，与蔡祐良一起到上海调查在日清民伪造日钞案的，蔡祐良因通中文而被柳原留助使事，在使团决定北上天津之际离沪回国②。

《使清日记（下）》闰十月朔条载："时田所政干、武市重礼请归国，遣之（二人皆从前光来者）。"田所政干、武市重礼二人系柳原使团八名随员中的两位，这是《使清日记》唯一对使团仆从的明确记载。

一、明治时期活跃的外交人才

在柳原前光、花房义质、郑永宁、名仓信敦和尾里政道五位使团主要成员中，目前对尾里政道的了解尚不详备，有待继续深化研究，概述其余四人生平如下：

（一）柳原前光

柳原前光，本姓藤原（ふじわら），京都人，正二位议奏、权中纳言柳原光爱之子，大正天皇生母柳原爱子之兄，日本幕末至明治时代的公卿、政治家、外交家。

柳原前光在1868年的戊辰之役中任东海道镇抚副总督，率讨幕军参与接收江户城。同年3月进入德川家的"天领"甲斐国，在甲府城制定职制。1869年10月入外务省工作。1870年7月以外务权大丞职衔担任正使，出使中国。

1871年4月，日本政府派遣大藏卿伊达宗城（だて　むねなり，1818—1892）为全权大使，柳原前光、津田真道为副使再度来华，中方以直隶总督兼北洋大臣李鸿章为首，双方经谈判最终缔结了《中日修好条规》《中日通商章程》《海关税则》等条约。

1872年3—6月，柳原前光再次赴华，试图修改已商定但尚未签署换约

---

① 〔日〕柳原前光：《使清日记（上）》，八月十八日。
② 《使清日记（上）》八月廿一日条载，蔡祐良"请归长崎，许之。祐良周旋使事有劳，赏以金若干。"八月二十四日条载："蔡祐良以明日归国，告别于陈福勋。"八月二十六日条又载："钱艇夫柬于永宁曰：'……恭请足下，并邀同熊（延长）、蔡（祐良）二通家……'"可能蔡祐良前一日已离沪回国而钱艇夫不知情，也有可能蔡祐良八月二十五日因故未能成行。结合《使清日记》对钱艇夫宴请情况的记录，前一种可能性大。

的上述《条规》，遭到李鸿章峻拒。1873年2—7月，柳原前光随全权大使、外务卿副岛种臣赴清，参加《中日修好条规》的批准换文，并交涉台湾蕃地主权问题。1874年5—12月，柳原任驻清国特命全权公使，协助全权大臣大久保利通交涉日本出兵台湾问题。后转任驻俄国公使，1876年7月回国在元老院、枢密院等处任职，1885年（明治十七年）获授伯爵。

（二）花房义质

花房义质（はなぶさ　よしもと，1842—1917），又称藤原义质（ふじわら　よしもと），生于日本冈山藩，通称虎太郎，号眠云、长岭居士，日本近代外交家，曾任日本驻朝鲜和俄国公使，后获封子爵。

1870年花房义质作为柳原前光使清团副使来华。1871年8月随伊达宗城、柳原前光再度出使中国。1872年赴朝鲜釜山交涉倭馆问题。1873年任驻俄国临时代理公使，后又与驻俄全权公使榎本武扬交涉日俄边境的库页岛、千岛群岛的划界问题。1876年10月从俄国经英国、美国回到日本。1876年11月花房义质再赴朝鲜釜山，协助近藤真锄与朝鲜缔结《釜山口租界条约》。在朝鲜人袭击日本公使馆的"壬午兵变"后，1882年8月30日花房义质代表日本与朝鲜签订《济物浦条约》，日方的诉求基本得到满足。

（三）郑永宁

郑永宁（1829—1897），原姓吴[①]，后过继给郑家为子而改姓郑，号东林，生于日本长崎，明治时代外交家。

明治维新后，郑永宁任长崎府广运馆翻译。1869年调任外国官（外务省前身）任译官，参与处理日俄纠纷。1870郑永宁以副使兼翻译身份进入柳原前光使团，首次来华。此后在1871年伊达宗城使团、1872年柳原前光使团、1873年副岛种臣使团和1874年柳原前光使团中，郑永宁都作为主要成员随同出使。1874年大久保利通来华交涉日本侵台事件时郑永宁担任翻译。

1874年11月日本首任驻清公使柳原前光完成使命后回国，郑永宁就任临时代理公使。1876年新任公使森有礼到任后，郑永宁继续留驻北京，直至1879年7月回国。1885年2月郑永宁随全权大使伊藤博文最后一次来华，并担任天津谈判翻译。有研究者恰切地指出，郑永宁在近代中日一系列的重要交涉中"承担了翻译、记录、联络、信息传递等具体工作""亲历了近

---

① 吴家之祖吴荣宗原籍福建省泉州府晋江县，明清之际东渡日本并定居长崎，1651年始任"唐年行司"。此后吴家世代充任通译，传至永宁生父吴用藏已是第八代。

代中日建立邦交最初阶段两国间交涉的全过程"①。

（四）名仓信敦

名仓信敦（なぐら のぶあつ，1821—1901），号予何人，别号松窗，幕末时期滨松藩（今静冈县）藩士，明治维新后历任外务省大主典、外务大录、外务大佑、元老院书记生、修史馆掌记等职。

1862年6月2日名仓信敦搭乘日本幕府派遣的商船"千岁丸"抵达上海港，1863年随池田长发赴法国时途经香港、上海，1867年受幕府派遣，率领滨松藩商民再次到上海。名仓信敦几次先期到访中国的经历在柳原使团中是绝无仅有的，并在历次来华之际结交了一批中国官吏和文人，一定程度上扩大了柳原使团的交游面，也为使团在华期间的生活、出行等增添了不少便利。

名仓信敦常与中国文人以"笔话"的方式进行交流，《使清日记》中记载了他与旧知新朋三度"笔话"的详细内容。此外还有《沪城笔话》《沪城笔话拾遗》②等数量众多的笔话记录留存，著有《名仓松窗翁自传》《海外壮游诗》，都是忠实记录与中国相关的重要史料。

二、"不甚远于中士"的行止

《使清日记》虽谓"日记"，却文备众体，包含对跋涉之远的记载、当事处变的议论、触目感心的诗文等，足见柳原前光与使团诸成员③的诗才、诗笔和议论。

（一）善用唐诗唐事典

仔细梳理《使清日记》收录的使团成员诗作，发现他们普遍擅长化用唐诗里的名句，在公文、信函中也常常用典，其中与唐代人、事、物相关的比较常见，而尤以柳原前光化用唐诗和唐事的表现最为突出。

八月十八日柳原向涂宗瀛申谢的信函中，"芝标""郇厨""芹敬""不

---

① 许海华：《旧长崎唐通事与近代日本对华交涉》，《浙江外国语学院学报》2015年第2期，第94页。

② 谢咏：《名仓予何人笔谈史料初探——以〈沪城笔话〉及〈沪城笔话拾遗〉为例》（浙江工商大学硕士学位论文，2017年）对这两种笔话做了很好的梳理，可参阅。

③ 《使清日记》中不仅将具体诗作标注作者姓名，而且明确指出，日记的原始资料多系郑永宁所笔记，而其中的论议，"同行诸员皆与有力焉"（〔日〕柳原前光：《使清日记（上）》，凡例）。

戬"等文言雅语运用得十分自如、得体。其中"郇厨"本自《新唐书·韦陟传》，后因以称膳食精美的人家。十一月七日，柳原回国后作书向陈福勋致谢，用"五纹添线，六管飞灰"表示时令，该说法本自杜甫《小至》中的"刺绣五纹添弱线，吹葭六琯动浮灰"，表示冬天来到。

八月三日使团一行抵神户港，郑永宁次柳原前光韵赋诗一首："摄河泉石一堆清，丕显鸣呼楠子名。小立松阴凉似水，涛音不似北邙声。"①其中"北邙"为山名，即邙山，因在洛阳之北，故名。东汉、魏、晋的王侯公卿多葬于此，故多借指墓地或坟墓。"死葬北邙"在唐诗中多有表现②，郑永宁十分娴熟地在诗中化用"北邙"一语，足见对这一典故的熟稔。

《使清日记》中所载使团成员的诗文创作中，化用唐人诗文典故的类似事例不一而足，是为使团成员具备丰厚汉文学素养的一个佐证。

(二) 长于刻画"月"意象

柳原等人的诗作中时常出现对"月"的描写，如十月二十九日柳原前光有诗曰："春申江畔使臣船，异域相逢也好缘。满眼风光君看取，小东门外月如烟。"③八月二十六日郑永宁作《春申浦月明之图》，柳原赞之曰："垂杨垂柳影苍苍，申浦桥边月似霜。一叶渔舟回棹去，金波深处向何方。"④对月之意象的描摹在使团成员的诗作中颇为亮眼。

他们更多的时候化用中国古诗中的意境，或者袭用中国古诗营造出的"月"的意象。八月七日船驶入公海，柳原前光有诗云："怒涛声里夜茫茫，皇国朝鲜何处方。万里秋风一痕月，轮船飞度大东洋。"⑤诗中的"一痕月"，犹言月如钩、一弯月牙儿，宋代诗词中常用⑥。柳原成功地将中国古诗词中常见的"一痕月"移植到自己的诗作中，将船离故国渐行渐远的乡愁与跨海万里完成出使任务的豪迈结合得水乳交融。

九月五日名仓信敦有诗："秋风吹起思乡情，烛暗衾寒梦数惊。萝月才

---

① 〔日〕柳原前光：《使清日记(上)》，八月三日。
② 如"北邙山上列坟茔，万古千秋对洛城。"(唐·沈佺期《邙山》)；"孟郊死葬北邙山，从此风云得暂闲。天恐文章浑断绝，更生贾岛著人间。"(唐·韩愈《赠贾岛》)
③ 〔日〕柳原前光：《使清日记(下)》，十月二十九日。
④ 〔日〕柳原前光：《使清日记(上)》，八月二十六日。
⑤ 同上书，八月七日。
⑥ 如宋·张道洽《寻梅·澹澹一痕月》："澹澹一痕月，疏疏数个花"；宋·林洪《西湖》："烟生杨柳一痕月，雨弄荷花数点秋"；宋·吴文英《暗香疏影·赋墨梅》："记五湖、清夜推篷，临水一痕月"。

窥窗户处,三叉渡口杜鹃啼。"诗中"萝月"指藤萝间的明月,中国古诗文中常见[1]。名仓信敦该诗将萝月下所见到的景致与身在异国的思乡之情结合在一起,细腻传神地描摹出了自己当时的心境。

(三)不甚远于中土

三口通商大臣成林曾分别致信苏松太道台涂宗瀛与宁绍台道台文廉,托他们待柳原等返回上海、游历宁波时照拂一切,两封信中都言及"柳原诸君安雅透彻,具[见]礼教之邦,不甚远于中土"[2]。天津知府马绳武致柳原等的信中说:"日前文旌远贲,得聆雅言,并读诗章,殊深欣幸,足见贵邦文风骎骎日上,洵属有志之士也。"[3]如此言说并非完全出于客套,而是真诚地表达对柳原等人在文化上的认同与天然的亲近感。

使团主要成员均深受传统儒学浸淫,在心理上对中国传统文化高度认同,这样的知识背景和文化观念也一定程度上影响到他们的对华认识和中国观念。但纸上得来终觉浅,等到他们终于有机会踏上中国国土,有过往返江南和华北的亲身经历,特别是得以近距离观察中国的风土人情、社会现实后,他们的中国认识与对华态度自然会产生一定程度的变化,在部分领域、个别问题上甚至会出现大的逆转。盘点柳原前光等人来华后的中国观察与中国认识,比较他们来华前后的认识变化,进而追索引发变化的主客观原因,这样的问题意识和进阶路径应该是有益且可行的。

第三节 《使清日记》概览

《使清日记》逐日记载了柳原使团的行程、见闻,浓墨重彩地记述了使团成员围绕通信贸易意愿、权委员驻沪诉求、办理清民伪造日钞案而与中国沪、津两地官员及三口通商大臣的密集交涉,也翔实记录了使员与中国士人、工商业者的交往,更包含相当篇幅的对清观察和实录。《使清日记》在形式、结构、用语等方面皆别具匠心,显示出独特的文献价值和历史意义。

---

[1] 如南朝宋·鲍照、王延秀等《月下登楼连句》:"佛仿萝月光,缤纷篁雾阴。"又如唐·沈佺期《入少密溪》:"相留且待鸡黍熟,夕卧深山萝月春。"
[2] 〔日〕柳原前光:《使清日记(下)》,十月十四日。
[3] 〔日〕柳原前光:《使清日记(中)》,九月十七日。

一、内容：纪行·纪游·纪事

《使清日记》兼有纪行、纪游、纪事三方面内容，既有即时性历史实录的特征，又兼具审美抒情的表意功能。《使清日记》自1870年六月柳原前光得到出使任命开篇，逐日详细记载了使团的行程与活动：使团一行十三人于七月二十九日离东京启程，八月一日在横滨乘船起航，八月八日抵达上海吴淞江口上岸，在上海停留20天后决定进京，拟亲到总理衙门递交外务省公函，遂取海道经烟台抵天津，并在津停留48天，先后得到总理衙门两次答复并回函后返沪，短暂游历宁波后从上海启程，归国报缴销差。

以下以列表方式呈现柳原前光一行的出使行程及其主要活动：

表 1-1　1870 年柳原前光使团出使行程及其主要活动

年	月	日	处所	主要活动及行程
清同治九年＝日本明治三年＝庚午年＝	六		东京	柳原前光膺命使清国，谋通信贸易之事。
	七	二	东京	确定副使、随员。
		二十五		外务卿、外务大辅授印，与致总理衙门及上海道书信。
		二十八		郑永宁辞行；花房义质力病先发。
		二十九		造省告别。外务省同僚送至品川驿。抵横滨。
	八	三	在途	抵神户港口，入口上陆。至兵库县厅，晤权知事税所笃满。
		五		到长崎，游学此地的西园寺公望来访。
		七		午后驶离日本海域，进入公海。
		八	上海	日落时分轮船入清境，夜泊宝山县吴淞江口。
		十八		桥口正弘、儿玉真感乘美国汽船回长崎，附送致外务省书。
		二十五		蔡祐良归长崎。
		二十八		起锚发春申浦，过宝山县，离吴淞。
	九	一	烟台	午后进抵烟台（芝罘），登岸游玩租界。
		三	天津	夜间驶入大沽口，抵天津紫竹林租界。
		五		成林遣属僚连兴到馆问候，柳原前光转交致成林照会。
		七		至通商衙门见成林。
		八		分别拜会曾国藩、李鸿章；向天津知府马绳武谢劳。
		九		访天津道台丁寿昌、知县萧世本。
		十二		转托成林递国书至总理衙门。
		二十一		成林向柳原等递送总理衙门复日本外务卿、外务大辅函。

(续表)

年	月	日	处所	主要活动及行程
公元1870年		二十二		曾国藩离津进京，柳原等登府送行。见成林，再请总理衙门别换回函。向李鸿章细陈前事，李索观日本与泰西各国所订条约。
		二十三		驻留上海的品川忠道递送日本外务省文牍至柳原。
		二十六		送与成林照会，求其转达奕䜣，祈换给准以换约信函。
		二十九		翻译日本外务省所送清民伪造日钞等各案文书，以照会形式送交成林。
	十	十一		成林向柳原等转送总理衙门准以换约函文及照会。
		十四		柳原、郑永宁访李鸿章，告以奕䜣换给回信，谢其吹嘘之恩。
		十八		定于二十日返沪，柳原、郑永宁登府拜别李鸿章。
		十九		萧世本、马绳武到寓所送别。
		二十		乘"满洲"号船离津赴沪。
		二十一	在途	系船于大沽炮台右岸煤厂前收煤，柳原、郑永宁上岸观炮台。
		二十二		抵烟台，登岸入市。
		二十五		抵申归寓。
		二十六	上海	郑永宁访陈福勋馆告到。
		二十七		陈福勋来称贺，约以明日晤涂宗瀛。
		二十八		柳原等入城见涂宗瀛。
	闰十	一		跟随柳原来华的田所政干、武市重礼请归国，遣之。柳原等乘美国轮船"江西"号赴宁波。
		二	宁波	晓，船入宁波河口。游历宁波各处。
		七		下午四点钟乘"西江"号驿船离甬。
		八		由甬返沪。
		十二	上海	柳原等往会审衙门，与陈福勋共同审结清民在沪私刻日钞案。
		十七		十二点钟起碇离沪。
		二十四	东京	船抵横滨，即日进京报缴销差。
		二十六		长崎县报送涂宗瀛所答之书（言柳原等八月十七日抵沪，旋去往天津事）。

(续表)

年	月	日	处所	主要活动及行程
	十一	三	东京	柳原前光、花房义质、郑永宁于朝获赏奉使之劳。
		七		柳原前光等作书谢陈福勋。
		二十七		陈福勋回书至。

资料来源：据〔日〕柳原前光《使清日记（上、中、下）》内容整理而成。

《使清日记》的主干内容是逐日记录使团的行程与公务。柳原一行在上海与涂宗瀛、陈福勋等官员接洽后决定进京，拟将外务省公函当面交总理衙门。遂于八月二十八日乘船离沪，经烟台到天津。与署理三口通商大臣成林、天津各级官员丁寿昌、马绳武、萧世本[①]以及时在天津的曾国藩、李鸿章等多次面谈。在天津期间接到总理衙门不许进京并婉拒换约请求的照会和信函。柳原等多方运作、数番请求奕䜣换给允以换约的信函，终于如愿接获准以换约的再次回函。十月二十日使团离津返沪，闰十月十七日返程归国，二十四日抵外务省报缴销差。

《使清日记》详细记录了使团成员的日常生活与所思所想，且私事多记风雅之趣。在此仅举两例，更多解读将在后面章节结合具体专题分别展开。

八月二十六日夜间，尾里政道偶画菊一枝，名仓信敦品读之下，赋诗一首："一枝秋色正傲霜，托得清容在上洋。手植读书窗外菊，故园今日为谁香。"[②]继之柳原前光次其韵："窗前黄菊正凌霜，万里身来在上洋。何必家园满篱色，风情自足一枝香。"[③]使团成员的画作与诗作均表达远离故国的思乡之情。

《使清日记（上）》八月二十八日条载：

> 晓五点钟起锚发春申浦，日出过宝山县，近十点钟已离吴淞矣。
> 有诗云：

---

① 萧世本（？—1887），四川富顺人，同治二年进士。选庶吉士，散馆授刑部主事，改直隶知县。先在籍治团练有声，曾国藩治直隶期间辟为幕僚。天津教案后署理天津县，不久实授。累迁至天津、正定知府，借赈兴工，曾倡导修筑运河堤坝、疏通猪龙河故道等水利工程。

② 〔日〕柳原前光：《使清日记（上）》，八月二十六日。

③ 同上。

> 两岸垂杨罩晓烟，千条万缕拂江边。
> 倚倚似表离愁意，远送清阴到客船。（前光）
> 船过苍洋齐鲁间，吟情清适客心闲。
> 柁楼西顾云争起，不识何边是泰山。（信敦）①

柳原等虽在上海仅停留了短短20天，如今一旦离开，使团成员仍感觉依依不舍；但想到此番前往天津正是完成此次出使任务的职责所在，于是便释然。在此心境下，诗自然写得淡雅舒朗，而少离愁别绪，柳原前光的诗活画出了这种心底况味。另一方面，虽在船上可以观赏沿岸风光，但因对此去能否顺利完成使命仍全然未知，所以无法彻底放松心境，真正做到"吟情清适客心闲"，正所谓一切景语皆情语，是以名仓信敦诗以"不识何边是泰山"作结，也是担忧前路未卜的真实表达。

《使清日记（上）》"凡例"中明确标举日记在取材方面的标准：第一，公私并录，以明其情；第二，事属既往，去华就实；第三，削其可削，有所考据。写本中有时有目无文，一种可能是当天确实没有发生特别重要的事情，即无事可记；另一种可能是日记中原有具体内容，但或许有涉机密，故在整理、抄录过程中加以删削，即"削其可削"。《使清日记》写本中存在一些空白页、空白行，显然是进行删削后写本努力在形式上保存原本原貌的遗存。《使清日记》也确保尽量原原本本照录中日双方的照会文字，以备将来立约订交时有所考据，这也是撰著者对日记价值的一大期许。"去华就实"既是行文风格方面的素朴追求，也是最大限度以日记方式存真、实录的表现。

二、语言：典雅·僻义·夹杂

《使清日记》在用语方面的特点，鲜明地体现在如下几个方面：典雅的汉文表达贯彻始终；有时偏爱取用词语的不常见义项；行文中有意无意地夹杂一些中国江南土语的表达方式，间或出现日文词汇。

（一）典雅的汉文表达

《使清日记》最显著的语言特色是以典雅的汉文行文。虽然有个别词汇在现代汉语中并不常用，反倒在日语中一直沿用，但这只是语用习惯不同造成的，并不能否认其汉文表达的本质。如《使清日记》中多次出现的"绍介"一词，按照中国古礼，当有宾客来访时，须"介"传话，"介"指宾

---

① 〔日〕柳原前光：《使清日记（上）》，八月二十八日。

主之间传话的人,且不止一人,相继传辞,故称绍介,后引申为引进。《战国策·赵策三》、宋·苏轼《物不可以苟合论》中均有此用法,鲁迅先生创作中也常用"绍介"一词。

"交代"一词的使用也属此类。《使清日记(中)》九月廿九日条收录的第一通日方来信中提到:"极应早年申谢,奈缘前任交代,加以国家多故,遂致久旷音信,罪甚。"① "交代"为古汉语词汇,指官员前后任之间的代换、交接。日本长崎奉行的交代制度始于1637—1638年岛原之乱以后,长崎奉行始设二人,其中一人在江户,称在府奉行,另一人在长崎,称在勤奉行,每年九月两人交相代换。交代制度有效地加强了江户幕府对长崎奉行的控制,也强化了江户与长崎两地间的联系。除此处外,"交代"一词在《使清日记》其他地方也反复出现过多次。

(二)偏爱词语的不常用义项

《使清日记(中)》九月九日条载:"信敦归寓,以诗似前光等,又次其韵。"其中"似"意为与、给,现代汉语中多用"示"表达此意,意为出示,给某人看。《使清日记(下)》十月二十九日条"前光有诗似丽正",闰十月八日条"忠道似以曩日涂宗瀛所送书柬",都属于同一用法。

中国古诗文中"似"的这一用法并不罕见,如唐·贾岛《剑客》:"今日把似君,谁为不平事。"宋·晏几道《长相思》:"欲把相思说似谁,浅情人不知。"《使清日记》偏爱"似"在近现代汉语中不常见的这一用法,虽然出现的次数不多,但做到了通篇一贯,即一直用该词表达此意。

(三)夹杂江南土语与日文词汇

《使清日记(上)》八月十二日条中有句:"江上右岸有小河口,转而进,见一桥栏虹,横梁刻'百步桥'三字。"中国江南部分地区的土语中至今仍有"桥栏虹"一语,以彩虹喻指石拱桥,造语新奇生动。我们推测有这样一种可能,使团成员在上海居留期间,在泛舟游玩时偶然听到船工或同船的中国人如此称呼,遂记下并不自觉地写进日记中去了。

另一个更为明显的例证是"吃白相"。九月二十九日柳原等将日本外务省来函抄录并和照会文书一起送交成林,除在日清民伪造日钞案外,同时还附送"清民小窃盗案一纸",以及外务省"所奉上谕一道",重申禁吸鸦片。在严肃的公务信函与照会文字的中译版中出现了颇为突兀的"吃白相"一语:

---

① 〔日〕柳原前光:《使清日记(中)》,九月廿九日。

> 凡清国人素有烟瘾刻难置其管筊者固不须言,即量浅似吃白相者亦所严禁,断不准其来港营生。①

"吃白相",犹言吃着玩。白相为吴方言词汇,意为游玩、戏耍。郑永宁等在将外务省寄送来的信函与照会翻译成中文时,不自觉地取用了上海话中常见的"吃白相"一语,并最终原样不动地收录进《使清日记》中。

当然,作为日本人用汉文写成的《使清日记》,其中也不可避免地会掺杂一些日语词汇。名仓信敦与侯平齐笔话时,在言及"王政复古"②时提到:"客年春干戈始罢。"③其中的"客年"本是一个汉语词汇,意同"去年",但近现代使用并不普遍,该词早已进入日语(かくねん)且广泛使用,此处当为名仓信敦按照日语的语用习惯自然而然使用的。

柳原一行一直宣称前来中国"谋通信贸易之事",似乎并无难解之处,但当侯平齐与名仓信敦笔话时曾发问:"何为'通信'?莫非两国往来文书否?"④始料未及的名仓信敦针对这个日语中习见的用语,竟一时无法给出一个既简单又恰切且能符合中文语用习惯的对应语。这也是跨语言交际中既难解又富于意趣的一种现象,而且还具有一定的普遍性。

---

① 〔日〕柳原前光:《使清日记(中)》,九月廿九日。
② 即日本幕府末期天皇从幕府手中重新夺取政权的政治活动。
③ 〔日〕柳原前光:《使清日记(上)》,八月二十五日。
④ 同上。

第二章　多方交涉完成使命的主线

柳原使团在中国主要围绕"谋通信贸易之事"这一核心出使任务与沪、津两地官员、三口通商大臣以及时在天津的曾国藩、李鸿章接触、交涉,在接获总理衙门婉拒换约要求、强调维持既有贸易形式的回复后,公私并用,积极运作,多方交涉,终于得到允以换约的新答复。他们提出在订交换约前日本权委员驻沪,以约束在华商民,并如愿达到目的,从而在两国尚未确立正式邦交之际,日方已然在事实层面获准以官方形式在上海派驻"准领事"。柳原等还抓住两桩清民伪造日钞案大做文章,将处理赝钞案与两国立约建交的必要性深度捆绑,倒推"谋通信贸易之事"的迫切性,并取得令他们满意的处理结果。《使清日记》正是以谋通信贸易之事、提出权委员驻沪诉求并如愿达成和议结两桩清民伪造日钞案三件事作为逻辑主线结构成书的。

第一节　交涉谋通信贸易之事

《使清日记》篇首开宗明义,点明此次出使的目的在于"谋通信贸易之事",《使清日记序》则以"汉土与我隔一带海,文既同,俗又近"强调两国修好的必要性。柳原前光在出使过程中始终秉持这一立场,在与清朝地方官员交涉时也多持此说,为从感情上拉近彼此距离而极尽劝诱、说服之能事。

柳原使团主要通过在天津展开外交交涉从而达到出使目的。虽然他们与天津道台丁寿昌、知府马绳武、知县萧世本以及时在天津的曾国藩、李鸿章都有不少往来,但外交交涉主要是与三口通商大臣成林对接,并依靠成林作中介与总理衙门建立联系。成林与李鸿章对于总理衙门及恭亲王奕䜣改变对日态度、最终允以换约通商助力良多。

一、《委办限单》定职权

八月十七日柳原前光等面见涂宗瀛时,向他出示了日本外务省出具的《委办限单》,以及外务卿、外务大辅致清总理衙门的公信抄底。其《委办限单》曰:

> 我国与清国一苇可航之地,论其交际之义,固非别外国之比。往之彼国,切宜自重,言必忠信、行必笃敬为要。应陈述望彼国亦派公使与我国修约之意。应商议为管束居住彼地之我国人民,及居住我国之彼国人民,作何妥协之法。方今未遑即发钦差大使照例定约,应将士民往来通商事宜权议约束,请旨定夺。除以上各件外,不得越权行事也。①

《委办限单》以"切宜自重""言必忠信、行必笃敬"作为对使团成员的约束性要求,并揭示了外务省赋予柳原使团的三项任务:陈述希望两国修约之意,议管束彼此侨民之法,权议约束士民往来通商事宜。

《使清日记》所载《委办限单》第一句"我国与清国一苇可航之地",在《日本外交文书》收录的版本中作"我皇国与清国处一苇可航之地"②。在向涂宗瀛呈送的抄底中不称"皇国"而径称"我国",相信在处理如此重要的外交文书时,当不至于在抄写之际会因不小心而漏写"皇"字,而是有意识地将其略掉的可能性比较大。其出发点或考虑到使团初到中国,最好不要因外交文书中的个别措辞引起中国地方官员的特别留意或拒斥,从而影响使命完成。据此判断,不称"皇国"当系柳原等深思熟虑后有意为之的选择。

两个收录版本的另一处不同是《使清日记》中的"固非别外国之比",《日本外交文书》所收版本作"固非别外诸国之比"③,意在强调"我国与贵国不过单隔一水,固非他邦之比"④,"诸"字无论有无,对意思的表达都没有实质性影响。

其公信抄底曰:

> 大日本国从三位外务卿清原宣嘉、从四位外务大辅藤原宗则等,谨呈书大清国总理外国事务大宪台下:方今文明之化大开,交际之道日盛,宇宙之间无有远迩矣。我邦近岁与泰西诸国互订盟约,共通有无,况邻近如贵国,宜最先通情好、结和亲,而唯有商船往来,未尝修交邻之礼,不亦一大阙典也乎?囊者我邦政治一新之始,即欲遣钦差公使修盟约,因内地多事,迁延至今,深以为憾焉。兹经奏准,特遣从四位外务权大丞藤原前光、正七位外务权少丞藤原义质、从七位文书权正郑永宁等,

---

① 〔日〕柳原前光:《使清日记(上)》,八月十七日。
② 外務省調査部編『大日本外交文書』第三卷、東京:日本国際協会、1938年、第199頁。
③ 同上。
④ 此系《使清日记(上)》八月十一日条所载,郑永宁登府拜会陈福勋时所言。

于贵国预前商议通信事宜，以为他日我公使与贵国定和亲条约之地。伏冀贵宪台下款接右官员等，取裁其所陈述。谨白。①

此公信包含四层含义：当今派遣使节订约交际为国际关系通例；日本已与泰西诸国订约通商；中日两国为近邻却无国交，乃一大缺典；今遣柳原等预议通信事宜，以为将来订和亲条约做准备。

公信先从世界大势说起，也提到日本国内的状况，一则曰近岁"内地多事"，即指王政复古、壬辰之役等变故；再则曰"政治为之一新"，指经过明治维新，建立起君主立宪政体，给日本政治和社会带来新气象。以日本已与西方诸国签订条约为参照，映衬中日虽为近邻却无邦交的现状实不足取，彰显柳原使团此行的必要性，并明确表示希望两国接下来探讨商定"和亲条约"的愿景。

二、进京与换约请求遭拒

八月十七日涂宗瀛向前来拜会的柳原一行建议，由他代为转递日本外务省致总理衙门的公函，待听取回信后再定行止。他先以天津教案余波未平相劝阻：

> 据愚见，现在天津有惨杀法国人一案，和战未定，不可谓无危险，不若待下官将各位来意细告上司各宪，听取回信，而后定其行止，此乃万无一失之策也。②

柳原等了解到要得到总理衙门回信需60天，嫌耗时太久，坚持亲往北京递信：

> 前光等曰："下官等奉使命，不面付总理衙门而却付他人以自逸，可耶？要当雇轮船往天津耳。"
>
> 宗瀛曰："公等既有《委办限单》，须自要去。然我国与贵国音信久绝，而今甫来，况事关两国通商条约，须期历世不渝，非一朝一夕可办得之，故当事者越从容越妥当。本道非敢劝阻，但相商耳，请三思。"
>
> 前光等曰："至如缔约通商之事，是在钦差大臣自来调停。本使今日之事，专在递信总署，先议将来事宜耳。"③

---

① 〔日〕柳原前光：《使清日记（上）》，八月十七日。
② 同上。
③ 同上。

柳原等称外务省公函不面付总理衙门而托中国官员转致为"自逸",系属失职,实为委婉说法,意在表达使团必须前往北京的决心。涂宗瀛因为当时尚不清楚总理衙门的态度如何,不好径直拒绝他们的进京要求,于是以"事关两国通商条约,须期历世不渝"相劝阻,让他们不必急在一朝一夕,并以颇具哲理意味的"当事者越从容越妥当"相安慰。但即便如此劝阻,仍未能动摇柳原等坚持进京的决心。

柳原一行终于在八月二十八日离沪赴津。九月七日在天津面见成林时,柳原反复陈说"愿速赴北京谒恭亲王,面陈交际事宜了使命",成林以他们的要求和从前外国官员来华办交涉的"成案"不符,劝其不要进京:

> 成林曰:"从前外国官员初到敝邦,则应在津与通商大臣先行酌议,是系成案。今贵使等到此,所有公事亦须与本大臣先议,而后禀请王大臣。然闻贵使远来,专欲进京,已将涂道来禀咨请总署,而回答未到也。若王大臣委本大臣先议一切事宜,即将信函交付本大臣递送总署可也。"
>
> 前光曰:"本国外务卿大臣修书,使赍呈贵国总理各国事务衙门,则本使等自要进京面交,不然难以回国复命。"
>
> 成林曰:"本大臣系总理王大臣派委在津,为三口通商大臣,办理各国事务。今贵使等若要进京,请俟本大臣先通报总署,得其可否,以决进止。"①

成林的答复较此前涂宗瀛的劝说态度更加鲜明,拒绝柳原一行进京的理由也更充分。涂宗瀛当时劝说无效后还说"非敢劝阻,但相商耳",柳原等终不肯听。而此时成林明确告知柳原等,凡有外国官员初到,需一律在天津与通商大臣酌议,"是系成案";又说自己作为三口通商大臣,系奉总理王大臣委派在津,专门负责办理与外国交涉事务,接收并处理柳原等递交的公函正是自己职权范围内的事;最后成林直接表示,无论总理衙门是否允许柳原使团进京,都需要自己先行向总理衙门通报。当了解到由成林向总署递书,只需五日即可听取回音时,柳原等最终同意了。

《使清日记》载总理衙门致柳原的照会以及总理衙门致成林的两封回函抄稿。照会中称:"各国官员初次到津,欲请议约通商事宜,应在津与通商大臣先行酌议。"②重申了成林与柳原面谈时所表达的立场。

九月二十一日总理衙门回复日本外务卿、外务大辅的信函到天津,因

---

① 〔日〕柳原前光:《使清日记(中)》,九月七日。

② 同上书,九月十一日。

回函封固，柳原等不悉内容，所以当天夜间成林向柳原等递送回函抄底。回函中说日本系邻近之邦，"自必愈加亲厚"，并举根立助七郎率领的"千岁丸"与山口锡次郎率领的"健顺丸"到沪寻求通商的两次尝试为例，称"足征中国与贵国久通和好，交际往来已非一日"，但最终仍全盘拒绝了日方的请求："贵国既常来上海通商，嗣后仍即照前办理，彼此相信，似不必更立条约，古所谓'大信不约'也。"①回函指出，不更立条约之法"似较之泰西立约各国尤为简便"，也更能体现中国与日本因系邻近之邦而"格外和好亲睦之意"②。

总理衙门不仅以"与成案不符""有违体制"的理由拒绝了柳原使团的进京要求，更在其回复日本外务省的公函中称"大信不约"，直接言明不必更定条约。奕訢等针对日本的换约通商请求，坚持"准其通商，以示怀柔之意；不允立约，可无要挟之强"③的原则。柳原等看到如此答复的函件，"惘然自失，终夜不能眠"④，紧急提出第二天与成林面谈，以贯彻奉差出使的来意。

三、围绕"成案"的纠葛

九月九日成林接到总理衙门来函，系对成林五日来函的回复，内称：

> 本衙门查阅日本函稿，内叙明此次委员前来商议通信事宜，以为他日定条约之地。似乎此来意在专议通商，而于立约一层，仅于此次陈述其意。然换约事宜，必须派有钦差，方能与中国大臣面议，若仅止委官前来，尚不能遽行议约，此系历届办法。如果专议通商，亦应先由尊处晤面商议，毋庸遽给护照进京，方与成案相符，缘总署王大臣断难与该委员接见也。倘有应议之件，亦应由阁下代为转达，在津听候回信，切勿遽令来京，致与从前办理泰西各国在津议约成案不符。⑤

总理衙门此函由奕訢、宝鋆、董恂、沈桂芬、毛昶熙、崇纶共署，数番强调"历届办法"与"成案"，表明柳原等的进京要求与历次在天津办过的

---

① 〔日〕柳原前光：《使清日记（中）》，九月廿一日。
② 同上。
③ 奕訢：《奕訢等又奏议复成林奏日本来函折》，中华书局编辑部、李书源整理：《筹办夷务始末（同治朝）（八）》，北京：中华书局，2008年，第3131页。
④ 〔日〕柳原前光：《使清日记（中）》，九月廿一日。
⑤ 同上书，九月十一日。

成案不符，诸多碍难。而且总理衙门还根据日本函稿认定，柳原一行此来"意在专议通商"，至于立约，则仅陈述有此意向。因柳原等系外务省委派的官员而非钦差大臣，不能遽行议约。应该说，总理衙门的这一判断是准确的，符合日本外务省给柳原等出具的《委办限单》本意。总理衙门又据"历届办法"，责成成林与柳原等"晤面商议"，指示倘若对方尚有应议之件，也需由成林代为转递，令柳原等"在津听候回信"，并明确表示，为了不违"成案"，无论递信还是专议通商，都不宜令他们进京。

总理衙门九月九日复接到成林另一封来函，在回函中称"查日本与中国相距一海，人皆朴实，俗尚儒雅，素称礼义之邦"，也赞赏柳原等人"历经风涛之险，跋涉重洋之路"；但仍坚持不许他们进京，并嘱咐成林"详细切实相告"。还说即使柳原等不听劝阻贸然进京，也断不会得到接见。回函最后又敦促成林"敦和谊"，与柳原等"速为商定妥慎"所有预前应议各事宜，以便使团及早回国销差。几番接获同样的答复后，柳原等意识到"成案"确实难违，遂同意将带来的信函文件加封，托成林转递奕䜣，等候领其回信。

翌年在订约谈判时，因李鸿章等不肯将含有"一体均沾"命意的条文写入通商章程，柳原前光专函致帮办李鸿章的应宝时和陈钦，言及"去年柳原等来津，欲奉本国信函面递总理王大臣，则云不可遽令来京，致与泰西各国历届成案不符，是知邻好之不足以破西人格也"①，指责中方以"成案"为借口，只为寻求对己有利的解说。

事实上，柳原前光在此偷换概念，将未经立约之国不准赴京的"成案"引申为先前的条规可照抄照搬，力争约同西例，遭到应宝时、陈钦驳斥："贵国特派大臣前来，原为通两国之好，若以迹类连横虑招西人之忌，则伊大臣不来中国，痕迹全无，更可周旋西人，岂非上策。"②两人还不忘强调系日本方面主动提出换约通商请求的："中国非有所希冀欲与贵国立约也。"③还严厉批评日方此番送交的条约草案与上一年柳原等送交成林的版本存在诸多不同之处："此次尊处送到章程，全改作一面之词……

---

① 李鸿章：《日本议约情形折（同治十年七月初六日）附日本副使柳原前光等来函（同治十年六月十八日）》，顾廷龙，戴逸主编：《李鸿章全集4》，合肥：安徽教育出版社，2008年，第366页。

② 《应宝时陈钦复日本副使函（同治十年六月二十一日）》，顾廷龙，戴逸主编：《李鸿章全集4》，合肥：安徽教育出版社，2008年，第367页。

③ 同上。

竟与去岁拟稿自相矛盾，翻欲将前稿作为废纸，则是未定交先失信，将何以善其后乎？"①指责日方"未定交先失信"是一个很重的断语，联系后来《中日修好条规》尚未正式换约生效之际，日本又以条约有欠妥处为由，于1872年春再派柳原前光来津要求修改②，应宝时、陈钦可谓一语成谶。

第二节 实现权委员驻沪诉求

柳原等虽未获委办③，却在出使中国之际提出"权委员驻沪"的诉求，以约束在华日本商民为理由，试图将原受日本大藏省委派、以半官方身份驻沪的"通商权大佑"变成清政府官方认可且具有一定外交权限的"准领事"。经多方运作，终于如其所愿满足了该诉求。

一、在沪初提要求

早在柳原一行来华之前，日本大藏省已委派品川忠道为通商权大佑，客寓沪上。不同于与清缔约国在上海派驻的领事，也不同于无约国常选择在中国生意做得最大的本国商人代行部分领事职责，品川忠道为日本官方委派，但因两国尚无邦交而未得到中国官方认可，所以是以半官方身份留驻上海的。他发挥职能的方式等同于无约国商人代行领事职责者，其独特之处在于他是日本政府委任官员而不是商人，且委任者为大藏省而非外务省。

陈福勋设宴为即将赴天津的柳原使团饯行时，柳原前光趁机提出：

---

① 《应宝时陈钦复日本副使函（同治十年六月二十一日）》，顾廷龙、戴逸主编：《李鸿章全集4》，合肥：安徽教育出版社，2008年，第367页。

② 李鸿章开始不准柳原进见；后经陈钦、孙士达与柳原往复辩驳，允予接见，责其失信，不收照会。（李鸿章：《辩驳日使改约折（同治十一年五月二十八日）》，顾廷龙、戴逸主编：《李鸿章全集5》，合肥：安徽教育出版社，2008年，第126页。）柳原再求陈钦转圜，李鸿章最终收下照会，附照驳斥："两国初次定约，最要守信，断不能旋允旋改。"（李鸿章：《照复日本外务卿副岛等公文（同治十一年五月二十三日）》，《李鸿章全集5》，合肥：安徽教育出版社，2008年，第129页。）

③ 柳原前光在与涂宗瀛交涉并获得口头允准后致信日本外务省："前光谨白：皇国士民来住沪者渐多，至三十余名，不置主宰，恐生纷扰。"并请外务省"于判任内急撰二三人充之"（[日]柳原前光：《使清日记（上）》，八月二十四日），可知提出"权委员驻沪"并非外务省交代柳原的交涉任务。

我邦商民现在上海羁留者已数十人,想必逐渐加多。下官等一旦进京,无复人管理之,恐事属涣漫,欲权留品川忠道、神代延长等暂令管理。①

柳原前光并未获得外务省授权,向涂宗瀛提出"权留"品川忠道等在上海、"暂令管理"在沪日本商民,系他到上海后的临时起意。事实上在柳原提出上述请求乃至使团来华之前,品川忠道早已于1870年三月起即留驻上海。柳原此举旨在借助自己正式出使的身份,为品川驻沪谋取一个中国官方许可的正式身份;同时也以此请求为契机,追求"谋通信贸易之事"效果最大化。陈福勋答应向道署代为递交柳原等所具事由,听候道台决定,貌似态度积极,实则未置可否。

柳原等随即修书致涂宗瀛,告欲留品川忠道、神代延长之状,内称"本国人民来沪羁住,必须委员以便管束",并详细解释委员驻沪的必要性。信中指出,随着来华日本人渐多,"则难保无奸宄之徒于阑以入",明确表示委员驻沪的目的在于"约束我国士民"。②信中提到"一照应公所示"的"应公"指曾任上海道台的应宝时,曾与前后两任长崎奉行有过数通书信往来,并曾在信函中言及约束双方侨民的方式方法。

相较于前一日与陈福勋议及该请求时所言,柳原前光在致涂宗瀛的信中又额外增加了"倘遇伊等(指品川忠道、神代延长)有事回国,应派别员替代"的新说辞,还在另一封致谢信中希望涂宗瀛能够"准付示复"。③不仅委员驻沪的要求更加明确、具体,而且更进一层:既希望能够获得中国官方正式许可——准付示复,还期待委员驻沪一事常规化、制度化,而非仅仅针对此时已在上海的品川忠道、神代延长两人,以免因人事变动而被取消——此即派别员替代的用意。柳原前光特意强调希望得到涂宗瀛的书面答复,以确保以公文或至少是书面形式留存下有说服力的凭证。

八月二十四日陈福勋对归国辞行的蔡祐良转达了涂宗瀛的意见:一方面肯定"其留品川一事,深为允当",另一方面又表示"今要道台作书回复,此事非禀上司各宪不可。与其候咨取决,不若不("不"疑为衍字)弃文书,两下心照公办为便捷也"。④涂宗瀛以层层上报、流程繁复为由,只答应"两下心照公办",并退还了柳原致送的信。涂宗瀛在不清楚朝廷及

---

① 〔日〕柳原前光:《使清日记(上)》,八月二十二日。
② 同上书,八月二十三日。
③ 同上。
④ 同上书,八月二十四日。

总理衙门对柳原此行的明确态度之前,只希望维持现状,不愿做任何实质性的改变,哪怕对形式上的改变也是拒斥的。"心照公办"一说表明,虽无朝廷或总理衙门的许可,涂宗瀛事实上已经允许日方委员驻沪,只是没有给予"领事"之名而已。

于中方而言,此前已有日本大藏省派员驻沪,中国视同为无约国做法,即便许可柳原所提请求也并无本质改变。因为两国尚未订交,涂宗瀛断不肯行此文书,但柳原所言"约束本民"一说似又有较强的说服力,不宜峻拒,故采用心照不宣的方式,既同意日方的驻员要求,但又非出于官方名义,特别是将柳原前光致送的书信原璧奉还,且不肯作书回复而代以口头转达,可谓处理得无懈可击,将来上司各宪无论许可与否,都为自己留下了转圜余地。

于日方而言,"两下心照公办"已经是最好的结果了,至少中国官方层面认可了品川获日本政府委任驻沪这一事实。柳原也认同这一结果,他当日致书外务省,称:

> 皇国士民来住沪者渐多,至三十余名,不置主宰,恐生纷扰。前光等已以此意告其道台涂宗瀛,宗瀛亦以为然。故使品川忠道、神代延长等权行管束。然此二人皆系奉大藏省命来者,不便久假,愿本省于判任内急撰二三人充之。①

柳原前光首先向外务省建言委员驻沪、权行管束日本在华商民的必要性,继之汇报自己的交涉努力,以"宗瀛亦以为然"肯定交涉结果。考虑到品川忠道系奉大藏省命而来上海的,而神代延长则系奉大藏省与长崎县之命②前来调查在日清民伪造日钞案的,因通中国话而被柳原等留下帮助使团,二人都"不便久假",遂建议外务省赶紧选派合适人选充任此职位。

二、在津积极推动

十月三日成林到柳原寓所,告知他们总理衙门同意换给允以换约的回信,柳原趁机提出留员约束在沪日本士商的要求,并期望成林写信知照涂宗瀛:

---

① 〔日〕柳原前光:《使清日记(上)》,八月二十四日。
② 《使清日记》载,闰十月十九日柳原等返程途经长崎时,对来访的知事野村盛秀说:"神代延长留在上海,须转为外务省官员,予欲白卿收之,何如?"野村盛秀表示同意。

现今上海已有我国士商来,将及三四十名。本使等回国更发钦差之间,或有不妥当者亦未可知。必须留两三小员在上海照料约束,以便使本国士商守法。然留员看守之事未敢擅专,望贵大臣特为发一封信,知照上海道台会意,于本使等回国时留两三小员而去,则庶免顾虑。①

柳原等希望在使团离去、再发钦差前来之间,留两三小员照料约束,使日本士商守法,成林对此深表赞同,当场慨然应允:"贵使防备贵国士商在上海有不妥的事,欲留小官员照料看守,这事极是容易。本大臣知照道台,便贵使留人看守。"②成林答应得毫不犹豫,后来他也果然致信涂宗瀛,称柳原等就"委员驻沪"一事"商之于弟,已面允,并达之总理衙门矣"③。后来总理衙门也同意了日方这一请求,从而迈出了两国虽无正式邦交但日本得以先行委员驻沪的实质性一步,即提前获得了中国官方的正式认可,得以暂行领事职责,大大超越了无约国的常规做法,也预示了两国都相信立约订交指日可待。

在允许柳原提出的日本委员驻沪要求一事上,成林的态度至关重要。大致也是从此时开始,李鸿章的对日思想在总理衙门和朝廷内渐成主导,尤其他所揭示的避免让日本浼托欧美诸国后再获允准,正契合了总理衙门最大的担心,即因受天津教案影响,列强威压有进一步加剧的危险,不愿看到日本因此而与西方列强走近。经成林和李鸿章关说,最终总理衙门对日本换约通商请求的态度有所改变,出现了某种程度的松动。

三、基本满足诉求

应柳原前光之请,外务省委派的外务权少录斋藤丽正于十月二十六日抵达上海。两天后柳原在致涂宗瀛的照会中照录日本外务卿来函的部分内容:"今有我国商民当渐入申,俟换约间必须委员钤束,故加任品川忠道以外务大录,仍兼通商大佑,在留沪地,派斋藤丽正为副,命熊延长充翻译事,共相约束本民,毋使有犯他国典型"④。柳原前光等到涂宗瀛处告知由津返沪事,特意带品川忠道、斋藤丽正、神代延长三人同往,拜托嗣后关照,还请涂宗瀛"即发允准收照",即希望中方以行公文的方式确认接受日本委员驻沪。二十九日柳原前光作书报外务省,汇报已就品川忠道等留上

---

① 〔日〕柳原前光:《使清日记(下)》,十月三日。
② 同上。
③ 同上书,十月十四日。
④ 同上书,十月二十八日。

海事与涂宗瀛交涉妥当。日本自幕府末期以来梦寐以求的夙愿终于得偿，在与中国建立官方交往关系的路上着实迈出了一大步。

闰十月八日柳原等游历完宁波后回到上海，品川忠道转交涂宗瀛日前送到的书柬，内称收悉成林来函，并谓："现在品大录等留沪，遇有交涉事件，望就近与陈司马商办，本道自当随时照料，以副雅嘱。"①让品川忠道嗣后与负责上海租界会审事务的陈福勋对接，等于从制度层面上确认了品川的外交权限。

闰十月十四日柳原前光、郑永宁到涂宗瀛处告别，"又嘱以善待忠道，遇有本邦商民自己发船进口，必由忠道具单报关，一如订约国领事"②，涂宗瀛允诺。此前柳原争取"委员驻沪"时，一直以约束本国在沪商民为说辞，但此处要求的"一如订约国领事"才是他极力争取实现该诉求的真实意图。

回到日本复命已毕的柳原前光再次作书感谢陈福勋，信中专门提到："老先生和蔼性成，固行其所无事，而不啻品川、斋藤之所尤依赖，伊商民之在申者受泽亦不浅也。谚云'造塔到顶'，前光等窃望之于阁下焉。"③所谓"造塔到顶"，意同"帮人帮到底，送佛送到西"，真诚地拜托陈福勋继续关照品川忠道、斋藤丽正及在上海的日本商民。

后来日本利用《中日修好条规》中的相关条款和品川忠道已在上海行使部分领事职权的事实，在双方完成换约前，于1872年2月20日单方面设立驻上海领事馆，以品川忠道为代理领事。同年11月15日又令其兼管镇江、汉口、九江、宁波等地。④同年春柳原前光奉命再到天津，试图商议修改前一年双方约定的条文，并提及品川忠道任代理领事一事，希望得到清政府认可，李鸿章复照不允："至品川忠道在沪管理贵国人民，应俟两国互换合约事毕，再行查照约章开办。"⑤因两国尚未完成换约，李鸿章明确表示

---

① 〔日〕柳原前光：《使清日记（下）》，闰十月八日。
② 同上书，闰十月十四日。
③ 同上书，十一月七日。
④ 继设立上海领事馆之后，1872年日本又在福州设立领事馆，领事井田让因事未能赴任；1873年在香港开设领事馆；1874年8月在北京开设公使馆，同年又在厦门开设领事馆；1876年先后开设牛庄领事馆和芝罘领事馆，1891年日本驻上海领事馆升格为总领事馆。与之形成对照的是，清政府迟至1877年才在日本数番要求下派遣使团驻日。
⑤ 李鸿章：《照复日本外务卿副岛等公文（同治十一年五月二十三日）》，《李鸿章全集5》，合肥：安徽教育出版社，2008年，第129页。

暂不同意,但日本执意以"先斩后奏"的方式造成既定事实,应该是蓄谋已久且有意为之的。

第三节　办结清民伪造日钞案

交涉清民伪造日钞案原本也不在柳原使团的任务之列,先于他们出使中国之际,长崎县已派官员和藩士前往上海调查在日清民伪造日钞案,待到柳原一行到达中国后,意欲将交涉该案的事权牢牢抓在使团手中并大做文章,柳原八月十八日曾致外务省一通书信,《使清日记》中虽未载信中内容,但外务省随即将案件卷宗经留驻上海的品川忠道递至时在天津的柳原前光[①],便可见其端倪。柳原等积极展开交涉,继之他们又奉外务省之命,交涉另一桩清民在沪伪造日钞案,终使两桩案件都得到妥善处置。柳原等交涉清民伪造日钞案的最大动因在于进一步彰显"谋通信贸易之事"的必要性,为促成中方同意立约订交增加谈判筹码。

一、在日清民伪造日钞案

《使清日记》载:"长崎县准少属蔡祐良、大村藩士桥口正弘亦奉本县令来,与忠道等同探侦清民伪造我国官钞者"[②]。日本方面没有第一时间知会中国朝廷或地方政府协查,而是自行派人到上海侦办;待柳原一行出使中国后,经与日本外务省沟通,很快达成一致,并做出了将清民伪造日钞案与"谋通信贸易之事"捆绑交涉的策略调整。

接到柳原的汇报后,日本外务省发来该案卷宗等件,经品川忠道于九月二十三日送至柳原处。二十七日郑永宁着手将卷宗及案犯清民竹溪等的供状、结案文件翻译成中文,二十九日译完并以照会形式送交成林。照会中提到"清民竹溪等仿造官钞一案审拟斩徒",据外务省来函译稿,审定私造日钞的三名主犯竹溪、善吉、峰吉"斩枭示";判决趁英国公使外出,私借该馆楼厅为制造假钞场所的清民亚福"徒三年"。柳原在照会中指出:"念方本出使等出在清国预议条款之际,如若立斩似伤比邻之谊,必得本出使等经申贵国政府查核,火速寄回信函,方可裁决"[③]。如此一来,原本分别隶属于日本大藏省、长崎县与外务省的不同官员,连同他们各自来华

---

① 参见〔日〕柳原前光:《使清日记(中)》,九月廿三日。
② 〔日〕柳原前光:《使清日记(上)》,八月九日。
③ 〔日〕柳原前光:《使清日记(中)》,九月廿九日。

的不同任务都被有效地整合到一起,共同服务于柳原的使命,显示出柳原使团善于整合资源以增加交涉筹码,亦足见与清政府换约通商是当时明治政府对华接触的首选项,其他相关事项都要为它服务,甚至为它让路。

外务省来函中还援引外务卿泽宣嘉在担任长崎奉行时收到的苏松太道台应宝时复信①的有关内容:"两间苟有逾越法度、作奸犯科,宜依犯事地方律例科罪,其本国官勿庸过问"②。并以此作为按照日本律例判决在日清民伪造日钞案的依据。

应宝时所提出的"属地管辖"原则不同于无对等权利的片面最惠国待遇,也不同于有损司法独立的领事裁判权,它以所在地而非所属国的法律法规约束侨民,因系双方共同约定,符合国际法的公平对等原则。柳原在照会中不惮其烦地抄录这些通信,一方面意在表达"今斩竹溪等,皆取断于此也";另一方面也希望清政府从子爱人民的角度考虑,同意早日与日本建立正式外交关系,以便管理、约束侨民:

> 我邦商民通商西洋各国,只靠本国条约自做买卖,不曾在外国管下做。唯贵国人在我邦者,因他没有条约,不得不靠外国人做,其中苦情有不可言。③

应宝时还曾在致日方的信中写道:"而卒未闻华民在贵国有大过犯者,斯非畏法而益守法之明验欤?"④表现出他对传统文化熏染下中国民众道德水准的自信。《使清日记》中载有在日清民伪造日钞案、清民小窃盗案⑤、清民吸食买卖鸦片等件,且与应宝时的书信放到同一天的日记中,虽不一定刻意如此安排以形成对照,但读来多少有些始料未及的反讽意味寄寓其间。

十月九日成林收到总理衙门关于竹溪案的复文,十一日抄送柳原等,内照录应宝时1868年十一月复函中有关"属地管辖"的建议:"既有成言

---

① 《使清日记》中不惮其烦地抄录了1867—1868年间先后两任长崎奉行河津祐邦和泽宣嘉与应宝时的四通往还书信。照会中详加抄录的最关键用意在于援引应宝时后一封回信中提出的"属地管辖"两国侨民的内容。
② 〔日〕柳原前光:《使清日记(中)》,九月廿九日。
③ 同上书,九月廿二日。
④ 同上书,九月廿九日。
⑤ "清民小窃盗案"系指清民阿绅买菜便中于青菜铺钱柜中偷取金钞四两三铢,以及清民阿时于横滨外国人房屋内偷取锁件及铁器,分别被判监禁一月,觅便赶回香港,不许再到日本。

在前,今中国民竹溪等在日本国仿造官钞,其应如何惩办之处,仍由日本国自行酌核办理。"①十月一日条载成林复柳原九月二十九日的信,其中也说:"查该犯竹溪等私造官钞各情,经拟斩徒,罪名律以中国之条亦属罪有得。"②柳原前光十月十四日致信外务省,汇报使事已成,并报告针对竹溪等伪造日钞案的判决,中方并无异议。

二、清民在沪伪造日钞案

柳原等办理交涉的清民伪造日钞案,除在日清民竹溪等一案外,尚有一桩清民在沪伪造日钞案。

根据《使清日记(下)》闰十月十五日条所录陈福勋致品川忠道函,九月二十一日品川忠道与神代延长访闻上海有私刻日本钞票印板事。闰十月初九郑永宁往陈福勋处,告知使团已结束宁波之行回到上海,并问清人在沪仿刻日钞一案如何着落,希望在他们离沪前审结明白,以便回国有所交代。十二日陈福勋邀柳原前光、郑永宁、品川忠道、神代延长同往会审衙门,提在狱钞犯到案,共同审结。

品川忠道与柳原前光都强调"私刻钞票,若照日本国例,其罪甚重",主张将案犯"严行治罪,以期咸使闻知,可儆将来"③。陈福勋却认为"吴吉甫等均系华民,不知此为违禁之物,只图获利,刊刻时尚无规避情形,较之有意私刻者有别,自应量从末减,酌治杖枷"④。"不知此为违禁之物"的说法颇为勉强,但日方似乎并没有十分坚持己意,最终基本按照陈福勋的意见进行判决:判定擅刻钞板之吴吉甫责四十板、枷号一个月,经卖钞板之曹阿毛(曹松甫)责二十板、枷号半个月,均期满释放;李子根(李子忠)、张复生⑤二名管押已久,格外从宽,具结保释完案;至于所有起案板模,业经品川忠道等带回销毁;⑥将案情及判决情况禀明道宪,并请严行示禁。⑦参加会审的柳原等人均无异议。

---

① 〔日〕柳原前光:《使清日记(下)》,十月十一日。
② 同上书,十月朔。
③ 同上书,闰十月十二日。
④ 同上。
⑤ 经追查,供职于外国裁缝店的张复生(即张荣昶)得假钞于无约之白耳旗(土耳其)国人孟打。品川忠道等曾同张复生赴白耳旗国公寓,会同该国官员讯问。据孟打供称,其处曾有字纸交与张复生烧毁。
⑥ 据《使清日记(下)》闰十月十五日条陈福勋致品川忠道的信函。
⑦ 〔日〕柳原前光:《使清日记(下)》,闰十月十二日。

第二天陈福勋到柳原寓所，说昨天审结的案件必须申报道署方能定罪名。柳原等提出"将定罪惩治之结末知照忠道，以为证据"①，陈福勋答应照办。十五日陈福勋致书品川忠道，备言惩治钞犯案件的复讯定断缘由。

三、同质案件的差别判决

继领事裁判权之后，欧美列强又步步为营，攫取了外国领事在华会审涉外案件的特权，"企图使他们的商务雇员和宗教皈依者享有治外法权"②，进一步侵犯了清政府的司法主权。早在1862年英国领事巴夏礼（Smith Parks, 1828—1885）即建议应宝时，由英国副领事作陪审官，与海防同知共同审理英租界内涉及华人的讼案。1864年领事团又策划在工部局（The Municipal Council）③设立伪警法庭，后商定创立"洋泾浜北首理事衙门"。1868年应宝时和英、美领事商订《洋泾浜设官会审章程》，1869年英美租界内的洋泾浜北首理事衙门据此改组为会审公廨（Mixed Court），陈福勋任第一任讞员，即正会审员（1869年4月—1883年10月在任）④。同年法租界会审公廨亦成立。上海租界会审公廨在其后数十年间权力日益膨胀，"最后凡公廨所审理的一切案件，都须由外国领事会审，实际上是由他们主审"⑤。

中日双方共同审结的清民在沪伪造日钞案，比较罕见地以中国会审员的意见结案，与强势的外国领事插手并主导大多数涉外案件的处理方式和判决结果大不相同。而且，相比较而言，同是清民伪造日钞案，在沪案犯比在日案犯的判决要轻得多。

首先，因遵循"属地管辖"原则，虽有品川忠道、柳原前光"严行治罪"的建议，但陈福勋仍以不知违禁为由，定性为"与有意私刻者有别"，并以此作为量刑依据，以杖枷主犯、保释从犯结案。但坦率地说，"不知违禁"的辩护比较牵强。其次，因柳原使团此时业已圆满完成使命，正沉浸在

---

① 〔日〕柳原前光：《使清日记（下）》，闰十月十三日。
② 〔美〕芮玛丽：《同治中兴：中国保守主义的最后抵抗（1862—1874）》，房德邻等译，北京：中国社会科学出版社，2002年，第179页。
③ 英、美、法三国领事擅自修改原有的《上海租地章程》，另订《上海英法美租界租地章程》，并于1854年7月11日成立由外国领事直接控制的"工部局"作为租界内的行政机构，并攫取警察和陆海军指挥权，建立巡捕房。
④ 会审公廨设正会审官一人，副会审官六人，陪审官则由外国领事担任。
⑤ 江兴国：《上海公共租界会审公廨的产生及其性质》，《中国政法大学学报》1984年第2期，第83页。

"协成两邦之好"①的兴奋中,心下大为快慰,既无意揪住该案不放,又乐得送陈福勋等中国地方官员一个人情,而且如此判决也足以回国销差。最后,日本当时毕竟尚属无约国,不像英、法、美等西方列强已在上海占据租界,所以暂时还没有跋扈的底牌。是以陈福勋从轻发落的主张成为主导这次中日共同审理的原则。

柳原回国后曾作书向陈福勋致谢,其中写道:"兹回忆惩办钞犯一事,非荷仁人一片慈祥之念,未易使民有耻且格,而安能协成两邦之好哉。"②夸赞陈福勋对案犯都能"慈祥",从"仁"的理念出发处理对待,希望他能同样"荷仁人一片慈祥之念",照拂品川、斋藤及在沪日本商民。

陈福勋则在复书中称:"承示前办钞犯一案,本分府推念贵国之慈爱,且思既已通商,来日方长,今日之宽其既往,正所以警彼将来,并以代仁老先生暨诸君子宣布仁惠之心,有如是优渥者也。"③陈福勋也承认当时判决"宽其既往",并顺水推舟,将这笔人情记到柳原头上。

上述两通书信显示,对清民在沪伪造日钞案诸犯从轻发落的处罚结果,中日双方都比较满意。尤其陈福勋自主持会审公廨以来,向来断案都难以摆脱受列强领事摆布的命运,此番以其意见为主导进行判决,自然格外满意,又加之柳原致信称赞,自然越发意气风发。

第四节　交涉策略及其遗产

柳原等收到总理衙门不准换约的回复后,立即向曾国藩、李鸿章、成林等多方游说、数番交涉,一面将外务省致总理衙门信函交托成林转递,一面将应议各事宜拟稿,送交成林并约他"面商酌定"。成林与李鸿章受其请托,分别致信总理衙门,建议如其所请,奕䜣最终同意另复照会一件,准以换约。

柳原前光未获外务省授权,在华期间以急就章方式草拟的条约草稿,在日本政府内部,甚至在外务省内部都未获得认可,所以才会出现1871年议约过程中双方争论的情况,而且在日本来华议约使团内部,正使伊达宗城与副使柳原前光很多时候意见不一致。虽然柳原前光提交的条约拟稿当时"未妥议",却被李鸿章等善加利用,提前为翌年议约做足了准备。

---

① 〔日〕柳原前光:《使清日记(下)》,十一月七日。系柳原前光致陈福勋信中所言。
② 同上。
③ 同上书,十一月二十七日。

一、公私并用大打感情牌

九月二十二日面见成林时，柳原前光以"王大臣或小视敝邦而不肯换约乎"一问先声夺人，称"不必更立条约"的回复令使团"实难奉回缴报"。成林答以柳原所言"甚不能解"，自己"万难再禀"。柳原见不奏效，遂改变策略，大打悲情牌："贵大臣所谕之言，只看王大臣一面之语，不思本卿大臣一片苦心。本使等愿为贵大臣详说之。"①

柳原在接下来的"详说"中着重表达以下三层意思：第一，渲染因无约而导致在日本的中国商民总归外国收管，被外人在货价上抽利，处境可怜。第二，日本人根立助七郎、山口锡次郎等载货物到上海时，上海道台以无约前来做买卖有碍别国规例相拒，之后日本人不愿再发船前来中国。第三，浓墨重彩地渲染日本外务卿在任长崎奉行时因同情在日中国商民而曾与应宝时通信，并采取措施俾免他们被外国人收管，任外务卿后又力排众议，一心与中国交好，若得不到允以换约的回复，其苦心孤诣的努力必遭国内反对者笑话。

柳原花大力气陈说奕䜣未能体察日本外务卿泽宣嘉的一片苦心，说外务卿因留心于邻交，才提出要与中国换约通商；他尤其详细阐述了尽管日本国内有不少反对声音，泽宣嘉仍力排众议，坚持向"唇齿旧交之邦"的中国直接派遣使节以通消息；又极言两国无约对双方商民皆不利；最后甚至表示，若办不成此番交涉，自己无颜回去见外务卿，"只要死而后已"，则带有近乎要挟的意味了。

成林闻听柳原如此解说，心下大为感动，当即表示自己愿意尽情申详，并乐观地预测，奕䜣或会同意换给允以换约的回信：

> 贵使所言，彻底明白。本大臣办了几年的各国事务，却不晓得此等详细缘故，怪不得王大臣了。贵国既留心于邻交如此，吾当尽情申详，想王大臣或可别换一封回信。②

九月二十六日柳原前光将日前与成林面议时详谈的内容具于照会，委托成林副文转达奕䜣。照会表达了三层意思：

第一，表示"经本外务卿大臣轸念，贵国之民自从明末络绎通商，柔绥已久，不宜置之膜外"，又说两国不互设领事保护侨民，"正与西人实行

---

① 〔日〕柳原前光：《使清日记（中）》，九月廿二日。

② 同上。

不符,似非子爱人民之道",实质上"即有比邻相信之名,并无行诸久远之实"①。

第二,言及日方通过与应宝时的书信往来,将清人在日贸易从西方国家手中收归日本管辖,但终因两国未曾换约而仅有通商之实,"不免西人因事横议"。

第三,当日本国内反对者认为与清交际必须经西人介绍时,泽宣嘉"乃与诤论",强调两国"唇齿邻邦""至厚友谊""须以一片至诚之心,修函直达彼国当涂",力主两国直接联系。

照会最后希望总理衙门允许使团与成林"预议条款","并祈换给准以换约信函"。尤其"子爱人民"一说,可谓深谙儒学思想指导下的中国朝廷牧民之道。日本国内反对遣使通款者认为"非由西人绍介,事恐不谐",泽宣嘉驳之:"我国与清国唇齿邻邦,至厚友谊,何必自弃夙好,专倚外人为耶?"②柳原在此大打感情牌,将奕䜣回函中不必换约的答复置于与日本外务卿一片苦心截然相反的境地;借泽宣嘉之口,以驳斥日本国内反对者的方式,委婉表达"专倚外人"的方式不足取,对清廷的做法不无讽谏之意。

十月三日成林到访柳原寓所,告知已接到奕䜣回文:"顷接王大臣回文,云贵使等所再请告极有情理,自当别作一封回信,定要与贵国换约"③。因为总理衙门回信的本函还未发,故前来先行告知,令柳原等会意。柳原等一旦获悉奕䜣同意换发信函,对成林的感激之情溢于言表:"此次欲预议换约,不意总理王大臣回说不必换约,本出使等正在进退无措之际,全赖贵大人鼎力周旋,方得王大臣准以换约回信换给,本使等得旋国销差,此皆贵大臣厚惠。"④

十月十一日柳原等接获总理衙门再次回函。奕䜣在回函中表示两国相交尤贵"情意之各洽",感念柳原等"坚持来意",故"如其所请,以通交好之情",同意两国就立约事进行接洽。但旋即又指出:"惟议立条约事关重大,应特派使臣,与中国钦派大臣会同定议。"⑤奕䜣明确指出柳原前光此行并无议立条约的权限,希望日本后续特派使臣到天津,与中国钦派大

---

① 〔日〕柳原前光:《使清日记(中)》,九月廿六日。
② 同上。
③ 〔日〕柳原前光:《使清日记(下)》,十月三日。
④ 同上。
⑤ 同上书,十月十一日。

臣"会议章程，明定条约，以垂久远而固邦交"①。至此柳原一行已经出色地完成了此番"谋通信贸易之事"的使命。

大喜过望的柳原等当即决定宴请成林以表达谢意，成林因病辞归，遂留连兴、刘森欢饮。柳原欣幸完成使命，口占一绝："万里入清和议成，千余年后订前盟。奏功自喜才三月，成就皇州使节名。"②名仓信敦次其韵："到底精神何不成，断然航海结鸥盟。多年阙典向人愧，初领邻交鲁卫名。"③《使清日记》载，当夜柳原梦回日本，游历墨江，醒来复作诗一首："奉使方从清国回，惊涛卷舶响如雷。归来今口多吟暇，立马墨江间见梅。"④十月十五日柳原作书寄送外务省，汇报完成出使任务的消息。

需要指出的是，日本国内对华态度的分歧，并未因柳原此番完成使命而自然消泯，争论与辩驳仍在持续。但无疑因泽宣嘉、柳原前光等人的主张与策略占据了上风，才使得柳原使团得以被派往中国，一旦完成出使任务，无形中又在国内辩论中为主张对华友好和两国直接接触者增添了话语权。

二、流产的条约拟稿草案

《使清日记（中）》九月十三日条作："此日起条约稿。"十六日条载："此日条约稿成"，并副以照会，递交成林，并说待其校阅完成后柳原等前来"面商酌定"。当日条末尾又记："条约拟稿以未妥议，今除之。"虽未详细说明"未妥议"的缘由，但基本可以推断，当是中方认为柳原此行不具备就条约内容乃至签约本身进行谈判的权限，故此拒绝讨论。

柳原前光未获外务省授权，却私自拟好条约草稿送交成林，并欲就细则展开讨论，实属越权行为。藤村道生对柳原的条约草稿作过较为详细的分析解读，认为柳原私拟条约虽系越权，不能代表日本的国家意志，但其草案却正确反映了当时日本的外交路线，即"以形式上的平等掩盖实质上的不平等"⑤。事实上，柳原的本意并非真的要自作主张与中方商谈条约细则，因为不仅自己未得到授权，而且中方也未表现出任何迹象打算商谈条约细则。柳原此举更可能是一种策略的做法：有意提出一个中方难

---

① 〔日〕柳原前光：《使清日记（下）》，十月十一日。
② 同上。
③ 同上。
④ 同上。
⑤ 藤村道生『日清戦爭前後のアジア政策』、東京：岩波書店、1995年、第70頁。

以接受的条件,过后双方各退一步,从而实现自己真正想要的结果,即顺利推进"谋通信贸易之事"落地落实。

九月十七日成林照会柳原等,表示业已将他们送交的条约稿查照在案:"本大臣现将送到所拟应议各事宜详加查核,除俟校阅竣即行知照贵出使等再为商酌外,拟合照复。"①二十一日成林转交总理衙门复日本外务卿、外务大辅函后,第二天柳原面见成林,恳请他转致奕䜣,希望换给准以换约的回函。针对柳原日前提交的条约稿,成林的态度有了明显改变:"本月十一日接到总署来函,内所称柳原等所有预前应议事宜,即与阁下速为商定妥慎之意,并非令本大臣与贵使商议条约之义也。"②较之刚收到条约拟稿时的答复,成林此番拒绝的态度更加明确。究其原因,在于总理衙门复函中已清楚地表明不同意日方的换约之请。

十月三日成林到柳原寓所告知已接到奕䜣允以换约的回文,同时也言及"至于九月十六日接到贵使等送来条约拟稿,存王大臣处,一俟贵国派钦差来,方可酌定施行"③。此后《使清日记》不再提及"换约"一事,却反复出现对柳原等明年春天再到中国的期待,使团成员与中国士商都多次论及。待到伊达宗城使团1871年来华,两国才真正开始讨论换约一事。

在中日订约交涉前夕,曾国藩曾深刻反省清政府以往与英、法、美等列强所定条约之失,明确提出与日本订约时"不可载明比照泰西各国总例办理等语,尤不可载后有恩渥利益施于各国者一体均沾等语"④,还进而提出"中国之处外洋,礼数不妨谦逊,而条理必极分明"⑤这一极具见地的指导思想。后来"利益均沾"果然成为中日订约谈判之际双方争论的一个焦点,由此愈发彰显出曾国藩所虑极其周密,既富有预见性又有很强的现实针对性。

1889年张之洞所上增设洋务的奏议中说:"泰西各国以邦交立公法,独与中国之交涉恒以意相挟,舍公法不用。"⑥在一个普遍信奉强权即公

---

① 〔日〕柳原前光:《使清日记(中)》,九月十七日。
② 同上书,九月廿二日。
③ 〔日〕柳原前光:《使清日记(下)》,十月三日。
④ 《曾国藩奏遵筹日本通商事宜片》,中华书局编辑部、李书源整理:《筹办夷务始末(同治朝)(八)》,北京:中华书局,2008年,第3235页。
⑤ 同上。
⑥ 张之洞:《增设洋务五学片(光绪十五年十月十八日)》,《张之洞全集(第一册)》,石家庄:河北人民出版社,1998年,第732页。

理的时代，指责列强不守公法，多少有些无奈。其实近代欧美列强向亚洲、非洲、拉丁美洲等地进行殖民扩张时惯用条约手段，但无一例外都是以形式上的平等遮蔽事实上的不平等，以武力为后盾，固定、强化掠夺来的特权和利益。

曾国藩也曾非常细心地留意到，柳原向中方递送的条约拟稿中"有严禁传教、严禁鸦片"的条文，曾国藩主张："中国犯者，即由中国驻洋之员惩办，或解回本省审办，免致受彼讥讽，相形见绌。"① 曾国藩对西方列强攫取的领事裁判权极为不满，趁与日本讨论订约的机会，拟将审判华民涉外案件的权利收回来。日后签订的《中日修好条规》第八条规定："两国指定各口，彼此均可设理事官，约束己国商民。凡交涉财产词讼案件，皆归审理，各按己国律例核办。"当年应宝时与日本长崎奉行通信时明确提出"属地管辖"原则，经曾国藩着意强调又调整为"属国管辖"原则，其核心诉求是以对等原则否决片面的领事裁判权。

中日议约谈判前，李鸿章借助柳原前光递交的议约底稿做足了功课。他先与署直隶津海关道陈钦逐条签注意见，取其合用者，不合用者则另拟条规；继之又抄送副本致曾国藩，再请苏沪精通洋务的专门人才酌核；最终江苏按察使应宝时和江海关道涂宗瀛拟就《中日通商条规》送给李鸿章作为议约谈判的参考。② 柳原前光大概不会想到，自己留下的条约拟稿会成为中方有备而来的议约基础。

柳原使团借由在中国的亲身见闻和观感，为后续两国订交谈判做了多层面的准备工作；通过与曾国藩、李鸿章、成林、涂宗瀛等清廷官员接触、交涉、公私交往，为下一步谈判换约进行了卓有成效的"彩排"。相比较而言，中方在柳原使团来华的当时却没有给予足够的重视，亦未做有的放矢的准备工作；但到第二年伊达宗城与柳原前光再次带领使团前来时，已兼任北洋通商大臣的李鸿章与手下系统、仔细地研究了前一年柳原等留下的条约拟稿，事先做足了有针对性的准备。这或许是当时以急就章方式拟定条约草稿的柳原等人始料未及的。

---

① 《曾国藩奏遵筹日本通商事宜片》，中华书局编辑部、李书源整理：《筹办夷务始末（同治朝）（八）》，北京：中华书局，2008年，第3234—3235页。

② 更多详细论述参见王魁喜：《近代中日关系的开端——从一八七一年〈中日修好条规〉谈起》，《东北师大学报（哲学社会科学版）》1981年第1期，第61—69页。

第三章　与清官员及外国领事交往的个案

因柳原使团未获准进京,是以没有机会与朝廷及总理衙门直接接触,但与沪、津两地官员、三口通商大臣成林的公务往来颇为频密,与时在天津的曾国藩、李鸿章也有数番交往,此外使团成员与驻在上海、天津两地的外国领事也频频互动。

《使清日记》以对使团成员与清朝官员及外国驻沪、津两地领事的往来记录作为典型个案,为相对平淡的使途经历与使事进程平添了许多波澜。对使团与曾国藩、李鸿章交往的相关记录,着意以简约的文字彰显他们各自的性格特征;与外国领事互动的记录中包含使团成员对中国国情与世界大事的留意和了解。

《使清日记》翔实记录了近代中日建交前两国的外交交涉细节。柳原使团的交涉活动主要是在天津进行的,他们在那里开展的私人交往也很频繁。简要呈现《使清日记》所载柳原使团在津主要公私往来活动如下:

表3-1　1870年柳原前光使团在天津主要公私往来活动

月	日	公私往来活动
九	五	三口通商大臣成林遣属僚连兴到馆问候,柳原等转交致成林的照会。
	七	知府马绳武遣一武官带兵卒四员守护卫送。柳原等至通商衙门见成林。
	八	分别拜会曾国藩、李鸿章。归路到马绳武处谢劳。
	九	访天津道台丁寿昌、知县萧世本。
	十	成林、丁寿昌、萧世本分别到柳原寓所答拜。
	十一	马绳武来谢,曾国藩、李鸿章因绳武送名帖致谢。成林送柳原等照会及总署来函抄稿。
	十二	转托成林递外务省公函至总理衙门。
	十七	柳原送交成林信函及条约拟稿。
	二十一	成林向柳原等递送总理衙门复日本外务省函及复成林函抄底。
	二十二	曾国藩离津进京前,柳原等登府拜别。柳原等见成林,请其代为陈情,恳请总理衙门另换允以换约的回信。柳原等向李鸿章细陈总理衙门复函事及己方愿景,李索观日本与泰西各国所订条约。

（续表）

月	日	公私往来活动
	二十三	留驻上海的品川忠道递送日本外务省文牒至柳原。
	二十四	柳原等往李鸿章邸，赠李以刀及《皇舆图》《官员录》《官位引表》《澳大利条约》等书。
	二十六	柳原等送交成林照会，求其转达奕䜣，祈换给准以换约信函。
	二十九	翻译二十三日外务省送来的在日清民伪造日钞等各案，作为照会成林的附件。
十	十四	柳原前光、郑永宁访李鸿章，告以奕䜣换给回信事，谢其吹嘘之恩。
	十八	定于二十日返沪，柳原前光、郑永宁往各衙门告别。登府拜别李鸿章。夜，刘森置酒送别。
	十九	萧世本、马绳武到柳原寓所送别。钱达致书柳原，附送别诗。

资料来源：根据〔日〕柳原前光《使清日记（上、中、下）》内容整理而成。

第一节　与沪津两地官员交往

柳原一行在上海期间，主要与专管上海租界会审事务的江苏补用同知陈福勋、苏松太道台涂宗瀛打交道；到天津后，与曾国藩、李鸿章、成林、天津道台丁寿昌、知府马绳武、知县萧世本等各级官员均有多次往来，有时交往还十分频密。以下择要梳理柳原使团与陈福勋、涂宗瀛、成林的交往情况，兼及互赠礼物及信函往还等层面。与曾国藩、李鸿章的往来情况后文设专节分论。

一、陈福勋：是在道署当竭力

《使清日记（上）》八月九日条载，担任品川忠道翻译的蔡祐良建议，初到上海的柳原等宜将拜会涂宗瀛的书信托与管上海租界事务的同知陈福勋转递，柳原等听从，日后在上海的交涉要么直接与陈福勋打交道，要么通过陈福勋中介与涂宗瀛联系。

陈福勋（1810—?），字宝渠，浙江钱塘人。同治初年获委机器铁厂差，在太平军迫近上海时协调借师助剿事宜，借此发迹。因留心洋务而崭露头角，受到李鸿章的赏识。1868年8月时任两江总督曾国藩派陈福勋任洋泾浜北首理事衙门谳员，专办华洋交涉事务。1869年陈福勋任上海租界会审公廨首任谳员,获委办理租界会审事务。①

《使清日记(上)》八月十日条载,陈福勋到柳原寓馆回访,"并问'外务省'为何等名义",可见当时在上海租界工作、专与外国人打交道的清朝官员尚且对日本的状况十分隔膜,甚至不知日本"外务省"是做什么的,一般中国人对日本的无知可想而知。

八月十一日拜会陈福勋时,郑永宁表达了使团欲进京向恭亲王奕訢面呈外务省函文的意愿:

> 永宁曰:"……今前光等捧外务省函文,欲上京地,面呈总理大臣,预议派使换约事宜。"
> 福勋曰:"顷者或赖他国绍介而进者有之,惟贵国所以特发文书直达总理衙门者,大有道理。"
> 永宁曰:"正如公言,顾我国与贵国不过单隔一水,固非他邦之比。弟等见道台时,当将本省函稿呈览,便知其详矣。望足下亦为赞成。"
> 福勋曰:"是在道署,某当竭力。"②

陈福勋对使团的进京要求未置可否,他一方面说日本特发文书直达总理衙门而不凭借他国介绍的做法大有道理;另一方面又说"是在道署",意即自己无决定权,是否允许使团进京需听候涂宗瀛答复。陈福勋认为进京面见恭亲王亲递函文是否获准的决定权在涂宗瀛,这一判断并不准确,因为最终裁决权在总理衙门而不在地方。

九月五日柳原修书致陈福勋,言于路顺利,抵达天津后亦接洽顺遂,谓:"此皆出自老先生阁下宛转于道宪大人前,飞书天津早为申陈晓达之所致"③。如此说并非完全出于客套,毕竟陈福勋是负责接待柳原一行的第一位中国官员,且双方有多次交往;陈福勋也切实肩负起在涂宗瀛与柳原使团之间传递信息、沟通联系的职责;而且他也确实为柳原等离沪赴津得以成行出力不少。

柳原前光回到日本后曾作书向陈福勋致谢,其中提到:"前者前光等

---

① 参见汤志均主编:《近代上海大事记》,上海:上海辞书出版社,1989年;侯庆斌:《晚清上海会审公廨谳员群体与租界华洋权势变迁——以陈福勋、葛绳孝和金绍城为例》,《历史教学问题》2019年第4期,第57—66页。
② 〔日〕柳原前光:《使清日记(上)》,八月十一日。
③ 〔日〕柳原前光:《使清日记(中)》,九月五日。

奉使往返，道经沪上，备荷鸿施，藉能诸获妥办成功。"①陈福勋在给柳原的回信中则说："明岁台从何日重临沪上，倘捧檄有期，尚希先为示知，藉可再聆雅教，曷胜欣企。"②《使清日记》中着意收录柳原等回国交差已毕后的这两通书信，既有为柳原使团出使中国的公事圆满收尾、善始善终的用意，也显示出这样一种蕴意：柳原等与陈福勋因公事交涉而相识，并在打交道的过程中产生了一定的私人交情。

二、涂宗瀛：以礼款接地主谊

柳原一行初到上海时，与时任苏松太道台涂宗瀛（1869—1871年在任）的接触交往并不多，涂宗瀛试图劝阻使团进京未果，遂代向上司各宪汇报。待在天津完成使命后，柳原十月二十八日向涂宗瀛递交照会，内称："多蒙贵道切实照料，藉能北上办公完毕，俾得回国销差。"当日见面时又将成林附寄宁绍台道台文廉的信函托付涂宗瀛预为递送，还想请他一并告知文廉，请予点拨行馆接待。因见涂宗瀛面有难色，柳原等遂改口说不必，他们可以自寻下处。

相较于成林慷慨允诺为柳原等写荐书的做法，涂宗瀛表现得相当冷静克制，或许两人在性格方面存在明显差异，导致他们对柳原一行非公务活动的态度判然有别，也有可能他更信奉明哲保身的处世哲学，坚持多一事不如少一事，是以对柳原一行的态度更多的是公事公办。民国时所修《上海县续志》称涂宗瀛"善理交涉，外人非礼干求辄峻拒，无少徇"③，亦可佐证他秉性如此，并非针对柳原使团而特意表现冷淡的。

柳原等回国后的第二天，长崎县向柳原报送涂宗瀛早前的复信，其文曰：

> 远隔重洋，欣批惠翰。八月十七日贵邦委员权大丞诸公辱临敝署，本道以礼款接，稍尽地主之谊，惟诸多辁轙，颇切歉怀。至预商通信事宜，非本道所敢擅议，已转请通商大臣咨呈总理各国事务衙门酌核矣。权大丞诸公即欲遄往天津，本道未克挽留，徒增驰系耳。④

---

① 〔日〕柳原前光：《使清日记（下）》，十一月七日。
② 同上书，十一月二十七日。
③ 吴馨等修，姚文楠等纂：《上海县续志》，上海：文庙南园志局，1918年，卷十五"名宦"第2页。
④ 〔日〕柳原前光：《使清日记（下）》，闰十月二十六日。

信函中清楚地显示出针对柳原出使中国"预商通信事宜"的任务，其处理应对不在涂宗瀛的职权范围内，他所能做的无非是尽地主之谊予以接待，至于公事一节，则转请通商大臣咨呈总理衙门酌核。但必须承认，涂宗瀛的淡然超脱态度与公事公办的处理方式客观上却促成柳原一行快速离沪赴津。

三、成林：周旋总署交情笃

柳原使团的在华交涉主要在天津展开，其中尤以与成林打交道最为频繁密切。成林不仅是柳原等与总理衙门联系的中介，而且对在日清民伪造日钞案的判决一事上亦起到沟通联系的作用，他对柳原提出的委员驻沪请求也先予以面允，后行文上报总理衙门，继之致书涂宗瀛，正是在他的助推下日方才最终如愿满足诉求的。

成林（？—1879）历任光禄寺卿、大理寺卿，1869年擢升总理衙门大臣，后又出任工部侍郎、吏部侍郎、广西巡抚、刑部侍郎等职，为同治中兴七大重臣之一。在成林之前崇厚任三口通商大臣（1861—1870年在任），驻扎天津，管理牛庄、天津和登州通商事务。①1870年崇厚因天津教案处理不善被免职，成林继任署理。《使清日记（中）》九月六日条载成林当时的职衔为：钦命二品顶戴大理寺卿、稽查左翼觉罗学②事务大臣、总理各国事务大臣、三口通商大臣兼管天津等关。

九月五日柳原一行甫抵天津，成林即遣僚属连兴到柳原寓所接洽。七日天津知府马绳武奉曾国藩、李鸿章及成林之命，遣武官黄得中带兵卒四员到柳原寓所守护，并卫送公私出入。十一日成林札委候选同知刘森帮办照料日本使团，札称"查该员在津多年，于中外交涉事件自必熟悉"，刘森对使团成员在津期间的生活照顾有加，而且双方还结下了深厚情谊。

《使清日记（中）》九月七日条载柳原等拜会成林时的交谈记录：

> 成林曰："从前外国官员初到敝邦，则应在津与通商大臣先行酌议，是系成案。今贵使等到此，所有公事亦须与本大臣先议，而后禀请王大臣。"③

---

① 贾桢等编：《筹办夷务始末（咸丰朝）（八）》，北京：中华书局，1979年，第2692页。
② "觉罗学"为清代专门教授皇族内觉罗子弟的官办学堂。清制规定，显祖塔克世的直系子孙称宗室，旁系亲属子孙称觉罗（详见本书第209页笺注〔二〕）。
③ 〔日〕柳原前光：《使清日记（中）》，九月七日。

交谈中成林交代得非常清楚,按照以往的"成案"惯例,外国官员来华交涉,所有公事应在天津与三口通商大臣先议,然后再禀请主持总理衙门事务的奕䜣。成林身为总理衙门大臣,奉委派在津兼任三口通商大臣,柳原等带来的书信理应交他转递总理衙门。柳原等显然没能窥其堂奥,仍旧坚称不进京面交信函难以回国复命,只能导致交涉横生波澜且有所阻滞。

九月二十二日柳原等与成林面议酌商恳请换约时,论及日本与泰西十四国换约通商,各国公使驻扎东京,日本又开八口码头,各国置领事等情形,成林坦言"不知",并问"是何等国""这许多国皆已换约乎",显示出他虽然身为总理各国事务大臣、三口通商大臣,却对近邻日本对外交往的近况缺乏最基本的了解。

在九月二十二日的会见中,柳原对成林晓之以理、动之以情,终于感动了他。成林十月六日致函总理衙门,称柳原等"其意甚坚,其词极婉"①,并在呈函中把柳原所陈述的各种情况基本都有所涉及:若不允其所请订约通商,柳原等难以回国销差;中国因未与日本立约,致使中国商民在日经商时常为泰西各国所欺凌;如不同意立约,主张对华友好的日本外务卿必为国内对华态度不友好的反对者及事先看衰柳原此行出使的欧美列强讥笑。

十月三日成林提前告知柳原等,总理衙门已允诺换给准以换约的回函,柳原等趁机向成林提出权委员驻沪请求,并希望他"特为发一封信,知照上海道台会意"②。成林对柳原该提议深表赞同,当场毫不犹豫地答应下来:"这事极是容易。本大臣知照道台,便贵使留人看守。"③柳原等还提出回沪途中顺便到宁波一游,希望成林"知照道台,发给路引可也"④,成林也当即答应写信知会宁绍台道台文廉。十月十四日成林派连兴将日前允诺过的各国条约书一套送至柳原寓所,并附送致涂宗瀛和文廉信函各一封。

十月十三日柳原前光、郑永宁前往通商衙门致谢,称仰赖成林周旋总署之功,终得准以换约的回复。柳原等交付的照会文称:"深感贵大臣切实详陈,代邀总理衙门王大臣俯允所请,另给准以换约信函,俾得要领,本

---

① 《奕䜣等奏已允日本定约折》,中华书局编辑部、李书源整理:《筹办夷务始末(同治朝)(八)》,北京:中华书局,2008年,第3159页。
② 〔日〕柳原前光:《使清日记(下)》,十月三日。
③ 同上。
④ 同上。

出使等均为加额,当即奉回销差。"①照会所言不虚,收到总理衙门第一次回函时,因中方不同意换约,柳原夜不能寐,旋即请求面见成林陈情,并公私并用,大打感情牌,终得成林与李鸿章致书总理衙门代为周旋,方如愿收到允以换约的另一封回函。

四、互赠礼物与谢绝非必要拜会

柳原一行在与中国官员交往时双方常互赠礼物,《使清日记》对此记录颇为详细。柳原等送出的多是一些他们带来的日本刀、书籍、绢绸、漆器、花笺、折扇等,中国官员送给使团成员的则多为自画山水、自笔楹联、绸缎、茶叶、徽墨、冬衣、陈设品等。中国人常推辞或退还部分礼品,并恪守礼尚往来的原则,及时回赠对方。

八月十一日郑永宁、尾里政道携带绉纱、漆盘、彩笺、折扇等礼物拜访陈福勋,答谢他前一日到寓所会晤使团成员。陈福勋最初收到礼物时表示领情却不敢领物,继之又说不敢全领,"当择可领而领",晚间仅留下诗笺和折扇,其余礼物差人送还。陈福勋十三日回赠柳原等锦缎、芽茶、佛手、徽墨。十五日柳原派蔡祐良往陈福勋馆贺中秋节,再次致送陈福勋日前退还的礼物,这回陈福勋推辞不过,终于全收下了。

八月二十二日陈福勋为即将离沪赴津的柳原一行饯行,柳原赠陈福勋以《皇朝史略》《庆应新选诗钞》《本朝官位引表》、东京彩画等。二十七日陈福勋到柳原寓所送别,"题诗于扇以赠"。虽属礼节性的馈赠,双方却都极尽礼数。

八月十八日柳原等致书涂宗瀛申谢,并赠其"《日本政记》②一篇、腰刀一口、越后绉葛一端、螺钿果盒一枚",涂宗瀛回信表示"谨拜领《政记》全部""余珍借使奉璧"③。

十月四日柳原等赠成林以《大日本史》全部、腰刀一口、探幽山水两幅、螺钿书笥一架、红染花绉一端、越地绉葛两匹。六日成林向柳原致信

---

① 〔日〕柳原前光:《使清日记(下)》,十月十三日。
② 《日本政记》为江户晚期日本著名汉学家赖襄(号山阳)晚年的汉文遗著,原本称《国朝政纪》,在赖襄去世前更为今名。《日本政记》是赖襄为弥补《日本外史》的缺漏与不足,重新辑录汇编历朝史籍而成的编年体通史,记述了从神武天皇至后阳成天皇共108位天皇的政绩及日本两千年的兴衰史。内容方面,侧重对天皇政治提出要求并对天皇失政予以批判。叙事方面,简约精炼又不失立场和主见。
③ 〔日〕柳原前光:《使清日记(上)》,八月十七日。

感谢馈赠:"各种无不精妙,是足纫贵国笔墨制造之至。"并表示:"深荷远道将来,却之不恭,受之有愧,拜领之余,倍感谢感谢。"①《使清日记(下)》十月十三日条载:"成林赠古铜寿星、麒麟、仙鹤等陈设五件,关东花灰鼠皮大外褂筒五套,彩色团龙花江宁绸袍料五端,内造款式缎地花色针黹五匣为贶。"②因使团归期渐近,成林馈赠使团主要成员临别礼物,考虑到天气渐凉,鼠皮大外褂筒正可御寒,另有希望他们带回国的陈设品,而针黹显然是很贴心地为使员夫人们准备的。

八月十五日蔡祐良拜访陈福勋时,问及拜会涂宗瀛相关事宜,陈福勋称待问过涂宗瀛后再到柳原寓所回话。蔡祐良归告后柳原表示:"毋,速谢止。不若陈氏将道台回话写信送至我处之为愈。"③于是蔡祐良写信告知陈福勋,不用专程前来,以信函方式告知相关事宜即可:"祈望朵云辉来,随转达权大丞,则不异相值领教耳。"④可见柳原等并不希望与清地方官员有过于频繁而实质意义不大的晤面。因为正式的官方接待过于耗时费力,约定见面与回复邀约性质的内容,借助信函形式完全可以处理好。

八月十八日柳原前光与郑永宁往访陈福勋,"谢周旋之劳",陈福勋告诉他们:"公等入京之说,道台亦知之,想不敢复劝阻也。"⑤其实等于预先向柳原等交了底。两天后陈福勋到寓所通知柳原等:"公等赴天津一事,昨与道台议定,已发文书报天津各大宪及江南上司,数日定应到彼。诸公即束装至津可也。"⑥两次提前告知皆出于柳原等与陈福勋因频密私交而结下的情谊,从而因公交往也少了一些公事公办的冷淡与严肃,多了若干温情与体贴的成分。

第二节　与曾国藩礼节性接触

柳原等在华期间曾两次面见曾国藩,一次为九月八日使团初到天津后的礼节性拜会,另一次为九月二十二日在曾国藩离津进京前夕的登府拜

---

① 〔日〕柳原前光:《使清日记(下)》,十月六日。
② 同上书,十月十三日。
③ 〔日〕柳原前光:《使清日记(上)》,八月十六日。
④ 同上。
⑤ 同上书,八月十八日。
⑥ 同上书,八月二十日。

别。此外《使清日记》还载有使团完成使命后柳原前光致曾国藩的书信一通。《使清日记》有关曾国藩的绝大部分记载来自使团成员亲眼所见,也有少量采自朝野评价,基本属于对当时见闻观感的实录。

一、初到拜访

九月七日上午面见成林时,柳原等提出希望谒见时在天津的曾国藩和李鸿章:

> 弟等六月以来,天津新报日日到我敝邦东京,闻曾、李两中堂大名既熟,而今幸奉使入贵地,愿赖阁下得谒为幸,请阁下言此意。①

当时在天津发行的地方性报刊在中国其他城市也未必有大范围的传播,却每天都能在东京读得到,显示出日本收集中国情报资料的用心程度。而与之形成对照的是,中国官绅对日本的近况既所知甚少又缺乏用心收集的意识。

曾国藩、李鸿章九月八日上午九、十点钟分别接见了柳原一行。曾国藩(1811—1872)1868年由两江总督改任直隶总督,1870年奉委以带病之躯查办天津教案,"但冀和局之速成,不问情罪之当否"②,在提交朝廷的奏折中建议"捕拿严惩""其行凶首要各犯"③,并奏请将天津知府张光藻、知县刘杰革职治罪④。朝廷及民众均不满这一交涉结果,加之曾国藩病重,朝廷召李鸿章前来处理教案,曾国藩回任两江总督⑤。曾国藩"内疚神

---

① 〔日〕柳原前光:《使清日记(中)》,九月七日。
② 《曾国藩又奏密陈传教情形片》,中华书局编辑部、李书源整理:《筹办夷务始末(同治朝)(八)》,北京:中华书局,2008年,第3095页。
③ 《曾国藩崇厚奏查明天津滋事大概情形折》,中华书局编辑部、李书源整理:《筹办夷务始末(同治朝)(八)》,北京:中华书局,2008年,第2955页。
④ 《曾国藩又奏请将天津府张光藻刘杰革职治罪片》,中华书局编辑部、李书源整理:《筹办夷务始末(同治朝)(八)》,北京:中华书局,2008年,第2955—2956页。
⑤ 曾国藩1860年6月—1868年9月(前两个月为署理,1865年5月—1866年12月为钦差大臣率军剿捻,李鸿章署理两江总督)、1870年8月—1872年3月两度任两江总督,最终在任上去世。在清代的封疆大吏中,两江总督地位仅次于直隶总督,管理江苏(含今上海市)、安徽、江西三省军民政务,1873年朝廷谕令两江总督兼任南洋通商大臣(1867年改五口通商大臣为南洋通商大臣),以后成为定制,管理通商、交涉,兼管海防、编练新式军队和举办军事、民用工矿交通企业。

明，外惭清议"①，感觉自己一世清誉至此跌至谷底，终在抑郁的心情中于1872年去世。

《使清日记》中载曾国藩当时的职衔为：太子太保、武英殿大学士、兵部尚书兼都察院右都御史、总督两江等处、提督军务粮饷、操江统辖南河、督理两淮盐漕军务、加三级一等毅勇侯。又记柳原等对他的印象："为人温霭寡言""声如洪钟"，并特别提到："尝讨长毛贼有功，累迁至此。语次问战功之状，微笑述一两言而止。求其挥毫，欣然许之。"②《使清日记》载，九月十二日曾国藩派人向柳原等赠送自笔楹联五副。

曾国藩组建湘军并指挥镇压太平军，对清廷有"再造"之功，被誉为"中兴第一名臣"。在他生前身后朝野评议以及后世研究者对他的评判可谓毁誉交织③，或毁或誉主要基于论者对太平天国的不同定性。但完全从意识形态角度着眼评判，则难免有脱离历史语境之弊，不从定性判断与定量分析相结合的维度出发，可能会做出有失公允的判断。

《使清日记》又兼记曾国藩和李鸿章二人，谓："或云，曾，公忠为国，宗室亲王皆敬畏之；李，英迈能断，西人亦称其能。"④曾国藩深受儒家思想熏陶，追求的是"立德、立功、立言"三不朽，并以"成圣"为最高理想，对他的自我修养和克己功夫历来赞誉者众。他扑灭太平天国运动、镇压捻军，残忍性的一面当然不容否认，但也不宜用后设的眼光完全否认他维护清廷的价值。简单地说，在清朝已经统治中国二百余年的当时，曾国藩作为体制内既得利益集团的一份子，选择维护清廷继续统治有其必然性。

---

① 这一时期曾国藩致刘蓉等亲友的书信中多次如此言说（参见《曾国藩全集》，北京：中华书局，2018年。）。

② 〔日〕柳原前光：《使清日记（中）》，九月八日。

③ 《清史稿·曾国藩传》谓："凡规划天下事，久无不验，世皆称之，至谓汉之诸葛亮、唐之裴度、明之王守仁，殆无以过，何其盛欤！"梁启超称誉曾国藩为"有史以来不一二睹之大人""全世界不一二睹之大人"（梁启超：《饮冰室合集·专集·第4册》，北京：中华书局，2015年）；芮玛丽几乎将曾国藩视为完人（〔美〕芮玛丽：《同治中兴：中国保守主义的最后抵抗（1862—1874）》，房德邻等译，北京：中国社会科学出版社，2002年）；黄兴称他"戕同媚异，得罪国民"；章太炎称其为"民贼"；范文澜将他定位为"汉奸刽子手"（范文澜：《中国近代史（上册）》附录 汉奸刽子手曾国藩的一生，石家庄：河北教育出版社，2002年）。

④ 〔日〕柳原前光：《使清日记（中）》，九月八日。

二、登府拜别

九月二十一日柳原等获悉曾国藩即将离津赴京,请订期送行,遂约定第二天见面。翌日柳原前光与花房义质、郑永宁、尾里政道一起到曾府话别。柳原等提及收到总理衙门给外务卿、外务大辅的复信,言明不准换约,与自己奉差来使之意相距甚远,且"大疑王大臣之意,仅以卖海菜者藉为交际之本,不立条约谓是格外和好",表示自己有意将总理衙门复函"原封奉还"。曾国藩建议他们权且收下,"求他别换一封可也"。柳原等拜托曾国藩到京后"见王大臣,幸为解说",曾国藩答应"力言可也"[①]。

1870年两江总督马新贻被刺杀,曾国藩回任两江总督,此番进京皇帝接见后即前往南京赴任。调职主要是对他此前办理天津教案引起太大舆论反弹的一个交代。尽管事实上曾国藩处理天津教案时充分考虑到当时的国际国内形势,做出屈辱的让步很大程度上也是遵照朝廷训令行事,却在"论理"和"论势"的争议中充当了朝廷的替罪羊,一生的清誉遭遇"滑铁卢"。而且取代他后续主导处理教案的李鸿章也基本沿用了他的思路,只是在惩戒人数方面做了微调而已。

1870年五月二十五日发给曾国藩的上谕要求他"顺舆情而维大局",将他置于两难境地,因为舆情和所谓的大局是天然矛盾的。曾国藩在六月二十八日的奏折中提出:"中国目前之力断难遽起兵端,惟有委曲求全之一法。"[②]又说:"兵端决不可自我而开,以为保民之道,时时设备,以为立国之本,二者不可偏废。"[③]不先启兵端,而又时刻做好防御准备,这是充分考虑国内国际形势和敌我力量对比后做出的客观判断,而且守定和局的委曲求全之策也得到皇帝首肯,不过当时国内舆论中倾向"论理"的声浪甚高,在政治正确上压倒了倾向"论势"者,对曾国藩的态度是"举国欲杀",甚至连曾国藩都不得不承认自己"办理过柔"。

1871年正月十九日曾国藩曾就与日本立约一事上奏章,内称:"窃思自道光二十二年间与洋人立约议抚,皆因战守无功,隐忍息事"[④],此番日本

---

① 〔日〕柳原前光:《使清日记(中)》,九月廿二日。
② 曾国藩:《覆陈津案各情片(同治九年六月二十八日)》,《曾国藩全集(第二册)》,北京:中华书局,2018年,第1430页。
③ 同上书,第1432页。
④ 曾国藩:《曾国藩奏遵筹日本通商事宜片》,中华书局编辑部、李书源整理:《筹办夷务始末(同治朝)(八)》,北京:中华书局,2008年,第3234页。

"叩关而陈辞，其理甚顺，其意无他"①，认为倘拒之太甚易产生不良影响，即便在旁观者看来，也"疑我中国交际之道，逆而胁之，则易于求成，顺而求之，则难于修好"②。以曾国藩在清廷的地位和分量，该奏章对《中日修好条规》的顺利签订当起到不小的推动和促进作用。

三、致信申谢

十月二十五日柳原等自天津甫抵申归寓即修书一封，托涂宗瀛转致曾国藩，表达感谢之意。信中称道曾国藩"久高半壁之金汤"，是说他平定太平军，作为国之股肱，为造就同治中兴与有力焉。又说他"遍溥两江之苍赤"，因此时曾国藩已转任两江总督，故夸赞他让治下的百姓普遍受到恩惠。信中还以"正色表立朝之度""符亿万载贤臣之颂"③等说辞，推许曾国藩为当时及后世的贤臣楷模。

《使清日记》中交代了柳原作此书信的缘起："先是，国藩驻天津，转任两江总督，进京陛见，前光等因送行而浼托总署回函事，云：'俟事成日，当奉书启谢。'"④柳原在信中还提到"惟违颜于在远，犹颂德于无涯"⑤，解释了因不便当面辞谢，故作书了前约。尤其令柳原一行动容的是，他们亲身感受到曾国藩的谦和态度，称颂他虽身居高位却能礼贤下士："前光等一介远人，毫无知识，仰精神矍铄，钦佩维殷，愧奔走风尘，悚惶靡已。"⑥信中虽然不乏恭维曾国藩事功和德业的成分，但他与柳原使团接触并不多，却在一众清朝官员中获得最高赞誉，却是不争的事实。

第三节　五次会晤李鸿章始末

《使清日记》中详细记载了柳原使团五次拜会李鸿章的情况：九月八日初到天津的礼节性拜访，九月二十二日晤面恳请其代向总理衙门说项，九月二十四日赠李鸿章以日本刀、书等，十月十四日拜谢他向总理衙门吹嘘

---

① 曾国藩：《曾国藩奏遵筹日本通商事宜片》，中华书局编辑部、李书源整理：《筹办夷务始末（同治朝）（八）》，北京：中华书局，2008年，第3234页。
② 同上。
③ 〔日〕柳原前光：《使清日记（下）》，十月二十五日。
④ 同上。
⑤ 同上。
⑥ 同上。

之恩,十月十八日登府拜别。除九月二十二日的会晤旨在寻求转圜,期望李鸿章劝说总理衙门另换一种对日答复以外,其余几次均为礼节性拜访,分别表达告到、馈赠、感谢和告别之意。仔细分析《使清日记》中对李鸿章的描述,大部分内容系当时的见闻,但字里行间也透露出这样一种迹象:某些记载很可能包含了一些日后增益的成分。

一、初到拜访与临行拜别

九月八日柳原等拜会曾国藩已毕,随即到李鸿章处进行同样的礼节性拜访。《使清日记》载李鸿章当时的职衔为:太子太保、协办大学士、兵部尚书兼都察院左都御史、总督直隶等处、管河务、提督军务粮饷紫荆密云等关隘、管巡抚事、加三级一等肃毅伯。柳原等人对李鸿章的第一印象是"须眉明秀,眼光射人",并引述时人对他的评价:"英迈能断,西人亦称其能。"[①]此番会面只有短暂的一小时,《使清日记》中并没有关于会面交谈情况等更多详细记录。

在天津完成使命后,使团定于十月二十日乘船回上海。十月十八日柳原前光、郑永宁盛装仪服前往天津各衙门告别。先到道台衙门访丁寿昌,次知县、知府衙门访萧世本、马绳武,适逢直隶提督刘铭传转任山西提督,天津众官员都到山西会馆为其饯行,柳原等到访处大都不遇各位官员,仅"门上留刺而归",最后仅得以见到刚刚赴刘铭传饯筵回来的李鸿章。

会见中李鸿章盛赞《日本外史》作者赖襄[②]的学问论识,谓其"诸葛武侯流亚"[③],临别时还特别叮嘱柳原等,归国后代为问候右大臣三条实美和外务卿泽宣嘉。夜间李鸿章派人送来名帖,以表送行之意。此番拜别为柳原使团先后五次面晤李鸿章画上了一个圆满的句号。

1864年"健顺丸"商船到上海时,应宝时曾向山口锡次郎等询问有无带来《国史略》[④],因未曾带来,山口等遂以《日本外史》一部相赠。蔡毅

---

① 〔日〕柳原前光:《使清日记(中)》,九月八日。
② 赖襄(らい のぼる,1781—1839),大阪人,朱子学者赖春水之长子,江户后期日本著名历史学家、思想家、汉诗人、文人。幼名久太郎,字子成,号山阳、山阳外史,别号三十六峰外史,书斋名"山紫水明处"。著有《日本外史》等多种书籍。《日本外史》对幕末的尊皇攘夷运动产生过巨大影响。
③ 〔日〕柳原前光:《使清日记(下)》,十月十八日。
④ 《国史略》,岩垣松苗(1774—1849)著,五卷,汉文编年体,1826年(文政九年)刊,记叙自"神代"至1588年(天正十六年)间的日本史事,体现浓厚的尊皇思想。

认为此为《日本外史》最早传入中国的记录①，并细致地梳理了《日本外史》在中国的流布情况②，因资料所限，蔡毅未言及此番李鸿章获赠《日本外史》以及对它的相关评价。

二、赠书为礼数番互馈

九月二十四日柳原等拜会李鸿章时，向他赠以日本刀及《皇舆图》《官员录》《官位引表》《澳大利条约》③等书。此前，李鸿章曾于十七日委托马绳武赠送柳原等《资治通鉴纲目》一部、楹联五副。马绳武也在信函中转达了李鸿章送柳原《资治通鉴纲目》的意图："以为考究古今，博览典故，于此书大足为芸窗诵读之一助耳。"④二十九日李鸿章再派人赠柳原等线绉、宁绸、花缎等物，作为二十四日收到礼物的回礼。

柳原等向李鸿章赠送日本刀其来有自，宋代的《日本刀歌》⑤盛赞当时日本出产的刀制作精良，装饰漂亮，可以禳除妖凶，也夸赞日本"至今器用皆精巧"。时至今日，日本的匠人精神仍得到很好的传承，这一点甚至在世界范围内都享有一定的声誉。

会见过程中李鸿章翻看《官员录》，问右大臣三条实美能否前来议换约事：

曰："不能。"
曰："为何？"
曰："当朝宰相。"⑥

---

① 蔡毅：《当日本史书遭遇中国——赖山阳〈日本外史〉在中国的流布》，载朱庆葆、孙江主编：《新学衡（第一辑）》，南京：南京大学出版社，2016年，第120—130页。
② 后来《日本外史》出现了两种中国翻刻本：1875年（光绪元年）广东刊本和1879年（光绪五年）钱恂评点本，从一个侧面反映出《日本外史》在中国的阅读需求和流布程度。
③ 《澳大利条约》指1869年（明治二年）10月18日以英国驻日特命全权公使与领事巴夏礼（1865—1883年在任）为中介，日本与奥地利-匈牙利帝国签订的《友好通商航海条约》。因该条约签订的时间较日本与其他西方诸国签订的不平等条约晚，它比以往任何条约在给予外国人特权方面都完备。
④ 〔日〕柳原前光：《使清日记（中）》，九月十七日。
⑤ 该诗作者历来有争议，欧阳修《欧阳文忠公全集》卷十五与司马光《温国文正司马公文集》卷三皆收此篇，兹不枝蔓。
⑥ 〔日〕柳原前光：《使清日记（中）》，九月廿四日。

这段话包含一个有趣的误解，一定程度上显得答非所问。李鸿章问"为何"，虽有一定歧义，但基本可以判断，他意在询问为何三条实美不能前来中国议两国换约之事，看下面柳原的回答，显然误解了问话的意思，以为李鸿章在问三条"做何官职"，或问右大臣职衔相当于中国的何官何品。不过"当朝宰相"的答复暗含他政务繁忙、日理万机，也能勉强解释不能亲自前来中国的原因了。

三、李受请托助力使团

接到总理衙门不准换约的照会后，柳原等急切地分别向成林和李鸿章陈情，拜托他们代为向总理衙门说项。柳原等在恳请李鸿章时说："英法美诸国，强逼我国通商，我心不甘，而力难独抗，于可允者允之，不可允者推拒之。惟念我国与中国最为邻近，宜先通好，以冀同心合力。"① 如此言说，有为完成"谋通信贸易之事"的使命而策略表达的意图，但也真实反映了当时日本确实存在一种声音，与中国"同心合力"以对抗西方列强。甚至一直到甲午战争爆发前，类似想法在部分日本知识人中一直有市场。

当时法、英、美、俄、普、比、西七国以天津教案为口实，调集军舰驶至大沽口，以"抗议"之名威胁清政府。柳原"以冀同心合力"的说辞正中李鸿章下怀，李遂向总理衙门建议应该与日本订约，"中国正可联为外援，勿使西人倚为外府"②。总理衙门此时亦担心，日本若恳请订约不成，转而浼托英法居间介绍，那时反倒被动："不允则饶舌不休，允之则反为示弱"③，到那时中国无论是否应允都会贻人口实；且担心日本"视中国之允否，以定将来之向背"④。

《使清日记（下）》十月十一日条载总理衙门回复日本外务卿、外务大辅的新回函抄底，内称："据协办大学士直隶总督李、大理寺卿三口通商大臣成来函，均称贵国来员柳原等坚以立约为请。"⑤又说："本王大臣复

---

① 转引自王芸生编著：《六十年来中国与日本：由一八七一年同治订约至一九三一年九一八事变（第1卷）》，北京：生活·读书·新知三联书店，2005年，第31页。
② 奕䜣：《奕䜣等又奏议复成林奏日本来函折》，中华书局编辑部、李书源整理：《筹办夷务始末（同治朝）（八）》，北京：中华书局，2008年，第3131页。
③ 奕䜣：《奕䜣等奏已允日本定约折》，中华书局编辑部、李书源整理：《筹办夷务始末（同治朝）（八）》，北京：中华书局，2008年，第3159页。
④ 同上。
⑤ 〔日〕柳原前光：《使清日记（下）》，十月十一日。

思,两国相交,固贵诚信之相孚,尤贵情意之各洽。今贵国来员既坚持来意,自应如其所请,以通交好之情。"①成林同日致柳原的信函中也提到:"本大臣深念友邦邻睦之谊,兼体简书郑重之怀,当经代为详达,并承李爵帅亦为函请"②。可以说,李鸿章在助力使团达到出使目的方面确实发挥了重要作用。

十月十四日柳原前光、郑永宁往李鸿章馆,告以总理衙门换给回信的消息,并"谢其吹嘘之恩"。柳原高度评价李鸿章向总理衙门陈情带来的关键影响:"先是,鸿章与成林议,为前光等交章详致总署,力陈情理。其回信之换至,实赖鸿章。"③1871年五月柳原前光作为伊达宗城使团副使再次前来中国,行前照会李鸿章时再次申谢:"迭蒙贵中堂暨大理寺卿三口通商大臣成林款接优待,成就远使来意……回维所以然者,皆由鼎力裁成,衔感宪德,实无涯涘。"④虽然不无客套的成分,且有进一步拉近彼此关系以方便接下来的订约谈判的用意,但结合柳原前光此前的种种表现,尤其在他致信外务省汇报使事进程之际,曾高度赞扬李鸿章助力使团完成出使任务的关键作用,可以推断,他对李鸿章的感念在很大程度上是真诚的、发自内心的,并非虚与委蛇。

总理衙门回复日本外务省允以换约后,清廷内部仍有不小的争议,朝廷为此专门向各疆臣征询意见。李鸿章在奏章中首先称赞同治帝"圣明于怀柔远人之中,寓思患预防之意"⑤,并通篇围绕这一主旨立论,称"若拒之太甚,势必因泰西各国介绍固请,彼时再准立约,使彼永结党援,在我更为失计"⑥,还提到"日本近在肘腋,永为中土之患""笼络之或为我用,拒绝之则必为我仇"⑦。李鸿章希望通过与日本修好以"为我用",旨在共同应对西方列强难以餍足的野心,退一步讲,至少不要让日本成为"中土之患",避免它站在西方列强一边"为我仇"。

对照此番李鸿章致总理衙门的呈文与他在"千岁丸""健顺丸"商船

---

① 〔日〕柳原前光:《使清日记(下)》,十月十一日。
② 同上。
③ 同上书,十月十四日。
④ 李鸿章:《请简全权大臣议约折(同治十年五月二十日)附日使照会》,《李鸿章全集4》,合肥:安徽教育出版社,2008年,第318页。
⑤ 李鸿章:《遵议日本通商事宜片(同治九年十二月初一日)》,《李鸿章全集4》,合肥:安徽教育出版社,2008年,第216页。
⑥ 同上。
⑦ 同上书,第217页。

来沪时相对消极的对日主张，可以清楚地发现，此时他更坚定地秉持"以夷制夷"思路，并且因为日本与中国地缘相近、人文相通，且皆受欧美列强逼迫、欺凌而彼此产生亲近感。待到日后日本越来越不加掩饰地觊觎中国并取进攻态势时，李鸿章的对日态度又发生大的逆转，转而寻求联俄抗日。

第四节　与外国驻华领事互动

柳原一行在动身来中国之前，欧美各国驻东京公使或领事分别给本国驻上海领事写了介绍信，请他们照顾柳原等。在上海和天津期间，柳原等与驻在两地的西方各国领事频繁互动，从中获取有关中国国情的若干信息，也得到一些如何更好地与中国官员打交道的建议，还多方打探天津教案的处理进展，瞩目清政府与西方列强的关系，也于不期然间在第一时间获知俄国驻日本使领人员的人事变动等信息。

一、在沪密集接触

鸦片战争后英国强迫清政府签订《南京条约》，开放广州、福州、厦门、宁波、上海五口通商。1843年10月英国又通过签订《五口通商附粘善后条款》(《虎门条约》)，攫取了在通商口岸租地建屋的特权。1845年11月29日清政府苏松太兵备道宫慕久与英国首任驻上海领事巴富尔(George Balfour, 1809—1894)共同公布《上海土地章程》(*The Shanghai Land Regulations*)，设立上海英租界。随后美国、法国、德国、俄国、丹麦、意大利、葡萄牙、奥匈帝国、比利时、西班牙、荷兰等国也纷纷与清政府签订不平等条约，争相到上海开设租界。

《使清日记(上)》载，八月十日柳原前光同花房义质等到英、美、普鲁士①等国驻上海领事馆，"以告来使之故，且问天津动静及国情"：

> 同义质等持东京各公使所寄书函，至英国领事灭多士德、美国领事冉钦士、布国领事安讷克等公馆，相见投递，以告来使之故，且问天津动静及国情。赠英国领事以漆器等件。布国领事曰："近日得本国新报，云我国与法战斗，初互有胜败，后三战皆得大捷。"鼻间诩诩，颇有得色。②

---

① 当时德国尚未完成统一，《使清日记》中称普鲁士为"布国"。
② 〔日〕柳原前光：《使清日记(上)》，八月十日。

灭多士德（Sir Walter Henry Medhurst, 1823—1885），中译通作"麦华陀"，英国外交官，1839年随其父伦敦会传教士麦都思（Walter Henry Medhurst, 1796—1857）①来华，历任英国驻厦门代理领事、驻华商务监督署（任所在香港）汉文正使、驻福州领事、驻上海代理领事和领事、驻汉口领事。1870年起被委任为驻上海永久领事，1876年底退休回国。著有《在遥远中国的外国人》②。

冉钦士，具体所指未明。当时熙华德（George Frederick Seward）任美国驻上海总领事③，冉钦士或为美国驻沪总领事馆的领事衔外交官。1846年7月美国在上海开设领事馆，以旗昌洋行合伙人吴利国（Henry G. Wolcott, ? —1852）④为代理领事，在英租界旧纤道（今九江路）设立领事馆。1861年9月美租界与英租界合并，称公共租界。

安讷克（W. Annecke），时任普鲁士驻上海领事，1871年6月23日—1872年12月4日任统一后的德国驻沪领事、署理公使，《使清日记》后文多写作"安纳克"。1852年汉堡城在上海设立领署，为德国统一前在华设立的第一个领事机构，此后陆续有普鲁士、律百克、不莱梅、汉诺威、澳颠北、北德意志工会等城市、邦国、组织在上海设立代理机构。1871年普鲁士统一德国，同年温策勒（Paul Wentzel）成为统一后的德国首任驻沪领事。

"布国与法国战斗"指1870年爆发的"普法战争"，德意志试图统一，妨碍了法国在欧洲大陆的霸权，双方兵戎相见，翌年法国战败，普鲁士得以统一德国。

《使清日记（上）》八月十一日条又载："一点钟同义质等至法国领事美日安、荷国领事士剌弗白公馆，递书相见，各如昨日见三领事。"⑤《使清日记（下）》十月二十七日条抄录在娼家所见悬挂于鸦片床头的袁祖志《竹枝词》二十四首，其一作："沪上风光尽足夸，门开新北更繁华。出门

---

① 相关生平及著述情况参见〔英〕伟烈亚力：《基督教新教传教士在华名录》，赵康英译，天津：天津人民出版社，2013年，第30—49页。
② Walter Henry Medhurst, *The Foreigner in Far Cathay*, New York: Scribner, Armstrong and Co., 1873.
③ 熙华德1861年任美国驻上海领事，1863年6月升任总领事，先后在任15年；1876—1880年任美国驻华公使。
④ 参见吴成平主编：《上海名人辞典》，上海：上海辞书出版社，2001年，第195页。
⑤ 〔日〕柳原前光：《使清日记（上）》，八月十一日。

便是华夷界,一抹平沙大道斜。"①并夹注:"上洋亦名沪渎,新北门自辛酉年备夷防寇时始开,市桥外即法兰西国租地界趾。"②1849年4月6日上海法租界成立,为英租界与县城之间的土地。

《使清日记(上)》八月十八日条载:"英国领事赠上海租界洋行户籍及地图。"③此系英国领事主动赠送还是应日方要求而提供,仅凭《使清日记》片言只字的记录不得而知,然使团到中国短短十天便收集到如此重要的情报资料,却是非常高效的。第二天柳原前光与花房义质亲到英国领事馆,"赠土物数种,酬昨日所赠也"④,足见他们也非常看重上海租界户籍与相关地图的价值。

在离沪赴津前,柳原等于八月二十一日"如约至布国领事安纳克之馆。馔接极渥,尽欢而归"⑤;八月二十五日"同诸员往美、布、法、英、荷等国领事馆告别,且需致天津在留领事之荐书"⑥;八月二十七日英国领事到柳原寓所送别。自津返沪后,柳原等"至英、布、荷三国领事馆报到"⑦。

柳原前光在回国前,于闰十月十三日特意带品川忠道、斋藤丽正、神代延长到美、荷、英、法、普鲁士等国驻上海领事馆告别,皆不遇。翌日柳原前光与品川忠道、斋藤丽正又到英、法领事馆告别。拜托英国副领事修书交品川忠道转致上海海关,"以便诸获照料"。十五日柳原前光、品川忠道、斋藤丽正往普鲁士领事馆告别。所到之处皆拜托各国领事关照留在上海权行领事职责的品川忠道。

二、在津频繁来往

《使清日记(中)》九月三日条载使团抵达天津,并简要介绍紫竹林租界:"紫竹林者,外国人租界之地,税关、各国商馆及领事公署在焉,比之上海居留地不过五分之一。"⑧紫竹林为天津老地名。第二次鸦片战争后英、法、俄等国逼迫清政府签订《天津条约》(1858)和《北京条约》

---

① 〔日〕柳原前光:《使清日记(下)》,十月二十七日。
② 同上。
③ 〔日〕柳原前光:《使清日记(上)》,八月十八日。
④ 同上书,八月十九日。
⑤ 同上书,八月廿一日。
⑥ 同上书,八月二十五日。
⑦ 〔日〕柳原前光:《使清日记(下)》,十月二十六日。
⑧ 〔日〕柳原前光:《使清日记(中)》,九月三日。

（1860），后者规定增开天津、喀什噶尔、库伦为通商口岸。英、法、美三国首先将位于天津城东南约三公里的紫竹林村沿海河一带划为租界，俗称紫竹林租界。

九月二十五日柳原前光与花房义质、郑永宁到紫竹林，希望通过美国驻天津领事介绍，拜会俄国驻清全权公使倭良嘎喱（Genreal A. Vlangaly），不巧公使外出不遇。第二天柳原等再去一次，得以见到倭良嘎喱及俄国驻天津领事孔令①。柳原等与俄公使谈话数刻，公使告诉他们："今往北京，与前办理公使交代。前公使归国之后复出外，必到贵国驻京也。"②前办理公使指的是布策（Eugene de Butzow），《使清日记》作"部酢富"，1869年4月21日—1870年10月15日任俄国驻清署理公使（临时代办），1870年10月15日—1873年10月5日倭良嘎喱继任特命全权公使。所谓"交代"，意为交接，即俄国行将召回驻清署理公使，转派往日本。九月二十九日俄国驻天津领事孔令（《使清日记》作"孔气"）到柳原寓所会谈，为俄国公使因去北京不能亲自前来回拜表示歉意。

即将离开天津返回上海之际，十月十九日下午柳原前光、郑永宁往俄、普鲁士、美、英四国领事馆告别。同日条又载："俄国办理公使部酢富已与全权公使倭良嘎里（原文如此）交代，辞京来津，亦乘'满洲'船至申转游横滨，云曾以寓箱馆，少通我国语。"③布策（部酢富）与柳原等乘坐同一艘船自天津去往上海，再从上海转赴横滨，后果然被任命为俄国驻日使节。柳原使团在出使中国过程中因与欧美列强驻在上海、天津的外交官频密交往，不经意间竟能提前获知俄国驻日使节的人事调整计划，却是始料未及的收获。

据《使清日记（中）》载，九月五日柳原前光与花房义质到美、英、普鲁士等国驻天津领事馆递送上海各领事荐书。九月六日普鲁士驻天津领事设晚宴招待柳原前光与花房义质。九月九日美国驻天津领事到访柳原寓所，《使清日记（中）》载："语次及清国通信通商之事，大善之。"④这大概就是当时欧美列强对日本主动追求中日建交通商一事的态度。柳原一行动身出使前，欧美各国驻东京公使或领事纷纷写信知会本国驻上海领事，柳

---

① 俄国驻天津领事，《使清日记（中）》九月廿九日条载其名为孔气，旁注日本假名"スコチコフ"标注读音，中文习译作"孔令"。
② 〔日〕柳原前光：《使清日记（中）》，九月廿六日。
③ 〔日〕柳原前光：《使清日记（下）》，十月十九日。
④ 〔日〕柳原前光：《使清日记（中）》，九月九日。

原等离沪赴津之际,外国驻沪领事再作荐书致本国驻在天津者,托他们照顾柳原等。由此可见,欧美诸国对柳原使清一事乐见其成,至少以日本当时的国力尚不足以引起欧美列强的戒备之心,待到日本逐渐强盛并意欲称霸东亚时,俄国、英国等起而防范,俄国进而在中国东北、朝鲜半岛与日本展开角逐,则是后话。

第四章　广泛结交中国士商的余兴

除官方的正式交涉以外，柳原使团成员与中国士人也有不少私人交往，比如通过"笔话"交流，或诗歌酬唱等，成就了近代中日文化交流史上的一段佳话。借助翰墨结缘的方式，使团成员在与中国文人的互动过程中进一步加深了对中国政治、社会与文化的了解，便于多渠道获取中国不同领域的情报，并及时调整对华交涉策略。使团成员善于借由旧朋结识新知，《使清日记》多处记载了柳原等恳请中国人写信拜托外地友人照拂的情况[①]，其结交者不乏一些商人，如此一来不仅便利了使团在华期间的衣食住行，而且也为顺利完成出使任务解除了不少后顾之忧。使团成员结交中国士商的相关记录成为《使清日记》中别具风雅的精彩华章。

第一节　赠诗索书多风雅

柳原等在第一次拜会曾国藩时即曾当面向他求墨宝，使团主要成员也曾获赠李鸿章的自笔楹联，他们在与其他中国官员以及范围更广泛的士人交往时，也常有互赠诗作、索求墨宝、嘱书帖面等交游情况[②]。

一、石交新订仗诗媒

柳原使团与天津道台丁寿昌有许多交往，但基本不涉及公务，所以将他们的有关交流情况放在此处论述。丁寿昌颇有文名[③]，与柳原等有过数番诗歌酬唱。

九月十日丁寿昌到柳原寓所拜会，并赠他律诗一首：

---

① 如八月二十五日郑永宁访旧知钱艇夫，此前曾托他致信天津大户以借寓，想确认是否办妥，翌日钱艇夫作书拜托天津刘森代为照拂使团一行。再如九月二日柳原等搭乘的"满洲"号船管账陈仪亭致信天津旗昌行崔子亭，拜托他照应柳原等："但住官寓规矩，每日每人该米饭房租多少，祈为指明于他是也，免为津人之强求就是。"显示出管账人的精细。

② 比如，《使清日记》八月九日、八月十二日、闰十月二日条中均有相关记载。

③ 《使清日记（下）》十月十日条载："有客来谈，语次及时事，曰：'此地文人寥寥，故府学亦属荒凉。官员皆俗吏，只李鸿章、丁寿昌有文才耳。'"

> 海风吹客到天涯，异地班荆兴转赊。
> 上国衣冠还太古，使臣半度自高华。
> 题笺索我三升墨，投笔输君万里槎。
> 此日复逢萧颖士，应知屈宋有官衙。①

结句中以"萧颖士""衙官屈宋"为喻，夸赞日本使团成员文才出众。当年日本遣唐使曾表示要请萧颖士为师，丁寿昌在此巧妙借用该典故，不仅夸赞了使团成员的文化素养，而且也恰如其分地呼应了柳原一行的出使身份。

九月十二日丁寿昌赠柳原等《渊海子平》《诹吉宝镜》各五部。两书皆系命理学著作，不知系柳原等专门索要的，还是丁寿昌主动赠送的。十月十一日当柳原一行完成使命即将离津之际，丁寿昌赠他们蜜枣、桂圆、茶及诗五首。其中赠柳原前光的诗曰："上国随缘住，相逢各有因。霜钟天外应，云水异乡亲。陆杳程途回，开皇岁月新。仙山真咫尺，四海若为邻。"②"云水异乡亲""四海若为邻"表达有缘结识之意，国别、地域的阻隔不妨碍彼此相知相亲。

丁寿昌赠花房义质诗曰："同是天涯客，高风几度攀。一朝新雨露，万古此河山。地岂中原限，身从五岛还。乘槎来日下，和气满人寰。"③其中"地岂中原限"一句与赠柳原诗中的"四海若为邻"表达了类似意境。赠郑永宁诗曰："夙有安邦志，而无济世才。众星皆北拱，佳气尽东来。秋水伊人在，长风破浪才。含情兼默语，樽酒共徘徊。"④先言自己有"安邦志"却乏"济世才"，自谦自抑的笔法与下文夸赞对方"长风破浪才"的表达形成鲜明的对照映衬。

赠名仓信敦诗曰：

> 鸿爪春泥迹偶然，一樽诗酒咨前缘。
> 来途若问风帆利，应在清明第二天。
>
> 万里长风破浪行，停云客至不胜情。
> 料应五岛归来日，次第编诗记水程。

---

① 〔日〕柳原前光：《使清日记（中）》，九月十日。
② 〔日〕柳原前光：《使清日记（下）》，十月十一日。
③ 同上。
④ 同上。

东洋佳气欎朝霞，衔命争随八月槎。
　　为问仙山今在否，可今常放四时花。

　　津市相逢作吏来，石交新订仗诗媒。
　　平生忧乐关天下，结纳无分中外才。①

"石交新订仗诗媒"说明自己与使团成员因诗歌酬唱而结缘，并结下了如磐石般坚固的深情厚谊。结句中的"平生忧乐关天下"巧妙化用范仲淹"先天下之忧而忧，后天下之乐而乐"句意，表达自己心系天下和黎民苍生的拳拳之心；"结纳无分中外才"则表现自己爱才、惜才与喜欢广泛结交天下英才的气度和雅量。

赠尾里政道诗曰："白也诗无敌，群儿砚欲焚。羡君扶大雅，自昔重斯文。嘉什琳琅富，深情缟纻殷。分镳从此去，天路共风云。"首句"白也诗无敌"直接袭用杜甫《春日忆李白》"白也诗无敌，飘然思不群"，却能做到有迹无痕。"群儿砚欲焚"化用曾巩《戏呈休文屯田》"已闻清论至更仆，更读新诗欲焚砚"句意，言简而意丰。两句化用和借镜用以体现自己对尾里政道诗才的推重，表示自愧不如。

丁寿昌虽然位居天津道台之职，但因与日本使团交涉并非其职责所系，因而他以一介文人的身份与使团成员酬唱往来，柳原等对如许私交十分看重，这从《使清日记》不厌其详地照录丁寿昌与他们会面时的细节及每一首诗作便可窥豹一斑。

二、文章笔墨世少见

闰十月二日柳原一行甫从上海抵达宁波，即作书致宁绍台道台文廉，欲订期会晤，不巧文廉在前一天夜间"以中风卒"，负责递书的应昌槐遂将柳原等的拜书与成林托文廉照应使团的信函一并送交宁波知府边葆诚②。使团一行在宁波期间，主要由边葆诚和江苏候补道陈政钥③负责接待。

二日下午边葆诚派陈政钥往见柳原等，三日柳原等拜会边葆诚。《使清日记》中载边葆诚"谦恭温良，善书"，柳原等"见府中题额皆边所书，

---

① 〔日〕柳原前光：《使清日记（下）》，十月十一日。
② 边葆诚，直隶河间府人，清同治、光绪年间任宁波知府。
③ 陈政钥以麻将发明者而闻名于后世。

笔法精巧"①，于是向他索书，获应允。

《使清日记》中提到，陪同招待柳原等的项谨庄见到边葆诚所赠楹联，夸赞边氏的文章笔墨："边家高、曾、祖三世任清，俱至宰相，今子侄辈登仕篆者亦不为少，且文章笔墨如边氏者世不多见"②。边氏一族家学渊源深厚，"论者谓：河朔文采彪炳，而边氏一族尤为诗人之薮，人比之六朝王、谢云尔。"③边葆诚文章笔墨名重一时，加之见面时柳原等使事已毕，所以他们之间的交往除了必要的官方接待礼仪外，更多的是相对纯粹的文人墨客式的交流。

五日边葆诚回拜，柳原等具酒菜招待，并赠以《国史略》《星岩集》和五色纸笺等。七日郑永宁往边府告别，边葆诚赠以家刻《竹岩诗草》④和浙刻《雁荡山志》⑤、《随园诗草》⑥、《杜律启蒙》⑦各一部，并湖笔、徽墨、芽茶、绍酒等物及自笔楹联，柳原等只将书籍收下，其余的都退还回去。

因柳原一行到宁波意在游历，并无公事办理，且值地方最高长官文廉遽然离世，临时代行接待任务的边葆诚勉力做到不负成林所托，尽好地主之谊。边葆诚的身份当是公私兼顾、以私人身份为主，他向使团成员赠送家刻诗书即可佐证这一判断。

第二节　数字笔谈亦好缘

《使清日记》中详细收录了使团成员名仓信敦与中国友人的三次笔话内容：八月十二日与旧知张秀芝笔话，八月二十五日往访侯平齐并与之笔

---

① 〔日〕柳原前光：《使清日记（下）》，闰十月三日。
② 同上书，闰十月七日。
③ 徐世昌：《大清畿辅先哲传（下）》，北京：北京古籍出版社，1993年，第680页。
④ 《竹岩诗草》全名《竹岩诗草二卷》，清代诗人边中宝撰，《四库未收书辑刊》有收录。
⑤ 《雁荡山志》全名《广雁荡山志》，清代温州人曾唯纂辑，内容包罗宏富，体裁广博，是关于雁荡山的最后一部旧式志书，也是历代雁荡山志的集大成者，清末孙诒让《温州经籍志》誉其"在雁山志中最为完备"。
⑥ 《随园诗草》，清代诗人边连宝（1700—1773，与同时代诗人袁枚号称南北两随园）撰，蒋士铨选订，边中宝校勘，与边汝元《渔山诗草》、边中宝《竹岩诗草》一同由边廷抡刊刻。
⑦ 《杜律启蒙》，清·边连宝评撰，专事注解杜诗五律、七律，共十二卷，前九卷为五律注解，共计解诗627首；后三卷为七律注解，共计解诗151首。

话，八月二十七日海防官郭阶到使团寓所笔话。此外，九月九日名仓信敦访王印川，席上赋诗相酬，信敦诗中有句："虽然会面难豫约，数字笔谈亦好缘。"①足证使团成员尤其名仓信敦与中国士人交往时，"笔话"/"笔谈"是一种重要的交流方式。

名仓信敦与中国知识士人的笔话广泛论及使团来华使命、中国通商大臣威权、天津教案余波、使团进京递信要求等。这些笔话记录从一个侧面反映出当时一般中国读书人对日本近况的隔膜和无知，也用隐而未显的笔法表现了当时中国府学不兴、文学不振的颓势。

一、与张秀芝笔话

柳原一行初到上海不久，八月十二日名仓信敦的旧知、四品官衔五品官张秀芝到访使团寓所，并与使团成员展开笔话，《使清日记》对此有十分详尽的记录。

张秀芝先与名仓信敦笔话交流，后来使团其他成员也参与进来。二人笔话一开始，曾谈及使团正使柳原前光和副使花房义质，待笔话进行了一段时间后，柳原等也加入进来。中间一句"余曰：'号青青'"②即为柳原前光所言，其余皆为名仓信敦与张秀芝二人之间的笔话记录。

从上下文句意判断，笔话录文三分之一处的"通商之事甚易，惟弟现未奉委办理贵国之事，自有陈司马照料一切，想必能妥惬也"③一句，出现的位置理应更靠后一些，当与论总理衙门、通商大臣的几句前后相继。可能是因为笔话进行过程中用了若干纸张，过后整理笔话记录并收录进《使清日记》时，前后顺序或偶有错乱。句中的"陈司马"指当时负责上海租界会审事务的同知陈福勋，受命与初到上海的柳原一行直接接洽。

此番笔话内容丰富，且涉及面非常广，举其大者，主要有三：一是请教通商大臣威权；二是询问气候交通，为使团进京作准备④；三是探问天津教案的余波与影响。至于询问气候交通一事，内容尚属平常，且柳原使团

---

① 〔日〕柳原前光：《使清日记（中）》，九月九日。
② 〔日〕柳原前光：《使清日记（上）》，八月十二日。
③ 同上。
④ 名仓信敦虽然此前有三次到访上海的经历，但三次来华的活动范围都极为有限，对北京、天津等地的气候风土、水路交通等状况不甚了解，故有此问。此时使团对进京面见奕䜣一事甚为乐观，所担心的只是寒冬渐近，或会导致水路结冰、旱路不通，而没有预料到等到天津后却不准进京。

最终亦未获允准进京,故在此不再展开。以下简要分析请教通商大臣威权一节,和探问天津教案余波的相关情况(本部分仅作粗线条梳理,更多详细分析留待第六章第一节处理)。

(一)请教通商大臣威权

笔话内容的一大关键是张秀芝告以通商之事易行,名仓信敦向张秀芝请教通商大臣有何等威权。张秀芝所说的总理衙门由恭亲王奕䜣总司其事,中堂、尚书佐理,外则有南北两通商大臣,且通商大臣"小事在外作主,大事则咨总理衙门施行"等有关总理衙门运行的"大略",令使团明确了此行需要打交道的主要对象,也大致了解了清廷负责外交交涉事务的各大员的职责与权限。

八月九日柳原一行甫一抵沪,受长崎县委派前来上海侦办在日清民伪造日钞案的蔡祐良即建议,宜将长崎县知事致涂宗瀛的信函托与陈福勋转递。陈福勋面见蔡祐良与名仓信敦时,表示不敢擅接书信,称须第二天禀明道署后再来回话。柳原等当时便清楚地意识到清朝官场等级制度之森严。经此番笔话,使团更加明确地知悉清廷外交权收归总理衙门,而恭亲王奕䜣又主其事,遂进一步坚定了进京面见奕䜣、当面递交信函的念头,并开始着手为进京作准备。

(二)探问天津教案余波

使团成员与清地方官员及士人多次论及天津教案,和外国驻沪、津领事也数次谈及,并亲到案发地点实地踏查。

名仓信敦在笔话时问及天津教案余波,真正关心的倒不是自身的安全问题,而是担心他们搭乘的外国轮船是否可以不受阻碍地通行。其实,无论清朝官员还是一般中国士商,在和柳原使团交流时并没有因为他们是外国人而刻意讳言天津教案。比如,涂宗瀛在接见柳原等时,即以天津教案余波未平劝他们不要急于北上:"据愚见,现在天津有惨杀法国人一案,和战未定,不可谓无危险,不若待下官将各位来意细告上司各宪,听取回信,而后定其行止,此乃万无一失之策也。"[①]柳原等终因等候回信耗时太久而坚持尽早启程去往天津。

《使清日记》中另外也有数处对天津教案的记载。柳原前光甫到上海,便持欧美诸国驻东京公使或领事的介绍信到英、美、普鲁士等国驻沪

---

① 〔日〕柳原前光:《使清日记(上)》,八月十七日。

领事馆,"以告来使之故,且问天津动静及国情"①。使团一行九月三日傍晚抵达天津紫竹林租界,第二天就到天津教案发生地探看:"岔北岸头有法国天主堂,即今兹五月乱民所焚毁。往探之,堂甍俱烬,独留砖壳而已。"②

《使清日记》中又载:

> 花房义质访美国领事,领事云:"清国乱民焚毁天主堂一事,李鸿章等与外国官吏议,斩首事民十五人,谪廿二人,又约定重修天主堂,出偿金若干,略至平决。"③

清政府对外妥协,对内镇压,主动提出派钦差到法国"谢罪",并向西方各国提供巨额赔偿,教案才最终得以了结,没有引发更多冲突。

二、与侯平齐笔话

八月二十五日名仓信敦访侯平齐笔话,名仓信敦简要提及日本新近发生的王政复古、壬辰之役、明治维新等大事,而侯平齐的若干发问却表现出他对日本近况所知十分有限,而且试图了解的意愿也并不强烈。

(一)中国士人有限的日本认知

侯平齐在笔话中仅问及"正一位在何处""贵国将军何品""今以天子为尊,然否""平秀吉有后裔否""贵国有徐村,系于徐福后裔,然否"等十分陈旧的问题,对日本的知识尚停留在徐福东渡传说、丰臣秀吉的演义故事、日本不同于中国封建体制的摄关政治等。侯平齐作为名仓信敦的旧知,虽然此前已与日本人有过一定程度的交往,但对日本当时的状况仍十分隔膜,对日本的认知大多来源于中国史书上的零星记载,以及一些道听途说的传闻逸事。

显然侯平齐对日本新近发生的明治维新等重大历史事件也有所耳闻,故问及"今以天子为尊,然否",也提到"去岁闻得贵国有干戈之事",但从其所占笔话的篇幅以及笔话的整体内容来看,他对日本现状不仅无知而且近乎无感,并没有迫切了解的兴趣。

侯平齐对日本不甚了了的情况在近代中国士人中并非孤例个案,而是

---

① 〔日〕柳原前光:《使清日记(上)》,八月十日。
② 〔日〕柳原前光:《使清日记(中)》,九月四日。
③ 同上书,九月十六日。

一个普遍现象。虽然身处开放港口上海，那里外国人进出十分频繁，其中有日本商民前来，也不乏赴日经商的中国人往还此间，理论上讲他们有机会得以便利、迅捷地获取海外信息，但事实上当时一般的中国士人对明治维新后的日本既缺乏真正意义上的了解，又对日本社会、政治、经济等层面的新变化与现状不够关心，甚至没有探究的意愿。

当时一般的中国士人对日本的认知仍停留在从历史文献中获取的一知半解，乃至一些类似徐福东渡的传说①。时至今日中日学界仍有人将徐福东渡视作不可移易的信史，并不断加以言说。我们倾向于认为，将颇具文学笔法的徐福东渡传说完全视同为史实是不恰当的，无论考古所见还是文献记录，都没有提供足够证据可以确认其为信史，但相关考古发现却一再证明，历史上大陆移民到日本列岛的事情确实发生过，而且不止一次，但这和径直将传说历史化是两码事。

名仓信敦与天津文庙旁学寮内的刘生交流时，刘生问及日本"因何取士"，名仓信敦答曰："敝邦制度久为封建，至二三年前政治一新，如郡县制。故取士之法不同贵邦，与周末列国时略相似。"②发问的中国人虽然对日本表现出了一定程度的了解意愿，但终因隔膜太久、太深，对日本发生的新变和近况完全不清楚，其提问大抵也是出于猎奇心态。

(二) 不解何为"通信"之意

名仓信敦在笔话中提及"此行在到京议通信通商"，侯平齐不解"通信"为何意。他尝试从中文字面意义上加以理解，以为若解作"两国往来文书"，似亦不十分妥帖。名仓信敦解释说，使团的使命在于"到京议通信通商"，一方面递交外务卿、外务大辅致总理衙门的公函，另一方面也需要按照外务省的训令和授权同中方"细议事"。联系日本历史上"朝鲜通信使"③的命名方式，当不难理解所谓"谋通信贸易之事"的"通信"，狭

---

① 司马迁《史记》中载有秦始皇时期徐福率领三千童男女自山东沿海东渡的传说（事见《秦始皇本纪》和《淮南衡山列传》）。传说遍及韩国南部与日本，成为中、日、韩文化交流的一段佳话。
② 〔日〕柳原前光：《使清日记（中）》，九月六日。
③ 日本历史上称朝鲜派往日本的官方正式使节为"朝鲜通信使"。朝鲜通信使有广狭两义，广义的通信使指15—19世纪朝鲜王朝派往日本室町幕府、丰臣秀吉政权、江户幕府和明治政府的外交使节，狭义的通信使则专指壬辰倭乱后1607—1811年间朝鲜派往江户幕府的12次外交使节。朝鲜通信使与日本派往朝鲜的"岁遣船"一起构成了当时朝鲜与日本官方往来的主要形式。

义而言指柳原使团作为正式外交使节出使清国递送官方书信,广义而言则在于向中方表达日本希望建立邦交的意愿。

此前名仓信敦通过与陈福勋、涂宗瀛打交道,并与张秀芝笔话,已经对使团接下来如何完成外交任务有了新的判断。他一方面认为使团有可能需要淹留天津,与三口通商大臣细议事,另一方面却也相信迁延一段时间后仍有机会进京,可以当面向总理衙门递交公函,并议通信通商具体事宜,是以在此番笔话中乐观地展望"进京无所妨"。

三、与郭阶笔话

《使清日记(上)》八月二十七日条详细记载了松江府海防官郭阶到柳原使团在上海的寓所与名仓信敦等人笔话的情况。

郭阶,字子贞,一字慕徐,湖北黄州府蕲水县人,时任补用道候补知府,借署松江海防同知①,五品官,同时他也是一位勤勉的学者,著有《春晖杂稿十一种》②,包括对《周易》《大学》《中庸》等的考释、集选诗、自撰诗稿等,其中包含诗文创作《迟云阁诗稿四卷文稿五卷》。

名仓信敦一方面因"不谙北京地理",希望进京之后得到郭阶的朋友照拂;另一方面渴望"因尊介,达明士",即借助郭阶的介绍可以结交京内名流。郭阶先说"能文者大都出京,其余无足访也"③,后又答应向翰林院毕保厘致信,但因使团一行最终未能进京,故荐书也没有派上用场。

笔话记录后半部分出现"余同诸员出见"字样,"余"指柳原前光,在郭阶与名仓信敦结束笔话后,出于礼节,柳原特意出来相见,并问及郭阶的品阶、名号和乡贯。

除这次笔话外,使团成员与郭阶日后仍有交往。据《使清日记》记载,行将回国的柳原等在向涂宗瀛告别后,"回路转至小东门内海防厅郭阶

---

① 万历朝《上海县志》卷五载,1556年(明嘉靖三十五年)松江府在上海县城设立海防厅,翌年在县署西侧建海防同知厅署,1588年(万历十六年)海防同知厅署迁至松江府城。崇祯朝《松江府志》卷二一载,另有一处防卫厅设于金山卫(今上海市金山区金卫镇),置废时间未详。(参阅傅林祥:《清代抚民厅制度形成过程初探》,《中国历史地理论丛》2007年第1期。)清朝沿袭明朝旧制,在上海设置海防厅并有所发展。1909年刊行于上海的《图画日报》曾长期连载"上海之建筑",其"海防厅署"条以图文并茂的形式留下了上海海防厅署的建置兴废历程及其建筑样貌。

② 郭阶:《春晖杂稿十一种》(16册),1889年(光绪十五年)蕲水郭氏自刻本,国家图书馆有藏。

③ 〔日〕柳原前光:《使清日记(上)》,八月二十七日。

家,阶不在,留刺而还"①,错过了一次当面话别的机会。

从长时段来看,类似《使清日记》所收录的名仓信敦与中国士人的笔话等"在野"资料,尤其其中有关天津教案、中国官员士绅对日本的无知、晚清颓势等内容,在日本国内传播流布以后,客观上助长了日本统治阶层中部分别有用心者对中国的轻慢和侵略扩张野心。

第三节 翰墨为缘频酬唱

柳原使团在华期间,与中国地方官员或士人交往时常有宴饮招待,而且在宴饮过程中每每伴有诗歌酬唱;使团成员与中国旧雨新知在告别送行或因事不能谋面时,常借助信函进行交流,信中也往往附寄赠诗;使团在归期迫近之际,向相识的许多中国文人"托诗笺索书",中国文人多在日方提供的笺纸上书以自作诗送别。这类宴饮酬唱与惜别诗作在《使清日记》中占据不小的篇幅,而且也呈现了柳原使团在华期间翰墨结缘的若干细节,反映了他们颇为丰富、充实的文化生活的一个侧面。

一、宴饮·酬唱·惜别

《使清日记》对使团成员与中国友人的交往酬唱有非常翔实的记载。重阳节庆在《使清日记》中留下了浓墨重彩的记录;使团成员拜访友人或到各处游历时常与中国士人宴饮,席间赋诗酬唱几成惯例;他们回国临别之际,收到中国朋友的大量送别诗和书法墨迹,其中很大一部分是柳原等主动索要的。

(一)重阳酬唱

《使清日记(中)》九月九日条的主要内容由四组诗作构成,实录式地呈现了使团成员在不同场合参加宴饮并进行诗歌酬唱的情形。

其中第一组诗是为庆祝重阳佳节,"寓中开筵,限韵作诗"而成,以写菊思亲为主题,参加者除使团成员外,还包括中国人邱潘恪、刘作模。其诗曰:

> 故园今日菊花香,遥想双亲天一方。
> 自讶平生在行旅,三年三处遇重阳。(前光)

---

① 〔日〕柳原前光:《使清日记(下)》,闰十月十四日。

> 满篱黄菊散清香,身似浮云不定方。
> 娘在西京爷旭水,三人三处送重阳。(义质)
> 海外秋风爱晚香,几回重九客殊方。
> 缅思今日故园菊,徒向书窗熏夕阳。(信敦)
> 秋风万里酒杯香,住在三岔河一方。
> 半白半游天外去,异乡亦是遇重阳。(同上)
> 菊花天气晚来香,怅望伊人水一方。
> 海国征帆将去也,与君客里话重阳。(邱瀞恪,清人)
> 园中晚菊尚余香,风景从来异远方。
> 为问使君乡国里,也应把酒话重阳。(刘作模,同上)
> 数丛秋菊手培栽,宦海几惊重九来。
> 故园今日书窗下,黄黄又对白衣开。(永宁)[1]

柳原前光诗中有句"自讶平生在行旅",花房义质谓"身似浮云不定方",名仓信敦作诗两首,分别有句"几回重九客殊方""半白半游天外去",都表达了身在逆旅、思念双亲之情,也有对半生飘零在外的惆怅之意。

《使清日记》当日条中收录的第二组诗是尾里政道画菊并题诗其上,众人步其韵而作的和诗:

> 政道描菊,上题诗曰:
> 燕地僦居刘氏家,三千余里故山赊。
> 不须重九登高会,却写一瓶黄菊花。(政道)
> 又同题《美人插菊图》,步政道韵:
> 秋风吹入美人家,黄菊篱边酒可赊。
> 千思万情君识否,含娇却插一枝花。(前光)
> 秋光深入伐冰家,却慕淡妆酒数赊。
> 不似沈香亭北趣,云鬟偏插傲霜花。(永宁)
> 九秋佳节在刘家,分韵品茶废酒赊。
> 时认纱窗美人影,圣知墙下摘黄花。(政道)[2]

使团成员在天津刘森处寓居,时值重阳,品酒之际又品题尾里政道所

---

[1] 〔日〕柳原前光:《使清日记(中)》,九月九日。

[2] 同上。

画黄菊花,这一组诗作所咏就是他们当时的所思所感。

第三组诗作是名仓信敦访中国友人,席上相互酬唱而成:

> 此日信敦访王印川,席上赋诗相酬:
> 间住津门近二年,与君萍水得周旋。
> 书生不识朝堂事,风月清谈语夙缘。(王印川)
> 间过秋风五十年,岂图今日蒙周旋。
> 虽然会面难豫约,数字笔谈亦好缘。(信敦)
> 辜负韶华卅六年,相逢到处有周旋。
> 知君不是寻常辈,他日长安话旧缘。(王印川)
> 一日不看情若年,先生门外水回旋。
> 燕京归路如相访,话尽西窗多少缘。(信敦)
> 此邦辉映已多年,航海重来未锦旋。
> 今日鲰生真有幸,相逢万里总前缘。(王印川)
> 酒边相对兴如年,不耐夕阳车盖旋。
> 多谢高堂重九会,结成观菊好因缘。(信敦)①

王印川诗中有句"书生不识朝堂事",据此判断,他当是未曾出仕的文人。"他日长安话旧缘""燕京归路如相访"等诗句表明,此时使团成员及其中国友人都对使团进京完成出使任务充满热切的期盼。

第四组诗是晚间名仓信敦将友人相酬的诗作带回寓所后,使团其他成员再次其韵的创作:

> 信敦归寓,以诗似前光等,又次其韵:
> 三叉河上度华年,何日功成衣锦旋。
> 诗客满堂朱与紫,菊花香里话前缘。(前光)
> 剋苦匆匆四十年,功成何日事便旋。
> 满腔精血宣清国,好对先人了世缘。(永宁)
> 世业象胥二百年,先生今日恰锦旋。
> 邻交从是又稠密,结了祖先未了缘。(义质)②

郑永宁诗中写道:"满腔精血宣清国,好对先人了世缘。"花房义质诗中谓:"邻交从是又稠密,结了祖先未了缘。"足见在重阳节晚间,在感受

---

① 〔日〕柳原前光:《使清日记(中)》,九月九日。
② 同上。

了一整天的浓厚节日气氛,也在诗作中充分表达了离乡思亲之情后,使团成员有意识地在最后一组诗作中将节庆的气氛淡化,转向思考与表达此番出使的使命上来。

(二)赋诗相赠

九月二十七日文人张恩霈①到柳原在天津的寓所晤谈,并赠柳原前光以诗,其中有句:"动予忧世隐,知尔出群材。忠毅平生许,艰难海上来。"②以"出群材"夸赞柳原能力出众,并对使团克服重重艰难困苦航海远来表示钦佩。

十月二十五日名仓信敦有诗云:"书剑几回游上洋,故人情态似家乡。童子皆道待君久,橘柚江南正饱霜。"③中国文人凌酬卿次其韵云:"三年小别隔重洋,万里睽违各一乡。知否有人居旧馆,饱餐黄菊傲秋霜。"④凌酬卿诗首句中的"三年小别"表明他们早在1867年名仓信敦来华之际便结识了,此番算是故友重逢。

《使清日记(下)》载,十月二十八日郑永宁的旧友杨懋骥⑤在上海同新楼招待柳原等。杨懋骥又邀友人金眉生⑥陪席,席间金眉生作律诗二首相赠:

徐福千年浮海去,彩云五色忽飞回。
一家水乳情原切,万顷波涛量自恢。
使节居然高陆贾,勋名端可上云台。
中原文字欣同调,不羡西天佛法来。

---

① 张恩霈,学者、官员,光绪朝曾任石景山同知。著有《大学阐要》《中庸阐要》《孝经阐要》《论语论略》《孟子论略》《中黄道经》《留松堂诗存》等。

② 〔日〕柳原前光:《使清日记(中)》,九月廿七日。

③ 〔日〕柳原前光:《使清日记(下)》,十月二十五日。

④ 同上。

⑤ 杨懋骥,字雪块,号雪山,浙江嘉兴府平湖县乍浦人,与其妻周蓉并有文名。周蓉,字静居,工韵语,善写生。(参见潘衍桐编纂;夏勇,熊湘整理:《两浙輶轩续录(第10册)》,杭州:浙江古籍出版社,2014年。)

⑥ 金眉生(1817—1880),浙江嘉善人,受林则徐推荐入吏部为国子生,历升至湖北督粮道、盐运使、按察使。罢官后回嘉善修建偶园。工诗,熟谙古今掌故,时人称"才气恢张,议论隽迈""下笔万言,藻思华敏"。著有《六幸翁文稿》《偶园诗稿》《宫同苏馆全集》和笔记《水窗春呓》。

申江楼阁碧琉璃，酒气成云烛万枝。
四海梯航皆拱极，千秋人物比观棋。
筵前黄菊香犹满，天外新梅赏未迟。
把酒送君归棹稳，好春同晒再来时。①

第一首中"一家水乳情原切""中原文字欣同调"两句，强调中日两国同文同种，在文化上天然地亲近。第二首尾联"把酒送君归棹稳，好春同晒再来时"，表达送别之情的同时，也传递出盼望柳原等明年春天再次奉命出使前来，届时再相见的情愫。

《使清日记序》中有"宇内今日之形，不亦一大棋局乎"的比喻表达，可见金眉生诗中"四海梯航皆拱极，千秋人物比观棋"一联应当会得到柳原前光的深切认同。虽无法断定二者之间是否存在影响关系，但该联与《使清日记序》中的表达同调，则是确定无疑的。

(三) 依依惜别

柳原使团确定归期后，与之交往过的津沪两地官员、士人纷纷置酒送别，柳原等也设宴与中国友人叙别，有些友人送柳原等一些地方特产，但最为常见的仍是表达依依不舍之情的送别诗。以下聚焦柳原使团十月中旬在离津赴沪前与天津友人惜别的情况，仅简单列举数例，不一一备述。

柳原等十月十六日置酒请连兴、刘森、钱达、夏仁麟、王瀛等同酌叙别。连兴送柳原等自作书画及江南茶食。

十七日邱潗恪致信柳原前光，并赠自书字一副，信中称道柳原前光才兼文武、功勋卓著，并解释自己因公事繁忙不能相送，期待明年柳原再次出使中国时重聚首。还提到倘若明年出使中国的使节不是柳原而换作别人，仍愿借柳原的介绍前去会晤、切磋诗文。

十八日夜刘森置酒送别，柳原前光、郑永宁、尾里政道出席，花房义质、名仓信敦因病未参加，兵马司副指挥李发荣、直隶候补同知王瀛作陪。王瀛送柳原前光诗一首："明朝归去一帆风，我送君行唱恼公。惭愧不知投李报，杏花开处诉离衷。"②刘森又送柳原等多种离别赠礼。

十九日萧世本、马绳武分别到柳原寓所送别。连兴来寓送行，并转达成林所嘱，称如有临行要事可说与照料。当日夏仁麟赠书赆送行。

同日钱达致书柳原前光，附赠诗册五叶、陈元禄《十二种兰亭精舍诗

---

① 〔日〕柳原前光：《使清日记（下）》，十月二十八日。

② 同上书，十月十八日。

集》五部。其送别诗曰：

> 津沽忽照使星明，万里仙槎海上行。
> 玉帛会盟周制度，衣冠朴古汉公卿。
> 谦卑好礼皆师竹，揖让叨陪快识荆。
> 一幅梅花劳惠赠，孤山翻触救卿情。
>
> 敞筵折柬昨承招，读画论诗意趣饶。
> 神采兴飞云霁月，谈锋词涌海生潮。
> 金波味品口中蚁，银镯春生座上貂。
> 此会难逢偏易别，风帆顺利祝归桡。①

第二首的结语意趣颇佳，送别异国友人，"此会难逢偏易别"的表述，不仅写尽离情别意，而且上升到哲学高度，拈出了一个中外文学作品都普遍喜欢表现的主题。类似地，钱锺书在《论快乐》一文中分析过"欢娱嫌夜短"的话题，称它既是一种心理体验，也常见于文学表达，甚至可以从中解读出"人生对于人生观开的玩笑"②。从钱达的诗作中可见，此前他与使团成员肯定不止一次在一起"读画论诗"，结下了深厚的文字因缘。

二、承赐笔扇题高吟

柳原前光等在拜见曾国藩、李鸿章等清廷官员时，都曾向他们索求墨宝，后来曾国藩、李鸿章、马绳武、边葆诚、涂宗瀛等都向他们赠送过楹联。③临回国前，使团成员曾拜托许多相识的中国新老朋友为他们挥毫。翰墨结缘成为柳原使团与中国士人交往的一种重要形式。

（一）请耿冶润、邱潞恪挥毫

十月五日柳原前光致信耿冶润、邱潞恪，感谢他们"承赐笔扇题高吟"，附送精茶、画扇、墨盒、笺纸四种日本特产作为谢礼，并另附送笺纸

---

① 〔日〕柳原前光：《使清日记（下）》，十月十九日。
② 钱锺书：《论快乐》，《写在人生边上·人生边上的边上·石语》，北京：生活·读书·新知三联书店，2002年，第22页。
③ 九月十二日曾国藩"使人赠所书楹联五副"；九月十七日马绳武作书信，递送李鸿章所赠"朱子《纲目》一部、楹联五副"；十月十一日马绳武"赠《缙绅全书》、楹联五幅并折扇"；闰十月七日边葆诚"赠物及自笔楹联"；闰十月十六日陈福勋代涂宗瀛"赠日前所约笔迹、楹联及《宋名臣言行录》一部"。

"再请于此诗笺复赐两位先生挥毫"。耿冶润当日复书,并于七日再复一书,言柳原等送来的十张诗笺,自己与邱濬恪留书三四张,余者已分送擅长书法的友人,待写完汇齐后一并交还。

耿冶润在十月七日的信中题赠柳原律诗一首:

> 东望扶桑路本赊,犹劳万里赋皇华。
> 几时玉帛成王会,终古衣冠属汉家。
> 新喜龙门重御李,聊从鳄海说乘槎。
> 使君更驾长风去,水国波涛雁字斜。①

"几时玉帛成王会"表达了对中日两国早日定盟订交的期盼。"终古衣冠属汉家"称道日本自与中国交往以来便坚守传统。"新喜龙门重御李"中的"御李"谓得以亲近贤者,表达对柳原等人的欣赏之情。

该诗还附有"后记":"庚午秋日,差次津门,适值大日本国使者青青先生到此,猥蒙雅爱,兼赐多珍,因念客中无以酬答,特作律诗一首奉赠,以结翰墨之缘云。录呈吟政,并乞哂存。"②据此可知,耿冶润当时系奉差去往天津,而非长居此处者,因缘际会,得以与柳原等人"结翰墨之缘"。

十月十四日耿冶润、邱濬恪到访柳原寓所,题所嘱诗笺曰:"庚午十月,大日本国公使柳原青青先生以精茶、彩扇、墨盒、笺纸四珍见赠,诗以志谢,并求斧正。"③后附诗六首。

第一首慨叹与日本使团有缘相见,谓"三生曾有约""悟前缘"。第二、三、四、五首分别题咏获赠的日本精茶、彩扇、墨盒、笺纸。其中第四首中的"关河"本指函关谷和黄河,喻指各种地理险阻,极言柳原一行远涉重洋前来中国之不易。第四首中的"生花笔"和第五首中的"凤楼"分别喻指杰出的写作才能和文章巨匠,以此表达对柳原等人文才的夸赞。最后一首祝颂使团一行归途平安。

(二)拜托王桢题诗

《使清日记(下)》十月六日条载:"国学生王桢来访,前光出诗笺乞题诗,诺去。"七日王桢在柳原前光所托的诗笺题诗并送回,其诗云:

> 计日重洋万里经,鱼龙慴伏效皇灵。

---

① 〔日〕柳原前光:《使清日记(下)》,十月七日。
② 同上。
③ 同上书,十月十四日。

>　别从乌戈黄支外，一道东风送使星。
>　雍客剑佩气如虹，绰有观光国士风。
>　恰遇渡江刘越石，主宾欢恰两情通。
>
>　商贾腾欢遍市间，东京使者度纤余。
>　他年修史容参笔，货殖应添海外书。
>
>　乍识荆州辱赠笺，属留翰墨几重缘。
>　即今岂少鸡林客，谁许诗才步乐天。①

"他年修史容参笔，货殖应添海外书"，赞扬柳原的出使成就，但将其成就仅归于"货殖"，即经商盈利，无形中却又低估了柳原使团此行的价值和意义。

"乍识荆州辱赠笺"与结句"谁许诗才步乐天"，以夸张的笔法极言柳原前光令中国士人敬仰爱慕的程度及其出色的诗才。"鸡林"本有多个义项，参以五代齐己《送僧归日本》中的"却忆鸡林本师寺，欲归还待海风秋"，以及明代祝允明《答日本使》中的"诗名愧动鸡林客，禅谛欣参鹫岭师"，此处化用来题赠同为日本使节的柳原前光，与前引两诗很好地形成互文关系，其用心之处不言自明，更有说不出的熨帖。

第四节　旧友牵线结新知

使团成员中因郑永宁通中文，且有多年在日本担任翻译的经历，故在中国有一些旧相识；名仓信敦在此番出使前曾三次到访过中国，所以也有一些中国旧友；受日本大藏省委派驻上海的品川忠道经友人介绍，得以结识曾在长崎、神户、横滨等地做生意的中国商人应昌槐，品川忠道继而介绍柳原等与他结识。使团成员结交的中国士商大都古道热肠，柳原等也主动请他们写荐书拜托朋友关照，是以通过旧友牵线搭桥介绍新知的办法，柳原使团得以在中国不断扩大"朋友圈"，不仅便利了在华期间的衣食住行，而且对于顺畅推进出使任务也助益良多。

---

①〔日〕柳原前光：《使清日记（下）》，十月七日。

一、寄书托照拂

柳原使团常常拜托已经相识、相熟的中国官员、士人或工商业者写荐书，以期新到一个地方时可以得到照顾。如在上海时郑永宁拜托自己的旧知钱艇夫致信天津大户，帮助解决到天津后的住宿问题；名仓信敦拜托上海的士人介绍京中相熟的名流，并期望到京时得到关照；离开天津返回上海前柳原特意拜托成林致信宁绍台道台文廉，以期使团成员到宁波游历时可以获得方便。

（一）永宁旧知作荐书

八月二十五日郑永宁访旧知钱艇夫，询问此前托他致信天津大户借寓之事进展如何。翌日钱艇夫设晚宴招待郑永宁和尾里政道，并于席间作书致天津友人刘森，委托他待使团到津后照拂。柳原等到天津后果然得到刘森在生活方面的悉心照料。

九月九日郑永宁写信向钱艇夫致谢，言及到天津后承蒙刘森多方关照，安排住处并拨派厮仆服侍照料，使得使团成员的生活起居十分方便；尤其提到"其该银钱俱由本柜账房开发登记，以便一照行规，不许津人贪图新客之钱"[①]。且言使团已顺利拜会过成林、曾国藩、李鸿章、马绳武、丁寿昌、萧世本等官员。郑永宁由衷地感激钱艇夫："窃思其所以然者，皆出自阁下一封书中，感激之私莫可言宣，当俟成功回申日，一行官员叩府拜谢可也。"[②]确实因钱艇夫的一封荐书，大大便利了使团在天津的衣食住行，令使团没有生活上的后顾之忧，交涉工作自然也得以顺畅开展。

（二）船上管账荐照应

《使清日记（中）》九月二日条载，柳原等搭乘"满洲"号船由上海去往天津途中，船上管账陈仪亭特意为柳原等写信，拜托天津旗昌洋行的崔子亨给予照应，交代他代为寻找一处寓所，让使团成员暂居。信中夸赞柳原"交友宽洪雅量，弟见他在船礼义相周、人品善极，略此言之耳也"，并专门提及："但住官寓规矩，每日每人该米饭房租多少，祈为指明于他是也，免为津人之强求就是。"[③]面面俱到的嘱咐显示出管账人的精细。

使团抵天津后，郑永宁找到崔子亨与刘森，二人果然帮忙照料一切。

---

① 〔日〕柳原前光：《使清日记（中）》，九月九日。
② 同上。
③ 同上书，九月二日。

他们问使团"欲寻何等大屋",郑永宁回答道:"仆等虽奉使而来,不过留滞阅月,何必用大厦为?但有几间房子,容得主仆十数人足矣。"①这一细节也从一个侧面反映出柳原使团在中国期间比较自律,生活崇尚简朴。出乎意料的是,最后刘森还免除了他们的住宿费用。

二、但住无房租

《使清日记(中)》九月十一日条载,成林为日本使员札委候选同知刘森干事,担负居中联络的职责。使团在天津期间,刘森为他们提供寓所,并照顾一切生活起居,甚至坚持不收房租。待使团回到上海后,又得到刘森的两个兄弟刘树琳、刘树槐的照顾。

《使清日记》在初次提及刘森时夹注"森,字越石,号树滋,浙江人,三品衔",其中"三品衔"疑或有误,因为别处又提到刘森为"候选同知",按理应该不会高于五品,而且根据他与郑永宁的往来信函主要谈及购销铜斤、托带丝绸到日本印染等细节,大致可以判断其品级只是捐衔,本质和主业仍旧是商人。

(一)照顾起居

九月九日郑永宁给钱艇夫的致谢信中写道,刘森"命行友及仆厮人等就行中打扫数楹房间,至如床铺、椅桌、器皿、饮食,一切无不亲自派拨周致""又拨两个小厮房中服役",并委托自己身边得力的仆从负责"买应用物事,雇倩轿马人船"②等一应事务。十月六日刘森及时提醒柳原等预制裘衣皮裤,以备不时之需。

十月十八日刘森治酒宴送别柳原一行,又赠送临别礼物若干。第二天"刘森送至船中分手。因开费用各账,乃同至银房,将上海银行银票找算。"③闰十月十日郑永宁作书寄刘森,言及回上海后承蒙刘森的两个弟弟多方关照,十分感激。

(二)采购寄赠

闰十月初九刘森致郑永宁的信及大木箱一只寄至其弟刘树槐家,木箱内装有虎豹皮及书籍,系在天津时使团成员托刘森进京的朋友买办的,并有刘森奉送的礼物八色。信中说:"前承委办各件现已购就,装成木箱

---

① 〔日〕柳原前光:《使清日记(中)》,九月四日。
② 同上书,九月九日。
③ 〔日〕柳原前光:《使清日记(下)》,十月十九日。

一只，册页三部亦在包内。并有微物八色，奉呈诸君及青青星使，聊以表意。惟内有挂对五付，因尚未书就，姑俟明春台驾来津再行面纳。"①刘森还托郑永宁将一批丝绸带回日本印染，"务祈印就，即于明春带下"②，郑永宁回信应允。

（三）购销铜斤

在中国大举自主开采并冶炼铜之前，日本曾长期作为中国最主要的铜进口来源国。李鸿章在1870年的一份奏章中提到："顺治迄嘉、道年间，常与通市，江浙设官商额船，每岁赴日本办铜数百万斤。"③《使清日记》中也有日本商船运铜前来中国售卖的记载。

1870年闰十月初四日本监督大佑小野义真、通商少令史田中直方运铜五十万斤到上海，恰值柳原一行当天出发到宁波游览。九日使团成员回沪后，郑永宁同品川忠道、小野义真到福昌洋行访刘树槐，谈及欲卖铜之意。

十日郑永宁作书信寄刘森，除申谢外主要论及卖铜一节，提到"弟曩客居宝行时，阁下叮嘱此事匪朝伊夕矣"④。可知使团在天津时，刘森必定多次向郑永宁拜托过购销铜的事情，当时郑永宁答应"回国倡办"，不期然间有日本通商署员押带铜到上海售卖，"弟念阁下付托之重，已劝该员切勿散卖，以听津门回音"，期待刘森南下面商，或"速赐回信，明晰裁定"⑤。

郑永宁在信中还提出："现今我等未娴运入津门，莫如在申交货为便。阁下是亦须知，虽然弟亦深信阁下必不以路人之货相视也。"⑥又说："闻今我国矿山日盛，可期源源接济，为此官署先运此数进口，试发一市，即须销售，今已剥来收栈。"⑦明确表示日后日本会继续源源不断地向中国出口铜。

郑永宁又转达柳原等赠刘森日本漆器数件并请他代为售卖之意："前

---

① 〔日〕柳原前光：《使清日记（下）》，闰十月初九。
② 同上。
③ 李鸿章：《遵议日本通商事宜片（同治九年十二月初一日）》，《李鸿章全集4》，合肥：安徽教育出版社，2008年，第217页。
④ 〔日〕柳原前光：《使清日记（下）》，闰十月十日。
⑤ 同上。
⑥ 同上。
⑦ 同上。

者阁下不纳房租,柳、花诸人终以为歉,兹呈漆物数件聊表谢悃,伏冀哂存是幸。"①柳原等赠刘森漆器,一方面为表达谢意,另一方面也想以此为样品,请刘森代觅销路,颇有在商言商之意。

三、相伴游沪甬

使团去往宁波前,中国商人应昌槐宴请柳原使团成员,待尽欢宴罢,在回转的路上,入昌槐所爱娼家吃茶,从娼家离开时,"仆从等偶话及前光等欲行宁波,应请接待于己家,翌日先回"②。应昌槐提前一天从上海回到宁波老家,负责接待使团并全程陪同他们在宁波期间的活动。

《使清日记(下)》闰十月二日条载应昌槐简况,以及柳原等得以结识他的始末情由:

> 昌槐年四十五,尝居长崎,来往神户、横滨,少通我国言语,待前光等极其款曲。先是品川忠道之在大坂也,有人曾与昌槐知交者闻忠道欲之上海转游宁波,乃作书荐托昌槐。忠道所以得遇于应,而前光等亦由是得此接待也。③

五日晚间应昌槐设宴招待柳原等,其友项谨庄、俞荣怀、俞阿生作陪。六日应昌槐带柳原等游览天宁寺、延庆寺,归路过俞荣怀家饮酒吃饭。七日应昌槐馈物钱行。

经由旧友故知介绍,得以结识新知,柳原等正是通过这种方式大大拓展了在华交际范围,方便了衣食住行,丰富了文化生活,也加深了对中国、中国文化尤其是中国不同地域风尚习俗的体验和理解,客观上也对顺利完成外交任务形成有力助推。借助翰墨结缘的方式,使团成员在与中国士人的互动过程中,尤其借助笔话这一形式,进一步加深了对中国政治、社会与文化的了解,便于多渠道获取情报并及时调整对华交涉策略。柳原使团更是藉由在中国的亲身见闻与观感,为后续的中日两国订交谈判做了多层面的准备工作。

---

① 〔日〕柳原前光:《使清日记(下)》,闰十月十日。
② 同上书,十月二十七日。
③ 同上书,闰十月二日。

第五章 多层面的晚清社会实录

《使清日记》中不乏以"他者"的眼光观察晚清社会的笔触。尤其在完成出使任务后,使团成员一直以来紧绷的神经得以舒缓,遂纵情观光游览,《使清日记》的行文风格也一改此前的有意克制和内敛,挣脱了仅实录官方活动的单调,转而对游历、饯宴、观剧等非官方活动进行细致记录和生动描摹,以笔歌墨舞的精彩文笔,呈现了以旅途印象为主要内容的"纪行",以游历记胜为焦点的"纪游",以及以观剧记趣与青楼写真为代表的"纪事"等不同层面。《使清日记》后半部分在文学色彩、内容丰富程度和作者情感流露等方面都有很大改观。作为近代日本人对清印象的真实记录之一,《使清日记》在对清观察与实录方面有不容低估的价值。

第一节 使途纪行

《使清日记》对使团成员的来华初印象记载得颇为详赡,对在上海、天津、烟台和宁波等地的游历见闻也都有浓墨重彩的记录和生动传神的描绘。

一、上海:宛然画致的初印象

(一)初到上海所见

《使清日记》中如此描绘船从海上来,渐近上海时所见到的景象:

> 五点钟进吴淞江,见沙船、鹅船往来杂还,间以洋船。渐近上海,河不甚阔,宛似我墨水。自吴淞港上,一路平田,青青树林,桑柘之中露出寺观、民家,有水牛就野食草,芦汀上架罾楼,守者时挑罾以舀鱼,或种圃,或晒布,宛然画致也。①

上海已开埠经年并早已开设租界,中洋杂处却又相对宁静平和,有水牛就野食草的静谧与闲适,有民家打鱼、种圃、晒布的充实忙碌与各得其

---

① 〔日〕柳原前光:《使清日记(上)》,八月九日。

所，柳原等人由衷地慨叹，当时中国江南的乡野生活"宛然画致"。不意这种田园牧歌式的宁静生活，随着列强对中国的觊觎和难以餍足的瓜分豆剖的野心日渐强烈，正在慢慢远去，不久之后就将变得可望而不可即。

当天品川忠道设宴款待柳原一行，《使清日记》对使团抵沪后的第一次盛宴记载得非常详细，甚至不厌其烦地记述特色酒水与菜肴的产地乃至具体做法，也记录了部分食材的日本名称。

《使清日记（上）》八月九日条详细记载了柳原一行游览上海街市时所见的景致与印象：

> 街市间有茶馆、酒肆、剧场、杂店，有张灯卖卜者，有提篮叫卖果食者，肩背相摩，道路杳蘙。①

继之又记他们到茶园看戏时观察到的戏场内外境况：

> 门外轿舆藉藉，候客还也。直入场内，则当面戏台，左右两层棚子，观客麕至，地上甓板，设倚卓者数十座，排列糕饼瓜子。客到则有执事者出，看坐看茶，每一客需洋一元。②

虽然不乏猎奇心态，但上述记录语言平实，不寓褒贬，细节生动具体。从读者阅读期待的角度考虑，《使清日记》的目标读者肯定希望读到使团甫到中国时的最初印象；使团成员出于对邻近却相对陌生国度的好奇，也容易留意令自己印象深刻的特色事物。《使清日记》翔实记录初到中国时的情况自然是顺理成章的。

（二）录葛其龙《竹枝词》

《使清日记》开篇不久即全文抄录了上海生员葛其龙③所作《竹枝词》十首：

> 海市由来幻景虚，谁将覆辙鉴前车。
> 繁华今古都成梦，花貌休夸玉不如。

---

① 〔日〕柳原前光：《使清日记（上）》，八月九日。
② 同上。
③ 葛其龙（1838—1885），浙江平湖乍浦人，为谋生计长期寓居上海，1879年（光绪五年）中举，以教读终。擅长诗文，撰有《寄庵诗钞》二卷、《薇云词馆吟草》等，诗文大多载于《申报》和《瀛寰琐纪》。

红楼彻夜奏笙箫,醉月迷花舞细腰。
只恐床头金尽后,更无人伴可怜宵。

作戏逢场不厌频,烟花情重转轻身。
北邙新冢凄凉夜,谁吊当年赏曲人。

窥帘狂眼镇如痴,茗碗炉香处处随。
誓死缘何浑不悟,为人酿蜜似蜂儿。

追欢买笑几人家,夜漏初沉半臂加。
寄语曲中诸姊妹,娼歌休唱《后庭花》。

如云幻态易榛荆,脂粉丛中亦有兵。
生怕红颜多薄命,琵琶筵上不胜情。

茉莉花开压鬓芳,玉纤不采陇头桑。
凭谁借与仙家枕,唤醒邯郸梦一场。

叶戏何愁暑气蒸,酒阑人倦力难胜。
藏春别有消金窟,开着烟盘唤点灯。

茶寮酒肆额纷题,逐队呼朋东复西。
知否严闺灯影下,娇儿和泪伊娇妻。

寻花问柳漫登楼,一刹风光那可留。
安得删除尘俗态,桃源仙境换清幽。①

唐代诗人刘禹锡入川,作《竹枝词》九首歌咏三峡风光,系受当地"夷歌"启发而创制的新诗体。以后竹枝词代有增益,常体现士人的雅趣与新兴或流行事物的交集②。

---

① 〔日〕柳原前光:《使清日记(上)》,八月九日。
② 清初屈大均著有《广州竹枝词》描绘新兴的十三行。未曾出国的尤侗曾作《外国竹枝词》110首,开竹枝词歌咏海外风物之先河。后来奉命出使的林麟焴著有《琉球竹枝词》,徐振著有《朝鲜竹枝词》。

《使清日记》中抄录的葛其龙这十首《竹枝词》格调并不高,文学性也不强,"后庭花""红颜薄命""仙家枕""邯郸梦"等用典也了无新意,但就反映当时上海租界的样态而言,尤其对其间花街柳巷的刻画,可谓入木三分。这些诗作集中反映在冶游等方面花费大量金钱的"销金窟",状写狎妓者"床头金尽"的凄惨悲凉,写活了他们寻花问柳、追欢买笑的放荡,揭示了青楼女子虚与委蛇、逢场作戏的无情,表达了作者对"尘俗态"的厌倦和对"桃源境"的向往。正是在这个意义上,柳原前光充分考虑到《使清日记》目标读者的阅读期待与兴味,才不惜篇幅地予以全文抄录,对于那些暂时没有机会到中国的日本人而言,通过阅读这十首竹枝词,便可以迅速、准确地感知上海租界纸醉金迷的堕落生活本质,就文学表达的策略和效果而言,可谓事半功倍。

(三)相对公允的上海观察

上海地处中国南北中位,居中国最富庶的江南地区腹地中心,长江在此入海,也是全国货物辐辏之地,久为外国所垂涎,在鸦片战争后即被西方列强以武力胁迫开放为通商口岸。从19世纪中期起,上海因其优越的战略位置迅速发展起来,并取代广州成为中国新兴重要工业城市和商贸中心,经上海港的对外贸易和海运量也节节攀升[①]。

自幕府末期发端,尤其在明治维新后,日本知识人到上海游历渐成风尚,并留存下一大批纪行文献。后来更有层出不穷的日本人来沪游历,并逐渐延伸至中国其他地域。近代来华的日本人留存下数量丰富的游记,如1862年随日本商船"千岁丸"来沪的日比野辉宽、高杉晋作、纳富介次郎、峰洁源藏、松田屋伴吉、名仓信敦等都有游记[②]留存。大多数近代日本人游记中的上海观察与记录多取两截论式的结构,一方面多记录中国人居住区的狭隘、污秽和一成不变,以此表达中国文化停滞论;另一方面多呈现外国租界内的新潮、繁盛和日新一日,以此表现这些来华日本人对"进化"与"进步观"的信服和景仰。徐静波恰切地指出,近代上海对于幕末与明治时期的日本人而言,实际具有"观察中国的现场、透视世界的窗口和反

---

① 参见张仲礼主编:《近代上海城市研究》,上海:上海人民出版社,1990年,第312—313页。

② 参见〔日〕日比野辉宽、高杉晋作等:《1862年上海日记》,陶振孝、阎瑜、陈捷译,北京:中华书局,2012年。该书收录高杉晋作《游清五录》、纳富介次郎《上海杂记》、日比野辉宽《赘肬录》和《没鼻笔语》、峰洁《航中日录·清国上海见闻录》、松田屋伴吉《唐国渡海日记》、名仓信敦《海外日录》和《中国闻见录》等著作八种。

观日本本身的参照系"三层意义。①

相对于绝大多数日本人的来华游记、纪行著述，《使清日记》规避了那种非黑即白、二元对立的立场和方法，尽管它对上海的记录中也不乏对"断裂"的书写，但其着力点在于对东方与西方、逐新与守旧两种文明之间既相互交融又形成对比冲突的客观实录，而没有表现出一边倒地追捧西方文明与新潮事物的浓重倾向。

二、天津：沿河人家概皆泥屋

九月三日柳原等搭乘的船驶入大沽口，《使清日记》如此描写使团成员对此处的概观印象：

> 至此河不甚阔，沿河人家概皆泥屋。民多制盐，处处堆盐沙如雪山状。青赤（青者夹河平树，赤者地面泥草）相间中，樯桅远近森立，望之茫然无际者。②

同日条中又记自大沽经葛沽到天津的水路行程及观感：

> 从大沽达葛沽及天津之路即白河也。船从湾转，纤曲而进。时已薄暮，钩月在天，风静江清，大小贾舶或顺水而下，或篙溯流，而我舟师吹筒防避，不暇饮食。③

第二天的日记又记：

> 秋炎特甚，如我邦仲秋气候。平明推窗望东岸，民屋皆以泥涂之，一如昨日大沽所见，唯公署、庙观及富户以瓦盖之。闻此地不出竹木，所用诸材皆输自闽、广及朝鲜云。④

柳原一行从上海经海路到达天津后，最直观的印象就是天津"沿河人家概皆泥屋"，对比在上海时所见，以及后来到宁波游历时所见，这一差异得到更加具体的凸显。事实上，早在明代由朝鲜漂流至中国的崔溥

---

① 徐静波：《幕末与明治时期日本人的上海认识——从高杉晋作的〈游清五录〉到远山景直的〈上海〉》，《外国问题研究》2011年第3期，第32页。
② 〔日〕柳原前光：《使清日记（中）》，九月三日。
③ 同上。
④ 同上书，九月四日。

所撰写的《漂海录》①中，即对此有非常直观的呈现。《漂海录》广泛论及中国大江南北山川地貌、自然风土、人烟盛衰、房舍屋宇、风俗人情、衣冠首饰、妇女从业等多方面的对照比较。其卷末"附记"中对比南北第宅时指出，江南"盖以瓦，铺以砖，阶砌皆用炼石，亦或有建石柱者，皆宏壮华丽"，江北则"草屋，矮小者殆居其半"②。《漂海录》和《使清日记》关于中国南北房舍屋宇的描写，从一个侧面反映了明清时期中国南北方经济发展水平存在明显差异，且有随着时间推移而差别加剧的趋势。

《使清日记（上）》八月十三日条言上海城隍庙"庙内景况宛似我浅草观音寺"，九月三日条记天津紫竹林租界"比之上海居留地不过五分之一"，都是巧用对比的方式，以读者相对熟悉的知识或作者前文已有详述的内容进行推导、类比，给未曾到过现场的读者以一种直观形象、具体可感的印象，颇收言简义丰之效。

第二节 览胜纪游

柳原使团滞在上海、天津之际曾到多处名胜游览；自沪赴津与由津返沪途中经过烟台时两度在那里上岸停留；返沪归国前也曾到宁波游历数日。柳原等对各地寺观、城隍庙多有留意，对各开埠港口外国租界的形制规模也着意记录。《使清日记》中还不厌其详地抄录袁祖志《竹枝词》二十四首，并在每一首后面都附以夹注，生动细致地描摹出上海租界繁华与堕落兼具的特征。借助《使清日记》的游历实录，可以从细节处观照近代上海、烟台、天津、宁波等开港地的发展变化，管窥晚清城乡社会结构在内外因素影响下的变迁情况。

---

① 〔朝鲜〕崔溥：《漂海录——中国行记》，葛振家点注，北京：社会科学文献出版社，1992年。崔溥一行先漂至中国浙江宁波府界却未得上岸，复漂至台州地界登岸，被地方官经陆路送至杭州，再沿京杭大运河经水路送入北京，皇帝接见后派人送至鸭绿江边归国。更多详细论述，尤其崔溥秉持自觉的"比较意识"撰著《漂海录》的情况，参见聂友军：《崔溥〈漂海录〉中的比较意识》，《汉学研究》2020年春夏卷，第506—518页。

② 〔朝鲜〕崔溥：《漂海录——中国行记》，葛振家点注，北京：社会科学文献出版社，1992年，第193页。

一、尺树豆人佳遥瞩

柳原一行到上海不久即前往龙华寺和城隍庙游览,并在《使清日记》中详加记载。因使团成员大多系第一次来华,他们对中国的认知尚停留在以前从书籍文献中获得的知识,故这一阶段的《使清日记》所载大多是到中国后的观感以及对建筑、景致的关注。比如游龙华寺后,日记中以颇具诗意的笔致描摹了登高所见"尺树豆人,颇佳遥瞩"①的情况。

(一)游龙华寺

八月十二日午后柳原等泛舟游龙华寺,并记途中所见:

> 出苏州渠,过黄浦江,望租界至东门外水面,桅樯林立,层丛含烟,连接不绝。我艇荡过其间,风帆行不数里,两岸田圃多植棉花、青菜、蜀黍。忽看林树郁葱中露出塔顶,即龙华寺也。②

登岸后又观察到:"登岸南行,有一条小巷,瓦屋相接,对门卖酒饼,或有织芦为席者。"③得入寺中,发现"门内荒草满地"。当日游罢,众人赋诗记游,名仓信敦的诗后夹注:"村号龙华镇,昔游时本寺极繁昌,今年再游,满目寥寥,殆似废刹。"④太平天国运动爆发后,经年战乱对江南社会经济的破坏极为严重,由此亦可见一斑。

《使清日记》中又记,龙华寺内极为广阔的空地上"种棉牧羊":

> 有古塔,锁不得登。呼僧与钱,即提钥来开之。众蹭蹬而上,宛如螺壳,自基至顶凡七级。倚栏眺望,上海城市拥北,苏杭远岫绕南。俯观田野,尺树豆人,颇佳遥瞩。⑤

"提钥来开之"中的"开"字写本作"栏",有误,按上下文文意,当是"开"或表达类似含义的词。"呼僧与钱"即以小恩小惠的贿赂方式,得以

---

① 〔日〕柳原前光:《使清日记(上)》,八月十二日。
② 同上。
③ 同上。
④ 同上。小栗栖香顶(1831—1905)在游记中也记录过经太平军战乱后上海龙华寺今非昔比的破败光景:"往年殿堂壮丽,长发贼乱罹燹,迩来荒芜不治,础石四散。"(〔日〕小栗栖香顶:《北京纪事 北京纪游》,陈继东、陈力卫整理,北京:中华书局,2008年,第98页。)
⑤ 同上。

登上原本闭锁不对外开放的古塔。《使清日记》对此也毫不避讳地径直记录下来,大概是相信"目的正,则手段之邪者亦正"(The end justifies the means.)①这样一种朴素的哲学,对那些贪钱爱财、毫无识见的中国人的讽刺却力透纸背。

"尺豆树人"本自中国传统画论。隋代展子虔《游春图》开启了"丈山尺树豆人"之"散点透视法"的绘画模式。唐代王维《山水论》谓:"凡画山水,意在笔先。丈山尺树,寸马分人。远人无目,远树无枝。远山无石,隐隐如眉。远水无波,高与云齐。此是诀也。"②

使团成员游览毕,众人皆赋诗纪游,柳原前光诗中有句"更去七层高塔望,青山一抹是苏州";名仓信敦诗中谓"七层高塔映江处,斜日扁舟踏影还"。无论是"上海城市拥北,苏杭远岫绕南",还是"青山一抹是苏州",都显示出柳原等人从中国古诗文中对江南胜境尤其是苏州、杭州怀有天然的亲近感,在上海登七层塔未必真的能看得到苏州和杭州,但对苏杭的畅想与向往却自然流露在诗文创作中。

(二) 出观城隍庙

八月十三日柳原一行到上海城隍庙游览,并到戏馆小坐:

> 出观城隍庙,庙内景况宛似我浅草观音寺。庙后有数店,过之,出一阔地,则有观相占字弄手法者。又有戏馆,傍见大池,池中起亭,层楼高耸,坐客上下满盈。众过桥而入,店保迎接上楼,倚栏占座。茶果既上,凉风入襟,如骤雨忽霁。③

离开上海去往天津前,柳原等再次游览上海城隍庙和公所。《使清日记》载他们在公所内所见:"池上叠石为山,高四五丈,可登观。"④戏馆内"池中起亭"和城隍庙内"池上叠石为山"令柳原等人印象深刻。池中起

---

① 此为耶稣会所标举的基督教教义。中文译文转引自钱锺书:《管锥编(第四册)》,北京:中华书局,1986年,第1541页。1908年底至1909年初在中国旅行的小林爱雄(1881—1946)笔下中国人"极端个人主义的务实倾向""孔子庙的大门可以用黄金打开"(〔日〕小林爱雄:《中国印象记》,李炜译,北京:中华书局,2007年,第96、102页),与此十分类似。

② 北京大学哲学系美学教研室编:《中国美学史资料选编(上册)》,北京:中华书局,1980年,第269页。

③ 〔日〕柳原前光:《使清日记(上)》,八月十三日。

④ 同上书,八月二十七日。

亭以作观戏场所，碧水环绕，取其雅致与凉意。叠石为山则是中国园林与景观艺术中一种重要的艺术表现方式——假山造型。

(三) 转录袁祖志竹枝词

《使清日记(下)》十月二十七日条抄录了袁祖志①《竹枝词》二十四首②，并且每一首都附有夹注解释。虽然这组《竹枝词》在《使清日记》中抄录的位置比较靠后，但就其所起的作用而言，与使团初到上海时抄录葛其龙《竹枝词》十首异曲同工；而且从叙事学的角度看亦起到很好的首尾呼应效果。借助抄录的竹枝词，笔墨俭省却全面翔实地呈现了上海开埠以来出现的新变化，尤其传神地刻画了从西洋舶来的若干"新奇"事物。

《使清日记》抄录的袁祖志《竹枝词》多咏上海当地风物，对租界的新生事物也较为留意。其中有几首分别描写西人传入的抛球游戏、拍卖、跑马(第七首)，火轮坊(即机械动力磨坊，第十二首)，自鸣钟(第十三首)，自来火路灯③(第十四首)，照相术(第十七首)等"新式"事物。

"海通"以来，自鸣钟、玻璃制品、照相术、赛马、拍卖等许多西方器物、技术、竞技活动和交易方式纷纷传入中国，在很长一段时期内中国人面对这些舶来品的心态颇为矛盾：一方面，上至皇室、臣工，下至黎庶、商贩都喜欢赏玩、收藏或参与，另一方面，绝大多数中国士人仍抱持"体""用"二元对立的思想，将之斥为"奇技淫巧"，不忘强调其可能"坏人心术"的危险。

张之洞所秉持的学术二元论观点影响深远，所提倡的"新旧兼学""旧学为体，新学为用，不使偏废"④颇具时代特色。郭嵩焘到英国出任外交使节不满一个月即下结论："此间富强之基，与其政教精实严密，

---

① 袁祖志(1827—1898)，字翔甫，号枚孙，浙江钱塘人，清代文学家袁枚嫡孙，擅长诗文，曾建诗社"杨柳楼台"于上海四马路西，名噪一时。历任《新报》《新闻报》和《申报》主笔，著有《谈瀛录》《沪城备考》《沪上竹枝词》《随园琐记》等，辑有《择言尤雅录》一卷，编定《袁随园全集》。

② 袁祖志创作的竹枝词颇多，主要词集有《沪北竹枝词》《海上竹枝词》《沪上竹枝词》《沪上竹枝词续》《续沪北竹枝词》等，其中《沪上竹枝词》收录204首。

③ 即煤气灯。1864年(同治三年)10月2日英商自来火房(Shanghai Gas Co.)开始在上海供应煤气。1865年10月18日公共租界的南京路上点亮了煤气灯。1866年8月15日法国自来火行(Compagnie du Gaz de la Concession Francaise Changhai)开始向法租界供应煤气。

④ 张之洞：《设学第三》，张之洞著、李凤仙评注：《劝学篇》，北京：华夏出版社，2002年，第94页。

斐然可观；而文章礼乐，不逮中华远甚。"①抱持"师夷长技以制夷"与"中体西用"论者主张仅在"器物"层面引进西学，不免保守狭隘。

德国学者兰德曼（M. Landmann）令人信服地解释说，人们容易接受、吸收形而下的"文明事物"（所谓"用"）中的外来因素；而很难抛弃形而上的"文化事物"（所谓"体"）方面的固有传统，亦难以对其进行深刻变革。②

晚清之际"中体西用"的提出，既有兰德曼所述因素的影响，也暗含着坚持"国体"、将西方科技文化的进步狭窄化为"坚船利炮"的两截论。

开埠后的上海得风气之先，是以当地士人对待西方新奇事物的心态相对平和一些。袁祖志《竹枝词》中不无猎奇的成分，但总体而言，他对这些西洋事物的描绘还算客观。

针对《使清日记》抄录袁祖志《竹枝词》的情况，中外研究者都未加深究，想必多因为此系抄录中国文人的创作，而非《使清日记》原创。事实上，《使清日记》何以巨细无遗地抄录，而且还就每一首竹枝词都做出详细解释说明，其动机值得探寻。

一方面，袁祖志这一批竹枝词真实而贴切地反映了当时上海租界华洋杂处、传统与现代兼具的社会面貌。堪与这一组竹枝词相媲美的，是1884年创刊的《点石斋画报》③登载的部分图画，画报以石版印刷画的形式呈现近代上海的地方特色，以及上海传统与现代交织、中国固有事物与西方舶来品错综杂糅的现象，举凡袁祖志竹枝词中所表现的蒸汽动力磨坊、自鸣钟、赛马场、气球等，在画报中都有鲜活的呈现，然而袁祖志的竹枝词却比《点石斋画报》所载图画显然要早出现很多年。

另一方面，柳原前光在撰著《使清日记》之际，已经有意识地把读者的期待视野考虑在内了，借助抄录竹枝词的方式，虽不至于一劳永逸，但可以事半功倍地向没有机会到中国来的日本统治阶层、知识人乃至普通民众展示中国的新变和面貌。之所以强调"新变"，是因为随着西方列强势

---

① 郭嵩焘：《伦敦与巴黎日记》，钟叔河、杨坚整理，长沙：岳麓书社，1984年，第119页。
② 转引自钱锺书：《管锥编（第一册）》，北京：中华书局，1986年，第331页。
③ 《申报》馆1884年5月起发行的时事画报，旬刊，每期8页，随《申报》附送订户。是近代中国发行最早、影响最大的一份新闻画报，共出44部528册，发表作品4000余幅。光绪末年《申报》馆曾出过合集。

力的介入，中国已然在若干层面发生了或巨大或深刻的变化，这是日本人单纯通过阅读书籍文献根本无法获取的信息。这部分竹枝词虽系转录，但可以想见，柳原前光对转录内容的选择与确定肯定颇费了一番斟酌取舍的工夫。

二、斥地鸠工欠昌旺

柳原一行自上海赴天津途中，船至烟台时曾登岸到租界游玩。《使清日记》记录下了烟台丰富的物产：

> 方今八九月之交，乃见肥菜，果实则有雪梨、苹果、紫葡、胡桃、熟栗、灰柿，皆佳。俗野朴勤农，所在获粟，使驴辗磨。归路见雪梨在篮，颗颗嫩黄，连篮买之，重卅四斤，直一吊钱（犹我邦云一贯文也）。舟中各拔小刀割食之，味甚美。①

烟台具有优越的地理环境和自然条件，昼夜温差大，水果栽培历史悠久，品种齐全，产量高，品质好。因缘际会，《使清日记》成为最早留意到烟台丰富物产的近代日本文献，成就一段佳话。

（一）洋商结构不甚昌旺

《使清日记》中记录使团成员在烟台租界所见：

> 领事公馆及商行店铺共有一百余家，然大半尚斥地鸠工。闻自开港至今已十余载，而洋商结构不甚昌旺，比之我神户港，伯仲之间，而买卖不大云。转至市街，唯南北门一条粗成集，而沿岸一带有衙署、货栈，背街一带俱小民家。其市店污秽恶臭更甚于上海城矣。②

第二次鸦片战争后原定登州开港，但英国人嫌其水浅，且港口外水域没有船舶避风的场所，遂在征得清政府同意后，改为登州府下辖的烟台开港。1861年8月烟台开关征税，正式成为通商口岸。③山东登莱青道于1862年1月驻扎烟台④，直接管理通商事务。

---

① 〔日〕柳原前光：《使清日记（中）》，九月朔。
② 同上。
③ 奕䜣：《奕䜣等又奏崇厚咨登州口鞭长莫及请饬登莱青道作为税务监督折》，中华书局编辑部、李书源整理：《筹办夷务始末（同治朝）（一）》，北京：中华书局，2008年，第91页。
④ 同上。

《使清日记》运用比较的方法,较为直观地表现了烟台港"洋商结构不甚昌旺,比之我神户港,伯仲之间,而买卖不大云""其市店污秽恶臭更甚于上海城矣"。比较的运用可谓信手拈来,可以便利地达到由已知类推未知的目的,不仅事半功倍,而且也颇收对比映衬的效果。

在文化相对封闭自足的时代,人们只能就本国文化样态本身做出概观性描述,或者分阶段梳理其演进变迁情况,或者分作几个流派比较各自的异同。在信息全球化的今天,研究者具备跨文化的知识和视野,形成居高临远的视点,更有机会系统掌握异质文化的精义,进而通过开展有效的比较,无疑有利于加深对本国文化以及异质文化样态的认识。正确的比较必须以承认异质文化间有同有异为基础。共性是基于共同的社会发展进程、人类相似的心理机制与思维结构而产生的,承认共通性是比较研究得以开展的前提。差异性是一种文化迥异于他种文化的区别性标志,关键在于本质性差异,而不在于不同处的数量多寡,更不体现在细枝末节方面。通过比较,重新审视那些耳熟能详、司空见惯的文化现象,并将其"问题化",自然更易于分疏得清楚。

闰十月初一柳原前光、花房义质、郑永宁、斋藤丽正和尾里政道同乘船赴宁波,翌日拂晓抵达。《使清日记》记述船到宁波河口时所见到的景象:"夹岸有山,村家鸡鸣,渔火归浦,风静水平。"[①]比及黎明到埠头,又记:"是地外国商铺仅有四五十号,未甚繁盛。"[②]史载宁波早在1861年即开办海关[③],至此时已近十年,但到此地开设商铺的外国商人却并不多,与上海租界不可同日而语,故此给柳原等人留下"未甚繁昌"的印象。

(二) 多元共存的信仰

《使清日记(中)》九月一日条记柳原一行在烟台市北郊登小丘所见:

> 沿垣行,登小丘,当西起一书堂,门旁高台一座,上题"讲书堂",下题"耶苏教"。由堂右侧取路再登,小赤松树迤逦夹径。山顶有道士观,

---

① 〔日〕柳原前光:《使清日记(下)》,闰十月二日。

② 同上。

③ 咸丰十一年四月二十五日(1861年6月3日)王有龄奏报李泰国:"派华为士(费莱士)暂行代办〔宁波副总税务司〕",并称"现宁波已设新关"。(贾桢等编:《筹办夷务始末(咸丰朝)(八)》,北京:中华书局,1979年,第2877页。)陈诗启研究指出:"(1861年)5月20日费莱士被派为宁波海关税务司,大约同时宁波也开办了浙海关。"(陈诗启:《中国近代海关史》,北京:人民出版社,2002年,第70页。)

门对烟台诸山,窗含海上诸岛。眺其野,地颇沃腴。①

这段描写对仗工整,韵律谐协,且富有诗情画意。高台上既题"讲书堂",又题"耶稣教",山顶复有道士观,说明当地百姓持有不同信仰,且外来的耶稣教与本土的道教以及传统的儒学之间亦能融洽共生。第二次鸦片战争后,列强通过《天津条约》获得到中国内地传教的特权。外国传教士往往以开展医疗、教育为掩护,将自己装扮成近代文明的传播者,从而较容易迅速获得众多信徒。

联系若干年后山东爆发义和团运动的起因及其"灭洋"诉求,颇能发人深思。日本学者小林一美深具见地地指出:"很多中国学者义和团源流论的最大弱点是热衷于寻亲,而忽略了对形成义和团运动的固有逻辑及发展规律的解释。"②美国学者周锡瑞《义和团运动的源流》③一书以历史文献与口头历史调查资料为研究基础,尤其对义和团的仪式及其发生地的文化习俗之关联的细密分析,为深入研讨义和团运动的产生和发展提供了有借鉴价值的思路。

作为外来因素的帝国主义在晚清政治、军事和文化等层面的渗透,与晚清社会经济凋敝、地方财政危机、自然灾害和内乱叠加在一起,动摇了传统社会体系的根基,随着帝国主义的渗透和侵略不断加码,农民运动到达爆发的临界点,帝国主义或明或暗支持下的教、民构衅成为导火索,终至引发不可避免的正面冲突。

天津教案发生及善后处理以后,作为直接相关方的中国与法国均未能从中充分地汲取教训,作为旁观者的英、美、俄、德等列强对事件何以发生也未做出足够深刻的思考,导致类似事件一再发生④,矛盾继续深化,终至爆发冲突的境地。说到底是由帝国主义列强难以餍足的野心和欲望与中国底层民众难以为继的生活之间的矛盾不可调和导致的。

---

① 〔日〕柳原前光:《使清日记(中)》,九月朔。
② 小林一美『義和団戦争と明治国家』、東京:汲古書院、1986年。转引自〔美〕周锡瑞《义和团运动的起源》,张俊义、王栋译,南京:江苏人民出版社,2021年,"中文版前言"第5页。
③ 〔美〕周锡瑞《义和团运动的起源》,张俊义、王栋译,南京:江苏人民出版社,2021年。
④ 如1897年11月1日两名德国传教士在山东巨野因积怨太深被杀(史称"巨野教案"),德国以此为借口,占领了山东半岛和胶州湾。得到德国教团撑腰,基督教的中国信徒越发有恃无恐,教、民矛盾不仅持续存在,而且逐渐升级、恶化。

明乎此，普通中国民众自发地组织起来，意欲将他们憎恶的外国人和外国事物（包括基督教的中国信徒）赶出国门，清政府试图坐收渔翁之利，遂推波助澜①，令运动逐步升级，变成排外暴力事件，最后遭到八国联军残酷镇压，义和团运动的爆发和终被列强联手扑灭这一逻辑便十分清晰了。

第三节　日常纪事

在《使清日记》的日常纪事中，尤以对观赏戏剧的记录最为频繁，对独具特色的中国礼俗也有较为突出的呈现。柳原一行在中国期间，每到一地都会到剧场观剧，《使清日记》对历次观剧的情形都记录颇详，大多数时候会将观赏的剧目记录下来，有时还不厌其烦地记述剧情。柳原等也十分属意于中国的官方接待、会晤礼仪，对中秋、重阳等节庆礼俗也兴趣盎然，他们在接受中国朋友宴请时特别留意观察并记录中国人的待客之道和宴饮习俗，还不惜笔墨地记载了当时上海、宁波等地颇为流行的声妓陪酒情形。

一、观剧记趣

《使清日记》载八月十四日夜间柳原等外出乘凉，在上海美国租界内一街头酒楼听到"弦歌喧然""胡琴、三弦、檀板、班鼓，皆极其妙"，郑永宁解释说："即福建班，俗所谓二反、西皮等调也。"②郑永宁祖上世居福建，虽已归化日本历经数代，但因为做"唐通事"的职业缘故，分外熟悉中国文化样态，熟知中国戏剧、戏曲的唱腔曲调。至于使团其他成员，大都不了解中国戏剧的表演程式，甚至听不懂唱腔、台词，但并不影响他们的观剧热情，从《使清日记》的有关记录可以判断，欣赏中国戏剧表演是使团成员最常见的文娱活动和休闲方式。甚至使团往返途中两次经过烟台，都留下了曾在那里观剧的记录："有天后庙，亦演戏"③；"过观音阁看剧，乃演美髯公麦城之役，关平、周仓侍焉"④。

---

① 清政府心存侥幸，妄图利用义和团对付跋扈的外国，义和团遭八国联军镇压后，清政府又换一副嘴脸，极力与义和团切割，客观上导致相当一部分士大夫与底层民众对清政府彻底失望，愈发坚信清廷不可恃，进一步加速了清廷灭亡的进程。
② 〔日〕柳原前光：《使清日记（上）》，八月十四日。
③ 〔日〕柳原前光：《使清日记（中）》，九月朔。
④ 〔日〕柳原前光：《使清日记（下）》，十月二十二日。

(一)上海丹桂茶园观剧

八月九日柳原等在上海丹桂茶园观看了北京春台徽班的表演,并在《使清日记》中留存下相当细致的记录。但除《龙虎斗》一剧外,基本没有涉及剧情,但我们有理由相信,相关剧情对柳原等使团成员深化对中国与中国文化的认识和理解必定产生过或隐或显的影响。以下以列表形式呈现他们当日观看的剧目,并结合其他权威文献增补相应的剧情梗概:

表 5-1 柳原使团八月九日上海丹桂茶园观剧所见

剧目	概况	剧情梗概
龙虎斗	京剧折子戏,绍剧、越剧也有同名剧目。	据《京剧汇编(第46集)》:"宋初,呼延寿廷被欧阳芳所杀,其子呼延赞闻讯,举兵至河东报仇,宋军皆非其敌。赵匡胤亲自出阵,顺说不服,击赞下马,正欲杀之,见赞头上现虎形,赵乃惊倒;赞举鞭欲打,见赵头上现龙形,赞因降宋,后杀欧阳芳。"①
打登州	京剧传统剧目,一名《射红灯》,川剧、徽剧、秦腔、河北梆子等多个剧种亦演此剧目。	据《京剧剧目初探》:"秦琼解至登州,瓦岗众英雄得知,乔妆卖糕饼、马夫、售膏药、卖画等各色人,混入登州营救。杨林得知,令将秦琼背插红灯,与己较武,计引瓦岗英雄至而聚歼之;赖王伯当神箭,射落红灯,众英雄乘乱救出秦琼。"②
黄河渡	又名《林冲夜奔》或《夜奔》,取材于《水浒传》。	据《新编大戏考》:"林冲火烧草料场后,投奔柴进,经柴引荐,夜奔梁山。高俅差徐宁追缉。梁山王伦得信,派杜迁、宋万至黄河渡口接应林冲,时遇林与徐宁搏斗不胜,杜、宋助之,杀退徐宁,同上梁山。"③

---

① 北京市戏曲编导委员会编辑:《京剧汇编(第46集)》,北京:北京出版社,1958年,第135页。
② 中国戏曲学院戏曲研究所主编,陶君起编著:《京剧剧目初探》,北京:中国戏剧出版社,1963年,第124页。
③ 中国唱片社编:《新编大戏考》,上海:上海文艺出版社,1981年,第386页。

(续表)

剧目	概况	剧情梗概
铡包勉	京剧经典剧目之一。	据《新编大戏考》:"包拯奉旨往陈州放粮赈灾,丞相王延龄与司马赵炳同至长亭饯行。时包拯侄儿包勉奉母命也来送行,并无意中将他在萧山县任上贪赃受贿之事告知赵炳,赵炳当众转告包拯,包拯震怒,大义灭亲,按律将包勉处死。"①
翠屏山	京剧传统剧目,亦称《吵家杀山》《杀嫂投梁》,剧情本自《水浒传》。	据《中国戏曲志·北京卷(上)》:"宋时,杨雄与石秀结拜为异姓兄弟,石发现杨妻潘巧云与僧私通,告杨。杨深夜醉归,潘反诬石秀戏己;杨不察,与石绝交。石愤,怒杀奸僧。杨悟,计诳潘巧云翠屏山进香,勘明奸情后请石代为杀之,然后相携同上梁山。"②
战樊城	京剧传统剧目,汉剧、徽剧、秦腔、河北梆子等剧种亦演此剧目。《左传·昭公二十年》《史记·伍子胥列传》《越绝书》《列国演义》俱载其事。	据《京剧汇编(第97集)》:"楚平王听信费无极谗言,囚伍奢,并命其修书召子伍尚、伍员进京,一并杀之。时伍尚、伍员镇守樊城,见书后,员心疑,劝伍尚勿受命。尚不听,至京见父,被执,与父同时遇害。平王又命武城黑带兵至樊城,捉拿伍员,员不敌,弃城逃。"③
长亭[会]④	《长亭会》,京剧传统剧目,又名《伍申会》,承接《战樊城》剧情。	据《京剧汇编(第97集)》:"伍员弃樊城后,途中遇好友申包胥催贡回朝,乃诉冤屈,立誓雪冤。包胥劝员回朝,员不听。包胥声言:尔能灭楚,我必复楚。乃放员逃奔吴国。"⑤

---

① 中国唱片社编:《新编大戏考》,上海:上海文艺出版社,1981年,第394页。
② 《中国戏曲志》编辑委员会,《中国戏曲志·北京卷》编辑委员会编:《中国戏曲志·北京卷(上)》,北京:中国ISBN中心出版社,1999年,第334页。
③ 北京市戏曲研究所编辑:《京剧汇编(第97集)》,北京:北京出版社,1962年,第39页。
④ 《使清日记》写本疑脱一"会"字。
⑤ 北京市戏曲研究所编辑:《京剧汇编(第97集)》,北京:北京出版社,1962年,第53页。

(续表)

剧目	概况	剧情梗概
药王传	也作《药王卷》，又名《药王成圣》《孙思邈坐虎登龙》。演孙思邈事，事见唐·段成式《酉阳杂俎》。	据《清代花部戏研究》："唐太宗皇后染病，名医孙思邈进宫为其治愈，其后竟生皇太子。太宗奖其功，遂封孙为药王，听之去。尉迟恭请命于天子，策马追孙。及见，以言嘲讽，谓孙此世缺乏仙缘。二人为此打赌。适逢龙王敖广喉疾严重，经孙治疗获愈，为酬谢治病之恩，告以于风火洞中修炼，可望成仙。孙按龙王之嘱前往，竟成正果，遂摄尉迟恭之魂，命尉迟站班以供支使，借资笑乐。"①
青石山	京剧剧目，昆曲有《请师斩妖》，秦腔亦有此剧目。	据《京剧汇编（第52集）》："青石山九尾妖狐化身美女，迷惑周从纶。周仆请法官王半仙捉妖。王无能，请师吕洞宾。吕焚符请关帝命关平、周仓率天兵至，妖狐被擒。"②

《使清日记》所录袁祖志《竹枝词》二十四首其三曰："丹桂园兼一美园，笙歌从不问朝昏。灯红酒绿花枝艳，任是无情也断魂。"诗后并夹注曰："戏园不下十所，丹桂、一美最著者。一美亦名满庭芳。招伎同观，俗称'叫局'，夜剧来者尤多。"③言及丹桂园为当时上海最出名的戏园之一。

《使清日记》中对所观赏到的《龙虎斗》一剧描述甚悉，记录得既详尽又出彩：

> 有两武将仗剑舞于台上，叮当聒削（金鼓共噪声也）之中，说白演唱……台角忽然焚起火药，云烟之中，龙头人出，云烟又作，虎面人出，双双对舞，火焰飞腾。金鼓齐鸣，两武将出，遮栏战斗。时龙虎人转在两将背后，翘出其头于两将头上。又放火药，作起云烟，两将舞戟，辗转追蹑之间，龙虎随跳随跑，乃下。④

---

① 金登才：《清代花部戏研究》，北京：中国戏剧出版社，2006年，第126页。
② 北京市戏曲编导委员会编辑：《京剧汇编（第52集）》，北京：北京出版社，1959年，第65页。
③ 〔日〕柳原前光：《使清日记（下）》，十月二十七日。
④ 〔日〕柳原前光：《使清日记（上）》，八月九日。

柳原等人以"他者"的眼光观赏不同于日本戏曲的中国京剧表演艺术，尤其留意它独特的表演程式，日记记录中突出表现《龙虎斗》表演中的神异性。

《龙虎斗》中为父报仇与被害父亲鬼魂现身等情节与莎士比亚《哈姆雷特》中的部分情景非常相似，但《龙虎斗》大仇得报的结尾与《哈姆雷特》中主人公纠结、延宕而导致悲剧的结局大不相同，后者在塑造复杂的人物性格、表现"颠倒混乱的时代"方面更有力。

中国古代戏曲常借助外力，寄希望于一个更美好的世界秩序，多用因果报应给读者带来和解与所愿得偿的感受。西方悲剧则着重表现因崇高激起的感伤意识，或表现片面之善导致的普遍之恶。而且西方悲剧自身多构成一个闭合圆环，能令读者"未获慰藉，亦无胁迫感，无待他求而能自足"[1]，读者或观众因戏剧矛盾冲突激起的内心波动与起伏无需外借他力，通过观剧本身就能最终得到平复。当然这是仅就"悲剧"与"悲剧意识"展开的讨论，并不包含中西戏剧孰优孰劣的价值判断。

（二）上海畅春园观女剧

《使清日记（上）》八月十二日条中有使团成员夜间到上海畅春园观女剧的记载。以下以列表形式呈现柳原等观赏的剧目，并补足其剧情梗概：

表 5-2　柳原使团八月十二日上海畅春园观剧所见

剧目	概况	剧情梗概
三挡	《挡曹》《挡谅》《挡幽》之合称。《挡曹》又名《华容道》，取材于《三国演义》。《挡谅》又名《战土台》《江东桥》。《挡幽》又名《挡幽王》《焚烟墩》。	《挡曹》，据《昆曲精编剧目典藏（第十八卷）》："关羽与军师诸葛亮赌头争印，今日至华容道擒拿曹操，在小道埋伏。曹操赤壁兵败，仅余十八骑，狼狈北逃，至华容道，遭遇埋伏在此的关羽。曹操知关羽重信义，乃哀求他顾念昔日相待之情，纵之使归。关羽果为所动，慨然放行。"[2]

---

[1] 德国哲学家叔本华（Arthur Schopenhauer, 1788—1860）语，引文英文作："stands uncomforted, unintimidated, alone and self-reliant"，参见钱锺书：《钱锺书英文文集》，北京：外语教学与研究出版社，2005年，第54页。

[2] 上海戏剧学院附属戏曲学校编：《昆曲精编剧目典藏（第十八卷）》，上海：中西书局，2010年，第130页。

(续表)

剧目	概况	剧情梗概
		《挡谅》,据《新编京剧大观》:"元末,北汉王陈友谅兵败。刘基遣康茂才埋伏江东桥以断友谅归路,友谅以私情动之,康茂才不忍,放走陈友谅。"① 《挡幽》,据《戏考(第24册)》:"周幽王为犬戎所逼,弃镐京出走,欲投鲁国,为恢复之计。道经骊山,被申侯领兵拦阻,历数幽王昏愦之事,声色俱厉,且命军卒将幽王捉拿,以泄私愤。幽王不敢与争,再三央告,始得放行。"②
扫秦	又名《疯僧扫秦》《火烧秦桧》,是京剧、豫剧等很多剧种共有的名段。	据《京剧丛刊(合订本)》:"南宋时,秦桧谋杀了民族英雄岳飞后,胆浮心虚,亲到灵隐寺去追荐岳飞的灵魂,地藏王菩萨变化为一个疯僧,把秦桧尖锐地讽刺了一顿,揭穿了他不可告人的卖国勾当;并用手拿的笤帚,在秦桧身上乱扫。秦桧心悸,狼狈而回。"③
跪池	明·汪廷讷《狮吼记》中的《谏柳》一折。	据《昆曲精编教材300种(第6卷)》:"陈季常与老友苏东坡在春天携妓郊游。陈妻柳氏暗中派人侦察,了解到果有妓女琴操同游,陈回家后,柳氏当即令其跪在池边。苏东坡担心季常遭柳氏责骂,跟来探访,见此情状,责备柳氏过于悍妒。柳氏反唇相讥,说他不应干预她的家事,气愤中将东坡轰出家门。"④

《使清日记》特意标明此日所观为"女剧",其实,女剧在传统中国戏曲界并不盛行。古代在男尊女卑思想影响下,女子在台上只准弹唱歌舞,不能粉墨登场演戏文,虽然戏剧演员本身地位并不高,但若由女性演员

---

① 北京出版社编:《新编京剧大观》,北京:北京出版社,1989年,第546页。
② 中华图书馆编辑部编:《戏考(第24册)》,上海:中华图书馆,1920年,第101页。
③ 中国戏曲研究院编辑:《京剧丛刊(合订本)》,北京:新文艺出版社,1955年,第929页。
④ 上海戏剧学院附属戏曲学校编:《昆曲精编教材300种(第6卷)》,上海:百家出版社,2007年,第2页。

扮演神佛仙圣或帝王等角色，仍有"亵渎"之嫌。早期京剧界"全男班"盛行，京剧旦角的声腔和表演最初只是为男性演员而设的。到晚清时情况有所改观，出现了"女剧"。即便如今女性演员占优势的越剧，早期情况也一样，直到20世纪上半叶越剧在上海站稳脚跟后，以女演员为主的女班才慢慢发展起来。

（三）天津戏园观剧

据《使清日记（中）》九月十九日条，时在天津的柳原等当日午后观剧，剧目除《龙虎斗》外，尚有《巧姻缘》《绵山》《泗州城》等。列表简介如下：

表5-3　柳原使团九月十九日天津观剧所见

剧目	概况	剧情梗概
巧姻缘	具体所指未明，或演有情人终成眷属事。	据《中国戏出年画经典》："公子刘魁元与丫环灵芝两情相悦，定下终身。刘员外嫌灵芝出身卑贱，乘魁元赴考之机，将灵芝强嫁与内弟赛华佗为续弦。……当魁元高中之时，贾丞相令县令唐忠作伐，将女许配刘魁元（年三十八，因貌极丑而几嫁未成）。……后由知县撮合，翠莲配与赛华佗，魁元与灵芝婚事如愿。"①
绵山	《焚绵山》或《烧绵山》之省称。	据《京剧剧目初探》："晋臣介子推从重耳出亡十九年，重耳复国后，大封功臣，介子推不言功，未受封赏，携母隐居锦山。邻居解张代写怨词，张贴朝门，重耳知而亲往访请。介躲避山中不出。重耳火烧锦山，拟逼之出见；介仍不出，母子同被烧死山中。"②
泗州城	京剧传统剧目，据水漫泗州城的史实和神话传说改编。	据《中国戏曲志·北京卷（上）》："虹桥水怪，自号水母娘娘，幻化人形，路见太守之子时廷芳（一作乌延玉）貌美，摄至水府欲成婚姻，时佯允，灌醉水母，盗其避水宝珠逃走。水母为追回宝珠，水淹泗州城。观音化作贫婆……观音遣孙悟空等神将捉怪，不胜。观音又化作卖面老妇……水母终被降服。"③

---

① 沈泓编著：《中国戏出年画经典》，深圳：海天出版社，2015年，第33页。
② 中国戏曲学院戏曲研究所主编，陶君起编著：《京剧剧目初探》，北京：中国戏剧出版社，1963年，第19页。
③ 《中国戏曲志》编辑委员会，《中国戏曲志·北京卷》编辑委员会编：《中国戏曲志·北京卷（上）》，北京：中国ISBN中心出版社，1999年，第270页。

中国文学作品与戏曲中常表现"有情人终成眷属",不同剧种所演《巧姻缘》剧目内容也大为不同。徽戏《巧姻缘》本自《今古奇观》乔太守乱点鸳鸯谱故事,言刘员外夫妇为病重的儿子冲喜,孙母也因女儿生病,令其子代"嫁",刘家小女代兄拜堂,姑"嫂"同房,巧成佳偶。①山西翼城秧歌传统剧目也有《巧姻缘》,言新郎貌丑,请表弟代为迎亲,新娘终嫁表弟事。②各剧种均着意突出一个"巧"字,情节设计既在情理之中,又远落意料之外。仅据《使清日记》所载剧目,无法判定当时所演的具体剧情。

《焚绵山》剧情结合了史实与小说,为寒食、清明来源之一说,事见《左传·僖公二十四年》"介子推不言禄",元杂剧《晋文公火烧介子推》,小说《列国演义》及清传奇《介山记》。

《使清日记(中)》九月三十日条又载使团成员在天津时的另一次观剧经历:"午后往协盛园看戏。"但未载看戏的剧目及更多细节。协盛园为清代天津较著名的戏园之一,与庆芳园、金声园、袭盛园齐名。③四家戏园分处城中不同区域,众戏班在各戏园间轮流演出。协盛园至民国初年仍持续红火,与东天仙、下天仙、第一台等戏园一起声名远扬。

(四)上海金桂轩观剧

闰十月十五日应昌槐请柳原等赴上海同新楼饯宴,归路过金桂轩观剧。观看的剧目参见下表,剧情梗概系依据剧目参考其他文献增补而成:

表5-4 柳原使团闰十月十五日上海金桂轩观剧所见

剧目	概况	剧情梗概
打龙袍	京剧名段,出自清代小说《三侠五义》,常与《遇皇后》二剧联演。	据《新编大戏考》:"包拯陈州放粮回朝,用花灯故事打动仁宗,并告李后遭冤经过。仁宗初犹不信,继有陈琳作证,仁宗才知李后为自己亲母,乃迎接李后回宫。李痛斥仁宗,并命包拯杖责。包拯以打龙袍权作对仁宗的责罚。"④

---

① 安徽省文化局编:《徽戏传统剧目选集》,合肥:安徽人民出版社,1961年,第134页。
② 《中国戏曲志》编辑委员会,《中国戏曲志·山西卷》编辑委员会编:《中国戏曲志·山西卷》,北京:中国ISBN中心出版社,1999年,第169页。
③ 参见张焘:《津门杂记·卷下·戏园》,游艺山庄刻本,1884年,第1页。
④ 中国唱片社编:《新编大戏考》,上海:上海文艺出版社,1981年,第370页。

(续表)

剧目	概况	剧情梗概
虹霓关	京剧传统剧目，又名《东方夫人》。	据《京剧剧目初探》："秦琼攻打虹霓关，守将辛文礼出战，为王伯当射死。辛妻东方氏为夫报仇，阵上擒获王伯当，慕其英俊，促丫环传说客，降顺瓦岗，改嫁王伯当。伯当于洞房，指斥其夫仇不报，杀死东方氏。"①
黄鹤楼	京剧传统剧目，又名《过江赴宴》《竹中藏令》。	据《中国戏曲志·北京卷（上）》："三国时周瑜设宴于黄鹤楼，以宴请为名诓刘备过江，暗地伏兵楼下，逼刘写下退还荆州文约。并嘱部下官兵非有周之令箭不得放人。赵云忽然记起过江之前，诸葛亮曾将借东风时携走之令箭，装入竹节中交付于己，以备急需。于是，破竹得令箭，瞒过周之兵，保刘备安然脱险。"②
双钉记	包拯断案故事。	据《戏考大全1》："一成衣匠胡某之妻，名白金莲，素与绸缎商贾有礼有染。……遂久蓄意欲谋毙胡，以图与贾作长久计。日者乘胡工作醉归，适贾在，遂迫贾助同谋胡。……白计甚阴狡难测，盖以铁钉从脑后发际钉入而致其命也。"③
闹嘉兴	京剧传统剧目，又名《嘉兴府》，故事见《绿牡丹》。	据《京剧知识词典》："王伦仗父权势得嘉兴府官职，鲍赐安闻知乃命骆宏勋、濮天鹏等往嘉兴探听。骆宏勋因无赖梅滔诬姊孀居有私生子，怒殴之。梅滔向官府控告，骆宏勋大闹公堂，濮天鹏行刺王伦被捉，鲍赐安亲入嘉兴，盗私娃，又率众劫法场，救出濮天鹏等。"④

---

① 中国戏曲学院戏曲研究所主编，陶君起编著：《京剧剧目初探》，北京：中国戏剧出版社，1963年，第127—128页。
② 《中国戏曲志》编辑委员会，《中国戏曲志·北京卷》编辑委员会编：《中国戏曲志·北京卷（上）》，北京：中国ISBN中心出版社，1999年，第307页。
③ 上海书店编：《戏考大全1》，上海：上海书店，1990年，第1278页。
④ 吴同宾、周亚勋主编：《京剧知识词典》，天津：天津人民出版社，1990年，第643页。

(续表)

剧目	概况	剧情梗概
祭江	故事出于《三国演义》，又作《三祭江》，剧情紧接《别宫》。	据《三国戏曲集成·第四卷·清代花部卷》："孙尚香别了母亲，往江边祭奠刘皇叔。她在哭祭中细数刘备自桃园结义以来的功业，祭奠完毕，想一想孙权如此不义，她令随行的宫娥都退下，纵身跳入滚滚长江，追随刘皇叔而去。早有江中水神把她接引归位，遵上帝敕旨封孙尚香为枭姬娘娘，永镇水府。"①
退婚	未详	或演嫌贫爱富退婚事，如京剧剧目《勘玉钏》（又称《诓妻嫁妹》），黄梅戏《女驸马》中亦有类似情节。
南阳关	历史戏，改编自《隋唐演义》。	据《戏考大全2》："（隋）炀帝既杀伍建章，及全家三百余口，以建章之子云昭远镇南阳，勇冠三军，留之必为后患，遂命韩擒虎率兵前往征讨。云昭闻讯，愤极而叛，两军相遇，隋兵大挫，折丧大将十余员。擒虎亲自会阵，亦不敌。……继而宇文成都至，云昭果大败，几被擒。幸赖朱灿伪饰周仓，用计哄退隋兵，方得弃城他往，保全性命也。"②
趣会	未详	未详

《使清日记》对《双钉记》一剧着墨甚多，谓其剧情"乃演淫妇偷闲汉，及情密遂杀亲夫，被包龙图审明其奸情事也"③，状淫妇谋杀亲夫的作案手段："以两根长钉乘夫醉寝从鼻孔中穿入致死"④，记破案过程：仵作得其妻指点而检尸破案，包拯因之怀疑仵作之妻，发其先夫坟而检之，其死状亦同。柳原前光在日记末尾慨叹："此因一案而雪两冤，当时称神明焉。"⑤

王瑞来曾借助梳理"狸猫换太子"的传说，分析"宋代士大夫政治下的权力博弈"⑥。葛兆光曾撰文梳理清代朝鲜出使中国的使者留下的燕行

---

① 胡世厚主编；胡世厚、卫绍生、杨波校理：《三国戏曲集成·第四卷·清代花部卷》，上海：复旦大学出版社，2018年，第722页。
② 上海书店编：《戏考大全2》，上海：上海书店，1990年，第547页。
③ 〔日〕柳原前光：《使清日记（下）》，闰十月十五日。
④ 同上。
⑤ 同上。
⑥ 王瑞来：《"狸猫换太子"传说的虚与实——后真宗时代：宋代士大夫政治下的权力博弈》，《文史哲》2016年第2期，第114—136页。

文献中有关于北京戏曲演出的记载，指出朝鲜使者甚至将茶园演剧想象成"在满清王朝保存汉族历史记忆和衣冠文明的重要途径"①。无疑，戏剧创作、演出和观赏在中国往往被赋予更多的文化蕴涵和意义，《使清日记》中详细记载使团成员在多地多次观剧的细节，有深意寓焉。

虽然《使清日记》中只存观剧剧目，基本没有评价和讨论观剧的收获，但观剧无疑是使团成员日常闲暇时最重要的消遣娱乐活动之一，而且也有理由相信，通过观剧，他们会有超越以往单纯阅读典籍文献时无法获得的一些新感触，也能够更加真切深入地体察中国的传统与现实，进而对深化中国认识、理解中国文化、形成中国观念大有裨益。

二、礼俗记异

那些不同于日本的中国礼俗表现尤其能够吸引柳原等使团成员的注意，《使清日记》中留存下的相关记录也重在表现中日两国礼俗方面的差异之处。

（一）官方会晤礼仪

《使清日记》载柳原一行拜会涂宗瀛的接待程式和礼仪：

> 二点钟同诸员仪服（乌帽、直垂、佩剑）坐锡顶轿子，异入辕门。至大门投刺，门吏通进。鼓吹数节，大门方开；炮三响，二门亦开。至仪门前下轿，仪门从开。陈福勋及涂宗瀛候迎，揖入厅堂。设前光、义质坐于正席，永宁、信敦、政道在右，宗瀛、福勋在左，坐定上茶。②

辕门、大门、二门、仪门各处均有不同的规矩，鼓吹、鸣炮后方开门迎接尊贵的客人，而且要将最重要的客人安置在正座，主人则在左侧陪坐，《使清日记》对此要言不烦地逐一作了交代。

《使清日记》中又载柳原等仪服乘轿前去拜会成林时的会面和接见礼仪：

> 直入辕门，通刺开门。至仪门下轿，门内连兴候迎，引入正厅就席。成林乃出相见，各一揖，叙座毕。③

---

① 葛兆光：《"不意于胡京复见汉威仪"——清代道光年间朝鲜使者对北京演戏的观察与想象》，《北京大学学报（哲学社会科学版）》2010年第1期，第84—92页。
② 〔日〕柳原前光：《使清日记（上）》，八月十七日。
③ 〔日〕柳原前光：《使清日记（中）》，九月七日。

因为中国与日本官方接待的礼仪有所不同,使团成员必定感到新奇,所以在《使清日记》中对这种迎来送往的礼仪多有细致记录,但并未就此展开对比或评判。

(二)节庆及宴客习俗

《使清日记(上)》八月十五日条记录了中国江南的中秋习俗:"土俗每户设香案,供果献瓜,弦歌满街。"有中国人向柳原等赠以用线香、檀末、纸片制作的月桂盘祝贺佳节,"俗祭明月必供此香,盖表月中桂也"[①]。

中秋在中国历来是一个非常重要的节日,讲究阖家团圆,但相对而言在日本却并无此等重要地位,倒是阴历七月十五(中国称"中元节"[②],日本称「お盆」,即"盂兰盆节")更重要,人们在这一天纷纷赶回故乡,举行一年一度的祭祀活动。因为在节庆习俗方面存在天然的差异,所以《使清日记》中没有记载使团成员以任何方式庆祝中秋节,不像重阳节一样,整篇日记都是使团成员之间以及他们与中国士人相互酬唱的诗作。

闰十月初十刘树琳、刘树槐宴请使团成员,当天的日记颇为详细地记录了他们所了解到的中国宴客习俗:

> 凡清俗宴朋友故旧,主客同席,所食肉菜一盆一碗相次而上,则众共箸同食,皆出莫逆之情。惟如飨高贵,每位分设,主人自把壶,初献已毕,次次上菜,小盆小碗必每位分供,殊与平日不同,盖尽敬意也。[③]

《使清日记》以日本的宴客习俗为参照,说明两国存在分餐与共餐、菜品一次上齐还是一道一道相次而上等差别。而且特别指出,合餐制下"众共箸同食,皆出莫逆之情",而"如飨高贵",则"每位分设",以"尽敬意"。应该说柳原等对中国的宴饮习俗了解得颇为详细。

(三)声妓陪酒

《使清日记》载使团成员在上海同新楼宴饮时所见:

> 楼头客满,欢呼歌谑,忽见两两青衣各扶女郎冉冉而上,由楼廊阁

---

① 〔日〕柳原前光:《使清日记(上)》,八月十五日。
② 农历七月十五日为中元节(正月十五日称上元节,十月十五日称下元节),中国旧俗多在这一天于道观作斋醮,或于佛寺作盂兰盆会,诵经施食,并于夜间在水边放河灯(莲花灯),以超度亡魂。该习俗亦随佛教传至日本。
③ 〔日〕柳原前光:《使清日记(下)》,闰十月十日。

道结尾鱼贯而至,散入东阁西座,乃妓女应招而来者。①

在近代上海,狎妓冶游公开化,且有叫局(叫妓女出来陪席)、吃花酒(在妓院挟妓宴饮)、打茶围(至青楼伎馆品茗饮酒取乐)等花样繁多的方式。听戏观剧时可以招妓同观,亦称"叫局"②;宴客招待时也可以招妓女陪侍,《使清日记》的记录显示出类似情形在当时上海的社交活动中比较常见。

游历宁波时,应昌槐与友人带柳原一行到一家行院宴饮,《使清日记》详细记载了其间所见:

> 径入门,至中庭,有玻璃障数楹,窥其内,坐客满堂,美姝陪侧,弹唱侑觞。……转入堂后窥看,坐客饮酒作乐。……座上或吏或商,丽姬劝酒,伶人弄音,客偶唱一曲,声妓因以调拨,俱昆腔小调也。少焉,后房排上一卓,数品回千,几碗小菜,请前光等就席。有加髯老婢……往来供茶进烟。二妓把壶陪酒……又呼阿招、小招娣等,俱十五六岁,弹琵琶而歌,最可爱也。更深,尽欢而归。③

该段所记前半部分是初到行院时观察到别人席上的情况,后半部分则是使团成员接受招待的实录。

文人狎妓之事自唐传奇以来在中国历代诗文中均有表现,至清代发展出叙风流才子与娼妓、优伶交往的长篇狭邪小说("狭邪"用以指称位于小街曲巷的青楼妓院),声名最著者当推陈森《品花宝鉴》(1849)、魏秀仁《花月痕》(1888)和韩邦庆《海上花列传》(1894)。《使清日记》这一段描写亦足堪列入"狭邪"之林。

以往柳原使团在剧园观剧欣赏的多是京剧,此处是《使清日记》中对欣赏昆腔的唯一记载,略显遗憾的是对其着墨不多,使团成员对曲调细腻婉转、抒情性强、有"水磨腔"之称的昆腔并无实质性的欣赏描述。或许他们当时的心思并不在欣赏戏曲,而是因为有声妓近距离陪酒而产生新奇感,好奇心被牢牢攫住,所以无暇他顾。

---

① 〔日〕柳原前光:《使清日记(下)》,十月二十八日。
② 同上书,十月二十七日。
③ 同上书,闰十月三日。

第六章 有意识的情报刺探与信息收集

日本明治维新后逐步在外务省和驻外使领馆间构建起严格的情报体系，并建立了报告制度，今日本外务省外交史料馆保存了许多这方面的记录。《使清日记》中也记载了柳原等曾数次向外务省寄送报告、信函的情况，另有许多看似寻常的记录，却包含使团成员有意识地对华情报刺探与信息收集①的用意。获悉总理衙门同意换发允以换约的回信后，柳原等即向成林提出，希望借阅中国与欧美列强签订的条约及各通商口岸的贸易税则作参考②，成林允诺。

当时清廷官员、士人普遍对日本近况与新变比较隔膜③，与之形成对照的是，同时期的日本对中国的认知则要充分、深入得多，而且日本的知识人普遍表现出热衷于主动了解中国的意愿④。柳原使团关注中国国情、天津教案等，并在《使清日记》中留存了大量翔实的记录，他们还多渠道获取并总结对华交涉经验。《使清日记》中不乏以"他者"的眼光观察晚清社会的记述，多次提到鸦片危害，对当时中国府学不兴、文学不振的状况也多有留意。使团成员甚至还特意查看中国多处炮台防务，并巨细无遗地一一予以实录。

---

① 如柳原使团刚到上海十天，即有"英国领事赠上海租界洋行户籍及地图"。（〔日〕柳原前光：《使清日记（上）》，八月十八日。）再如天津知府马绳武曾赠柳原等《缙绅全书》。（〔日〕柳原前光：《使清日记（下）》，十月十一日。）虽未明确交代《缙绅全书》系马绳武主动赠送还是柳原等索要的，但据其和楹联、折扇一起奉送推断，柳原等事先索要的可能性居多，因为《使清日记》中数次出现柳原等向清朝官员和士人索要楹联、墨迹的记载。《缙绅全书》即《大清缙绅全书》，是研究清史尤其清代官职设置和官员构成的重要资料。
② 〔日〕柳原前光：《使清日记（下）》，十月三日。
③ 如主管上海租界事务的陈福勋曾向使团成员询问"外务省为何等名义"。（〔日〕柳原前光：《使清日记（上）》，八月十日。）
④ 如柳原前光提及"天津新报日日到我东京"（〔日〕柳原前光：《使清日记（上）》，八月七日），早在柳原使团来华之前，日本朝野就已经有意识地多方收集中国各方面的情报信息，以至于每天都可以在东京读到中国的地方报刊。

第一节 关注天津教案

1870年爆发的天津教案是中国近代史上一次重大外交冲突事件，也涉及中外文化差异和宗教冲突，"缘拐掠之案，牵涉从教民人在内，因疑成愤，相激致变"①，造成包括法国驻天津领事丰大业（Henri Victor Fontanier, 1830—1870）在内的数十人被杀。教案发生后，法、英、美、俄、普、比、西七国联合向清政府发难，并调集军舰至大沽口威胁。曾国藩奉命处理，结果却令中外、朝野都不满，清政府改派李鸿章前去处理，在做出巨大让步后方平息事端。

柳原使团在华期间对天津教案及其善后处理表现出浓厚兴趣，曾多方探问，并到案发地实地察看，还在《使清日记》中记录下天津教案办结后崇厚行经天津出使法国"道歉"的情况。

一、多方探问并踏查

柳原一行接到的外务省训令中有要求收集天津教案的内容；《使清日记》中也有对天津教案高度关注的若干记载，如向外国驻沪领事问询。柳原前光初到上海便同花房义质等持欧美诸国驻东京公使或领事所写的信函，至英、美、普鲁士等国驻沪领事馆，"以告来使之故，且问天津动静及国情。"②

《使清日记》又载：

> 花房义质访美国领事，领事云："清国乱民焚毁天主堂一事，李鸿章等与外国官吏议，斩首事民十五人，谪廿二人，又约定重修天主堂，出偿金若干，略至平决。"③

使团成员还多次与清朝官员及士人议论天津教案。涂宗瀛在会晤柳原一行时，不加隐讳地告诉他们，天津有惨杀法国人一案，和战未定，担心他们进京有危险。

名仓信敦在与张秀芝笔话时，也问及天津教案的余波和影响：

---

① 奕䜣：《给法国使臣罗淑亚及总理衙门照会》，中华书局编辑部、李书源整理：《筹办夷务始末（同治朝）（八）》，北京：中华书局，2008年，第3142页。
② 〔日〕柳原前光：《使清日记（上）》，八月十日。
③ 〔日〕柳原前光：《使清日记（中）》，九月十六日。

信敦曰："闻闾巷之说,天津杀法人之后拒外国船进口,不知弟等附坐轮船而往无碍否?"

秀芝曰："现在尚无滞碍,商船尚通行也。"①

柳原一行九月三日傍晚抵达天津紫竹林租界,第二天就前往教案事发地实地探看究竟:"岔北岸头有法国天主堂,即今兹五月乱民所焚毁。往探之,堂宅俱烬,独留砖壳而已。"②清政府善后处理的指导思想是对外妥协,对内镇压,在办完"缉凶抵罪"事宜后,又"修葺教堂、赔偿遗失物件,共计银二十一万两,……被害各官商男妇及女修士等……酌发恤银二十五万两"③,并派崇厚前往法国,"用昭久远和好之美意"④,实为"谢罪"。

二、记崇厚出使法国

《使清日记》也记录了崇厚奉命出使法国行经天津的情况:

此日崇厚奉钦差之法国,辞京而过天津,李鸿章、成林、道、府、县等在津官员俱出十里外迎接。十点钟到津城,各衙门喜炮声振一城。厚曾在天津为三口通商大臣,今称"崇宫保"(以位春官少保也)。鸿章现在相位而郊迎,以足知钦差之权也。⑤

崇厚(1826—1893),清末内务府镶黄旗人,满族,完颜氏,字地山,号子谦。曾参加与英、法重修租界条约谈判,与葡萄牙、丹麦等国议订通商条约,充出访法国专使;曾参与洋务运动,1867年创办军火机器总局。1876年崇厚之兄盛京将军崇实去世,崇厚由兵部左侍郎调任盛京将军。1878年崇厚出使俄国,谈判交还伊犁问题。因擅自签订《里瓦几亚条约》,出卖国家利益,受到舆论谴责,被捕入狱。1884年输银30万两济军,获释赏官。

天津教案发生后,时任三口通商大臣崇厚处理不得法,因有严禁聚众滋事的要求,导致民众怨声载道。朝廷命毛昶熙暂署三口通商大臣,与曾国藩一起处理善后事宜。毛昶熙短暂署理后,成林接任三口通商大臣。

---

① 〔日〕柳原前光:《使清日记(上)》,八月十二日。
② 〔日〕柳原前光:《使清日记(中)》,九月四日。
③ 奕䜣等:《给法国使臣罗淑亚及总理衙门照会》,中华书局编辑部、李书源整理:《筹办夷务始末(同治朝)(八)》,北京:中华书局,2008年,第3144页。
④ 同上。
⑤ 〔日〕柳原前光:《使清日记(下)》,十月五日。

天津教案办结后,崇厚作为专使赴法国道歉。《使清日记(下)》十月九日条又载:"崇厚下船,往申浦。"崇厚一行1870年10月28日由上海起程,抵达马赛时因普法战争正酣,法国政府无暇接待。直到翌年11月才得到法兰西第三共和国首任总统梯也尔(Louis Adolphe Thiers)接见。

第二节　指摘鸦片危害

雍正朝时海外每年输入中国的鸦片有200箱左右,清廷已经意识到其危害,开始下达禁烟令。1729年(雍正七年)中国颁布了世界上最早的禁绝鸦片的法令:

> 兴贩鸦片烟者,照收买违禁货物例,枷号一月,发近边充军;私开鸦片烟馆引诱良家子弟者,照邪教惑众例,拟绞监候,为从杖一百,流三千里;船户、地保、邻佑人等,俱杖一百,徒三年。①

但禁烟令并没有收到理想的效果。其后以英国为首的西方列强为改变对华贸易逆差格局,向中国输入的鸦片日渐增多,据马士(Hosea Ballou Morse)的不完全统计,1800—1821年英国通过东印度公司年均输华鸦片4000余箱,1825年达12434箱,到1839年则多达40200箱。②《使清日记》中多次提及的美商旗昌洋行也曾向中国疯狂走私鸦片,到鸦片战争爆发前甚至与英商怡和洋行及宝顺洋行的走私额不相上下。

一、开着烟盘唤点灯

1862年乘"千岁丸"商船到上海的纳富介次郎在他所著的《上海杂记》中描述上海鸦片盛行,以至"官府遂不能制止"③的程度。柳原前光也十分留意鸦片在晚清的流行情况,在《使清日记》中留下多处记录并展开论述。

《使清日记(上)》八月九日条抄录上海县生员葛其龙描写上海纸醉金迷生活的《竹枝词》十首,其第八首中有句:"开着烟盘唤点灯",柳原

---

① 李圭:《鸦片事略》,转引自郑永福主编:《中国近代史通鉴·鸦片战争》,北京:红旗出版社,1997年,第80页。
② 〔美〕马士:《中华帝国对外关系史》,张汇文等译,上海:上海书店出版社,2006年,第238—239页。
③ 小島晋治監修『幕末明治中国見聞録集成』第1卷、東京:ゆまに書房、1997年、第21頁。

虽未对此作进一步的价值判断，但在不动声色的转述记录中，清楚地写出了鸦片在当时中国的流毒之广与为害之深。

《使清日记》载，宁波商人应昌槐宴请使团成员后，带他们到自己所爱的娼家吃茶，娼妓设果泡茶，弹琵琶，鼓洋琴，清歌低唱，然后进鸦片烟："弹罢卧于炕床，装鸦片烟进之。……姊既去，其妹又来款劝，并拒斥之。"①娼家"装鸦片烟进之"，并轮番"款劝"，说明吸食鸦片俨然成为晚清社交场合待客的重要一环。《使清日记》中又载，在宁波一行院宴饮时，"有加鬟老婢呼曰陈阿嫂，往来供茶进烟"②。此处所进的"烟"也毫无悬念指的是鸦片烟。

早在19世纪30年代初已有清廷官员明确意识到鸦片走私的荼毒和危害："查烟土一项，私相售买，每年出口纹银不下数百万，是以内地有用之财而易外洋害人之物，其流毒无穷，其竭财亦无尽。于国用民生，均大有关系。"③非法的鸦片贸易导致白银大量外流，败坏了社会风气，致使国家纲纪松弛。

鸦片战争后，英法两国为扩大海外市场，并试图将对华鸦片贸易合法化，于1856年制造借口，悍然发动第二次鸦片战争，并于1858年逼迫清政府签订《通商章程善后条约》，终令鸦片贸易合法化。1873年曾根俊虎（1847—1910）在《北中国纪行》中慨叹他在中国发现"鸦片烟无处不在，上自天子，下至庶人，无人不抽，公然声称一醉治百病""从外国进来的鸦片几亿尚不够，内地种植鸦片自己制造"④，毒烟盛行状况可见一斑。据1876年日本来华外交随员竹添进一郎估算，当时的中国人"食鸦片者居十之一"⑤。

更过分的是，在欧美人的刻板印象中，一直将吸食鸦片与中国人硬性

---

① 〔日〕柳原前光：《使清日记（下）》，十月二十七日。
② 同上书，闰十月三日。
③ 故宫博物院编：《道光朝外交史料（第1卷）》，北京：故宫博物院，1933年，第14页。
④ 〔日〕曾根俊虎：《北中国纪行 清国漫游志》，范建明译，北京：中华书局，2007年，第166页。
⑤ 〔日〕竹添进一郎、股野琢：《栈云峡雨日记 苇杭游记》，张明杰整理，北京：中华书局，2007年，第32页。

捆绑在一起①,俨然成为与中国人等同的固化符号,本为受害者的近代中国人却被简单粗暴地污名化为嗜吸鸦片者。鸦片在中国的危害既深且久,至维新运动兴起之际,有识见的知识人如康有为、梁启超、严复等痛感于鸦片使中国"种以之弱,国以之贫,兵以之窳"②,积极呼吁禁烟,成为救亡图存运动的一项重要内容。

二、照会禁吸鸦片事

1862年随"千岁丸"商船来华的长崎会所唐通事蔡善太郎,在回国后撰写的报告书中,论及鸦片烟输入中国的数量、上海城内的户数和人口数,以及无约国的商人进入中国时中国方面有何规定。③同船来华的纳富介次郎、日比野辉宽、高杉晋作也分别在游记中记录了上海鸦片流行的状况。

据《使清日记》记载,九月二十九日柳原等向成林送交日本外务省来函时,还专门以照会的形式通报"并从前禁吸鸦片一事,迩来渐致怠弛,今为更张,本省所奉上谕一道,须与前案文件一并照送,以备该政府查阅可也。"④后又专辟一节的篇幅,论及防范、制裁在日清国商民吸食、买卖鸦片等内容:

> 外务省奉上谕,前于各港府县晓示在该港清国人等,不得藏贮鸦片等因,旋将买片烟之我国人及卖付之清国人等,业已据罪惩治在案。昔此物入清国,流毒害民,以至今日之甚,是不可不思之也。为此本政府新定《防害律例》,颁示通商各港府县,申谕在港清国商民,嗣后倘有毫犯,法在必行,以熄恶焰。凡清国人素有烟瘾刻难置其管笺者固不须言,即量浅似吃白相者亦所严禁,断不准其来港营生。除将现住本港烟鬼彻底清查,其自能戒断吸吃以遵禁令者可,其不能者当即自行去此回乡外,奉到新谕、《律例》以后,仍有潜匿犯犬禁者,一经查出,毋庸分别原住、新

---

① 如中国参加1904年美国圣路易斯世界博览会,留存的照片显示,一处中国展室内展示有烟枪、烟灯和泥塑烟鬼,"吾国外务部,以搜罗物品之任授之于客员之税务司。……如窄小之弓鞋、黑狱之烟具,皆置于吾国出品内"(《圣路易会场之国耻》,《东方杂志》1904年第7期,第43页。)。

② 严复:《原强》,《严复集(第一册)》,北京:中华书局,1986年,第28页。

③ 加藤祐之『黒船前後の世界』、東京:岩波書店、1986年、第283頁。

④〔日〕柳原前光:《使清日记(中)》,九月廿九日。

来，立刻按律处治。①

照会中所言"昔此物入清国，流毒害民，以至今日之甚，是不可不思之也"，指以鸦片流入为开端，西方列强凭借坚船利炮打开中国国门，晚清帝国的主权和领土遭到严重侵犯，之后更是在半殖民地化的泥淖中越陷越深。

在幕府统治下的日本虽然实行锁国政策，却并非对外部世界全然无知，仍通过"唐风说书""和兰/阿兰陀风说书"等方式获悉鸦片战争的相关情况，日本举国上下意识到鸦片的严重危害，对其避之唯恐不及。甚至可以说，鸦片战争及其后续对中国的危害，一定程度上影响了"黑船来航"之际日本确定开国国策的取舍。

得知中国在鸦片战争中战败的消息后，时任幕府老中②水野忠邦（1794—1851）明确意识到"此虽系别国之事，亦应为我国之戒"③。1862年五月二十三日，荷兰驻上海领事招待乘"千岁丸"商船前来的日本幕府官员，日方向荷兰领事提出22个问题，其中问及当时上海是否仍输入鸦片。④

日本长期以明确禁令的方式严格限制鸦片流入国内，也禁止国民吸食鸦片。但随着前往日本的中国商民增多，鸦片在日本贩卖、吸食的情况有抬头之势，日本政府遂制定新的《妨害律例》，规定在日本各通商口岸的清国商民凡吸食鸦片者，不论量深量浅一律严禁，"断不准其来港营生"；凡不能戒断吸食者，一律遣返中国；嗣后倘有"潜匿犯大禁者"，按律处治⑤。正因为在日清民不顾禁令吸食鸦片，且大有泛滥之势，才引起日本政府的密切关注和高度紧张，并责成柳原趁出使之机向清政府重申立场。

日本深刻意识到鸦片对中国与中国人民的危害和荼毒，也试图千方百计阻断鸦片在日本走私和售卖，但日后日本发动侵华战争后，却选择了大肆向中国输入鸦片和其他毒品，导致鸦片再次在中国泛滥成灾。

九月二十二日柳原等向成林陈述，日本外务卿力排众议，坚持与清政府通信修约，同时也借日本国内反对者之口，说出日本人眼中的清朝破败

---

① 〔日〕柳原前光：《使清日记（中）》，九月廿九日。
② 在未设置大老的情况下，老中为幕府最高官职，负责统领全国政务，定员4—5名。
③ 〔日〕信夫清三郎：《日本政治史（第三卷）》，吕万和、熊达云、张健译，上海：上海译文出版社，1988年，第178页。
④ 宫永孝『高杉晋作の上海報告』、東京：新人物往来社、1995年、第159頁。
⑤ 〔日〕柳原前光：《使清日记（中）》，九月廿九日。

衰弊的状况：

> 由是卿大臣竟奏朝廷，必要与贵国换约通商，不然不似邻邦体裁。有难之者曰："今欲与清通信修约，不可。现在清国纲纪解纽、治道陵夷，仓卒出使，彼若拒之，事或不济。"①

以"纲纪解纽、治道陵夷"概括经过太平天国、捻军等战乱后焦头烂额的清朝统治的"内忧"方面，可谓鞭辟入里；此外还有未提及的"外患"方面，即列强环伺、亟亟于对中国瓜分豆剖的外来压力。柳原前光虽然是借他人之口转述对华评判，而且他引述的目的也在于以"情"动人，但考虑到在使团与清廷交涉遇阻、通信贸易诉求遭拒之际他尚且如此言说，大致可以肯定，柳原在内心深处其实是倾向于认同该看法的。

第三节 慨叹府学不兴

柳原一行到中国后常到各地府学参观，与中国士人交谈或笔话时也常表现出对中国学校教育和科举制度的浓厚兴趣。

一、文学不振文庙圮

柳原使团在华期间，几乎每到一地都喜欢到当地的府学、县学参观访问，并在《使清日记》中留存下较为详细的记录。名仓信敦曾到天津文庙观览，文庙一侧学寮内的刘生出来接待并与他交流：

> 信敦曰："学内有生徒几许？"
> 曰："三百余人。贵邦凡有官阶者，想皆读书名儒，不知因何取士？敝邦以文章取士二百余年，不知贵邦亦取八股文字否？或另有所取乎？乞示知。"
> 曰："敝邦制度久为封建，至二三年前政治一新，如郡县制。故取士之法不同贵邦，与周末列国时略相似。"②

刘生此处所说的"以文章取士二百余年"，单指清代以来的科举取士。科举制度在促进中国不同地域的文化融合与国族认同方面居功甚伟，对加强皇室和地方官僚机构的统治无疑也发挥了重要作用。在明、清应试

---

① 〔日〕柳原前光：《使清日记（中）》，九月廿二日。
② 同上书，九月六日。

文中,以《四书》命题的书艺和以《五经》命题的经艺统称八股文,是一种具有严格细致限制的程式化文体。后来随着世界科技日新月异的发展,清政府八股取士的方式日渐突出地成为知识传承与学问发展的禁锢,最终难以避免被废止的命运。

笔话交流中名仓信敦借助类比的方式,指出传统日本制度"久为封建",明治维新后"如郡县制",并解释说与周末列国时略相似。之所以这样介绍,而没有巨细无遗地进行详解,应该主要考虑到便于刘生理解和接受。日本通过明治维新进行了近代化政治改革,建立起中央集权的政治体制,大权集于天皇一身,事实上与周末列国时的政体格局大不相同。

《使清日记》中亦载有名仓信敦参观天津府学的见闻:

> 文庙荒圮,学中寥寥,生员亦不多。有教官邱潘恪者,忧文学不振,冰檗自矢,颇有慷慨之色云。①

《使清日记》中多处记载当时中国各地府学不兴、文学不振的颓败气象,虽未明言,却与日本明治维新后蒸蒸日上的有为局面形成潜在的对照。

传统中国实行科举制度的时代,从中央到地方设立了各级儒学机关。宋代实施右文政策,随着经济繁荣,发明了活字印刷术,教育随之取得突飞猛进的发展,官学与私学都空前兴盛起来。庆历新政(1043—1045)后普遍设立府学、州学,北宋末期县学也得到较大发展。

日本学者沟口雄三深具见地地指出,传统中国的学校制度作为夏、商、周三代遗制长期受到推崇,学校既是学生获得教育的场所,宋代以后更是兼具"培养知识分子"的职能,明末以来又发展出"从外部监督政治、形成公共舆论"②的功能。府学、州学、县学等既是教育机构,也是儒学管理机关,还担负着以"清议"品评朝政得失、引领社会舆论的功能。

府学等的衰颓虽系使团成员对晚清状况的写照,但其发端却可远溯明清鼎革之际,当时相当一部分汉族知识人刻意与异族统治者保持距离,自觉选择以追索学问为志业。理学思想对创造性和批判性形成一定的束缚,日渐僵化的科举制带来的诱惑与压力交织并存,文字狱压制自由思想与表达,在这些因素共同影响下,许多文人皓首穷经,将全部精力用于训

---

① 〔日〕柳原前光:《使清日记(中)》,九月十四日。
② 〔日〕沟口雄三:《作为方法的中国》,孙军悦译,北京:生活·读书·新知三联书店,2011年,第85—86页。

诂考证，热衷于繁琐考证的知识人的思维也逐渐走向僵化，学术表现得缺乏活力，并进一步压抑了知识人的入世情怀。晚清的内忧外患又加剧了这一态势的严峻程度。

参政议政与专攻学问的分离迟至晚清才成为有识之士的共识，越来越多的知识人投入专业化的学术道路上去，而不是亟亟于从政为官。这期间，西方科学技术的刺激，尤其是教育制度的引进，对读书人观念的改变影响很大。日后随着废除科举制与兴办新式学堂，曾经长期占据中国传统社会中心位置的士绅阶层及其发挥作用的方式都开始发生重大变化。新式学堂培养出来的平民知识分子与留学归国人员成为推动社会变革与传播科学技术的主导力量。①

二、府学不兴颓相显

柳原等人在天津时，有一位未具名的中国人前往其寓所拜访，《使清日记》载有他们的部分谈话内容：

> 有客来谈，语次及时事，曰："此地文人寥寥，故府学亦属荒凉。官员皆俗吏，只李鸿章、丁寿昌有文才耳。"又曰："今帝方今专修英学，不出多年洋化必当盛开。"②

"今帝"指同治皇帝（1862—1875年在位），依靠曾国藩、李鸿章、左宗棠等重臣镇压了太平天国和捻军起义，平定了陕甘回变，当时先进的中国人日渐清晰地意识到向外国学习的必要，同治帝顺势而为，兴办洋务新政，清朝后期出现了一个政治稳定的"同治中兴"局面。

按照此处中国与谈者的说法，同治皇帝专修英学，并对"洋化"抱有极大的信心。但也不宜过分夸大其实际效果。一方面，同治帝直至1873年才得以亲政，且于1875年初以19岁的年纪早逝；另一方面，清朝统治者包括洋务派在内，推出各项改革措施仍出于保存传统的统治体制这一核心诉求，与日本明治维新有着本质区别，尽管后者在彻底性方面仍有不少

---

① 鸦片战争以后在华传教士不再是中西文化交流的唯一媒介，但仍在传播西学方面发挥重要作用，如创办教会学校，设立墨海书馆（1843）、广学会（1887）等翻译、出版、宣传西书和西学的机构，创办《万国公报》（1874—1907）、《格致汇编》（1876—1892）等报刊。中国涌现出的新式学堂和留学归国人员成为传播西方"新知"、推动社会变革的重要力量。

② 〔日〕柳原前光：《使清日记（下）》，十月十日。

保留。

曾国藩、倭仁、张之洞、李棠阶、郭嵩焘等都曾就教育问题发表过深思熟虑的看法。比如张之洞从为国育才的角度否弃科举制,指出:"古来世运之明晦、人才之盛衰,其表在政,其里在学。"[1]其时举国上下迫切希望设立新式学堂,通过讲西学达致开民智、坚士心、克时艰、求日新、强国基的效果,体现了由教及政的信条。在废科举的过程中起决定作用的是中国社会发展变迁的内因,但西方传来的进步、进化等思想作为外因同样起到不小的促进作用。科举制的废除不仅仅是一个政治变革,它还导致"道统与政统即两分,人的上升性社会变动取向也随之而变""中国的城乡渐呈分离之势"[2],同时它也是一个重要的体制变革,引发社会在若干层面产生广泛、深刻的变化。

诚如陈寅恪所言:"自古世局之转移,往往起于前人一时学术趋向之细微。"[3]越过后来的历史回望《使清日记》中对清末府学不兴的记录,不能不承认柳原前光在这一方面的观察与描述细致且准确。使团成员关注到晚清府学不兴、文学不振的状况,他们在与中国士人的交往中获知,延续了上千年的科举取士制度日渐失去活力和吸引力,西式学问与新式学堂的兴起呼之欲出,尤其在与经过明治维新后蒸蒸日上的日本国内发展势头相比时,中国的这种颓势愈发醒目,这一点无形中增加了使团成员的自豪感,并经他们影响到范围更加广泛的日本朝野。至于后来这些信息在多大程度上被日本军国主义者别有用心地加以利用,却远非柳原等人当时可以预料的,而且也需要做定性判断和定量分析相结合的研讨才行。

第四节　留意炮台防务

柳原一行在沿海路往返沪津时曾对沿途中国军队的驻防情况多有留意,在离津返沪途中曾仔细参观过大沽口炮台,并在日记中详细记录下炮台陈设、铁炮吨位及铁炮吃药、子的量等细节。他们游历宁波时也曾与当

---

[1] 张之洞:《〈劝学篇〉序》,张之洞著、李凤仙评注:《劝学篇》,北京:华夏出版社,2002年,第2页。

[2] 罗志田:《清季科举制改革的社会影响》,《中国社会科学》1998年第4期,第186页。

[3] 陈寅恪:《朱延丰突厥通考序》,《陈寅恪集·寒柳堂集》,北京:生活·读书·新知三联书店,2009年,第163页。

地洋枪队聘请的英国教习有一些互动交流。

一、关心沿途驻防

《使清日记》中载有柳原等自沪赴津途中观察到的烟台驻防情况：

> 市北郊筑塀垣数里，门上题曰"云锦门"，中有卫兵五百人，云登州府所拨。①

且不说驻防兵力之多寡，也不论远在登州的指挥对烟台城市和港口的驻防是否迅捷，单看驻扎在此的清军将士全无军事禁区意识，任凭柳原等人随便出入、游览，便让人怀疑如此驻防的有效性。

《使清日记》中又记："三点钟潮至，驶入大沽口。有炮台三座，即僧格淋沁前年击破外国船处。"②大沽口明代开始设防，清代修建炮台，置于天津海河南北两岸，谓"津门之屏"，至1841年（道光二十一年）形成以威、镇、海、门、高五座炮台为主体的完整防御体系。近代随着外国列强对华侵略日甚一日，大沽成为北方的军事要地和重要的海防屏障。

《使清日记》专门提到僧格林沁在大沽炮台击破外国来犯军舰一事。第二次鸦片战争爆发后，英法联军于1858、1859和1860年三次攻打大沽口炮台。第一次敌军攻陷炮台，兵临天津。第二次来犯时，僧格林沁指挥大沽口海战，击毁敌舰三艘，打死打伤敌人464人。柳原所指的就是这一次战役。这次大沽口保卫战是自1840年西方列强入侵以来，中国军队取得的第一次重大胜利。虽然1859年僧格林沁成功击溃了进犯大沽口的小股英法联军，但最终抵挡不住1860年增援而至的英法"远征军"第三次来犯，天津港随之陷落，僧格林沁退至通州，最后英法联军攻进北京，火烧圆明园，咸丰帝逃往热河，并于翌年死在那里。

二、参观大沽炮台

柳原使团对他们在中国所经之处各海防要塞的炮台防务不加掩饰地表现出浓厚的兴趣，相比较而言，各地驻防的中国官兵则缺乏足够的心理戒备，毫不避讳地向他们开放展览。

在离津返沪途中，使团乘坐的船在大沽炮台右岸的煤厂前停船加煤，下午柳原前光和郑永宁上岸参观大沽炮台。郑永宁自报家门，和值班的番

---

① 〔日〕柳原前光：《使清日记（中）》，九月朔。

② 同上书，九月三日。

卒攀谈间获知，西炮台有500人戍守，东炮台有300人，皆常屯于此。《使清日记》中专门提到守备的李姓营长短褂长袍打扮。李营长称日前在天津曾听闻日本使臣与李鸿章、成林晤会办事，表示："要看炮台，何敢拒焉？"①驻防者从卫兵到指挥官竟然全无防范意识，径直带领两名外国人参观游览炮台防务，就像带领客人游览自家后花园一般随意。

《使清日记》详细记载了东西炮台的陈设、铁炮吨位等情况："台上有三位洋铁大炮，上记云：'重陆仟肆佰磅，吃药六觔、子廿五觔'。炮台共有五座，东营二座，西营三座。"②如此细致、准确地记述中国畿辅之地的炮台武备情况，于近代日本而言，确属十分难得的情报资料。

柳原等在游览中发现，西营第一座炮台上竖有西洋旗杆，陪同观览的中国人告知："洋人借为瞭海船所也。"③颇具讽刺意味的是，僧格林沁曾经赖以退来犯敌军的大沽口炮台，竟沦于借与外国人的"瞭船所"。随着中国半殖民地化程度日渐加深，即便旨在抵御他们的军备防务，也无法摆脱被西方列强强势染指的命运。

1862年乘"千岁丸"商船来华的高杉晋作曾参观英国人镇守的上海炮台，观测到阿姆斯特朗炮，记录了其发射方法并附草图一幅④，开日本人观察、记录中国驻防情况之先河。日后到中国各地踏访游历的日本人增多趋繁，搜集中国各要冲地的炮台防务成为来华日本人有意识的行动。曾根俊虎在《北中国纪行》中称自己三次到中国旅行的目的为"探视辽东马贼割据的地方""探视新城、大沽、北塘等地的炮台""探视登州蓬莱阁之镇台""想要熟知朝鲜内的情形"⑤，并做了若与清国交战该如何应对的若干推演。而彼时守卫的清兵皆毫无戒备心⑥。近代日本朝野觊觎中国并为侵略中国有意识地早作准备和清朝官兵毫无防范意识的情况形成鲜明对比，令人不胜慨叹唏嘘。

---

① 〔日〕柳原前光：《使清日记（下）》，十月二十一日。

② 同上。

③ 同上。

④ 〔日〕日比野辉宽、高杉晋作等著：《1862年上海日记》，陶振孝、阎瑜、陈捷译，北京：中华书局，2012年。

⑤ 〔日〕曾根俊虎：《北中国纪行　清国漫游志》，范建明译，北京：中华书局，2007年，第34，88，96，188页。

⑥ 如曾根俊虎1875年到登州蓬莱阁探访清军驻兵情况，并在10月18日的日记中颇为自负地记载道，有他同行则无需带通行证，如穿西装则效果更佳，因为中国人普遍敬畏洋人。

三、结识洋枪教习

使团成员在宁波游历期间，担任洋枪教习的英国人葛格曾邀请花房义质、郑永宁等登保德观游览。《使清日记》载："观在盐潮门内，往者击长毛贼也，英法兵由此门而入云。……此观为英国人调清兵教洋枪处，葛格为之师，官名'总卫'。"①他们在葛格陪同下登楼观望，但因当天阴雨朦胧，基本没能看到什么具体的防务设施。

《使清日记》中另有几处提及"长毛贼"及太平天国的破坏性影响。如"〔曾国藩〕尝讨长毛贼有功"②"因疑此等女流（指娼女）不知缘何流落于此，想亦长毛乱余流离之子耳"③。清地方政府为对付太平军曾一度大力引进西式武器，并在多地组建"洋枪队"，但保守、顽固的上层当权者一方面担心花费多，另一方面也怕危及自身既得利益，所以并不热心支持持续引进西方先进武器。

与引进西方先进武器大致同步，清政府也开始延请外国教官训练中国军官。1862年九月总理衙门上奏折，提出"练兵必先练将"，拟延请洋人"暂为教演，止膺教习之任，并不分将帅之权"④，不久同治帝发布上谕，指示避免"授外国人以兵柄"，允以"择员弁令其学习外国兵法，……于学成后自行训练中国勇丁"⑤，即同意雇用外国教官训练满汉军官，继之再由中国军官训练和指挥中国军队。

比引进西式武器、聘请外国军事教官更激进的，则是招募雇佣军式的"洋枪队"。最先在镇压太平天国运动的过程中，为阻止太平军对上海的冲击，江南多地的地方政府曾雇募外籍官兵及部分中国人组成"洋枪队"，但在1864年湘军攻占天京、太平天国运动基本被镇压后，江南各地的"洋枪队"均被遣散。

洋枪队在历史上存在的时间虽然不是很长，但对淮军等清军部队的近代化发展却产生了显著影响，涉及军队的编制、装备、训练和战术等多个层面。《使清日记》中提到的葛格，当是承洋枪队之余绪，地方政府继续

---

① 〔日〕柳原前光：《使清日记（下）》，闰十月四日。
② 〔日〕柳原前光：《使清日记（中）》，九月八日。
③ 〔日〕柳原前光：《使清日记（下）》，十月二十七日。
④ 奕䜣：《奕䜣等奏练兵必先练将请饬沿海大臣拣选折》，中华书局编辑部、李书源整理：《筹办夷务始末（同治朝）（一）》，北京：中华书局，2008年，第437页。
⑤ 奕䜣：《延寄据上折着曾国藩等酌选将领学习外国兵法》，中华书局编辑部、李书源整理：《筹办夷务始末（同治朝）（一）》，北京：中华书局，2008年，第439页。

聘请外国人担任清兵洋枪教习的情况。这种做法在当时的淮军和后来的北洋军中具有一定的普遍性。

尽管不宜过分夸大《使清日记》在日本的流布与影响范围,但柳原使团在中国的实地见闻、独到观察与忠实记录,以《使清日记》的文字记录与使团成员口头传述的方式,为日本朝野增进对晚清中国全方位的认识提供了鲜活的第一手资料,也在一定程度上影响了日本上层对中国的认识和对华态度。欧美列强深度染指中国地方军队的练兵、防务,类似情形经《使清日记》记录后,将于不经意间变成一种"致命的诱惑",进一步吸引日本政界在与中国立约订交时拼命争取"约同西例"[1],并在后续一连串的领土扩张和对外侵略中都有可能发挥"蝴蝶效应"式的诱因作用。

---

[1] 柳原使团访华以谋通信贸易之事为要务,其心目中所拟想的是以西方与日本、西方与中国订约建交为范本的,尽管他们并不认为这个范本尽善尽美(1871年岩仓使团遍访美欧,进行修改条约的预备谈判,就是明证),但仍极力争取仿此方式与中国建立联系,即"约同西例",继而再与朝鲜半岛建立类似联系。

第七章 《使清日记》的文本生成逻辑

柳原前光撰著《使清日记》，明显带有为"他日订盟定约"作参考的用意。《使清日记》坚持对所载照会文字保存原貌，"不敢刻意修之"①，一定程度上可以将其视作保存完好的清日建交前外交交涉的原始档案。但日记本身是一种文学体裁，若从文学发生学的角度着眼，分析《使清日记》的文本生成逻辑，其所谓"实录"，则仍有存疑的必要，且不乏需要严格论证之处。

《使清日记》中载有柳原使团在华期间与日本外务省密切联系和沟通的记录。在柳原一方，这种联系和沟通包括向外务省汇报行程与交涉进展，结合现实情况请示汇报交涉意见和建议，或与外务省同僚（如出使朝鲜者）保持沟通；在外务省一方，则包括向柳原等发出新的指令，或提供更多有助于推动交涉的文档资料（如在日清民伪造日钞案卷宗及判决书）等。但翻检《使清日记》可以发现，柳原等与外务省的往来信函绝大多数有目无文②。一方面，这些往来信函中可能或多或少地包含一些对中国有针对性且"有涉机密"的表述，故"削其可削"③，另一方面，撰著者认定，《使清日记》的目标读者正是主持对华政策的外务省官员等人，他们对这些往来信函的内容早已了然于胸，所以日记中大可删削而无妨碍。借助《日本外交文书》等文献资料，基本可以补齐这些往来信函的主要内容。在重要性方面先于查漏补缺④的则是追索《使清日记》的文本生成逻辑，即从《使清日记》现有内容及其呈现方式出发，倒推柳原前光撰著日记时对材

---

① 〔日〕柳原前光：《使清日记（上）》，"凡例"。
② 如：《使清日记》九月五日条载柳原前光修书致外务省，报已到天津；十月三日条载外务省致柳原等的信函寄到；十月五日条载"明日有轮船往上海，作书寄送外务省"；十月十四日条载"此日作书，托轮船寄外务省，报告使事已成，竹溪等一案亦可照办"；闰十月十六日条载柳原等收到当月初三日外务省发来书信；闰十月十九日条载"前光作书送与出使吉冈弘毅、森山茂、广津弘信于朝鲜"等。
③ 〔日〕柳原前光：《使清日记（上）》，"凡例"。
④ 不是说查漏补缺不重要。在全面调查的基础上搞清楚《使清日记》中删削掉的官方往来文书等内容是《使清日记》研究的题中应有之义，打通内部研究与外部研究，也可以避免因重要文献的缺席而对《使清日记》现有内容的解读出现偏颇。

料的调度、取舍、详略处理及谋篇布局。

《使清日记》在其"凡例"中明确标举"削其可削",但未坦言其中会存在不惜用曲笔的情况,或包含事后增益的成分,因为显而易见,如果这样说,则日记的"实录"性与它作为"原始文献"的价值势必会打折扣。但透过《使清日记》的文本本身,考察其叙事节奏、材料取舍与行布调度,可以在字里行间发现一些有意采用曲笔和着意事后增补的端倪。

第一节 叙事节奏烘托使事进程

柳原前光秉持一种自觉意识,确保《使清日记》的形式始终服务于它所记录的内容。就叙事节奏而言,《使清日记》前半部分非常紧凑,营造出一种凝重的氛围,读来有密不透风的严实感;而在使命完成后的日记后半部分,节奏则大为舒缓,字里行间的氛围也变得轻灵、活泼、意趣盎然。

一、节奏疾缓寓深意

《使清日记》的叙事节奏,以使命完成为节点,可以区分为判然有别的前后两部分:前半部分着意表现使团成员心无旁骛为使命奔波和克己奉公,叙事节奏紧凑,并营造出一种令读者情不自禁地紧张起来的氛围;后半部分则在有意无意间表现使团成员完成出使任务后心态自然放松和逍遥出游的雅致,叙事节奏大为舒缓,表情达意也更加绵密细腻。

在完成出使任务前,《使清日记》除了在八月九日条巨细无遗地记录了使团初到上海的见闻观感外,此后的日记内容都是使团成员为完成使命而四处奔波、多方交涉的过程和细节,且不加遮掩地表露出使团成员面对目的难以达到时的焦虑。

其实在完成任务前他们也不乏游历各地的情况,但多以"逍遥市街"等一语带过,如九月七日"四点钟前光同义质、永宁骑驴入城,逍遥街衢。府兵前导,观者如堵";九月十八日"终日无事,逍遥津城内外市街";九月二十日"午后逍遥街市";九月二十八日"逍遥于天津城"。而一旦如愿达到目的,之后的日记对游历与见闻的记载便转为详尽备至的风格。如此处理既不喧宾夺主,以免过度枝蔓遮蔽柳原等奉命出使的主线,又与《使清日记》精心营造的使团成员心无旁骛、一意追求完成使命的勤勉敬业形象高度契合。

导致这种叙事节奏及其营造出的氛围产生差异的原因,在于使团前期一直为出使任务忙碌,日记中充满了对黯淡的交涉前景的担忧、不知如何有效行动的纠结、诉求被拒绝的失落、想方设法奋力一搏的争取;一旦达到目的,此前的种种纠结、焦虑、负担全部烟消云散,公务自然告一段落,使团成员的关注重心转向各处游历、观剧消遣、宴饮交游,日记中遂充满了快乐的气氛和充满诗情画意的笔触。

柳原等在面见涂宗瀛时提出进京要求,涂宗瀛极力劝阻,柳原等仍坚持,《使清日记》载:"宗瀛、福勋见其固执不听,两人对言数语,延到别厅,供酒果。"①这一叙事视角的转换颇为别致。理论上讲,《使清日记》一般都是从柳原前光的视点出发进行叙事的,但此处却明显以外在的全知视角记述,某种程度上也兼及涂宗瀛、陈福勋的视点,无形中更增强了日记"实录"的真实感。

仔细分疏《使清日记》的内容可以发现,使团成员执行公务与娱乐消遣并非泾渭分明的两截划分,但作者却有意营造出这样一种差别明显的叙事模式和氛围,令读者分明感到:使团成员一直兢兢业业、夙夜在公,直到出色地完成任务后,才有放松一下的心情。如此处理,真正做到了内容尽化为形式。

二、剪裁详略费斟酌

九月二十六日柳原将日前向成林详述过的日本外务卿泽宣嘉的"一片苦心"誊写成稿,求其副文转达恭亲王奕䜣,其中写道:"且于同治元年及三年间,有我国小吏携带商人往上海贩卖,时虽经面晤该道,亦以未曾换约为辞,竟依荷兰领事绍介方能贸易而回,此亦不过以西人视之也。尔后我国商民无复入上海者。"②日本"千岁丸"和"健顺丸"商船两次前来上海,前后两任长崎奉行与应宝时都有信函往来,内容不可谓不丰富,对于两国"通信""贸易"之事而言不可谓不重要,但在日记中仅一语带过。因为这些信息总理衙门已经非常清楚,没有详细阐述的必要,而且它们也构不成说服总理衙门允以换约的充分理由,多说无益。

与之形成对照的是,针对泽宣嘉的"一片苦心",如何从"子爱人民"的角度关照在日清民,以及他如何和国内反对与清直接联系的人争论等,则予以非常详尽的阐述。如"因而[将在日清民]居以别区,编立户籍,优加保护,就中选举老实干事者命为保甲,月给俸银,使其劝良剔奸,以安其

---

① 〔日〕柳原前光:《使清日记(上)》,八月十七日。
② 〔日〕柳原前光:《使清日记(中)》,九月廿六日。

业。然终不免西人因事横议者,以未曾换约故也。"①又说:"现在我国各口营生之贵国人不下三千余人,又准我国人民听其出外通商,而不有领事专管保护,正与西人实行不符,似非子爱人民之道。"②还说:"或曰,今时入清,非由西人绍介,事恐不谐。卿大臣乃与诤论,以为我国与清国唇齿邻邦,至厚友谊,何必自弃夙好,专倚外人为耶? 须以一片至诚之心,修函直达彼国当涂,谅必更加亲厚也。"③可以说通过摆事实、讲道理,兼打悲情牌,将总理衙门置于不允以换约实在说不过去的境地。

此前在面见成林时,柳原正是通过这种公私并用、大打感情牌的方式将他说服,如今他故伎重演,仍用同样的方式向总理衙门陈情,为增强说服力而扬长避短,照会文的详略裁剪颇费了一番斟酌取舍的功夫。

第二节　描摹笔致泄露遮掩意图

《使清日记》或许出于"为尊者讳"的考量,有意隐去使团主要成员受中国朋友之邀去逛青楼的真相,而代之以反复强调接受招待的只是仆从辈,但对使团仆从辈假作不解吸食鸦片烟之态、抄录青楼女子房间内壁挂条幅上的诗作、分辨出青楼女子的姑苏口音等细节的传神描述,又充分表明这些事绝非仅有仆从辈在场所能为。

使团成员和李鸿章虽有五次会面,但其中四次只是迎来送往、互赠礼物的礼节性往来,仅有一次因出使目的难以实现而向李鸿章求助,理论上讲他们应该集中精力说服李鸿章帮其向总理衙门关说,而无暇他顾,但《使清日记》中却以较多笔墨呈现对李鸿章全方位的观察,描摹出来的李鸿章形象非常鲜活、丰满,且着意塑造其多疑特征。《使清日记》当日条恳请李鸿章代为陈情,日记的表现意图与实际呈现出来的内容——多疑慧黠的李鸿章形象塑造之间存在明显的逻辑冲突,甚至有违《使清日记》纵贯全书的叙事模式——前半部分聚焦于公事,后半部分适当放纵游玩。我们有理由怀疑,《使清日记》在整理成书过程中很可能将日后对李鸿章深化了的认识一并整合进日记里了。

---

① 〔日〕柳原前光:《使清日记(中)》,九月廿六日。
② 同上。
③ 同上。

一、不忍割舍的青楼见闻与为尊者讳的考量

《使清日记》中有不少关于中国青楼与娼妓的记载,有在青楼外围、戏园、赌场周边观察娼妓所见,有到娼家喝茶的亲身体验,有声妓陪酒的经历,转录的袁祖志竹枝词中也有很多内容涉及青楼和娼妓。

《使清日记》中提到有一次使团仆从接受中国商人宴请,酒足饭饱后又到商人相好的娼妓家喝茶的情形。从请客人的宴请动机、对青楼所见的记录翔实程度以及此事在《使清日记》中所占篇幅等方面综合考量,基本可以断定柳原前光此处不惜用了曲笔,试图掩饰使团主要成员亦参与其中的事实,但他不忍割舍的丰富、细致的青楼叙事,又在字里行间明显透露出接受宴请的绝不限于使团仆从这一真相。

(一)反复出现的"广妓大脚"意象

八月九日夜间柳原等在客馆店中主管、名叫七郎的日本肥前人的导引下到大桥河边花园纳凉,沿途留意到:

> 沿洋泾浜一路有粉壁库楼,过其门口,内掩亮槅,娼妓数头与似虔婆者在内谈笑。又有青衣红娘立门倚望、拉人诱延者,盖小娼家。而帕首大脚者,广东妓女也。①

这是《使清日记》中第一次提到广东妓女,后文又多次重提,而且"广妓大脚"几乎成为一个固化的意象,反复出现在《使清日记》的相关记录中。

《使清日记》所录袁祖志《竹枝词》第二十一首云:"轻绡帕首玉生香,共说侬家是五羊。联袂拖鞋何处去,肤圆两足白于霜。"②夹注曰:"粤东伎女皆不缠足,间有佳者洁白无比,亦于此间设所。"③表明当时在上海的粤东妓女不在少数。

使团成员在烟台租界又见:"其婊子有广妓,间有油梳艳妆者,意非土物也。"④烟台虽系开港地,但当时尚不甚繁昌,却有来自几千公里以外的两广妓女,一方面可以理解为当时中国底层民众生活确实不易,寄身青楼者仍需历尽跋涉之苦;另一方面也从侧面反映出晚清时期人员的流动状

---

① 〔日〕柳原前光:《使清日记(上)》,八月九日。
② 〔日〕柳原前光:《使清日记(下)》,十月二十七日。
③ 同上。
④ 〔日〕柳原前光:《使清日记(中)》,九月朔。

况①。鸦片战争以后中国的外贸中心由广州转移到上海，两广地区随之出现大量失业现象，有研究者甚至将之归结为导致太平天国运动爆发的原因之一，也不无道理。

相比较而言，同样为生活所迫的近代日本女性则走得更远。日本开国后曾出现过大量年轻女性移居至海外港口的情况。近代旅日英国学者张伯伦（Basil Hall Chamberlain, 1850—1935）在论及日本的人口问题时曾敏锐地指出：

> 这个话题很微妙，但我们可以说，不止一项人口普查显示，在这些海外港口中，年轻的日本女性居住者远比日本男性要多。政府努力避免移民有这类倾向，但她们对此机敏地躲避，常使这种倾向更为明显。②

张伯伦虽然用词相当隐晦，但也清楚地传达出近代大批年轻日本女性到海外港口从事"风俗业"的事实。不过往深层追究，这些年轻的日本女性多为时势所裹挟，在为国家赚取外汇并促进日本商业利益在亚洲进一步扩大的宏大叙事推动下，为家计和个人生存而被迫远渡重洋，以"人力资本"的形式赚钱寄回日本。这一点可以从1974年熊井启执导的日本电影《望乡》（「サンダカン八番娼館　望郷」）中窥豹一斑。

19世纪70年代日本在上海设立领事馆，并开通了日本多地至上海的海上航线，日本人络绎来到中国，但商人的成功远比不上被称作"唐行小姐"（唐行きさん）③的娼妓。日本官方试图对此加以阻止或限制，并进行了"避免移民有这类倾向"的努力，比如，日本驻沪领事馆因感觉类似情况有伤国家体面，曾于1883年制定《清国上海居留日本人取缔规则》，对"唐行小姐"做出严格限制。但结果却是徒劳的，甚至适得其反。

（二）夹注竹枝词为熟悉青楼明证

《使清日记》抄录的袁祖志竹枝词中有若干首是直接写青楼的，或与

---

① 张焘《津门杂记》载："紫竹林通商埠头，粤人处此者颇多。原广东通商最早，得洋气在先，类多效泰西所为。"可知天津紫竹林开埠以后，前来天津经商、居住的广东人也很多。（张焘：《津门杂记》，游艺山庄刻本，1884年，第37页。）

② B. H. Chamberlain, *Thing Japanese, Being Notes on Various Subjects Connected with Japan*, sixth ed. London: Kegan Paul, Trench, Trübner & Co., 1939, p. 417.

③ "唐行"多出生于日本九州的贫困地区（尤其岛原、天草等地），通过"蛇头"偷渡到中国的上海、香港地区，或经新加坡被转卖到东南亚各地。

青楼高度相关。如第二首夹注称"环台（丽水台，茶肆名）皆青楼"①，足见青楼在上海租界兴盛之一斑。第十四首夹注中言礼拜日"任人游玩戏馆酒楼，花街柳巷烂其盈门。"②每逢周日，为外国人经手买卖的掮客、洋行中的通事必定会到花街柳巷游嬉。

青楼本身也存在不同的等级。第十七、十八、十九三首竹枝词分写上海上等勾栏"板三局"、二等勾栏"二三局"和下等勾栏"幺二局"。"幺二"等本为骨牌名，后引申为妓院中妓女的等级。晚清上海社会风尚中有所谓"七耻"③，其中一耻谓"耻狎幺二妓"，系因"幺二"为地位较低等的妓女，若获地位较高的"长三"妓女青眼，则感觉非常有面子。

也有数首竹枝词描绘当时上海青楼的时尚与潮流。如第二十首提到，着绉纱马甲是符合当时潮流的时尚打扮。第二十三首夹注中所说的"青楼中衣饰岁易新式"④，字面上看是说盲目追求新潮时尚，导致人们崇尚奢华靡费并争奇翻新，其实青楼中人更是如此，以色事人，色衰爱弛，这是世间普遍存在的现象，甚至是难以避免的宿命，在灯红酒绿的青楼则势必更甚。

第二十四首写西人照相术，夹注中解释说："勾栏中人必各照一相悬之壁间。"⑤因照相技术的出现，原本流行的图形画像逐渐被相片取代，勾栏中人又毫无悬念地走在了这一潮流的前头。上海开埠不久，西方的娱乐消费方式就传入并迅速流行起来："有酒食以相征逐，有烟花以快冶游，有车马以代步行，有戏园茗肆以资遣兴，下而烟馆也、书场也、弹子房也、照相店也，无一不引人入胜。"⑥消费主义和奢靡之风在近代上海租界盛极一时。

当然，不应将《使清日记》抄录袁祖志《竹枝词》的用意过度简单化或作狭隘化理解，其实背后有深意寓焉，其中不乏对晚清国情的真实写

---

① 〔日〕柳原前光：《使清日记（下）》，十月二十七日。

② 同上。

③ 署名"海上看洋十九年客"者在《申江陋习》一文中列举开埠后上海人的几种不良表现：一耻衣服之不华美，二耻不乘肩舆，三耻狎幺二妓，四耻肴馔之不贵，五耻坐只轮小车，六耻无顶戴，七耻观戏就末座。（原载《申报》1873年4月7日，转引自张仲礼主编：《近代上海城市研究（1840—1949年）》，上海：上海人民出版社，2014年，第708页。）

④ 〔日〕柳原前光：《使清日记（下）》，十月二十七日。

⑤ 同上。

⑥ 《申报》1890年12月1日。

照。如第五首写赌局状况，第八首写典当行①给床头金尽之徒便利地提供赌资，第十五首写数不清的中国人不事耕读、镇日寻欢，夹注曰"游手好闲之人盈千累万，皆无业流民也"，第十六首写上洋买春的奢靡，并夹注"一隅之地，奢华靡费甲于天下，有心世道者徒切隐忧焉"②。

开埠后的上海得风气之先，是以当地的知识阶层对待西方新奇事物的心态相对平和。袁祖志《竹枝词》中虽然不无猎奇的成分，但总体而言，他对这些西洋事物的描绘尚称得上客观。《使清日记》照录袁祖志《竹枝词》，当含有这样的用意：虽不能做到一劳永逸，但也基本可以满足日记的目标读者了解中国的渴望。虽系转录，但可以想见，柳原前光对转录内容的选择还是颇费了一番取舍工夫的。

(三) 曲笔记娼家吃茶欲盖弥彰

十月二十七日宁波商人应昌槐邀请使团成员酌酒，尽欢回转途中入昌槐所爱娼家吃茶。《使清日记》载接受宴请和招待的为"仆从等"，但据日记内容判断，如果说柳原等五位使团主要成员即便没有悉数参加，当日赴宴并到娼家吃茶的也绝无可能仅限于仆从辈。更可能的情况是，《使清日记》出于为尊者讳的考量，故意如此遮掩。理由如下：

其一，应昌槐绝无只宴请仆从而不邀约主人之理，而且按照常理，如果参加宴请的只是一帮仆从，东道主大概也不会在饮酒后再将他们带到自己相好的娼家去吃茶。

其二，《使清日记》中逐一抄录了娼家墙壁上挂的竹枝词，一般仆从不具备这样的文化素养，可以完整辨识、抄录作为书法作品的多首诗作。

其三，能够辨别得出在上海的娼家所操的苏州口音，如此精准地区分吴语区内仅有细微差别的苏州话和上海话，绝非日本使团一般仆从辈所能为；即便有在场的中国人告知这一点，倘若没有翻译人员在侧及时予以有效的翻译，也很难令仆从辈理解，并在回寓后再原原本本转告柳原等人，以便于后者准确地笔录下来。

其四，如果只是仆从等人参加了一次中国商人的宴请，《使清日记》断然不至于耗费多达8页有余（《使清日记（下）》写本正文共计93页）的篇幅，予以巨细无遗的收录记载。

---

① 杨联陞考证指出，中国的典当、拍卖、彩券、合会等四种募钱制度皆起源于佛教寺院。（杨联陞：《佛教寺院与国史上四种筹措金钱的制度》，《国史探微》，北京：新星出版社，2005年。）

② 〔日〕柳原前光：《使清日记（下）》，十月二十七日。

《使清日记》一方面不加克制地记述、描绘使团成员在中国青楼的见闻观感，另一方面又不惜用曲笔为使团主要成员开脱，刻意制造使团中仅仆从随员曾有机会留连于灯红酒绿的场所，正副使等人却能洁身自好，其婉曲的心态颇堪玩味。

二、李鸿章多疑形象塑造与事后增益的可能

《使清日记》生动传神地叙写了李鸿章两度打趣柳原使团副使兼翻译郑永宁的细节。当时使团谋通信贸易的出使目的正遭到总理衙门用语委婉但态度决绝的否决，柳原一行内心焦灼，理应无暇顾及李鸿章打趣郑永宁这类与出使任务无关的事情，但相关记载却生动如画地呈现在《使清日记》中。以后设的眼光观察，此处对李鸿章的工笔细描当是为了彰显他的"多疑"形象而有意为之，意在向《使清日记》的目标读者——日本明治天皇及其身边的决策者们清楚地表明，使团面对的是一位狡诈、多疑且颇有话语权的清廷高官，他们最终却在他的助力下得以完成使命，这是多么难能可贵的事情！仔细分析《使清日记》中对李鸿章过于出彩的细节描绘和形象刻画，虽然大部分内容都是对当时见闻的记录，但字里行间也透露出某些端倪，相关记载很可能包含一些日后增益的成分。

（一）"闻君郑成功之后"

李鸿章似乎对郑永宁身为中国人后裔却甘心为日本人做事颇为介怀。而作为使团副使之一的郑永宁，却心安理得地将自己视作无差别的日本人。

九月二十二日柳原一行第二次拜会李鸿章时，李鸿章和郑永宁的对话既生动传神又富有机趣：

> 鸿章谓永宁曰："闻君郑成功之后，今为说客，将要开拓口岸耶？抑亦欲管束我民耶？"
>
> 永宁答曰："本邦人未娴开拓土地，但看他人蜂拥而来、指东点西为可畏也。"①

李鸿章因郑永宁为华人后裔且通华语，讥其为日本人做说客；而郑永宁却完全以日本官员的身份自居。郑永宁本姓吴，因过继给郑家为子而改姓郑，并非郑成功后代。另外也存一说，称郑永宁为郑成功胞弟田川七左

---

① 〔日〕柳原前光：《使清日记（中）》，九月廿二日。

卫门的八世孙①。我们倾向于接受前说，略作解释如下：《使清日记》八月五日条载，使团乘坐的船过赤马关时，柳原前光曾赋诗一首。诗中直白地出现了郑成功的名字而未用讳，也没有用其封号"忠孝伯""延平王"或因获赐姓而世称的"国姓爷"指代。与之形成映衬的是，八月三日船到神户港时，柳原等上岸"吊楠公墓"，柳原前光、郑永宁和名仓信敦皆有诗题咏，诗中一律作"楠子"或"楠公"，而未直呼楠木正成其名。这一点或许可以从一个侧面佐证，郑永宁改姓后的郑家必定与郑成功没有直接联系，否则柳原等理应会顾及使团副使的感受，避免在诗中直呼其祖上的名讳。

至于郑永宁答语中称日本人"未娴开拓土地"，系因当时明治政府羽翼未丰，但日本业已于1868年在虾夷地设置箱馆裁判所，旋即改称箱馆府，1869年改虾夷地为北海道，同年设北海道开拓使。之后的历史充分见证了日本日渐强盛起来后其野心也日益膨胀：1874年借口琉球漂流民在台湾遇害悍然出兵中国台湾；1879年吞并琉球；觊觎朝鲜半岛和中国东北，并与俄国展开针锋相对的角逐，继之于1894年挑起甲午战争，1904年发动日俄战争；1910年以武力胁迫与政治讹诈为手段，强制实行"日韩合并"；1932年在中国东北成立伪满洲国，进而于1937年发动全面侵华战争；还妄图以中国为跳板侵略亚欧大陆更多国家，乃至称霸全世界。凡此种种，都是明治维新后日本政府疯狂追求殖民扩张和"开拓土地"的举措，只是此时羽翼未丰，即便有野心仍不显山不露水罢了。

(二) 实有"文书权正"

李鸿章在翻看柳原等馈赠的《官员录》时再次打趣郑永宁：

> 又看到"文书司"，指"文书权正"，顾永宁笑曰："吾初以君为说客，不想原来在此。"
> 永宁曰："中堂何多疑？"
> 鸿章曰："吾说真话耳。"②

---

① 参见https://www.douban.com/note/275012268/（检索日期：20200501）。江户时代净琉璃与歌舞伎剧作家近松门左卫门（1652—1724）的戏剧《国姓爷合战》写郑成功为光复台湾而英勇斗争的故事。近松门该剧突出强调郑成功为日本人的后裔〔郑成功的母亲为日本人田川松（1602—1647）〕，为恢复民族权利而起兵抗清。这一表达十分耐人寻味。

② 〔日〕柳原前光：《使清日记（中）》，九月廿四日。

李鸿章以玩笑式的口吻,说自己原以为郑永宁只是日本人的说客,不承想日本《官员录》确实载有"文书权正"一职。李鸿章始终介怀郑永宁作为中国人后裔却心甘情愿为日本政府服务一事,但郑永宁作为已归化数代的日籍华裔,对中国早已不存祖国观念,而且因为自己得到外务省正式任命,作为副使兼翻译出使中国,时时处处维护日方利益而未感到异常。

柳原一行虽与李鸿章有过五次会面,但每次接触的时间都不长,除了礼节性的告到、致送礼物、拜谢、拜别以外,只有一次拜托李鸿章向总理衙门说项,算是涉及公务。《使清日记》传神地摹画李鸿章的言行,以简约的文字着意彰显他的细腻心思与多疑性格,显然系有意为之。

首先,使团事先做足了功课,已经有意识地收集到一些相关情报。如面见成林时,柳原前光称六月以来天津新报每日都可到东京,是以他们熟知曾国藩、李鸿章二人大名。

其次,柳原等人善于观察,且识人有术。九月二十二日柳原等拜会李鸿章,请其代为周旋,恳请总理衙门换给允以换约的复函,交谈间李鸿章对日方的陈述提出颇多质疑。如他问及"吾想贵国虽换条约,能有商船来做买卖否?""贵国与各国果换约耶?"[①]柳原等问他是否尚有所怀疑时,他径直答曰:"然。一个人须要说真话。"[②]柳原等为打消他的疑虑,许以递送日本与西方诸国的换约书为证。李鸿章前一问意欲探究日本遣使前来的真实意图,后一问表现出对日方陈述的已与泰西诸国通好换约尚存疑。这也反映出当时清政府的高层官员对日本开国与明治维新的了解确实有限。

最后,柳原前光很可能将翌年乃至以后历年与李鸿章深层接触后获得的对他更深刻的认识一并整合进《使清日记》中去了。我们有理由怀疑,单纯凭借短短几次礼节性的会面与有限的接触,而且最长的一次会面还是在内心焦灼、有求于人的情况下进行的,柳原等对李鸿章的认知何以达到如此深切透彻的地步。对李鸿章刻画得如此出彩,恰恰成为令人生疑的理由。

整体而言,《使清日记》对使团成员与李鸿章晤面时的记录应该不虚,但如此布置熔裁却颇见匠心。《使清日记》在编辑、定稿和誊抄过程中存在程度不等的删削,这一点在"凡例"中已有清楚的交代,当然也会有出于主客观考虑的调整与充实。因为后来李鸿章受命与日本进行订约谈判,并

---

① 〔日〕柳原前光:《使清日记(中)》,九月廿二日。
② 同上。

在日后长期主导对日交涉,而持续参与对清交涉的柳原前光对他的认识自然会越来越具体、越来越深刻。

我们倾向于相信,可能存在这样一种情况:《使清日记》记录与李鸿章交往的几个片段,系将柳原前光日后对其认识加深后的成分一并融入到日记中去而形成的。在《使清日记》定稿成书过程中,柳原前光对既有的李鸿章相关记载进行了一定程度的丰富完善和加工处理,着意突出其心思缜密和善于存疑的特征。之所以浓墨重彩地刻画李鸿章的多疑形象,意在彰显一个慧黠的老政治家、不易对付的谈判对手形象,借此让《使清日记》的目标读者清楚地意识到,使团完成使命殊非易事,说服李鸿章这样一个多疑慧黠的谈判对手帮自己说话更是难能可贵。

第三节 观照视域尽显一体两面

《使清日记》中虽未明言,却在观察与记录中国的过程中,敏锐地留意到晚清社会传统与现代兼具的特征,从而在对清观感中充满仰望与俯视相叠加的情愫。也正是在这个意义上,柳原前光及使团成员的中国观察与中国认识不仅涉及广阔的视域,而且在面对中国和中国文化时能够秉持一种对立统一的立场和态度。

一、传统与现代兼具的晚清社会

《使清日记》中不仅记录了上海、烟台、天津和宁波等租界里的华洋杂处状况,描绘了充斥其间的声色犬马以及西方舶来新兴事物,而且也不乏对中国社会中历史悠久、世代传承的部分传统的观察和记录,较好地呈现了晚清社会传统与现代兼具的特征。

《使清日记(上)》八月二十七日条载有上海城中大户集资建公所的情况:"公所者,系城中大户醵金所造也。楼阁台池接于庙后,一则以庄严庙地,一则为会议也。"①所谓"大户",是指具有一定身份地位的乡绅。明清时期的乡绅很大程度上参与并主导地方自治,举凡修桥补路、建造公所等公益性事务,一般都由他们出面张罗,而较少由地方政府官办。

闰十月三日应昌槐带郑永宁游览宁波城时曾到天后庙与庆安会馆参观:

---

① 〔日〕柳原前光:《使清日记(上)》,八月二十七日。

> 又呼舟过江东，天后庙后门粉墙嵌一石區，题曰"庆安会馆"，云为宁波一府户口公派所修治，有事则集会焉。庙貌整肃，遥胜于城中者。①

对庆安会馆的记述反映了乡绅在传统中国社会的地方治理中起重要作用，如"一府户口公派"修治会馆等，有事则在会馆集会商量，寻求解决之道。

《使清日记（下）》十月二十二日条所载登州诸彦要协力修建烟台海边层楼，也属同类情况：

> 出海边，登一石，层楼题曰"烟台"，眺望颇佳，英国前领事官马利逊与登州诸彦要所协力结构也。上可方丈余，中安圆石台，围以板橙，有碑，系市商颂其德。②

据该段记述，烟台海边层楼系英国前领事官马利逊（Martin C. Morrison，1826—1870，中译也作马理生、毛里逊）与登州地方乡绅协力修建的，且立碑称颂出资建造者的功德。《儒林外史》第二回开头写道："山东兖州府汶上县有个乡村，叫做薛家集。……村口一个观音庵，……集上人家，凡有公事，就在这庵里来同议。"③说的也是这种情况，观音庵用作乡里公同议事的处所，大概率也是乡绅带头共同出资兴建的。

乡绅是士大夫阶层与地方社会的结合体，士大夫阶层在传统中国尤其中国乡村一贯发挥重要作用，产生深远影响，不过其发挥作用的方式随历史进程而有所嬗变。

阎步克指出，汉儒继承了周代君子治国、礼教治国的政治文化遗产，主张儒生治国，并开启了儒、吏融合的过程，形成"学者—官僚"角色，成为士大夫政治的基础。④之后随着社会进一步分化，士大夫长期作为朝廷与地方实施统治的主体。从汉末到隋朝统一的400年间，士族有相当大的政治权力。自中唐至北宋，经由科举考试，以平民出身为主的知识士人取代了魏晋南北朝以来门阀士族的地位，成为社会精英，导致社会等级界限削弱，阶层间的流动增加。

宋代将科举进一步制度化且取士更广泛，士大夫通过科举证明自己的实力后，即有机会进入朝廷参与政权。两宋之际科举取士的人数逐渐增

---

① 〔日〕柳原前光：《使清日记（下）》，闰十月三日。
② 同上书，十月二十二日。
③ 吴敬梓撰，冯敏点注：《儒林外史》，北京：华夏出版社，2017年，第10页。
④ 阎步克：《士大夫政治演生史稿》，北京：北京大学出版社，1996年，第439—465页。

多，难以悉数入仕，南宋士人遂走向"地方化"，转而着意经营并巩固其家族在本乡的地方基础。

其后特别是到明清时期，随着社会生产力的进步，科举制度也得到进一步发展，知识人日渐增多，那些通过了各级科举考试的读书人，分别获得朝廷授予的不同层级的功名，在数量上远超出官僚体系所能容纳的限度，尤其清末卖官鬻爵盛行，有钱人获得了便利的晋升之路，进一步扩张了获取功名者的数量。主客观条件的双重限制，使得大多数知识人不得不放弃进入官僚体系与帝王共治天下的理想，其中一部分放弃"经世致用"的追求，而更大数量的下层知识者则逐渐成长为"士绅"或"乡绅"[①]，自觉履行起参与地方自治和启蒙、教化乡邻民众的职责。

在传统中国集权的官僚等级制度[②]下，相对稳定的正规文官体系与体制外的吏治复合运作，形成一个马德斌所谓"强政权与弱治理并存的矛盾体"[③]。地方官员常利用社会力量进行管理，尤其是利用乡绅作为政府/官吏和民众之间的桥梁和纽带。

没有资格或机会获得官职任命的乡绅便自然充当起地方政府与民众之间的中介，即沟通国家执政者与地方百姓的中间阶层，他们出面管理社会公共事务，组织团练等地方武装，负责征收赋税徭役等杂务，举凡修桥补路、建造会馆等公益事业，一般无需地方政府出面，多由乡绅会商并集资办理。乡绅在很大程度上发挥官督之下基层地方自治的领导和表率作用，他们一方面通过管理公共事务维持地方稳定，另一方面借助或隐或显的方式进行儒家思想教化，以尽力维持地方正统。

乡绅中的一部分仗势欺人，作威作福，横行乡里，他们和"不法地主阶级"同为中国几千年专制政治的基础，也是革命要打倒的对象。1935年

---

① 有学者还进一步区分"士绅"与"乡绅"为不同概念。如罗志田指出，清末废科举后，"读书人的减少和游离造成乡村中士与绅的疏离，'乡绅'的来源逐渐改变，以士绅为核心的'士治'可能变为新型的'绅治'"（罗志田：《数千年中大举动：废科举百年反思》，《清华历史讲堂初编》，北京：生活·读书·新知三联书店，2007年，第279—280页。）。

② 韩愈在《原道》一文从更加宽泛的意义上论述整个社会的等级差别与政治运作逻辑："君者，出令者也；臣者，行君之令而致之民者也；民者，出粟米麻丝，作器皿，通货财，以事其上者也。"（韩愈著，刘真伦、岳珍校注：《韩愈文集汇校笺注（第一册）》，北京：中华书局，2010年，第3页。）

③ 马德斌：《中国经济史的大分流与现代化：一种跨国比较视野》，徐毅、袁为鹏、乔士容译，杭州：浙江大学出版社，2020年，第10页。

11月国民党确定推行地方自治①，追求以制度的合法性取代文化传统的合理性，此后乡绅走向没落，乡绅领导下的地方自治在农村基层逐渐瓦解。

二、仰望与俯视叠加的对清观感

在《使清日记》的对华观察与记录中，柳原前光敏锐地关注到晚清社会传统与现代兼具的时代特征，虽然未必出于有意识，但在那些看似平实的记录中却蕴含着他仰望与俯视相叠加的对清观感。柳原前光等使团成员接受的是以儒学为主的传统教育，在思想观念方面对中国传统文化、圣贤言行、诗文经典都抱持亲切认同甚至仰视的态度，但对中国受西方军事侵略、文化冲击后在思想观念层面与传统渐行渐远的变化又表现出不加掩饰的轻蔑，尤其在对比明治维新后日本的新进展与清政府的停滞不前甚至退行时，那种有意无意间表现出的优越感更明显。

柳原前光在以泽宣嘉的"一片苦心"劝说成林为使团寻求转圜时说道："有难之者曰：'今欲与清通信修约，不可。现在清国纲纪解纽、治道陵夷，仓卒出使，彼若拒之，事或不济。'"②虽然他借助非难泽宣嘉的人之口说出这番话，但"清国纲纪解纽、治道陵夷"的判断，当是柳原前光来中国后经由亲身体验而内心认同的，否则也不会在有求于人之际还如此言说。

《使清日记》的对华情报刺探与信息收集虽然不成体系，但也较为敏锐地将关乎中国国计民生的几乎所有方面都有所涉及。使团成员关注到晚清府学不兴、文学不振的颓势，他们在与中国士人的交往中获知，延续了上千年的科举取士日渐失去活力和吸引力，西式学问与新式学堂的兴起初现端倪，尤其与经过明治维新后蒸蒸日上的日本发展势头相比，这种颓势体现得更加明显，类似发现无形中增加了使团成员的自豪感，并经他们影响到范围更加广泛的日本朝野。

仔细研读《使清日记》的相关记载，更深刻地理解了苏轼在《晁错论》中所指出那种"不测之忧"："天下之患，最不可为者，名为治平无事，而其实有不测之忧。坐观其变，而不为之所，则恐至于不可救。"具体到《使清日记》中对晚清中国的观察和记录，则尤以乡绅在乡村的没落最为"不测之忧"。

---

① 荣孟源主编：《中国国民党历次代表大会及中央全会资料（下卷）》，北京：光明日报出版社，1985年，第326页。

② 〔日〕柳原前光：《使清日记（中）》，九月廿二日。

结　语

　　《使清日记》的"实录"性是成就其价值的一个重要维度，尤其日记中所包含的若干珍贵资料，如名仓信敦与中国士人的三通笔话等，都是中日官修正史与两国高阶官员的个人文集等"正统性"文献所逸收的。可以说《使清日记》以相对原生态的样貌与"在野"的性质，成就了其独特的价值。

　　借助解读《使清日记》及相关文献资料，不仅有助于还原中日关系由前近代走向近代的更多细节和真相，而且可以对中日两国走向近代的历程进行再省思，有利于更加全面地理解近代中国发生新变的外部环境和内在逻辑，通过分析中国走向近代的历程中起不同作用的内因和外因，以及与传统的断裂等复杂因素，也有助于准确洞察中日朝野针对两国关系走向的选择取舍，以及各自选择的受限制性。

一、柳原前光的中国认识

　　柳原使团出使中国之际，日本的明治维新已历时两年半，日本政界和知识人对西方文明并没有表现一边倒的折服，而是出于朦胧的民族意识，葆有一定程度的批判与自省觉悟，他们以对西方文明的不同认可程度而出现某种分化，或倾向于完全西化，或主张渐进改良。当时日本统治集团内部及范围更广的知识人的对华态度也鲜明地分化为两个阵营，但又一致认同对华交往是开展对朝鲜外交的先决策略。

　　柳原使团的主要成员都是具备一定汉学修养的知华派，说"一定"而非"相当"，一方面因为他们当时年纪尚轻，比如正使柳原前光当时只有20岁，另一方面他们获得官员身份的路径并非通过中国式的科举制度，而更多依赖于出身。他们来华前的中国认识基本只能借助文献典籍获得，像郑永宁虽有对华接触经验，名仓信敦也曾短期到上海游历过，但他们对中国接触的深度和广度都非常有限，充其量只有一鳞半爪的认识，远称不上系统全面的了解；只有当他们来到中国以后，才真正有机会贴近观察，切身体会，并据此补充、修正此前获取的不太真切的中国印象。

(一) 他者的洞见与局限

自幕府末期发端，尤其在明治维新后，日本知识人到上海游历渐成风尚，并逐渐延伸至中国其他地域，他们留存下一大批游记、日记等纪行文献。后来层出不穷的日本人来沪，他们一方面记录非租界的华人居住区内市街狭隘与污秽，生活样态一成不变，并以此表达中国与中国文化停滞不前；另一方面以与之形成对照的笔法，呈现租界内的新潮、繁盛和日新一日，并以此表现他们对"进化"与"进步"观念的信服和景仰。

作为近代日本人对清印象的真实呈现之一，《使清日记》在对清观察与实录方面有别具一格的独特价值。《使清日记》中不乏以"他者"的眼光观察晚清社会的即时实录和一定的思考。相对于绝大多数同时期日本人的来华游记，《使清日记》规避了那种非黑即白、二元对立的立场和表现手法，尽管它对上海的记录中也不乏对传统与现代"断裂"的书写，但其着力点在于对东方与西方、新潮与守旧两种文明既相互交融又有所冲突的客观实录，并没有表现出十分浓重的厚此薄彼倾向。

他者视角的有效调用，可以克服"有睫不自见"的孤陋与褊狭，借助"知识考古"的方法，通过对一些司空见惯的现象进行追踪和问题化，可以实现对自我的客体化观照。正是在这个意义上，柳原前光的《使清日记》可以用作中国反观自身的镜鉴，至今仍有深入研讨的价值。细密地解读日记文本，有助于今天的中国人更加全面、真切地理解晚清社会，思考当时中国将去往何处，以及选择什么样的路径发展等问题。

当然，他者视角并非必然优于我们自身固有的视角，因为一种视角的选定意味着对更多种可能性的放弃，而且他者在关注研究对象的过程中也必然会存在选择取舍，因而会不可避免地出现视域局限或盲点，有时甚至会产生有意误读。不应该以一种视角取代另一种，而应寻求多种视角的交融，即追求视域融合的境界，取"同情的理解"姿态，以求认识更全面，理解更准确。

(二) 中国士人自知知人的镜鉴

柳原前光使团来华并提出通信贸易诉求，一定意义上引发了清廷统治者的深层思考，他们需要审视传统东亚"天下"格局与国际关系准则，并适时做出必要的调整，后续随着列强蚕食鲸吞中国的进程加速、加剧，又进一步引发先进的中国知识人思考中国将往何处去的问题。

当时的中国士人普遍存在世界性视野缺失的弊病。通过科举制考取功名进而做官的统治精英，在知识储备方面天然地欠缺对外部世界的深入了解，在西方列强瓜分豆剖中国的形势加剧到异常严峻的程度时，中国追求富国强兵的意愿也变得愈发强烈，当二者形成博弈时，在中日两国都有拥趸的"同文同种"的说法一度很有市场，但随着日本加入西方列强阵营并充当瓜分中国的急先锋，在中国政界和士人内部又引发了海防与塞防之争，即亟需确认谁是最主要的敌人，谁有可能成为可以联合的盟友。

1868年初明治天皇颁布《五条誓文》作为施政纲领，为之后的明治维新奠定了基础。其第五条规定"求知识于世界"，即主张学习西方的科技文化以振兴国基，而同时期的清政府却因太平天国运动而被拖到崩溃的边缘，决策者决意重建传统统治，对外部世界的变化仍选择闭目塞听。在开启民智的态度上，中日两国的取径也判然有别，最终影响了对外开放的及时性与深广度。面对西方列强的挑战和威胁，中日两国采取迥然相异的意识形态和政治应对策略，内因外因共同作用，从而导致两国走上殊途分野的现代化道路，导致两国的生产力与竞争力差距越拉越大，终至产生质的差别。举例来说，中国军队的现代化改造在洋务运动中走在前列，统治者对民用乃至公共产品的现代化却并不上心，甚至毫无兴趣，导致日本在这些领域很快反超中国。

当时的中国士人急于从传统中求变，却存在路径不明的致命缺陷。日本明治维新自上而下的渐进式变革取得明显成效，与之相比，中国的"同治中兴"却面临无法摆脱的主客观困境甚至必然失败的宿命。一方面中国传统的惯性力量极其强大，任何实质性的变革都需要面对有力的阻挠或强烈反弹；另一方面内忧与外患相叠加，统治者优先考虑的是如何确保自身统治的存续和强化，而不是制度性变革。是以同治中兴有自身难以克服的历史局限，曾国藩、李鸿章、左宗棠等中兴名臣都是原有统治体制的既得利益者，所以他们根本不可能提出颠覆性的变革主张。

当时的中国士人有变革自新的期许，但明治日本暂未成为清廷的学习榜样。《使清日记》中也不乏太平天国运动对清朝统治及经济社会造成破坏的记载，但清廷统治者始终没有想清楚"土崩"与"瓦解"[①]孰轻孰重。加之中国政界和知识人对日本的认知非常有限，而且明治维新所取得的成就尚未全面彰显。越来越多的中国知识人成为社会达尔文主义的信徒，信

---

① 汉·徐乐《上书言世务》中明确区分"土崩"与"瓦解"之别，"民困而主不恤，下怨而上不知，俗已乱而政不修"为"土崩"，"上德未衰，下民安和"，仅统治阶层内部少数人有异心，则为"瓦解"，认为"天下之患，在于土崩，不在瓦解"。《史记·主父偃传》《汉书·徐乐传》《全汉文·卷二十六》均有收录。

奉"物竞天择，适者生存"，以"进步""进化"相期许，在潜意识中以欧美列强为先进楷模和取法对象。事实上，近代无论东方还是西方，都不约而同地将西欧与北美视作发展、进步的标杆和楷模，中国和日本都曾涌现出一大批知识人，呼吁奋起直追、迎头赶上"先进"文化，其影响甚至波及几代人。

倘若当时的中国士人能够把他们与柳原等交往中所获知的信息——事关中国的、日本的和更广阔的外部世界的——用作自知知人的镜鉴，对中国、日本乃至世界大势的认知或许可以更加深入、具体和准确。不能说这方面的作用丝毫没有显现，但遗憾的是无论就与使团接触的人员还是影响的受众面而言，中国士人与柳原使团交往所获得的"新知"没能发挥自知知人的镜鉴作用。

二、中日近代化殊途分野

中国幅员辽阔，文化在融合生长的过程中凝聚出强大的向心力，并在发展方面体现出不疾不徐、圆融混成的特征，相对早熟的中国文化在发展过程中也不可避免地会产生一定的惰性。日本文化在自身发展以及与世界交往的过程中，在与异质文化接触、碰撞、融合时显现出善于吸收外来影响的特色品质，从弥生文化的异军突起，到大化革新、明治维新直至战后改革，面对形形色色的外来文化的冲击和影响，主动选择与自觉调适的表现特别突出。中日文化的不同特质、两国走向近代之际迥异的国内国际环境，是造成两国近代化进程殊途分野的重要因素。

（一）"现代"想象与西方中心主义

西方近代揭示人类社会从低级到高级发展的思想蕴含着今胜昔的进步、进化观念，并逐步树立起今人比古人优越的自信，但由于时代所限，他们的整体世界观、历史观仍坚持"欧洲中心论"。

中外学者尤其史学家纷纷撰文著书，试图解释中日走向近代化历程取径不同的原因，举其大者，有从文化对比的角度着眼的，有强调近代中日两国面对的外部压力程度不同的，相关研究各自的解释中都有合理的成分，但其思维内核普遍未脱美国历史学家、汉学家费正清（John K. Fairbank）

"冲击—回应"模式①的影响。美国历史学家、外交家赖肖尔（Edward Oldfather Reischauer）以"锁国—开国—现代化"的思路解释日本历史，也属同调。中国和日本的许多学者也秉持同样的思路分析近代东亚，西方中心主义的视点和方法论在中国和日本学界至今尚未得到有效根除。

日本学者依田憙家将中日近代化进展不同的一个重要原因归结为19世纪中叶欧美列强给中日两国带来的压力不同②，中国作为列强的主要针对对象，承受武力侵略的压力大，日本承受的压力相对较小，这在客观上成为日本近代化的有利条件。马德斌指出，如今东亚区域内部国与国、地区与地区之间的经济差距，很大程度上是由19世纪中期以降不同国家和地区面对西方挑战时在政治与制度方面做出的不同反应所导致的。③类似宏大叙事的言说方式或多或少会造成误解，或者不经意间容易导致人们对影响中日近代化进程的某一方面因素强调得过火。"冲击—回应"模式过分夸大西方作为推动者的功用，但毋庸讳言，中日走向近代化之初两国能够主动选择、自主取舍的余裕，需要天然地让位于西方列强的威逼。

冯天瑜以"中心—边缘"理论分析近代中国与日本开国所取的不同路径，指出处于东亚文化圈中心的中国文化"具有原生性和稳定性，对西洋文化来袭反应迟钝"④，日本因处于东亚文化圈边缘，其文化是"次生的

---

① 费正清《美国与中国》（*The United States and China*）、《中国沿海的贸易与条约》（*Trade and Diplomacy on the China Coast: The Opening of the Treaty Ports*）、《中国对西方的反应》（*China's Response to the West: A Documentary Survey, 1839-1923*）等中国近代史研究著述的核心架构模式，后在美国广泛应用于对中国近代史的研究。该模式认定中国文化有超强的稳定性，一旦形成传统，即便有所发展，也多属内部调整，除非有强有力的外来冲击，否则难以跳出传统的窠臼。冲击—回应模式强调西方是中国近代转型的推动者，且规定了中国近代史的全部主题，中国的反应则是为适应现代化进程而进行改良或革命，同时维护自己的文明和政治、社会制度。（［美］柯文：《在中国发现历史——中国中心观在美国的兴起》（林同奇译，北京：中华书局，2002年）一书对"冲击—回应"模式论说甚详，且较为公允，可参阅。

② ［日］依田憙家：《日中两国现代化比较研究》，卞立强等译，北京：北京大学出版社，1997年，第340页。

③ Ma Debin, "Why Japan, Not China, Was the First to Development in East Asia: Lessons from Sericulture, 1850—1937", *Economic Development and Cultural Change*, Vol. 52, No. 2 (Jan., 2004), pp. 369-394.

④ 冯天瑜：《"千岁丸"上海行——日本人1862年的中国观察》，北京：商务印书馆，2001年，第11页。

和易变的,……实现近代转型较为快速"①。若单以近代西方列强入侵并强迫东亚诸国开国的动机而论,重要的考量因素应该是地缘优势、经贸利益、战略据点,东亚文化圈及其内部的文化因素充其量算作背景和底色。"中心—边缘"解释框架的有效性更多体现在拥有广袤国土、巨大市场的中国被列强觊觎的程度更甚,客观上导致中国主动寻求现代化的余裕远不如偏居一隅、地域相对狭小的日本。

(二)"中体西用"与"和魂洋才"

"中体西用"与"和魂洋才"经常被拿来类比,其实脱离了具体语境、大而化之的比附难脱简单化之嫌,事实上二者在原则、内涵和实际效用方面有天壤之别。

"中体西用"强调"体"的中心地位,"用"是对"体"的附丽,"体"具体可感,而且能够实实在在发挥效用,且在晚清统治体系和人们的思想意识中有着强大的惯性力量,那就是学习西方必须在肯定封建制度、遵循纲常伦理的前提下才能进行。戊戌变法维持百日便被扑杀、光绪皇帝遭软禁致死便是反面的明证。事实上"体"与"用"根本无法截然切分,社会变革的过程势必是一个量变积累成质变的过程。

"和魂洋才"中的"才"是第一位的,至于"魂"则务虚的成分多,且本质上是"描述性"(descriptive)的,而非"规定性"(prescriptive)②的,统治阶层及其维护者可以随变化了的形势不断做出变通性的解释,有时甚至会发生根本性的逆转。近世的"古学派"③寻求日本的独特性,其思想

---

① 冯天瑜:《"千岁丸"上海行——日本人1862年的中国观察》,北京:商务印书馆,2001年。冯天瑜在《封建考论》中走的更远,认为日本明治统治的转变和在幕府统治危机中积极建立一个中央集权的统治系统,应当归功于古代中国传统的集权意识形态。(冯天瑜:《封建考论》,武汉:武汉大学出版社,2006年,第四章。)

② 相对而言,欧洲文化中"规定性"的成分较多,而传统中国、日本与朝鲜半岛的文化中"描述性"的比重较大,这一点在东西方的法律法规、行政架构、宗教信仰,乃至个人的言行举止中都有较为明显的区分。举例来说,从基督教《圣经》的《旧约》和《新约》到威斯特伐利亚体系(Westphalian System),无不倚重契约的"规定性";而在中国,从儒家的"三纲领八条目",到身为最高统治者代表的宋真宗赵恒所作《励学篇》,都以"描述性"呈现某种光辉前景以达到劝诱的目的。

③ 因应逐渐上扬的民族主义意识,以山鹿素行、伊藤仁斋和荻生徂徕为代表的近世日本学者纷纷重新解读日本古籍,以寻求对日本独特性的阐释,表达对现实的不满和强烈的政治诉求,但苦于没有新的思想资源做武器,故仍不得不求助于儒家经典。

武器却仍是来自中国的儒家经典。17—18世纪的"国学派"[①]排除儒学和佛教的解释和影响，探求属于日本自身的"古道"，其做法是非历史主义的，有研究者贴切地谓之"去中国的中国化"，可谓一语中的。等到18世纪后期"兰学"[②]兴起之际，先期被日本文化吸纳进来的儒学、佛教思想则一律被纳入"和魂"的范畴。

不同于晚清以前中国思想与学问仅在儒学体系内部演变，日本因为有兰学的参照，其变革并不局限于儒学体系的范畴之内。日本近代知识人以欧洲现代科学为镜鉴，借以反观、修正本土学问，这当中也包括历史上从中国学习到并内化、融入到日本本土知识体系的内容。竹内好指出："理解东洋，使东洋得以实现的是存在于欧洲的欧洲式的要素。东洋之为东洋，借助的是欧洲的脉络。"[③]通过有效地借助西方这个"他者"的视点和方法，日本得以将中国完全客体化对待，并能做到有限地反观自身，这其实才是日本文化真正走向自主和成熟的标志，并使得接下来全面学习西方文化顺理成章。

幕府时期日本地方各藩拥有不小的自主权，明治维新后中央政府和地方之间一定程度上存在分权与争利的情况，但在努力探索经济发展和制度改善方面却存在共识，是以维新变革以渐近方式铺展开来，其间遇到的阻力相对较小。

1870年柳原使团出使中国谋通信贸易之事，心目中是以西方与日本、西方与中国订约建交为范本的，尽管他们并不认为这个范本尽善尽美，但仍极力争取仿此方式与中国建立联系，后来进一步明确为"约同西例"，继而再与朝鲜半岛建立类似联系。1871年《中日修好条规》签订，东亚范围内的两个国家开始以欧洲国际法为准则，重新界定两国关系，动摇了中国长期以来在东亚区域体系内的主导地位。

1874年日本打着琉球为日本属地、为被害琉球漂流民讨说法的幌子出兵中国台湾，1876强迫朝鲜开国，1879吞并琉球，1894挑起甲午战争，每次都是效仿西方列强的做法，以军事实力为后盾，以签订不平等条约为手

---

① 江户幕府治下的日本民族意识进一步增强，以荷田春满、贺茂真渊、本居宣长和平田笃胤为代表的"国学派"极力排斥非日本的思想因素，他们打量中国的眼光也发生了颠覆性的转变，拼命否弃中国文化的滋养与影响。

② 日本以荷兰为媒介，接触并学习欧洲的科学与思想，并发展成为"兰学"。

③ 〔日〕竹内好：《近代的超克》，李冬木等译，北京：生活·读书·新知三联书店，2005年，第188页。

段,令原有体系下中国的朝贡国全面瓦解,传统东亚社会以文化向心力和经济吸引力的统合为基础的朝贡册封体系遭到废弃,以中国为中心的东亚"天下"秩序彻底崩溃。但代之而起的条约体系本来就是伴随着欧美列强殖民扩张而至的,且始终未能对国力日渐强盛的日本发挥应有的约束效用。东西方文化间原有的本质区别日渐淡化,东亚内部的中国文化、日本文化与朝鲜半岛文化相互之间的分野转而趋于显著。

三、寻求富强,道阻且长

中国寻求富强的变革之道古而有之,如为强国安边推行的赵武灵王胡服骑射、为缓和社会矛盾和民族矛盾而进行的北魏孝文帝改革、旨在自强以与列国争胜的商鞅变法、为抵御邻邦威胁而实施的王安石变法等,晚清变法则要因应"三千年未有之变局"下内忧外患交加的危机。但传统文化、一以贯之的政治体制乃至社会风尚都有强大的惯性力量,体现为根深蒂固的保守倾向。鼓吹变法的思想家一方面大力引入西方新学说、新制度,另一方面又沿袭传统思想模式,甚至硬性地用中国古典中的词语、论断来界定或比附新说[①]。究其原因,客观方面近代中国知识阶层深受传统教育"规训",其知识体系难脱中国传统文化的底色,主观方面,如此策略地表达可以在一定程度上减缓来自思想保守者的抵制和排斥,减少推行变革的阻力。

(一)穷则变,变则通,通则久

受社会进化论思潮的影响,对"进步"的渴望和追求在晚清思想界蔚为大观。"进步"观念在中国产生大规模影响是随坚船利炮裹挟而至的,对进步的渴望很自然地落实到对富国强兵的追求上面。郭嵩焘提出"理"与"势"为历史发展的动力[②]。严复等视"进步"为历史的动力,提出"新民"之途[③],康有为借由今文经学的公羊三世说,掺杂了平等极乐的佛教教义,迎合西方流行的历史进化论,提出自己的政治变革理论。[④] 张之

---

① 如丘逢甲(1864—1912)《论诗次铁庐韵》其七所言:"米雨欧风作吟料,岂同隆古事无徵。"
② 郭嵩焘:《上沈尚书》,郭嵩焘著、杨坚点校:《郭嵩焘诗文集》,长沙:岳麓书社,1984年,第149页。
③ 严复:《原强》,《严复集(第一册)》,北京:中华书局,1986年,第14页。
④ 参见康有为:《孔子改制考》,北京:中华书局,1958年。

洞明确提出"汇通中西,权衡新旧"①。虽然对进步的追求成为晚清以来的潮流,但如何实现进步,诸家揭示的路径却判然有别,甚至针锋相对。何启、胡礼垣主张旧制不可遽废,而应循序渐进②,对康有为一派操之过急的激进做法形成反拨。王韬等推崇"君民共治,上下相通"③的政体,认为单纯依靠治理方式与沟通机制的调适便可解决问题,多少有些一厢情愿。

初步具备近代国家意识的晚清知识人与主张变法者大多以中国传统文化为本位,对西方文化也有程度不等的了解,已然超越了严守夷夏之防、坚持自我中心的传统天下观,他们试图通过从观念到制度的系统革新实现富强的目标,方向无疑是正确的,只不过在列强环伺、强权即公理成为通行国际惯例的当时,中国追求富国强兵的进程持续遭阻挠,一再被打断,世界大同的高远目标美则美矣,却如镜花水月一样不切实际。

(二)明天何以会更好

近代以来,尤其随着社会达尔文主义在全球流行,包括东亚诸国在内的世界各国知识人普遍借助"发展""进步"等观念和标准认识历史和现实,人们追求"进步"的脚步须臾未曾停止,且不假思索地信奉"明天会更好"。但很少有人会停下追逐的脚步平心静气地思考:明天何以会更好?它是一个自明的判断吗?"进化"是解释人类发展进程的恰当概念吗?

18世纪末源于英国的工业革命以及其后持续的新技术发明、资本密集型产业的兴起,导致世界各国的收入差距扩大,形成彭慕兰(Kenneth Pomeranz)所称的"大分流"(Divergence)④,进而在很大程度上重塑世界格局。

---

① 语出张之洞《抱冰堂弟子记》。张之洞《〈劝学篇〉序》称"内篇务本以正人心,外篇务通以开风气",《劝学篇·外篇·变法第七》谓:"法者,所以适变也,不必尽同;道者,所以立本也,不可不一"(张之洞著、李凤仙评注:《劝学篇》,北京:华夏出版社,2002年,第2、111页。),亦与此意蕴相当。

② 何启、胡礼垣著,郑大华点校:《新政真诠:何启、胡礼垣集》,沈阳:辽宁人民出版社,1994年,第300页。

③ 王韬:《达民情》,《弢园文录外编》,汪北平、刘林整理,北京:中华书局,1959年,第68页。

④ Kenneth Pomeranz, *The Great Divergence: China, Europe, and the Making of the Modern World Economy*, Princeton University Press, 2001. 中译本:〔美〕彭慕兰:《大分流:欧洲、中国及现代世界经济的发展》,史建云译,南京:江苏人民出版社,2004年。彭慕兰强调资源禀赋在"大分流"中起关键作用。

在线性进化史观①影响下,欧洲人观照中国的视角也随之发生大转变,从神学上的"相似性"②变成文化上的"对立性",他们眼中的中国形象也发生了逆转。如亚当·斯密从经济生活角度立论,指出"许久以来,它(中国)似乎就停滞在静止状态了"③,认为中国缺乏发展能力,致使往日的辉煌沦为当时的衰落,而且该趋势是不可避免的。

近现代西方学者对东方历史与现实的了解有限,他们在总结当时的历史经验与规律时,所采用的方法与形成的理论都是从西方本位出发的,其中一些被认为带有普遍性的规律,用以解释东方现象时往往难以奏效,他们不惜削足适履,甚至出于偏见,大肆宣称东方社会已停滞不前。受这种笼罩着西方中心主义的思想影响,中国朝野也曾一度以西欧诸国为榜样,追求所谓"进步",期望迎头赶上,如此取径则势必不具备可行性。

社会发展变迁并非总是像西方现代思想家所信奉的那样有特定的指向性,而且他们还错误地坚持亚洲、非洲等"后进者"处于停滞、封闭的状态,认为所谓的后进者只有以先进者为榜样才有可能发展起来,坚信欧洲的社会模式与发展进程具有世界普遍性。同时,现代性又表现出永恒的变动不居与不断弃旧图新的特征,人们在拼命追求发展、进步的过程中,往往没有客观冷静地进行思考的闲暇和余裕,自然也就失去了对去往何处的追问和自省,导致南辕北辙的事情时有发生。

(三)"中西"问题与"古今"问题

中国先秦时期影响颇广的阴阳五行说、从印度传来后被中国本土化的佛教思想以及儒、释、道三教合流后的理学观念皆信奉循环论,历代史家也多持一盛一衰的代兴循环论,至近代相信"进化"、追求"进步"在中国思想界占据上风后,"中西"问题和"古今"问题自然浮出水面,并形成纠

---

① 欧洲自18世纪开始逐渐发展出线性进化的历史观,认为历史是一个指向特定方向、理应而且能够实现特定价值的进化过程。线性历史观忽略了世界的多元性和不同地域、不同民族发展应有的独特性。

② 所谓神学上的"相似性",多因早期来华传教士出于传教的便利,一方面坚持基督教的普适性理想,另一方面有意识接近甚至比附中国文化,在中国与欧洲文化之间架设相似性的桥梁,一定程度上淡化甚至忽略了异质文化的现实差异。从某种意义上说,该做法类似于魏晋玄学与佛教初传中国之际采用"格义"的手段解释自己思想的策略,也与日本神道发展史上几次"本地垂迹"的努力尝试异曲同工。

③ 〔英〕亚当·斯密:《国富论》,郭大力、王亚南译,北京:商务印书馆,2015年,第65页。

葛缠绕的复杂关系。

随着严复翻译赫胥黎《天演论》①等著作，现代西学思想开始大举进入中国，"进化"的思想旋即在中国取得压倒性的优势地位。晚清以来随着思想界对进化论的追捧与寻求富强之道的争论，"中西"问题与"古今"问题变得不再那么泾渭分明，而是倾向于往一体两面的方向发展。康有为发表《孔子改制考》和《新学伪经考》等论著，提出"三世说"，中国人长期向后看、不断称美三代的历史观②，以及相信一治一乱循环往复的历史循环论逻辑，都发生了颠覆性的变化，人们转而向前看，普遍相信"明天会更好"，虽未明言但内在地以"先进"的西方为效法对象。康有为及同时代的中国知识人虽然未必出于清醒的自觉意识，却做出了将"中西"问题与"古今"问题冶为一炉的有效尝试。

百余年来的世界近现代史告诉我们，中国寻求富强的方向是正确的，但需做好道阻且长的思想准备。在当今信息化时代，尤其应当摒弃那种将"传统"与"当下"、"外来"与"本土"对峙起来的简单化做法，这种对立其实是从西方中心主义到冷战思维一脉相承的，是二元对立狭隘思想的残余。时至今日，以美国为首的西方国家仍惯于打着"人道主义""民主""人权"的幌子，公然行干涉他国内政之实，他们骨子里的傲慢即源于不肯直面新兴市场国家综合实力日渐增强且终有一天会超越他们的现实，仍抱残守缺地认定自身制度优越，固守"优等生"思维，幻想持续发挥楷模作用。要寻求破解之道，愈发彰显坚持世界文化多元化、坚持中国道路自信的迫切性和必要性；同时，也要理性地承认，自信的道路未必是排他性的，避免从底层逻辑上落入西方中心主义或狭隘民族主义的陷阱。

---

① 〔英〕赫胥黎：《天演论》，严复译，先于1879年12月在天津出版的《国闻汇编》刊出，1898年（光绪二十四年）6月湖北沔阳卢氏慎始基斋木刻本印行，此为第一个通行本，在此后十多年共发行过三十多种不同版本。

② 和中国历史上长期称美三代的做法类似，欧洲文艺复兴过程中学者、艺术家多美化古希腊、古罗马时代的思想和审美传统，实质上那只是他们重新"解释"甚至"发明"的传统，很大程度上是应然，而未必是实然。后来欧洲启蒙运动的做法也如出一辙，借助回溯历史，重新解释过去以达到正本清源的目的，进而"发明"或者"再造"一个传统，其真正诉求在于指向现实和未来，为革新改制寻求合法性或增强说服力。

下 编

校注篇

《使清日记(上)》校记与笺注

台本出处	采集人名	采集年月	校正	誊写人名	备考
伯爵柳原义光	御用挂子爵藤波言忠	大正十一年三月	田中保之	荻田元治郎	

(临时帝室编修局)

校注篇以日本临时帝室编修局所藏大正十一年（1922）写本为底本，对《使清日记》录文，遵照现代文规范与标点方式断句标点，并依文义史事适当分段。对写本中的衍字、脱字、误字、旁注、誊录空白等均予以校记。据上下文和逻辑关系改正写本中存在的书页混乱情况。凡"事出于沉思，义归乎翰藻"处皆作笺注，主要注解《使清日记》中所涉及的中日重要人物、节点事件，对难解字词释义，并标注诗文的用典出处。

使清日记序

海驶火轮[一]，陆设机信[二]，四方万里之国朝夕相接。外论公法，内讲条理，殊俗异文之语视为乡谈。错一着则观兵[三]问罪，黑白输赢立见矣。宇内今日之形，不亦一大棋[四]局乎！盖土其土，民其民，各从其宜以守四境，古之形也。奇器神巧，日新一日，竟毫厘于方寸以相贸易，无远不通，今日之势也。宇宙邈矣，事变无穷，安知其所底止[五]。夫万里异文之邦犹且如此，况汉土与我隔一带海，文既同，俗又近，而旧好不修，非一大缺典[六]邪？

庚午秋八月[七]，余偶膺命，与花房义质、郑永宁等使清国，舣[八]于上海，至于天津，得总理各国事务大臣信函而还。此卷载其行事，跋涉之远，记载颇博，其当事处变也，论之议之者有焉，其触目感心也，诗之文之者有焉。往还数月，裒[九]然成帙，遂公诸世，命曰《使清日记》。

夫善棋者必详其方罫[一〇]以下手，其着子之次自有先后，至高手覆[一一]之，则详知所取舍矣。此卷虽博杂乎，他日订盟定约，其或有所取矣乎。

明治四年[一二]辛未春三月，外务大丞兼文书正柳原前光识。

【笺注】

〔一〕火轮：旧时称轮船，也称火轮船。《使清日记（上）》八月朔、八月四日条所载柳原前光诗作中皆有"火轮船"。

〔二〕机信，指有线电报，即借助符号，通过金属导线传输信息的远距离通讯方式。

〔三〕观兵：显示兵力。《左传·宣公十二年》："观兵以威诸侯。"

〔四〕棋：指围棋。《法言·问道》："围棋击剑，反目眩。"

〔五〕底止：止境，终点。《诗经·小雅·祈父》："胡转予于恤，靡所底止。"

〔六〕缺典：憾事。明·王玉峰《焚香记·设谋》："似员外这等豪富，若无一个得意佳人，偎红倚翠，终是个缺典。"

〔七〕1870年（清同治九年，日本明治三年），岁次庚午，农历六月柳原前光接受出使任命，七月二十九日离京动身，八月一日在横滨乘船起航，八月八日抵达上海登岸。《使清日记》通篇皆以农历记事。

〔八〕舣：使船靠岸。《文选·左思〈三都赋〉》："试水客，舣轻舟。"

〔九〕裒，音[póu]，《尔雅·释诂》谓"聚也"。《易·谦卦》："君子以裒多益寡。"

〔一〇〕方罫：棋盘。罫，音[guǎi]，围棋棋盘上的方格子。汉·桓谭《新论》："而令罫中死棋皆生。"

〔一一〕覆：重新按原来下过棋的顺序逐步演布，以验得失；亦泛称下棋。

〔一二〕明治四年：1871年，清同治十年。

凡　例

一　此书多系郑永宁所笔记，而论议之者，同行诸员皆与有力焉[一]。今不尽揭[二]其姓名，单以"前光等"字领起之。其果系一人至言公论者，以"某曰"表之，不肯湮[三]其美也。

一　此书有公事有私事，公私并录，以明其情，命曰日记，以是也。

一　此卷所载照会[四]文字，概成于彼我倥匆①之际，不敢刻意修之，或有时不雅驯者，而不必改者以去华就实[五]，事亦属既往也。

一　此卷编辑成于文书司某等手。其始欲官刻之，而议终不谐[六]，盖以有涉机密者也。今削其可削，以镌于家，他日订盟定约，其将有所考据也。

【校记】

①倥匆，疑当作"倥偬"。倥偬：忙乱，事情纷繁迫促。

【笺注】

〔一〕与有力焉：参与其中且有功劳。本自《史记·孙子吴起列传》："于是阖庐知孙子能用兵，卒以为将。西破强楚，入郢，北威齐、晋，显名诸侯，孙子与有力焉。"

〔二〕揭：使隐瞒的事物显露；公布。明·李昌祺《剪灯余话》："会闻揭晓，名次群英。"

〔三〕湮：埋没不为人知。《新唐书·魏征传》："始丧乱后，典章湮散。"

〔四〕照会：英语作"diplomatic note"，指国际间交往的书信形式，是对外交涉和礼仪往来的一种重要手段，有一套固定的敬语和客套用语。在近代以前，汉语中的"照会"谓官署间就有关事务行文。宋·苏轼《相度准备赈济第一状》："本司已具上项事件，关牒本路转运提刑司，照会相度施行去讫。"近代以来专指国际交往中的文书往来。

〔五〕去华就实：华、实，原指花和果实，后分别用以指称华丽和质朴。南朝梁·刘勰《文心雕龙·章表》："至于文举之《荐祢衡》，气扬飞采；孔明之《辞后主》，志尽文畅。虽华实异旨，并表之英也。"

〔六〕不谐：不顺利，不成功。《后汉书·宋弘传》："帝顾谓主曰：'事不谐矣！'"

使清日记

明治三年庚午六月，余偶膺命使清国，谋通信贸易之事也。

七月二日（丙寅）

以正七位外务权少丞花房义质、从七位文书权正郑永宁为副使，文书大佑名仓信敦、外务权少录尾里政道从焉。

二十五日（己丑）

外务卿、大辅与以使印，方二寸，阳文，曰"大日本外务省出使印"。又修书与清国总理外国事务衙门，又副函稿一纸，又作书稿寄长崎县，命缮封先发致清国上海道。其稿曰：

> 大日本国长崎县知事野村盛秀[一]谨呈书大清国江南道大司宪台下：曩者镇抚总督泽某[二]在本县也，尝修书通信于贵邦，贵邦前道台应公[三]亦见恳答。尔后泽某转任外务卿，总判外国事务。顷者奏准，遣外务权大丞柳原某等于贵邦预议通商事宜，近日将发。外务卿属[四]盛秀转报之台下以通，恳祈官员等至之日，台下善加款接提撕[五]周旋[六]之意，盖以本县与贵道台衙门尝有音信之素也。伏冀谅察，不宣[七]。

【笺注】

[一] 野村盛秀（1831—1873），本名野元，通称宗七，日本幕末萨摩藩藩士，1867年加入巴黎世博会访问团前往法国，1868年作为长崎裁判所判事兼九州镇抚使参谋长平定九州地方，1869年任长崎县知事，1870年任日田县知事，1871年废藩后转任琦玉县首任县令。

[二] 泽某：指泽宣嘉，又作清原宣嘉，江户末期末任长崎奉行，明治维新后任外务卿。

[三] 应公：指应宝时（1821—1890），浙江永康人，1844年（道光二十四年）中举人，留心洋务，后因助曾国藩、李鸿章镇压太平军之功获擢升。1864年2—7月，以候补松江知府代理苏松太道，任内与英、美等国领事议订《洋泾浜设官会审章程》。后升江苏按察使兼署布政使。重视教育，惠及贫苦老幼，疏浚淞江，颇有政声。主持编纂《上海县志》，著有《射雕词》《射雕馆集》。

[四] 属：同嘱，委托，嘱咐。《左传·隐公三年》："宋穆公疾，召大司马孔父而属殇公焉。"

〔五〕提撕：拉拉，提携；教导，提醒。北齐·颜之推《颜氏家训·序致》："吾今所以复为此者，非敢轨物范世也，业以整齐门内，提撕子孙。"

〔六〕周旋：本为古代行礼时进退揖让的动作，后引申为应酬、交际。《礼记·内则》："在父母舅姑之所，有命之，应唯敬对。进退周旋慎齐，升降出入揖游。"

〔七〕不宣：谓不一一细说，旧时朋友间书信结尾常用语。唐·柳宗元《答元饶州论政理书》："书虽多，言不足导意，故止于此，不宣。"

二十六日（庚寅）

驻京英、法、美、布〔一〕、荷等国公使及领事以本省卿、辅报告遣使入清之由，各自修函附与本使，寄其国领事在上海者，令其照应，以表交谊。

是日外务卿书诗于扇以与焉。其诗云：

诚忠一片激壮思，不似寻常惜别离。
王①事无监往钦矣，万邦今日具瞻时。

【校记】

①为表敬重，写本"王"字前有空格。写本中"天皇""皇国""天子""皇纲""圣躬""旨""陛""朝""命""敕"等字词前皆空格，录文一律不作特殊标记，以下也不再出校记。

【笺注】

〔一〕布国："布鲁斯"之节略，本自德意志的历史地名"普鲁士"的晚清音译，日语作"プロイセン"或"プロシア"。

二十七日（辛卯）

陛辞，赐酒。

二十八日（壬辰）

永宁辞朝，少办①五辻安仲传旨曰："出使遐方，劳苦可想，其勉哉！"义质以病不朝，而传旨亦同。

此日义质力病先发〔一〕。

【校记】

①办,写本作"辨",误。少办为日本职官名。写本三册中"办"皆写作"辨",以下不再出校记。

【笺注】

〔一〕力病先发:力即尽力、拼命。"力病先发"谓恪尽职守,以带病之躯先行出发。

二十九日(癸巳)

造〔一〕省告别。

外务权大录森山秀晃、文书少佑本间清雄〔二〕、文书大令史宫木鸣〔三〕送至品川驿。文书权少佑津久井远〔四〕送行曰:

恩服鳄鱼威斩鲸,启行试问赤县〔五〕城。
雨休浙海涛声远,霜满枫江秋气清。
通信新张邦土宪,成功预要使臣名。
方今天运真开化,岂逐汉时寻旧盟〔六〕。

此日三点钟抵横滨宿焉。

【笺注】

〔一〕造:到,去。《周礼·地官·司徒》:"凡四方之宾客造焉,则以告。"

〔二〕本间清雄(1843—1923),远江国(现静冈县)人,明治时代外交官。1864年与岸田吟香一起协助滨田彦藏创办日本第一份报纸《海外新闻》。1867年随德川武昭出席巴黎世博会。明治维新后在外务省工作。1870年8月作为驻奥地利代理公使被派往欧洲。1885年归国,1893年辞官。

〔三〕宫木鸣,曾任汉洋语学所守事,时任外务权少录。

〔四〕津久井远,1871年曾以随员身份参加伊达宗城来华使节团。

〔五〕赤县:赤县神州的省称,指中原或中国,本自《史记·孟子荀卿列传》。

〔六〕旧盟:汉时旧盟,指汉元帝时王昭君出塞与匈奴和亲事(事见《汉书·元帝纪》《汉书·匈奴传》)。自汉代以来,笔记小说和文人诗篇中经常提及昭君故事。由于史书记载较简略,历代文人笔下的昭君出塞事多具有民间性和传奇性。晋·葛洪《西京杂记》中增加了毛延寿等多位画工因受贿作弊而同日弃市等情节。唐代的《王昭君变文》一反正史中的记载,把汉元帝时期民族矛盾的形势描绘为匈奴强大、汉朝虚弱,把昭君出塞看作朝廷屈辱求和的表现。后世作品多沿袭《王昭君变文》的路数。元·马致远《汉宫秋》第三折:"(番王引部落拥昭君上,云)今日汉朝不弃旧盟,将王昭君与俺番家和亲。"

晦（甲午），晴①

美国汽船（号"嘎力田埃治"②）以明日四点钟为起碇期。清闲无事，<u>政道</u>出示旧作，曰：

> 十年素志不为灰，直发琼江奉命来。
> 八百街头立春日，快看一树御园梅。

同行各次韵以慰旅况。余诗亦成：

> 几回建议不为灰，忽奉敕书膺命来。
> 预要成功归国日，快看窗外故园梅。

<u>永宁</u>诗曰：

> 谁怜寒士拨炉灰，风雪犹应辟召〔一〕来。
> 彻骨苦辛人不识，花开却羡一枝梅。

<u>信敦</u>诗曰：

> 霜鬓秋寒志未灰，长风一棹促兴来。
> 预期旭旆〔二〕归朝日，墨水〔三〕幽边看早梅。

夜，溽暑特甚。

【校记】
①自本日条起，基本每天都记述天气情况。
②"嘎力田埃治"旁注日文假名"ゴラルデンエジ"标注读音。

【笺注】
〔一〕辟召：因才高名重受人荐举，而被征召授以职位。《文献通考·选举考一二》："以乡举里选循序而进者，选举也；以高才重名躐等而升者，辟召也。"
〔二〕旆：古代旗帜末端状如燕尾的垂旒，也泛指旗帜。
〔三〕墨水：也作墨田川、隅田川，指流经今东京都东部注入东京湾的一条河流。因大雨后雨水冲刷火山灰流入河中令河水呈淡墨色而得名。"隅田川"常用作和歌的枕词。江户时代第八代将军德川吉宗曾在墨水东岸的"墨堤"移植樱花，后成为赏樱胜地。

八月朔(乙未),风凉

二点钟乘船。

二日(丙申),晴,热甚

晡〔一〕后过纪大岛,群岳与岛屿秀耸连络,而左顾大洋,一望无涯。有诗曰〔二〕:

纪南群岳耸苍天,早晓凭栏意凛然。
渺渺①海程秋万里,长风吹送火轮船。

【校记】

①第二个"渺"字写本作叠字符号"々"。写本中凡有重复的汉字,一律用叠字符号代替;若与紧邻的两个汉字重复,则连用两个叠字符号表示。录文一律改作所替代的汉字,以下不再出校记。

【笺注】

〔一〕晡:申时,即午后三点至五点,也泛指傍晚。《汉书·武五子传》:"贺发,晡时至定陶。"

〔二〕《使清日记》中凡不标注作者,径书"有诗曰",皆系柳原前光的诗作。如系其他人的诗作一般都标明作者。

三日(丁酉),晴

晓四点钟抵神户港口,天色未明,停船以待。须臾东山含曦,武库山下浓烟中才露帆樯,港路船位渐得分明。七点钟入口上陆。

午后谒楠公〔一〕墓,有诗曰:

楠子墓边秋气清,仿徨吊古仰英名。
老松留得雄风在,尚作千军万马声。

永宁次韵云:

摄河泉石一堆清,丕显〔二〕呜呼楠子名。
小立松阴凉似水,涛音不似北邙〔三〕声。

信敦亦次韵云:

再吊楠公梦亦清，东洋义气见英名。
松杉绕墓秋风动，恰似当年叱咤①声。

八点钟至兵库县厅，晤权〔四〕知事税所笃满。入夜归船。

【校记】

①咤，写本作"吒"，误。

【笺注】

〔一〕楠公：指楠木正成（1294？—1336），日本镰仓幕府末期到南北朝时期著名武将，在推翻镰仓幕府、中兴皇权中起到重要作用。后世视其为智仁勇兼备的良将、忠臣义士的楷模。1692年（元禄三年）德川光圀在凑川（今神户市）重建楠木正成墓，树立"呜呼忠臣楠子之墓"的墓碑。幕末志士皆受其影响，成为推翻德川幕府建立明治政府的思想基础。明治时代起尊称大楠公。

〔二〕丕显：明显，大显。丕，本为发语词，后承用为"大"。《书经·君牙》："丕显哉！文王谟；丕承哉！武王烈。"

〔三〕北邙：山名，即邙山，因在洛阳之北，故名。东汉、魏、晋的王侯公卿多葬于此，故多借指墓地或坟墓。唐·沈佺期《邙山》："北邙山上列坟茔，万古千秋对洛城。"古人常抱"生居苏杭，死葬北邙"的理想。唐·韩愈《赠贾岛》："孟郊死葬北邙山，从此风云得暂闲。天恐文章浑断绝，更生贾岛著人间。"

〔四〕权：临时代理官职。《新唐书·韩愈传》："元和初，权知国子博士，分司东都，三岁为真。"

四日（戊戌），晴

晓发神户，有诗云：

火轮船动曙云开，武库山前神户隈。
一点残灯明未了，行程已入淡州〔一〕来。

此日风浪恬静，山阳〔二〕南海诸岛，两岸络绎不断，风光可掬。

【笺注】

〔一〕淡州：日本古代令制国之一淡路国，俗称淡州，即今兵库县南部的淡路岛，为日本濑户内海中最大的岛屿。1871年废藩置县后划入兵库县。

〔二〕山阳：日本的地理区划之一，含今兵库县西南部到山口县的濑户内海本州一带。

五日（己亥），晴

早起上舻[一]楼而望，船已临赤马关[二]矣，镇西诸山历历在眼。有诗云：

镇西山脉各争雄，玄海波涛涨半空。
平户地边云漠漠，遗踪遥吊郑成功[三]。

西肥岛屿犬牙连，渡海轮船迅似弦。
三十六滩行尽后，月高三十六湾天[四]。

八点钟到长崎，投宿于村山某家。夜，西园寺公望[五]来访（时公望游学此地），诗以见送云：

丹衷一片报天秋，名翼横飞四百州。
万丈昆仑入云处，眼中犹作假山不。（戊辰之役[六]，余镇甲阳[七]，咏富岳[八]诗云："无复飞书入甲关，稳眠茶灶[九]笔床[一〇]间。八千余丈芙蓉雪，即是栏前小假山。"故结句及此。）

【笺注】

〔一〕舻：船头。《汉书·武帝纪》："舳舻千里，薄枞阳而出。"

〔二〕赤马关：即日本山口县的下关，古名赤间关，其中的"间"字日语发音与"马"相同，故有赤马关之称。1895年4月，甲午战争后清政府和日本在此签订条约，中方在和谈官方文书中称此地为"马关"，日方称"下关"，和谈条约也被双方分别称为《马关条约》和《下关条约》。

〔三〕郑成功（1624—1662），中国明清之际著名军事家、抗清将领、民族英雄。1645年（明弘光元年，清顺治二年）清军攻入江南，郑成功率领父亲旧部在东南沿海抗清，为南明后期主要军事力量之一。1661年（明永历十五年，清顺治十八年）率军横渡台湾海峡，翌年击败荷兰东印度公司在台湾大员（今台南市境内）的驻军，收复台湾，开启郑氏在台湾的统治。有《延平王集》行世。

〔四〕三十六湾天：道教构想的神仙所处的空间。道教神话中将"天"分为三十六层：欲界六天、色界十八天、无色界四天（欲界、色界、无色界合称"三界五行"之"三界"）、四梵天、圣境四天。

〔五〕西园寺公望（1849—1940），日本明治、大正、昭和三朝政治家。20世纪初与桂太郎交替出任首相（1901年5—6月、1906年1月—1908年7月、1911年8月—1912年12月三次组阁），史称"桂园时代"。任内制定铁路国有化、殖民地经营等政策。晚年反对军部参与政治，主张与英、美保持协调。被誉为日本帝国最后的元老、日本民主最后的守护者。曾开办私塾立命馆和明治法律学校（今明治大学）。

〔六〕戊辰之役：指1868年（戊辰年）爆发的日本明治天皇新政府和江户幕府之间的战争。1867年孝明天皇去世，明治天皇即位。1868年1月3日天皇发布《王政复古大号令》，宣布废除幕府，令幕府将军德川庆喜"辞官纳地"。德川庆喜在大阪宣布《王政复古大号令》为非法。1月27日以萨摩、长崎两藩为主力的天皇军在京都附近与幕府军激战，德川庆喜败走江户，戊辰战争由此开始。天皇军大举东征，迫使德川庆喜于5月3日交出江户城，11月初平定东北地区的叛乱诸藩。1869年春天皇军出征北海道，6月27日攻下幕府残余势力盘踞的最后据点五棱郭，戊辰之役结束。

〔七〕甲阳：日本地名，在古甲斐国，属东海道，俗称甲州，日本战国时代为武田信玄所统治（手下有"甲阳五名臣"），废藩置县后改名甲府县，后改山梨县。

〔八〕富岳：即富士山，地跨静冈县与山梨县的一座活火山，日本最高峰（剑ヶ峰）和最具代表性的名山，自古以来被日本人誉为灵峰。

〔九〕茶灶：旧时煎茶用的炉灶。唐·白居易《偶吟》："晴教晒药泥茶灶，闲看科松洗竹林。"

〔一〇〕笔床：搁笔的用具，也作笔架。南朝陈·徐陵《玉台新咏序》："琉璃砚匣，终日随身；翡翠笔床，无时离手。"

六日（庚子），晴

十点钟至县厅，晤知事野村盛秀。向所寄书稿方就，因收之。山口藩士儿玉真感素怀入清之志，请陪行，许之。夜十点钟共归船。十二点钟发长崎港。

七日（辛丑），晴

晓过五岛，西南海上忽现一岛，须臾连现五六岛，或大或小，问之，曰美约岛也。

午后过男女二岛〔一〕，皇国之海岛至此而尽矣。

及夜，烟波渺茫，四顾不见山，时风涛稍怒，汽船动摇快驶。有诗云：

怒涛声里夜茫茫，皇国朝鲜何处方。
万里秋风一痕月，轮船飞度大东洋〔二〕。

【笺注】

〔一〕男女二岛：男女群岛，位于五岛列岛西南，东中国海上的无人岛，属长崎县五岛市。今男岛为渔港，女岛设有灯塔。

〔二〕大东洋：《大德南海志》卷七载："阇婆国管大东洋。"所言"大东洋"指今印度尼西亚爪哇岛、加里曼丹岛南部、苏拉威西岛至马鲁古群岛一带。近代随着东西方交往增多，人们的地理知识与认识水平因之提升，清代后期以来，"东洋"被用来称呼日本或日本一带的海域。近代日本也用大东洋指称太平洋，以与大西洋相对。

八日（壬寅），晴

水天一白，四望渺漫，唯于罗经〔一〕上认东西耳。

三点钟，前途海水浑浊，人言杨子江〔二〕入海而然也。船头遥望，恍见一抹山影，现于西南海面。渐近则数岛排立，连延数十里。问之，即浙海杂岛也。

日既落，月色甚佳，取望远镜望之，前路水天尽处，隐隐成际〔三〕，似长堤状，一望无穷。舟人曰："已入清矣。"

夜十二点钟，投锚宝山县吴淞江口泊焉。

【笺注】

〔一〕罗经：即罗盘，提供方向基准的仪器，有磁罗经和陀螺罗经两种。

〔二〕杨子江：即扬子江，本指今江苏省扬州市附近的长江河段，后用以通称长江。唐·韦庄《陪金陵府相中堂夜宴》："却愁宴罢青蛾散，杨子江头月半斜。"

〔三〕际：边、畔，交界或靠边的地方。《楚辞·天问》："九天之际，安放安属？"

九日（癸卯），晴

五点钟进吴淞江，见沙船、鹝船〔一〕往来杂还，间以洋船。渐近上海，河不甚阔，宛似我墨水。自吴淞港上，一路平田，青青树林，桑柘〔二〕之中露出寺观、民家，有水牛就野食草，芦汀〔三〕上架罾〔四〕楼，守者时挑罾以舀①鱼，或种圃，或晒布，宛然画致也。

九点钟达春申浦〔五〕新大桥前，船系花旗②〔六〕领事馆前埠头。时通商权大佑品川忠道〔七〕与长崎县权少属神代延长〔八〕奉大藏省〔九〕命客寓〔一〇〕沪上，早知前光等来也。此日闻邮船至，即使家仆棹〔一一〕短艇来探信。见我囊箧〔一二〕垒垒，乃陈来意，自雇小船以回寓。

既而登埠头，有僧禅贞（长崎春德寺僧也，有书画古玩癖，屡往来此地，与永宁有旧，适在上海，知永宁至，来访。）引至品川忠道客馆。长崎县准少属蔡祐良、大村藩士桥口正弘亦奉本县令来，与忠道等同探侦清民伪造我国官钞者,寓于邻家,皆来贺安。

乃出长崎县知事书信,命蔡祐良赍[一三]至上海道。佑良言:"此书宜托与陈同知[一四]转递道署(陈,名福勋,管上海租③界事务)。"乃使佑良与信敦持长崎县书函往同知府,附名单送报。少焉回来,言信敦等见陈,陈曰:"此书不敢擅接,容明日通禀道署,于四点钟到贵公馆回话。"

【校记】

①舀,写本写若"㿷"。

②"花旗"旁注"アメリカ",指美国。

③租,写本原作"祖",旁注"租カマヽ"。其中"ヽ"为日语片假名叠字符号,"租カママ"意为"原本似应为租"。

【笺注】

〔一〕鹤船:一种长形便捷的船,或形似鹤鹁而得名。

〔二〕桑柘:桑木与柘木,代指农桑之事。南北朝·谢朓《宣城郡内登望》:"切切阴风暮,桑柘起寒烟。"

〔三〕芦汀:有芦苇生长的水边平地或河流中的小沙洲。宋·杨万里《过洛社望南湖暮景三首》其一:"南湖隔水见渔灯,雁落芦汀八字横。"

〔四〕罾:一种用木棍或竹竿做支架的方形鱼网。

〔五〕春申浦:即黄浦江,又名春申江,简称申江。相传为战国时期春申君黄歇(?—前238年)所凿,故名。清·吴伟业《赠陆生》:"木叶山头悲夜夜,春申浦上望年年。"

〔六〕花旗:因美国国旗像一块蓝红相间的碎花布,故近代上海人以"花旗"指代美国。如美国纽约城市银行(City Bank of New York,现已更名为Citibank)近代在上海外滩设立分行时,上海市民即呼以"花旗银行",该名称沿用至今。

〔七〕品川忠道(1841—1891),原为荷兰语翻译,明治维新后任外务大录、通商大佑。1870年被大藏省派驻上海。1871年随伊达宗城使清。历任驻清首任领事、总领事。回国后入农商务省任通商局长,后从事实业。

〔八〕神代延长,又称熊延长、纪延长,初为长崎对华贸易中的翻译(唐通事),明治时期在外务省任职。1870年随品川忠道驻上海,日本驻上海领事馆成立后任书记生。在日本赴华使团与驻华公使馆中历任翻译、文员。

〔九〕大藏省,日本自明治维新后至2000年中央政府的财政机关,主管财政、金融、税收等。2001年日本中央省厅重新编制,大藏省改制为财务省和金融厅。

〔一〇〕客寓:客居,居住他乡。南朝宋·檀道鸾《续晋阳秋》:"自中原丧乱,民离本域,江左造创,豪族并兼,或客寓流离,名籍不立。"

〔一一〕棹：本义为划船工具，状似桨，亦指划船，有时也指船。《楚辞·九歌·湘君》："桂棹兮兰枻。"

〔一二〕囊箧：犹囊笥，袋子与箱子，古代读书人多用以装书籍文稿，故亦借指书籍。唐·刘知几《史通·史官建置》："用使后之学者，坐披囊箧，而神交万古；不出户庭，而穷览千载。"

〔一三〕赍：拿，持。南朝宋·刘义庆《世说新语·任诞》："于是赍牛酒诣道真。"

〔一四〕同知：明清时期的官职名称，为知府的副职，正五品，因事而设，每府设一二人，无定员。负责分掌地方盐、粮、捕盗、江防、海疆、河工、水利以及清理军籍、抚绥民夷等事务。另有知州的副职"州同知"，从六品，无定员，分掌本州内诸事务。

此夕忠道命开楼设宴，酒香肉肥，款待殊渥。供以绍兴酒（绍兴府所出）、金华腿（腿即豚朣，俗曰"火腿"，金华府产）、三丝清汤（以火腿、鲜豕、鸡肉三物切为丝，共盛碗中蒸之。火腿煎汤，点以鸡汁，其盐味太淡则下白盐，此谓清汤。清汤既调，取三丝之蒸热①者倾入别碗，则红丝缊彩，宛如绣球，而以清汤从碗口边轻轻注入）、八宝蒸鸭（家鸭剖背，剥出骨胳，成一肉袋，装以糯米饭，和以莲子、芡实、海参、火腿、鸡肉等共有七八味，清水煮熟，下些白盐又煮一回而食。其背剖割处，装饭后以苎麻弥②缝之）、炖鸡（嫩鸡油炒而炙，谓之炖鸡；又油炒后，薄切为片，与别菜煮汤者亦同名）、肺件（以豚肺切片油炒，下酱，用藕粉取粘，点酸而食。"件"犹道具之谓）、海蜇（和名"海月"）等。

有③庖人中有长崎小民，颇知烹调，煮冬瓜鸡蛋，调以鲑脯以羞〔一〕，颇令人口吻洁净。店中一主管，名七郎，肥前人，性浮躁善谑，少惯洋语，杂以清语，身体轻捷，起居供奉甚得便。

及夜，热甚。七郎曰："大桥河边有花园，何不去纳凉？"乃令之导，遂至洋泾浜桥头，转而上大街闹市中。据地图视之，自苏州路南至洋泾浜，东西由大马路亘黄浦埠头，英程一里间，店铺栉比，纵横成街，是谓英国租界。沿洋泾浜一路有粉壁〔二〕库楼，过其门口，内掩亮槅，娼妓数头与似虔婆〔三〕者在内谈笑。又有青衣红娘立门倚望、拉人诱延〔四〕者，盖小娼家。而帕首大脚者，广东妓女也。

【校记】

①热，疑当作"熟"。

②弥，写本作"㢰"。

③"有"为衍字。

【笺注】

〔一〕羞:进献。《礼记·月令》:"以雏尝黍,羞以含桃,先荐寝庙。"

〔二〕粉壁:白色墙壁。南朝梁·顾野王《舞影赋》:"图长袖于粉壁,写纤腰于华堂。"

〔三〕虔婆:妓院的鸨母。《初刻拍案惊奇》卷三一:"世上虔婆无不爱财,我与他些甜头滋味,就是我心腹。怕不依我使唤?"

〔四〕延:引进,请。《礼记·曲礼》:"主人延客祭。"

有上海县生员[一]葛其龙[二]者曾作《竹枝词》,录以为证:

海市由来幻景虚,谁将覆辙鉴前车[三]。
繁华今古都成梦,花貌休夸玉不如。

红楼彻夜奏笙箫,醉月迷花舞细腰[四]。
只恐床头金尽后,更无人伴可怜宵。

作戏逢场[五]不厌频,烟花情重转轻身。
北邙新冢凄凉夜,谁吊当年赏曲人。

窥帘狂眼镇如痴,茗碗炉香处处随。
誓死缘何浑不悟,为人酿蜜似蜂儿。

追欢买笑几人家,夜漏[六]初沉半臂加。
寄语曲中诸姊妹,娼歌休唱《后庭花》[七]。

如云幻态易榛荆[八],脂粉[九]丛中亦有兵。
生怕红颜多薄命[一〇],琵琶筵上不胜情[一一]。

茉莉花开压鬓芳,玉纤[一二]不采陇头桑。
凭谁借与仙家枕[一三],唤醒邯郸梦一场。

叶戏[一四]何愁暑气蒸,酒阑[一五]人倦力难胜。
藏春别有消金窟[一六],开着烟盘唤点灯。

茶寮酒肆额[一七]纷题,逐队呼朋东复西。

知否严闺灯影下,娇儿和泪伊娇妻。

寻花问柳[一八]漫登楼,一刹[一九]风光那可留。
安得删除尘俗态,桃源仙境[二〇]换清幽。

【笺注】

[一]生员:科举制度下,童试录取后准入县学读书,以备参加高一级考试,谓之进学、入学或入泮,士子称庠生、生员,俗称秀才。

[二]葛其龙(1838—1885),字隐耕,号蒲仙、龙湫旧隐,浙江平湖乍浦人,1879年(光绪五年)举人,长期寓居上海,著有《寄庵诗钞》《薇云词馆吟草》。

[三]覆辙鉴前车:本自《荀子·成相》:"前车已覆,后未知更何觉时!"汉·刘向《说苑·善说》:"前车覆,后车戒。"后有前车之鉴、殷鉴不远等说法,比喻可引以为鉴的往事。

[四]细腰:纤细的腰身,代指美女。《荀子·君道》:"楚庄王好细腰,故朝有饿人。"

[五]作戏逢场:即逢场作戏,为押韵而变换顺序。原指卖艺人遇到合适的演出场地便开场表演,后用以表示随俗应酬、凑热闹。宋·释道原《景德传灯录》卷六:"竿木随身,逢场作戏。"

[六]夜漏:古代以铜壶滴漏计算时间,故称夜间时刻为夜漏。《汉书·东方朔传》:"微行以夜漏下十刻乃出,常称平阳侯。"

[七]《后庭花》:本自《陈书·列传·后主沈皇后》,陈朝后主陈叔宝曾作过一首《玉树后庭花》,后用以喻亡国之音,言败国亡家的先兆。

[八]榛荆:犹荆棘,形容荒芜。本自唐·柳宗元《首春逢耕者》:"故池想芜没,遗亩当榛荆。"

[九]脂粉:女性化妆用的胭脂与粉,用以指代女性。《红楼梦》第十二回:"婶婶,你是个脂粉队里的英雄,连那些束带顶冠的男子也不能过你。"

[一〇]红颜薄命:旧谓美貌女子遭遇不佳,或早夭,或嫁的丈夫不如意。元·佚名《鸳鸯被》第三折:"总则我红颜薄命,真心儿待嫁刘彦明,偶然间却遇张瑞卿。"

[一一]琵琶筵上不胜情:化用白居易《琵琶行》诗意,尤其侧重表达"同是天涯沦落人,相逢何必曾相识"之意。

[一二]玉纤:纤细如玉的手指,多指美人的手。唐·温庭筠《菩萨蛮》:"玉纤弹处珍珠落,流多暗湿铅华薄。"

[一三]仙家枕:本自唐·沈既济《枕中记》:开元中,吕翁得仙术。游邯郸道中,遇少年卢生同邸,自叹贫困,言讫思睡。翁取囊中瓷枕授卢曰:"枕此当荣适如愿。"生枕之,梦

中未几登第,出将入相五十年,荣胜无比。一夕卒,遂醒来。吕翁在旁,主人蒸黄粱尚未熟,卢生因有所悟。"黄粱梦""邯郸梦"亦本于此。

〔一四〕叶戏:即叶子戏,古代一种以叶子格为用具的博戏,内容各代不尽相同,被认为是扑克、字牌和麻将的鼻祖。唐·苏鹗《杜阳杂编》卷下:"咸通九年,同昌公主出降,宅于广化里……韦氏诸家,好为叶子戏。"

〔一五〕酒阑:饮宴过半,即将结束之时。隋·杨广《献岁燕宫臣》:"酒阑钟磬息,欣观礼乐成。"

〔一六〕消金窟:冶游等大量花费金钱的地方。

〔一七〕额:门楣或匾额;题额,书写匾额。唐·张怀瓘《书断》:"人来觅书,并请题额者如市,所居户限为之穿穴。"言隋朝书法大家智永禅师事。后遂有"铁门限""退笔冢"之谓。

〔一八〕寻花问柳:本义为游赏风景,后比喻狎妓。《儒林外史》一七回:"这样好天气,他先生正好到六桥探春光,寻花问柳,做西湖上的诗。"《绣像金瓶梅》八一回:"韩道国与来保两个且不置货,成日寻花问柳,饮酒宿娼。"

〔一九〕一刹:梵语音译,一刹那之节略,指时间非常短促的瞬间。明·徐渭《题王质烂柯图》:"闲看数着烂樵柯,涧草山花一刹那。"

〔二〇〕桃源仙境:陶渊明《桃花源记》描述武陵渔人遇见一群人,因避秦乱而生活在与世隔绝的地方。后比喻世外乐土或避世隐居的地方。

街市间有茶馆、酒肆、剧场、杂店,有张灯卖卜〔一〕者,有提篮叫卖果食者,肩背相摩,道路沓麗〔二〕。

七郎引至一剧场,门匾大字曰"丹桂茶园",门外轿舆藉藉〔三〕,候客还也。直入场内,则当面戏台,左右两层棚子,观客麇〔四〕至,地上甃〔五〕板,设倚卓〔六〕者数十座,排列糕饼瓜子。客到则有执事者出,看坐看茶。每一客需洋一元。

此时已开了场,有两武将仗剑舞于台上,叮当聒削(金鼓共噪声也)之中,说白演唱。茶毕,送戏来,朱砂小帖列剧题云:"丹桂茶园初九夜演:《龙虎斗》《打登州》《黄河渡》《铡包勉》《翠屏山》《战樊城》《长亭》《药王传》《青石山》。新彩、新切①〔七〕。"(以上戏目),末记:"京都春台徽班"。

此折演《龙虎斗》也。台角忽然焚起火药,云烟之中,龙头人出,云烟又作,虎面人出,双双对舞,火焰飞腾。金鼓齐鸣,两武将出,遮栏战斗。时龙虎人转在两将背后,翘出其头于两将头上。又放火药,作起云烟,两将舞戟,辗转追蹑之间,龙虎随跳随跑,乃下。

又道士四人上，青袍徒弟②四人次上，又有花面天仙上来说白，左右拥仙环立，须臾飞上高台倚坐。既而有玄冠玄袍道人出来，向天仙参拜问答。言语不通，不解演何等事，乃起回寓。

【校记】

①柳原前光将"新彩、新切"也认作剧目，误。"以上剧目"的夹注应在"新彩、新切"前。

②弟，写本作"第"，误。

【笺注】

〔一〕卖卜：借卜筮之技赚钱维生。《后汉书·姜肱传》："遂羸服闲行，窜伏青州界中，卖卜给食。"

〔二〕沓霭：或为"霭沓"之误。霭沓，聚集交会貌。唐·李白《春日行》："因出天池泛蓬瀛，楼船霭沓波浪惊。"

〔三〕藉藉：众多杂乱貌。《南齐书·孝义传·乐颐传》："外传藉藉，似有伊周之事，君蒙武帝殊常之恩，荷托付之重，恐不得同人此举。"

〔四〕麇：音[qún]，同麇，成群。《左传·昭公五年》："求诸侯而麇至。"

〔五〕甃：音[zhòu]，用砖砌。

〔六〕倚卓：即椅桌。宋·黄朝英《靖康缃素杂记·倚卓》："今人用倚卓字，多从木旁。"

〔七〕新彩、新切：戏曲演出宣传所用的门报（张贴于戏园门口）、堂报（张贴于剧场内）、海报（张贴于大街小巷）与戏单（戏园、剧场内观众传阅，后来也普遍售卖）上面的宣传语。于建刚《中国京剧习俗概论》谓："倘有京、津名角应邀南来，必于其姓名前冠以'新到''特邀'等字样，并于剧目与演员名单末尾添加'新角、新戏、新彩、新切'等词句，以赢得观众的注意。"

十日（甲辰），风雨

同义质等持东京各公使所寄书函，至英国领事灭多士德①〔一〕、美国领事冉钦士②〔二〕、布国领事安讷克③〔三〕等公馆，相见投递，以告来使之故，且问天津动静及国情。赠英国领事以漆器等件。布国领事曰："近日得本国新报，云我国与法战斗〔四〕，初互有胜败，后三战皆得大捷。"鼻间诩诩〔五〕，颇有得色。午后回寓。

四点钟陈福勋至，令信敦出迎，延至楼上，乃与义质等出接坐定。其拜帖书曰："大清钦加运同衔、委办上海租界会审事务〔六〕、江苏补用同知陈福勋拜。"

　　陈福勋曰："昨承仓、蔡两君屈驾,知星使〔七〕已临弊地,专来候安。长崎县文书一事,今日已见道署陈明,于明后十二日二点钟弟入道署,恭候蔡④老爷赍书至,方可一同送进也。"

　　前光曰："本出使等专欲获晤于道台。"

　　福勋曰："公等相见日期,俟道署接书后指定可耳。"

　　言毕,怀间取昨日所送名单,据位认面,并问外务省为何等名义,永宁一一详说。政道排出果品,进茶即去。

【校记】

① "灭多士德"旁注日文假名"メツトホルスト"标注读音。
② "冉钦士"旁注"センケンス"标注读音。
③ "安讷克"旁注"アソネケール"标注读音。写本后文皆作"安纳克"。
④ 蔡,指蔡祐良,写本作"葵",误。

【笺注】

　　〔一〕灭多士德（Sir Walter Henry Medhurst, 1823—1885）,英国人,中译通作麦华陀。1839年随父麦都思（Walter Henry Medhurst, 1796—1857）来华,鸦片战争中参与侵占厦门和舟山的活动。1843年11月作为英国驻上海首任领事巴富尔（George Balfour, 1809—1894）的翻译到沪,曾参加商定《土地章程》和划定租界界址的谈判。1860年起任驻上海代理领事、领事,任内曾会同法国领事与上海道台会商上海防务,镇压太平军。1870年起任驻上海永久领事。1876年底退休回国。著有《在遥远中国的外国人》（*Foreigner in Far Cathay*）。

　　〔二〕冉钦士,具体所指未明。当时熙华德（George Frederick Seward）任美国驻上海总领事,冉钦士或为美国驻沪总领事馆的领事衔外交官。

　　〔三〕安讷克（W. Annecke）,时任普鲁士驻上海领事,1871年6月23日—1872年12月4日任德国驻沪领事、署理公使。1852年（咸丰二年）汉堡城在上海设立领署,为统一前的德国在华设立的第一个领事机构,此后陆续有普鲁士、律百克、不莱梅、汉诺威、澳颠北、北德意志工会等城市、邦国和组织在上海设立代理机构。1871年普鲁士统一德国,同年温策勒（Paul Wentzel）成为德国首任驻沪领事。

　　〔四〕指1870年爆发的普法战争,德意志试图统一,妨碍了法国在欧洲大陆的霸权地位,遂爆发战争,翌年法国战败,普鲁士统一德国。

　　〔五〕诩诩:自得貌。宋·司马光《答德顺军刘太博书》："光常病世人称交友者,相遇则诩诩笑言,以酒食相悦。"

〔六〕委办上海租界会审事务：指陈福勋负责1869年正式成立的中外合作审判机构上海公共租界会审公廨事务。

〔七〕星使：旧时对使臣的尊称。唐·高适《送柴司户充刘卿判官之岭外》："月卿临幕府，星使出词曹。"

十一日（乙巳），风雨

一点钟同义质等至法国领事美日安、荷国领事土剌弗白公馆，递书相见，各如昨日见三领事。

四点钟永宁、政道赍绉〔一〕纱、漆盘、彩笺、折扇往陈氏之馆，拜谢昨日辱临也。

福勋开帖，曰："不敢当。虽然，弟且领情，不敢领物。"

永宁曰："区区微物，伏〔二〕冀〔三〕哂存〔四〕。"

福勋曰："谨领盛情，不敢全领。"

永宁曰："请纳之，幸勿见却。"

福勋曰："所赠且存，当择可领而领也。"

永宁曰："前光等欲谢昨日光顾之厚，有事往法、荷两国领事馆，是以不果来，无见责，幸甚。今前光等捧外务省函文，欲上京地，面呈总理大臣，预议派使换约事宜。"

福勋曰："顷者或赖他国绍介〔五〕而进者有之，惟贵国所以特发文书直达总理衙门〔六〕者，大有道理。"

永宁曰："正如公言，顾我国与贵国不过单隔一水，固非他邦之比。弟等见道台时，当将本省函稿呈览，便知其详矣。望足下亦为赞成。"

福勋曰："是在道署，某当竭力。"

时已晡，福勋似有公事之状，因告别回寓。

晚间陈氏差人却还礼物，书云："谨领诗笺、折扇，余璧①奉谢。"

此日以蔡祐良通清语，留助使事，命正弘先归，以报长崎县。

【校记】

① "璧"字下部写本作"云"，旁注"マヽ璧カ"。

【笺注】

〔一〕绉：带皱纹的丝织品。

〔二〕伏：敬词，古时臣对君奏言多用之。《史记·三王世家》："臣青翟、臣汤、博士臣将行等伏闻康叔亲属有十。"

〔三〕冀：希望，盼望。《韩非子·五蠹》："释其耒而守株，冀复得兔。"

〔四〕哂存：犹笑纳。《镜花缘》第六回："些须微意，望仙姑哂存。"

〔五〕绍介：古代宾主之间传话的人称介，介不止一人，相继传辞，故称绍介，后引申为引进。《战国策·赵策三》："东国有鲁连先生，其人在此，〔赵〕胜请为绍介而见之于将军。"

〔六〕总理衙门：即总理各国事务衙门，晚清主管外交事务、派出驻外使节，并兼管通商、海防、关税、路矿、邮电、军工、同文馆、派遣留学生等事务的中央机构。初称总理各国通商事务衙门，简称总理衙门、总署。

十二日（丙午），晴

二点钟祐良持长崎县知事文书致于涂宗瀛〔一〕，且陈前光等欲见之意，宗瀛诺之，订以本月十七日而归。

此日信敦旧知张秀芝来寓笔话。

信敦曰："昨造贵府，领教多多，今又惠临敝寓，不堪钦佩之至。承嘱，本邦小史即奉一部，聊当菲敬〔二〕，哂收，幸甚。"

秀芝曰："叠蒙赠赐，何以克当〔三〕，谨领，拜谢。"

信敦曰："弟所同来之人亦欲拜芝眉〔四〕，何如？"

秀芝曰："昨嘱书帖面，乃系柳原、花房二公，是否？"

信敦曰："是也。亦在寓，请少安坐，须臾出来。"

秀芝曰："予何人〔五〕兄别字云何？望示知。"

信敦曰："弟别号松窗，名信敦。"

秀芝曰："花房公尊字，请教。"

义质曰："眠云，又卧虎。"

秀芝曰："通商之事甚易，惟弟现未奉委办理贵国之事，自有陈司马〔六〕照料一切，想必能妥惬也。"

秀芝曰："柳原先生尊字，请教。"

余〔七〕曰："号青青。"

信敦曰："此人，弟长官也，姓柳，故以青青为号。"

秀芝曰："总理各国事务衙门在京师，恭亲王〔八〕总司其事，别有中堂、尚书等官同佐理之。外则金陵有五口通商大臣，天津则有三口通商大臣〔九〕，此其大略也。"

信敦曰："请问通商大臣威权？"

秀芝曰："通商大臣，金陵系两江总督代管其事，小事在外作主，大事则咨总理衙门施行。"

信敦曰:"请问阁下品级、官名?"

秀芝曰:"四品衔,五品官。"

信敦曰:"请问阁下乡贯?"

秀芝曰:"直隶永平府抚宁县,乃在汉右北平〔一〇〕也。"

信敦曰:"闻至十月则天津海水冰合,果信否?"

秀芝曰:"海水不冰,惟河水乃冰耳。"

信敦曰:"北京天津之间冬月旱路尚得通否?"

秀芝曰:"冬月犹通,秋夏之交微妨泥泞,有时不通耳。"

信敦曰:"闻间巷〔一一〕之说,天津杀法人之后拒外国船进口,不知弟等附坐轮船而往无碍否?"

秀芝曰:"现在尚无滞碍,商船尚通行也。"

信敦曰:"上海天津往来之通船冬月尚可能行否?"

秀芝曰:"轮船不过四日可达天津,今岁有闰,十月底尚可能行,惟风潮加险耳。"

【笺注】

〔一〕涂宗瀛(1812—1894),字海三,号朗轩,安徽六安人。1844年(道光二十四年)乡试中举。1854年在籍带团勇。1862年曾国藩委办军需事务。1864年起任江苏候补直隶州知州、江宁知府。1869年升任苏松太道,兼江海关道。1871年起历任湖南按察使、湖南布政使、广西巡抚、河南巡抚、湖南巡抚。1882年升任湖广总督,同年因病开缺。

〔二〕菲敬:亦作菲仪,送礼时的谦词,言所赠微薄。

〔三〕克当:能承当;敢当。唐·司空图《答孙郃书》:"所贶累幅,质厚责于我,是足下勤于吾道,必欲起而振之也,何以克当?"

〔四〕芝眉:谓眉宇有芝采,古谓贵相,书信中用以称人容颜的敬词。晋·皇甫谧《帝王世纪》:"吕望芝眉。"

〔五〕予何人:名仓信敦的字。

〔六〕司马:古官职名,为郡佐之属。清代府同知亦俗称司马,其实与前代司马的职责权限不同。

〔七〕余:指柳原前光,此时柳原等亦出来参与笔谈。

〔八〕恭亲王:爱新觉罗·奕䜣(1833—1898),道光帝第六子,咸丰帝异母弟,清末政治家、洋务运动的主要领导者。道光帝遗诏封恭亲王。1853—1855年任领班军机大臣。第二次鸦片战争中受命为全权钦差大臣,负责与英、法、俄谈判并签订《北京条约》。1861年咸丰帝死后奕䜣与两宫太后联合发动辛酉政变,成功夺取政权,被授予议政王之衔,任领班军机大臣与领班总理衙门大臣,与两宫皇太后共掌朝政,打造了同治中兴的政治局面。1884年因中法战争失利被罢黜。1894—1898年复任领班军机大臣与领班总理衙门大臣。

〔九〕通商大臣:清代职官名。鸦片战争后清政府设立五口通商大臣,后改南洋通商大臣。1861年1月(咸丰十年十二月)总理各国事务衙门成立后,加设三口通商大臣,管理天津、牛庄(后改营口)、登州(后改烟台)通商事务。南洋通商大臣亦列于总署之下,除五口外又兼管南方沿海新开口岸。1870年天津教案后三口通商大臣改为北洋通商大臣,加钦差名义,由直隶总督兼任。南北两通商大臣所司不仅通商,凡涉洋务均在管辖范围内,为全国事权最重的两大疆吏。

〔一〇〕右北平:郡名,战国燕置,治所与辖境历代均有变化,西晋改为北平郡。境内有卢龙塞道,地势险要,为北方军事重镇。

〔一一〕闾巷:里巷,乡里,借指平民、民间。《战国策·秦策一》:"卖仆售乎闾巷者,良仆妾也;出妇嫁乡曲者,良妇也。"

午后命泛舟(舟名"马接杉板")游龙华寺。出苏州渠,过黄浦江,望租界至东门外水面,桅樯林立,层丛含烟〔一〕,连接不绝。我艇荡过其间,风帆行不数里,两岸田圃多植棉花、青菜、蜀黍。忽看林树郁葱中露出塔顶,即龙华寺也。江上右岸有小河口,转而进,见一桥栏虹,横梁刻"百步桥"三字。过桥下,适见一只渡艇,弓蓬内客坐两三人,艇尾艄公高坐,两脚击①桨摇荡,以手把舵,其行太迅。

我艇至寺边岸下,又有一桥,题曰"惠民桥"。登岸南行,有一条小巷,瓦屋相接,对门卖酒饼,或有织芦为席者。行不数十步,右边有大石狮一对,大门题"龙华"二字,踵入,又题"古刹"二字,寺系明正德〔二〕年间所重修。门内荒草满地,过一桥,有弥勒堂,瓦屋残破。左右空地,种棉牧羊,殆及千顷〔三〕。

入益深,有堂庙数宇,其傍禅关锁而不开,墙角小洞门有人出入。从而入,右边一宇奉天官像,两傍耳房有小圆窗,板上书"止静"二字,房门封锁甚牢。时村童群走入观,永宁问:"和尚何在?"指耳房曰:"在此中。"永宁曰:"封锁如此,安得有僧住?"村童进敲窗,有人出面,视之,乃一道人,被发白袍,其状如囚人然。右边亦有一道人,曰:"修道入定也。"转至正堂,寂寞空悄,纸匾书"大雄宝殿",安释迦佛一躯,殿右置观音堂一宇。

众乃出,取途荒草地。有古塔,锁不得登。呼僧与钱,即提钥来开②之。众蹭③蹬〔四〕而上,宛如螺壳,自基至顶凡七级。倚栏④眺望,上海城市拥北，苏杭远岫绕南。俯观田野，尺树豆人[五]，颇佳遥瞩。而塔经星霜[六]既久，栏板朽落险危难久留。下而出寺门，入一店吃茶。仍由惠民桥驾舟而归。

【校记】

①击，写本作"繋"（系），当为"擊"（击）之误。

②开，写本作"栏"，不通，从句意判断疑当为"开"字。后面一行对应处的"亦"字也同样不通，"栏"似应为后面一行对应位置的字，而被误植此处。写本附朱笔标注："付箋：[欄]字疑ハシ"。

③蹭，写本初作"僧"，后改，旁注"蹭カマヽ"。

④写本小字居左写若"亦"，疑"栏"字被誊写者误植到前一行未能改正所致。写本附朱笔标注："仝（付箋）：[亦]字疑ハシ"。

【笺注】

〔一〕含烟：带着烟或云雾气。南朝梁·萧绎《荡妇秋思赋》："登楼一望，唯见远树含烟。"

〔二〕正德：明朝第十位皇帝武宗朱厚照（1506—1521年在位）的年号。

〔三〕千顷：极言广阔。百亩为顷，此处为夸张说法，非实指。《淮南子·说林训》："寻常之溪，灌千顷之泽。"

〔四〕蹭蹬：路途险阻难行；也用以比喻倒楣、失势、不得意。李白《赠张相镐》其二："晚途未云已，蹭蹬遭谗毁。"

〔五〕中国传统画论认为，隋代展子虔《游春图》为最早的山水卷轴画，开启了"丈山尺树豆人"的"散点透视法"绘画模式。唐·王维《山水论》："凡画山水，意在笔先。丈山尺树，寸马分人，远人无目，远树无枝，远山无石，隐隐如眉，远水无波，高与云齐，此是诀也。"

〔六〕星霜：星辰的位置随季节而移动，霜每年遇寒而降，比喻岁月变迁。柳宗元《代柳公绰谢上任表》："历践中外，星霜履移。"

各赋诗纪游，云：

> 败叶成堆野草稠，悲风寂寂七层楼。
> 古松声冷龙华寺，正德年来三百秋。
> 龙华寺里雨余秋，几树松杉翠欲流。
> 更去七层高塔望，青山一抹是苏州。

永宁诗曰：

万亩绀园[一]变作田，只有牛羊得草眠。
龙华昔日龙飞去，七级浮屠[二]古岸前。

信敦诗曰：

昔日群僧盈梵阁，今年漫草绕栏干。
空存层塔龙华称，飒飒秋风一镇寒。（村号龙华镇，昔游时本寺极繁昌，今年再游，满目寥寥，殆似废刹。）

遥认龙华烟树间，苏山一碧白云环。
七层高塔映江处，斜日扁舟踏影还。

政道诗曰：

水鸟争投芦荻①[三]间，黄江几里抱村环。
龙华寺畔斜阳好，一叶扁舟载月还。

归寓。夜，同行中有逍遥市街，至大马路，入畅春园观女剧者归去。戏目曰《三挡》，曰《扫秦》，曰《跪池》②，类皆唐宋③时稗说[四]也。苏州女<u>姜月娥</u>、<u>施蕙儿</u>为戏酋，极有兴致。

【校记】

①荻，写本作"萩"，旁注"荻カマヽ"。

②池，写本作"地"，误。《跪池》为明代戏曲作家汪廷讷所作传奇《狮吼记》中的《谏柳》一折。

③宋，写本作"宗"，考以前述剧目，所涉皆为唐、宋野史传说，"宗"当为"宋"之误。

【笺注】

〔一〕绀园：佛寺的别称，也指道教宫观。

〔二〕浮屠：佛教语，梵语"Buddha"之音译，指佛塔。北魏·郦道元《水经注·河水一》："阿育王起浮屠于佛泥洹处，双树及塔今无复有也。"

〔三〕芦荻：芦、荻皆为多年生草本植物，生在水边。唐·白居易《琵琶行》："浔阳江头夜送客，枫叶荻花秋瑟瑟。"

〔四〕稗说：指野史和民间传说。唐·陆龟蒙《幽居赋·序》："不能粉饰大猷，且用玄黄稗说。"

十三日（丁未），晴朗

出观城隍庙，庙内景况宛似我浅草观音寺〔一〕。庙后有数店，过之，出一阔地，则有观相占字弄手法者。又有戏馆，傍见大池，池中起亭，层楼高耸，坐客上下满盈。众过桥而入，店保迎接上楼，倚栏占座。茶果既上，凉风入襟，如骤雨忽霁。

归路至关帝庙，门上题曰"武圣宫"，正殿不甚光洁，有咸丰帝〔二〕亲笔①匾额，曰"万世人极"。出西北门，此门空旷，多水牛。

日暮回寓。同知陈福勋使人赠锦缎一端、芽茶六瓶、佛手数枚、徽墨〔三〕两匣。

【校记】

①笔，写本作"莘"（"华"的异体字，写本上册八月十六日条中蔡祐良致陈福勋的信开头"昨造华堂"亦用该写法），误。

【笺注】

〔一〕浅草观音寺：位于日本东京都台东区，隅田川西岸，628年（推古天皇三十六年）修建，后屡遭火灾，数次被毁，目前的建筑群是第二次世界大战后重建的。寺院大门"风雷神门"是浅草地区的象征。寺庙西南角建有五重塔，为日本第二高佛塔。

〔二〕咸丰帝：爱新觉罗·奕詝（1831—1861），清朝第九位皇帝，道光帝第四子，在位十一年（1851—1861），年号咸丰，勤于政事，广开言路，任用肃顺改革吏治；重用汉族官僚曾国藩镇压太平天国和捻军；企图重新扭转内外交困的局面而开启洋务运动。终因内忧外患不断，被迫与西方列强签订一系列不平等条约。

〔三〕徽墨：即徽州墨，因产于古徽州府（今安徽省黄山市、宣城市）而得名，落纸如漆，色泽黑润。徽墨与宣纸（产于安徽宣城）、端砚（产于广东肇庆[古称端州]）、湖笔（产于浙江湖州）并为"文房四宝"之珍品。

十四日（戊申），晴

此夜月明风凉，散步花园（园在租界内），白露湛湛，爽气袭人。遂过新大桥，至花旗租界。街头有一酒楼，弦歌喧然，众伫立而听，胡琴、三弦、檀板〔一〕、班鼓〔二〕，皆极其妙。永宁曰："即福建班，俗所谓二反〔三〕、西皮〔四〕等调也。"

【笺注】

〔一〕檀板：乐器名，指檀木制的拍板。

〔二〕班鼓：又名板鼓、单皮，常与拍板由一人兼奏，中国戏曲乐队中的指挥乐器。

〔三〕二反：二簧反调之节略，又称反二簧，曲调起伏大，适于表现悲壮、凄怆的情绪。清·叶调元《汉口竹枝词》其六十六《杂记》："曲中反调最凄凉，急是西皮缓二黄。倒板高提平板下，音须圆亮气须长。"

〔四〕西皮：戏曲腔调，一般较为高亢刚劲、活泼明快。在京剧、汉剧、徽剧等剧种里西皮都同二簧腔调并用，合称皮簧。

十五日（己酉），晴

使祐良往陈福勋馆贺中秋节，赍前日所还绉纱、漆盘强赠之，终纳焉。

夜散步于街上赏月。土俗每户设香案，供果献瓜，弦歌满街。有平湖人陈子逸者，赠月桂盘以贺佳节。月桂盘者，以线香、檀末、纸片造之，俗祭明月必供此香，盖表月中桂也。有诗曰：

申浦桥边泛画舟，楼楼歌管作中秋。
江山万里天如水，皓月高悬吴越州〔一〕。

【笺注】

〔一〕吴越州一句，或本自宋·陆游《送汤岐公镇会稽》："吴越东西州，浙江限其中。"

十六日（庚戌），晴

祐良昨晤陈福勋，语次及明日与涂道会话款接事宜。福勋曰："须俟下官明日抵道台府，问他如何接待，亲诣公馆回复。"祐良归告。曰："毋，速谢止。不若陈氏将道台回话写信送至我处之为愈。"祐良即作书与陈氏，其文云：

昨造华堂，得吐情绪，多承玄提〔一〕，更赐珍果，感谢无尽。所约惠临一事，顾念贵务滋茂，而吾侪东便在近，事颇冗集，故不敢劳驾也。祈望朵云〔二〕辉来，随转达权大丞，则不异相值〔三〕领教耳。统①希亮照〔四〕，并候时祺，不庄〔五〕。

陈福勋复书曰：

启者:昨承文驾惠临鄙署,得接芝芬[六],备承雅教,并荷贵权大丞再赐多珍,谨以拜领,实深惭愧,谅以荷蒙贵翻译鼎言代申致谢矣。承示及,贵权大丞暨各位十七日两点钟整冠盛服拜晤道宪事,本分府今早亦已进署代为回明矣。道宪之意欣感难铭,惟有如约端肃恭迎贵权大丞进署,以便同领大教,并可悉知贵权大丞远来之意也。本分府正欲亲来谢步[七],并面陈一切,既承函嘱,恕不惊动。准于明日两点钟先一刻进城,随同道宪恭候可也。谨此奉覆,顺颂时祉,诸惟朗照,不一[八]。

【校记】

①统,写本末笔缺笔。

【笺注】

〔一〕玄提:"钩玄提要"之节略,意为探取精微,摘出纲要。本自唐·韩愈《进学解》:"记事者必提其要,纂言者必钩其玄。"

〔二〕朵云:犹"郇笺""郇云",本自《新唐书·韦陟传》:"常以五采笺为书记,使侍妾主之,以裁答,受意而已,皆有楷法。陟唯署名,自谓所书'陟'字若五朵云。时人慕之,号郇公五云体。"后遂以"朵云"表对别人书信的敬称。

〔三〕相值:犹相遇。南朝梁·江淹《知己赋·序》:"始于北府相值,倾盖无已。"

〔四〕统希亮照:旧时书信客套用语,也作"统希鉴原""维希鉴照""统希亮察""统祈垂鉴""统希查照"等,有祈使对方审察、决定之意。明·张居正《答蓟镇巡抚陈我度言辞俸守制》:"其节间所惠,亦俱附璧来使,统希查照。"《使清日记(中)》九月十七日条马绳武致柳原书信末尾的"统惟荃照"亦属相同用法。

〔五〕不庄:旧时书信结尾处的谦词,犹言不恭。

〔六〕芝芬:本指香草的芬芳,喻德行高尚、友情深厚、环境美好等。《使清日记》所载书信中也有"芝蕙"等用法,用意同此。

〔七〕谢步:亲友前来拜访或庆吊,事后赴其家回拜表示感谢,称谢步。《官场现形记》第四回:"凡来拜寿的同寅地方,一处处都要去谢步。"

〔八〕不一:不一一备述。明·归有光《与宣仲济书》:"人去草草,明当奉晤,不一。"

十七日(辛亥),晴

二点钟同诸员仪服(乌帽、直垂[一]、佩剑)坐锡顶轿子,舁[二]入辕门[三]。至大门投刺[四],门吏通进。鼓吹数节,大门方开;炮三响,二门亦开;至仪门[五]前下轿,仪门从开。陈福勋及涂宗瀛候迎,揖入厅堂。设前光、义质坐于正席,永宁、信敦、政道在右,宗瀛、福勋在左,坐定上茶。前光等曰:"贵国安泰,钦贺!"宗瀛亦贺曰:"贵国平安!"前光等次贺涂氏康健奉职。互叙寒暄毕,议及寻盟修交之事,乃出《委办限单》及本省卿、辅致总理衙门公信抄底示之。

其《委办限单》曰:

我国与清国一苇可航[六]之地,论其交际之义,固非别外国之比。往之彼国,切宜自重,言必忠信、行必笃敬为要。应陈述望彼国亦派公使与我国修约之意。应商议为管束居住彼地之我国人民,及居住我国之彼国人民,作何妥协之法。方今未遑即发钦差大使照例定约,应将士民往来通商事宜权议约束,请旨定夺。除以上各件外,不得越权行事也。

其公信抄底曰:

大日本国从三位外务卿清原宣嘉、从四位外务大辅藤原宗则[七]等,谨呈书大清国总理外国事务大宪台下:方今文明之化大开,交际①之道日盛,宇宙之间无有远迩矣。我邦近岁与泰西诸国互订盟约,共通有无,况邻近如贵国,宜最先通情好、结和亲,而唯有商船往来,未尝修交邻之礼,不亦一大阙典[八]也乎?囊者我邦政治一新之始,即欲遣钦差公使修盟约,因内地多事,迁延至今,深以为憾焉。兹经奏准,特遣从四位外务权大丞藤原前光、正七位外务权少丞藤原义质、从七位文书权正郑永宁等,于贵国预前商议通信事宜,以为他日我公使与贵国定和亲条约之地[九]。伏冀贵宪台下款接右官员等,取裁其所陈述。谨白。

宗瀛读了。因又陈欲入北京之意。
宗瀛曰:"据愚见,现在天津有惨杀法国人一案[一〇],和战未定,不可谓无危险,不若待下官将各位来意细告上司各宪,听取回信,而后定其行止[一一],此乃万无一失之策也。"
前光等曰:"取回信费几日乎?"
宗瀛曰:"往返应六十日。"
前光等曰:"本使等奉命赍书,而徒守两月之久,甚不可。"
宗瀛曰:"然则所有文书,本道应代各位转递恭亲王,取回信还贵使如何?"
前光等曰:"下官等奉使命,不面付总理衙门而却付他人以自逸,可耶? 要当雇轮船往天津耳。"

宗瀛曰:"公等既有《委办限单》,须自要去。然我国与贵国音信久绝,而今甫来,况事关两国通商条约,须期历世不渝,非一朝一夕可办得之,故当事者越从容越妥当。本道非敢劝阻,但相商耳,请三思。"

前光等曰:"至如缔约通商之事,是在钦差大臣自来调停。本使今日之事,专在递信总署,先议将来事宜耳。"

宗瀛、福勋见其固执不听,两人对言数语,延到别厅,供酒果。吃毕乃辞回。

【校记】

①际,写本作"除",误。

【笺注】

〔一〕直垂:日本平安时代武家男性的正装礼服,仿贵族服饰而来,之后一直作为武士正式服饰,以绢为材料,纹样有特殊规定。直垂可以单指上衣,也可以指上衣下裙套装,一般要配乌帽子。

〔二〕舁:抬,载;也指轿子。

〔三〕辕门:古代君王出巡,驻驾于险阻之地,以车作为屏障,翻仰两车,使两车之辕相向交接成一半圆形的门,称为辕门(见《周礼·天官·掌舍》)。后指将帅的营门或衙署的外门。《史记·项羽本纪》:"项羽召见诸侯将,入辕门,无不膝行而前,莫敢仰视。"

〔四〕刺:名刺之略称,即拜访时通姓名用的名帖、名片。唐·元稹《重酬乐天》:"最笑近来黄叔度,自投名刺占陂湖。"

〔五〕仪门:明清官署、邸宅大门内的第二重正门。《明会典·礼部十七·官员礼》:"新官到任之日……先至神庙祭祀毕,引至仪门前下马,具官服,从中道入。"

〔六〕一苇可航:用一捆芦苇做成一只小船就可以渡过去,比喻水面相隔很近,也比喻用微薄之力就可以解决问题。《三国志·吴书·贺邵传》:"长江之限,不可久恃,苟我不守,一苇可航也。"

〔七〕藤原宗则(1832—1893),鹿儿岛人,本姓长野,曾名松木弘庵,后改名寺岛陶藏,通称宗则,日本幕末武士、兰学者,明治前期政治家、外交官、明治维新的元勋,日本电信之父。明治维新后历任外务大辅、驻英公使等职,1873年任参议兼外务卿。

〔八〕阙典:残缺的典章制度,犹憾事。语本汉·扬雄《剧秦美新》:"帝典阙而不补。"晋·陆机《吊魏武帝文》:"厘三才之阙典,启天地之禁闱。"

〔九〕地:地步,余地。《韩非子·说难》:"有欲矜以智能,则为之举异事之同类者,多为之地,使之资说于我,而佯不知也,以资其智。"

〔一〇〕即天津教案，详见本书研究篇第六章第一节。

〔一一〕行止：行步止息，犹言动和定；引申为做主、做决定。《二刻拍案惊奇》卷二〇："还要去贾廉访宅上，问问我家小姐与姐夫贾衙内，才好行止。"

十八日（壬子），晴

柬[一]涂宗瀛申谢，赠《日本政记》[二]一篇、腰刀一口、越后[三]绉葛一端、螺钿果盒一枚。其文云：

> 昨获晋谒芝标[四]，并承①嘉诲，又扰郇厨[五]，曷胜铭感。肃函驰谢，顺候崇安。附具敝邦土物四种藉表芹敬[六]，希赐哂存。伏惟丙照，不戬[七]。

宗瀛复书曰：

> 昨承大从枉顾[八]，领教多多。草具杯盘，深虞[九]简亵[一〇]，乃荷[一一]殷殷函谢，尤切歉惭，并蒙宠赐多珍，愧不敢当。谨拜领《政记》全部，仰见贵国政化昭宣、蒸蒸日上，读之不甚钦佩，余珍借使奉璧，肃鸣谢忱。顺请崇安，伏惟丙照。

此日桥口正弘、儿玉真感乘美国汽船回长崎，附送致本省书。
英国领事赠上海租界洋行户籍及地图。
三点钟同永宁诣陈福勋，谢周旋之劳。因问福勋曰："昨得见道台而有议未决者，将请再会，何如？"福勋曰："公等入京之说，道台亦知之，想不敢复劝阻也。明日下官赴道署，当为公等代问其意。得他回话，后日亲趋贵寓奉告，不庸诸公再辱临也。"遂相嘱以归寓。
入夜烦热特甚，乃至花园纳凉，月白风清，爽气满怀。远望花旗租界，楼阁栉比[一二]，灯烛焰耀[一三]，鼓乐互起，盖寻中秋之余兴也。

【校记】

①承，写本作"羕"（同"羕"），误。

【笺注】

〔一〕柬：寄柬。元·张宪有《柬戚少府》《柬成元章》等诗作。

〔二〕《日本政记》：日本江户时代晚期著名汉学家赖襄（号山阳）晚年的汉文遗著，原称《国朝史纪》，赖襄去世前更为今名。《日本政记》是赖襄为弥补《日本外史》的缺漏与不足，重新辑录汇编历朝史籍而成的编年体通史，记述了日本从神武天皇至后阳成天皇共108位天皇的政绩及日本两千年的兴衰史，侧重对天皇政治提出要求，并对天皇失政予以批判，叙事简约精炼又不失立场和主见。

〔三〕越后：日本古代的令制国之一，属北海道，亦称越州，辖境相当于除佐渡岛以外的今新潟县。

〔四〕芝标：书信中尊称对方的容颜，也作芝仪、芝颜。

〔五〕郇厨：亦作郇公厨、郇国厨。事见《新唐书·韦陟传》，韦陟袭封郇国公，"性侈纵……穷治馔羞"，其厨中多美味佳肴，后因以"郇公厨"称膳食精美的人家。

〔六〕芹敬：犹芹献，典出《列子·杨朱》："昔人有美戎菽、甘枲茎芹萍子者，对乡豪称之。乡豪取而尝之，蜇于口，惨于腹。众哂而怨之，其人大惭。"后因以芹献为礼品菲薄的谦词。《西游记》第二七回："如不弃嫌，愿表芹献。"

〔七〕不戬：不尽。与本册八月十六日条中的"不一"用意同，谓纸短情长、言不尽意。

〔八〕枉顾：屈尊看望，谓别人来访的敬辞。唐·王昌龄《灞上闲居》："轩冕无枉顾，清川照我门。"

〔九〕虞：忧虑，忧患。《国语·晋语四》："卫文公有邢狄之虞，不能礼焉。"

〔一〇〕简亵：怠慢不恭；轻慢。《警世通言·俞伯牙摔琴谢知音》："命童子点茶，茶罢，又命童子取酒共酌。伯牙道：'借此攀话，休嫌简亵。'"

〔一一〕荷：承受，承蒙，特指承受恩德。《左传·昭公三年》："伯石之汏也，一为礼于晋，犹荷其禄，况以礼终始乎！"

〔一二〕栉比：像梳齿那样密地排列。语出《诗经·周颂·良耜》："其崇如墉，其比如栉。"元稹《连昌宫词》："荆榛栉比塞池塘，狐兔骄痴缘树木。"

〔一三〕焰耀：亦作焰燿、照耀，为光芒所照射。汉·董仲舒《春秋繁露·身之养重于义》："圣人事明义，以焰耀其所闇，故民不陷。"

十九日（癸巳），晴

<u>同义质</u>至英国领事馆，赠土物〔一〕数种，酬昨日所赠〔二〕也。
四点钟布国领事来，约廿一日招饮。

【笺注】

〔一〕土物：某地特有的物产。宋·苏轼《东坡志林·卓契顺禅语》："苏台定惠院净人卓契顺，不远数千里，跋岭渡海，候无恙于东坡。东坡问：'将什么土物来？'"

〔二〕昨日所赠：指前一日英国领事赠送柳原等的上海租界洋行户籍及地图。

二十日（甲寅），晴

九点钟陈福勋来，曰："公等赴天津一事，昨与道台议定，已发文书报天津各大宪及江南上司，数日定应到彼。诸公即束装[一]至津可也。下官将以廿三日饯诸贤，幸枉驾。"众称谢许之。

【笺注】

〔一〕束装：收拾行装。南朝梁·慧皎《高僧传·义解·释慧持》："本欲栖病峨崛之岫，观化流沙之表，不能负其发足之怀，便束装首路。"

廿一日（乙卯），晴

一点钟后有大马路业医陈姓者来访，请看骨董[一]，乃往。无佳品铭心者，唯有匾额一面，以白玉、珊瑚、金银、宝石妆成"玉堂富贵"，其雕琢之巧实所罕遇。

七点钟如约至布国领事安纳克之馆，飨接极渥，尽欢而归。

陈福勋以廿三日适当忌辰，更订廿二日为宴饯。其书云：

> 启者：昨候台端，快领雅教，并荷隆情下待，挚谊孔殷，曷胜感佩。嗣订廿三日备酌相迎，藉聆①霏屑[二]，复承金诺惠临，快慰夙似。回廓[三]后即拟洗爵矣，忽记是日系是忌辰，例不宴客，只得改为廿二日，晚七点钟洁治杯茗敬候玉趾[四]，并望联襼而来以慰跂仰[五]，幸甚幸甚。此布，即颂日祺。

本使等复书曰：

> 承订月之二十二日晚七点钟盛筵饯行，前光等敢不如期趋席拜谢。肃此奉复。

蔡祐良请归长崎，许之。祐良周旋使事有劳，赏以金若干。

【校记】

①聆，写本原作"聇"，旁注"聆カマヽ"。

【笺注】

〔一〕骨董：珍贵罕见的古器物，古玩。宋·韩驹《送海常化士》："莫言衲子篮无底，盛取江南骨董归。"

〔二〕霏屑：指滔滔不绝的谈吐，语本《晋书·胡毋辅之传》。明·陈沐《〈对床夜语〉识》："缅想金玉良友，清宵霏屑。"

〔三〕廨：官署，旧时官吏的办公处所。《论衡·感虚》："犹地有邮亭，为长吏廨也。"

〔四〕玉趾：对人脚步的敬称。《左传·僖公二十六年》："寡君闻君亲举玉趾，将辱于敝邑，使下臣犒执事。"

〔五〕跂仰：钦仰，想慕。明·汤显祖《答沈幼宰书》："公有良史才，大对维期，便当荷逮木天，用尉跂仰。"

二十二日（丙辰），晴

七点钟予同七人至陈福勋，敬礼优渥，席面山海咸备，其如松江之鲈〔一〕、吕宋〔二〕官燕〔三〕尤为珍羞〔四〕，用意之深可知矣。乃赠以《皇朝史略》〔五〕《庆应新选诗钞》《本朝官位引表》、东京彩画等。

既撤宴，前光等曰："我邦商民现在上海羁留者已数十人，想必逐渐加多。下官等一旦进京，无复人管理之，恐事属涣漫，欲权留品川忠道、神代延长等暂令管理。"

福勋曰："善。请具其由，弟当代递道署，定议奉复。"

时将及十点钟，辞回寓。

【笺注】

〔一〕松江鲈鱼：亦省称松江鲈、松鲈，肉嫩而鲜美，为鱼中一绝，名扬天下已有近2000年历史。《后汉书·方术传下·左慈》："操从容顾众宾客曰：'今日高会，珍羞略备，所少吴松江鲈鱼耳。'"《晋书·张翰传》载"莼鲈之思"典故。

〔二〕吕宋：古国名，即今菲律宾群岛中的吕宋岛。宋元以来中国商船常到此贸易，明代称吕宋。过去华侨去菲律宾者多在吕宋登陆，故以吕宋为菲律宾之通称。《明史·外国传四·吕宋》："吕宋居南海中，去漳州甚近。洪武五年正月遣使偕琐里诸国来贡。"

〔三〕官燕：上等的燕窝。

〔四〕珍羞：亦作珍馐，珍美的肴馔。汉·张衡《南都赋》："珍羞琅玕，充溢圆方。"

〔五〕《皇朝史略》：曾编辑出版《大日本史》的江户时代儒学者青山延于（1776—1843）仿照中国元代曾先之《十八史略》，于1823年（文政六年）编成的编年体史书。以天皇为主线，记录了从神武天皇到后阳成天皇的日本历史。

二十三日(丁巳)，晴

修书道台，告留品川忠道、神代延长之状。其书曰：

> 大日本外务省出使柳原前光等陈，为本国人民来沪羁住，必须委员以便管束事。兹前光等因奉国命，赍书赴京，道经宪治，幸托邻近之谊，晋谒德范，渥蒙开导，已将下官辈远来之意邮报贵各大宪，俾可自觅轮便前至天津，毫无阻碍。仰见贵台以何所不容为怀，感谢何极。
>
> 窃照我国士民之在上邦习艺贸贩者已不下数十名，至其生理，虽遵贵前台应公咨覆所云，凭借船牌报验纳税，可遵成轨，无事更张之意，甚恐若辈逐日加多，则难保无奸究之徒于阑以入〔一〕。今当乘便北上，正拟扳①谒〔二〕贵国各大宪院，恳请矩〔三〕画，权立通信通商之大体，使我士民之出于此途者咸皆遵守，故不得不防其渐〔四〕于今日也。前光等议，暂令通商权大佑品川忠道、长崎县权少属纪延长留在贵地约束我国士民，一照应公所示，咸使循规踏矩〔五〕，以保其业。兹所恳者，嗣后忠道、延长等凡有要事禀到贵台，烦为查照，随宜施行，倘遇伊等有事回国，应派别员替代。则前光等即日北上亦可绰然〔六〕无忧，曷胜加额〔七〕。伏冀霁鉴，即赐示覆，特此谨言。

使神代延长赍至陈氏馆，讫②致道署。又柬谢昨日招饮，曰：

> 昨宵蒙赐盛筵，况山珍海羞，种种沥自芳情，感铭五内，莫可言宣，容日均叩贵府鸣谢。兹送上昨夜所恳代呈道台大人之书一封，内具留品川及神代在此地约束本民一事，仰望即日递呈，能得明日午后准付示覆为感。特此布恳，顺颂日祺，不一。

【校记】

① 扳，写本作"板"，误。

② 讫，疑当作"乞"，表请求意。

【笺注】

〔一〕于阑以入：犹阑入，妄入，未得许可擅自进入。《汉书·成帝纪》："阑入尚方掖门。"注曰："无符籍妄入宫曰阑。"

〔二〕扳谒：扳，同攀。清·朱彝尊《经义考·赤雅·自序》："予以文士，获罪邑侯，曳裾四姓，攀谒诸司，隆礼嘉贶，非谊所安。"

〔三〕矩：本义为矩尺，画直角或方形的工具，引申为规则、法度。战国楚·屈原《离骚》："求矩矱之所同"。战国楚·宋玉《九辩》："何时俗之工巧兮，灭规矩而改凿。"

〔四〕渐：指事物的开端。《宋书·吴喜传》："且欲防微杜渐，忧在未萌。"

〔五〕循规踏距：亦作践规踏矩，意同循规蹈矩，谓遵守礼法，不逾越法度。清·曾国藩《送唐先生南归序》："若金、许、薛、胡、陆稼书、张念芝之俦，伦乎其德则暗然，讽乎其言则犁然而当理，考乎其从游之徒，则践规踏矩，仪型乡国。"

〔六〕绰然：有余裕。《孟子·公孙丑下》："我无官守，我无言责也，则吾进退，岂不绰绰然有余裕哉？"

〔七〕加额：双手放置额前，祷祝或表示敬意。《醒世恒言·独孤生归途闹梦》："白氏问了详细，知得丈夫中了头名状元，以手加额，对天拜谢。"

二十四日（戊午），晴

蔡祐良以明日归国，告别于陈福勋①。福勋曰："曩诸公所托文件已达道台，其留品川一事，深为允当。嗣后凡有要事，若小事下官即办，至大事则与道台共办可耳。今要道台作书回复，此事非禀上司各宪不可。与其候咨取决，不若不②弃文书，两下心照公办为便捷也。既而将原文仍发回弟手，即烦足下奉还柳原诸公。"祐良持文归告，余因召忠道，述以前事，命留上海。

此日作书赠本省卿、辅。其略云：

前光谨白：皇国士民来住沪者渐多，至三十余名，不置主宰，恐生纷扰。前光等已以此意告其道台涂宗瀛，宗瀛亦以为然。故使品川忠道、神代延长等权行管束。然此二人皆系奉大藏省命来者，不便久假〔一〕，愿本省于判任内急撰〔二〕二三人充之。

【校记】

①勋，写本原作"勛"，旁注"勲カマヽ"。
②"不"疑为衍字。

【笺注】

〔一〕假：借。《左传·僖公五年》："晋侯复假道于虞以伐虢。"
〔二〕撰：同选。《周礼·夏官·大司马》："群吏撰车徒，读书契。"唐·贾公彦疏："择取其善者。"

二十五日（己未），晴

　　上海之事粗毕，永宁、信敦至花旗旗昌洋行[一]问轮船便，账房人云，有火轮船（名"满洲"），廿七日夜间贮汽，廿八日晓赴达天津。

　　午后同诸员往美、布、法、英、荷等国领事馆告别，且需致天津在留领事之荐书（"荐"与"薦"同）。使永宁往陈氏馆告别，回路访钱艇夫。艇夫，永宁旧知，先是托其致信天津大户以借寓，欲质[二]其发书与否。会不在家，留书而归。

　　此日信敦访侯平齐笔话。

　　信敦曰："行期顿迫，将以明后天下船赴燕京，故特来奉别。"

　　平齐曰："阁下行期何以如此急迫？嘱书尚未告竣，奈何？"

　　信敦曰："所赐尊写，弟归寓拜阅之。"

　　平齐曰："字迹恶劣，恐携至贵邦贻笑不浅。"

　　信敦曰："闻天津有通商大臣镇此，若果然，弟等淹留天津议事亦未可知也。"

　　平齐曰："兄用道台文书乎？抑至通商大臣处面见乎？"

　　信敦曰："前日道台作书驰报北京及天津，故弟等进京无所妨。"

　　平齐曰："谅必道台直达北京，不禀总督、抚台乎？"

　　信敦曰："弟等既以呈总衙书示道台，道台是以报北京。且此行在到京议通信通商，故道台不必禀总督、抚台耳。"

　　平齐曰："何为'通信'？莫非两国往来文书否？"

　　信敦曰："弟等所带文书系本邦大臣呈贵邦大臣，并使弟等细议事也。"

　　平齐曰："正一位在何处？"

　　信敦曰："以正一位为赠位，故生时无升此位者。"

　　平齐曰："贵国将军何品？"

　　信敦曰："君未闻敝邦政治一新，旧将军已废止，不用之。"

　　平齐曰："今以天子为尊，然否？"

　　信敦曰："旧将军时，百司职名皆从俗称，此番皆已改正。"

　　平齐曰："去岁闻得贵国有干戈之事[三]，谅必废将军而起。"

　　信敦曰："然。本朝政在将家者六百余年[四]，三年前始复古[五]，数十万兵卒，昼夜若矢石[六]间，至客年[七]春干戈始罢。"

　　平齐曰："平秀吉[八]有后裔否？"

　　信敦曰："无。"

平齐曰："贵国有徐村,系于徐福〔九〕后裔,然否?"
信敦曰："闻纪伊〔一〇〕州有徐福祠,未闻有徐村也。"
谈毕归寓。

【笺注】

〔一〕旗昌洋行(Russell & Co.),美国公司。旗昌洋行于1862年(同治元年)设立上海最早的轮船公司旗昌轮船公司(Shanghai Steam Navigation Co.)。

〔二〕质:询问,就正。汉·扬雄《太玄·数》:"爰质所疑。"

〔三〕干戈之事:指1868年日本明治天皇新政府和江户幕府之间的戊辰之役。详见本册八月五日条笺注。

〔四〕六百余年:指自1192年镰仓幕府成立至1867年德川幕府还政于天皇,历经镰仓幕府、室町幕府、德川幕府三个历史时期,日本封建武士通过幕府实行政治统治。幕府本指将领的军帐,后演变成为权力一度凌驾于天皇之上的中央政府机构。

〔五〕复古:即王政复古,指日本幕府后期天皇从幕府手中重新夺取政权,倒幕派取得胜利,政权交归天皇,并建立起以明治天皇为首的新政府。

〔六〕矢石:箭和垒石,古时守城的武器,也用以指代战争。矢石[之]间,比喻战场。南朝宋·范晔《后汉书·光武帝纪》:"天下士大夫捐亲戚,弃土壤,从大王于矢石之间者,其计固望其攀龙鳞,附凤翼,以成其所志耳。"

〔七〕客年:意同去年。

〔八〕平秀吉,即丰臣秀吉(1537—1598),原名木下滕吉郎、羽柴秀吉,日本战国时代著名政治家,战国三杰之一,继室町时代之后首次以"天下人"称号统一日本。丰臣秀吉建立了新的封建体制,确定了士农工商的身份;奖励新兴工商业,扶植城市发展;实行兵农分离,使武士集中居住在城市;保护佛教寺院,压制天主教的传布。其政策促进了日本由封建社会(中世)向幕藩体制(近代)转化。丰臣秀吉为满足向亚洲大陆扩张的野心,1592—1598年期间两度挑起入侵朝鲜半岛的"文禄—庆长之役"(中国称入朝援战为"万历朝鲜之征",朝鲜称秀吉来犯为"壬辰倭乱"),均被明朝与朝鲜联军打败。

〔九〕徐福,字君房,出生于战国时期的齐国,为秦朝著名方士、道家名人,曾担任秦始皇的御医。司马迁《史记》中载有秦始皇时期徐福率领三千童男女自山东沿海东渡的传说(事见《秦始皇本纪》《淮南衡山列传》)。传说遍及韩国南部与日本。

〔一〇〕纪伊:日本旧国名之一,辖今和歌山县全境及三重县南部。

二十六日(庚申),晴

钱艇夫柬于永宁曰:

昨夕回家接诵手书，领悉明日即欲北上。弟因公碌碌，未尽地主之谊，拟于今晚六点钟特备小酌，恭请足下，并邀同熊（延长）、蔡（祐良）二通家、[尾]里①梅亭（政道）先生顾寓面叙，勿却为幸。所有天津信当面奉也。此请。

是夜永宁、忠道等赴宴，主人备款曲〔一〕。食未竟，出其子陪座，自入内作信，乃与天津友人刘树滋书也。收之，谢归。

夜政道偶画菊一枝，信敦读之，曰：

一枝秋色正傲霜，托得清容在上洋。
手植读书窗外菊，故园今日为谁香。

前光次其韵曰：

窗前黄菊正凌霜，万里身来在上洋。
何必家园满篱色，风情自足一枝香。

永宁作《春申浦月明之图》，余赞〔二〕之曰：

垂杨垂柳影苍苍，申浦桥边月似霜。
一叶渔舟回棹去，金波深处向何方。

【校记】

① "里"前写本脱一"尾"字，梅亭为尾里政道的号。

【笺注】

〔一〕款曲：殷勤应酬。《后汉书·光武帝纪下》："文叔少时谨信，与人不款曲，唯直柔耳。"

〔二〕赞：解释；阐明。三国魏·曹植《王仲宣诔》："强记洽闻，幽赞微言。"

二十七日（辛酉），晴

英国领事及陈福勋来，皆送别也。陈题诗于扇以赠。

九点钟海防官〔一〕郭阶〔二〕来，与信敦笔话。

信敦曰："鹤驾翔下，不堪恐惶之至。"

郭阶曰："连日俗冗羁身，今日得至高斋一申谢悃〔三〕，迟延之咎尚希原恕。"

信敦曰:"不敢不敢。请问京内有尊友否?"

郭阶曰:"能文者大都出京,其余无足访也。"

信敦曰:"弟等不谙北京地理,阁下若有尊友在京,则愿领一二荐书,因尊介,达名士,伏乞垂怜。"

郭阶曰:"翰林院毕(名保厘,号东屏)〔四〕,阁下可访伊问一切也。"

信敦曰:"愿欲得尊书,以使入京,敢请如何?"

郭阶曰:"谨作书转达,晚间送上。"

信敦曰:"不堪欣抃〔五〕之至。"

谈了,余同诸员出见,各叙姓名、位阶,且曰:"闻阁下雄名久,今得拜芝颜,既慰渴望。敢问尊官几品?"

郭阶曰:"久仰高才,幸亲芝标,何慰如之。阶系补用道候补知府,借署松海防同知,本班正四品,署缺,即五品也。"

信敦曰:"敢问尊号及乡①贯。"

郭阶曰:"字子贞,一字慕徐,湖北黄州府蕲水县人也。"

又曰:"久溷高斋,不安之至,且诸君行色匆匆,不便久坐,谨拜别。"

二点钟同诸员到"满洲"轮船视房间。复上岸,入小东门,诣城隍庙,转入公所游览。公所者,系城中大户醵〔六〕金所造也。楼阁台池接于庙后,一则以庄严庙地,一则为会议也。池上叠石为山,高四五丈,可登观。出小地门,经大马路回寓。

夜九点钟分袂〔七〕,忠道、延长等送至船。

【校记】

①乡,写本初作"卿"字,旁注"鄉カマヽ"。

【笺注】

〔一〕海防官:万历朝《上海县志》卷五载,明嘉靖三十五年(1556年)松江府在上海县城设立海防厅,翌年在上海县署西侧建海防同知厅署。崇祯朝《松江府志》卷二一载,另有一处防卫厅设于金山卫(今上海市金山区金卫镇),置废时间未详。在上海设置海防厅方面,清沿明制并有所发展。

〔二〕郭阶,字子贞,一字慕徐,清代学者、经学家,湖北黄州府蕲水县(今湖北省黄冈市浠水县)人,官至江苏候补道。著有《春晖杂稿十一种》,包括对《周易》《大学》《中庸》等的考释、集选诗、自撰诗稿等。

〔三〕谢悃:感谢的诚意。宋·胡仔《苕溪渔隐丛话前集·晏元献》:"欧乃作启叙生平出处,以致谢悃。"

〔四〕毕保厘，号东屏，湖北黄州府蕲水县人，1860年（咸丰十年）恩科进士，翰林出身，官至侍郎，有文名，能篆、隶、楷、行各体，著有《〈楷法溯源〉序》等。

〔五〕欣抃：欢欣鼓舞。《金史·礼志十》："凡在照临，不胜欣抃。"

〔六〕醵：聚敛，集资。《旧五代史·晋书·郑阮传》："有属邑令，因科醵拒命，密以束素募人阴求其过，后竟停其职，人甚非之。"

〔七〕分袂：离别。晋·干宝《秦女卖枕记》："〔秦女〕取金枕一枚，与〔孙道〕度为信，乃分袂泣别。"

二十八日（壬戌），晴

晓五点钟起锚发春申浦，日出过宝山县，近十点钟已离吴淞矣。有诗云：

两岸垂杨罩晓烟，千条万缕拂江边。
倚倚似表离愁意，远送清阴到客船。（前光）
船过苍洋齐鲁间，吟情清适客心闲。
柁楼[一]西顾云争起，不识何边是泰山。（信敦）

午后罗经指北，飞驶而前，四顾茫茫，无山无岛。
此日风浪较大，船摆头晕，几至有绝食者。

【笺注】

〔一〕柁楼：船上操舵之室，亦指后舱室，因高起如楼，故称。

二十九日（癸亥），晴

船摇动特甚。推窗望之，渺然缥碧，所谓黄海是也。

《使清日记(中)》校记与笺注

台本出处	采集人名	采集年月	校正	誊写人名	备考
伯爵柳原义光	池边编修官	大正十一年四月	田中保之	舞田敦	

(临时帝室编修局)

九月朔(甲子),晴

初见齐东海岛,前光有诗云:

秋风起碇春申浦,船指三齐迅似奔。
一翻鹏飞云万叠,数博鼋跃浪千痕。
鲁生狂简〔一〕犹谁在,田氏悲歌〔二〕不复存。
往事茫茫无所问,月轮依旧照乾坤。

九点钟左望海岛。十一点钟过一海岬而西,又见岛屿。午后进抵烟台,一名芝罘,属登州府福山县。舟人云,上海至此英程七百余里〔三〕,当我二百八十六里〔四〕余。港内洋船约有六十只,民船大小二百余只。

前光等同登岸游玩租界。领事公馆及商行店铺共有一百余家,然大半尚斥地〔五〕鸠工〔六〕。闻自开港至今已十余载,而洋商结构不甚昌旺,比之我神户港,伯仲之间,而买卖不大云。转至市街,唯南北门一条粗成集,而沿岸一带有衙署、货栈①,背街一带俱小民家。其市店污秽恶臭更甚于上海城矣。有天后庙,亦演戏。其婊子有广妓,间有油梳艳妆者,意非土物也。

市北郊筑堞垣数里,门上题曰"云锦门",中有卫兵五百人,云登州府所拨。沿垣行,登小丘,当西起一书堂,门旁高台一座,上题"讲书堂",下题"耶苏教"。由堂右侧取路再登,小赤松树迤逦夹径。山顶有道士观,门对烟台诸山,窗含海上诸岛。眺其野,地颇沃腴。方今八九月之交,乃见肥菜,果实则有雪梨、苹果、紫葡、胡桃、熟栗、灰柿,皆佳。俗野朴勤农,所在获粟,使驴辗磨。归路见雪梨在篮,颗颗嫩黄,连篮买之,重卅四斤,直一吊②钱(犹我邦云一贯文也)。舟中各拔小刀割食之,味甚美。

【校记】

①栈,原缺,朱笔补。
②吊,写本作"绑"。

【笺注】

〔一〕鲁生狂简:本自《论语·公冶长》:"吾党之小子狂简,斐然成章,不知所以裁之。"朱熹集注:"狂简,志大而略于事也。"即志向高远而处事疏阔。

〔二〕田氏悲歌:指田横和五百义士慷慨赴死之事。田横为秦末起义首领,在刘邦统一天下后不肯称臣,率五百门客逃往海岛,刘邦派人招抚,田横被迫乘船赴洛,在距洛阳三十里地的偃师首阳山自杀。海岛五百部属闻田横死,亦全部自杀。《史记·田儋列传》谓:

"田横之高节,宾客慕义而从横死,岂非至贤!余因而列焉。"

〔三〕英程七百余里:英里是一种使用于英国、其前殖民地和英联邦国家的非正式标准化长度单位。1英里等于1609.344米。

〔四〕根据流传至今的日本土地丈量法"尺贯法",旧时日本长度单位1里为36町,约等于3927米。

〔五〕斥地:开拓土地。《汉书·韦玄成传》:"四垂无事,斥地远境,起十余郡。"

〔六〕鸠工:聚集工匠。唐·黄滔《泉州开元寺佛殿碑记》:"乃割俸三千缗,鸠工度木。"

二日（乙丑）,晴①

十一点钟解缆发烟台,向西北走,风雨,不见山。永宁独在舵楼上,坐滂沱飒飘〔一〕之中,观岛屿隐见之状。五点钟风雨始歇,斜日射船左,诸山改观。

此舟管账陈仪亭者,见前光等往天津,为作书,托于旗昌行中崔子亨照应。其书曰:

> 敬启者:今有东洋大官员主仆十三位,由申江坐搭"满洲"本船至津,暂住三五日之久,然后进京。因他初到,地道不晓,故此委弟奉上手书一函,拜上阁下访一官寓,以应他暂住几日可也。他亦有与树滋仁弟书一封,到时祈为指点友人交与树滋仁弟,必知其详也。此官员交友宽洪雅量,弟见他在船礼义相周,人品善极,略此言之耳也。专此,并请财安。

> 但住官寓规矩,每日每人该米饭房租多少,祈为指明于他是也,免为津人之强求就是。诸事拜托,容当面谢面谢。

【校记】

①按日记正文所记,当日天气状况应为雨转晴。

【笺注】

〔一〕飒飘:大风貌。唐·杜甫《赠崔十三评事公辅》:"飒飘寒山桂,低徊风雨枝。"

三日（丙寅）,晴朗

仍向西北行,右边又见几个岛屿,知渐近津沽也。九点钟离大沽五里,会潮落抛碇。三点钟潮至,驶入大沽口。有炮台三座,即僧格林沁〔一〕前年击破外国船处。至此河不甚阔,沿河人家概皆泥屋。民多制盐,处处堆盐沙如雪山状。青赤（青者夹河平树，赤者地面泥草）相间中，樯桅远近森立，望之茫然无际者。

从大沽达葛沽及天津之路即白河也。船从湾转，纤曲而进。时已薄暮〔二〕，钩月在天，风静江清，大小贾舶或顺水而下，或篙溯流，而我舟师吹筒防避，不暇饮食。

过葛沽，抵天津紫竹林〔三〕。是处河水益狭，仅足两洋船相让而过。船沿西岸自家埠头下锚系定，排木搭跳上陆。是以各国轮船只在西岸一带衔尾联络，其东岸止容一只大船驶过，若船过大，欲转回不能也。紫竹林者，外国人租界之地，税关、各国商馆及领事公署在焉，比之上海居留地〔四〕不过五分之一。

【笺注】

〔一〕僧格林沁（1811—1865），博尔济吉特氏，蒙古科尔沁旗人，晚清著名爱国将领。咸丰、同治年间，僧格林沁参与对太平天国、英法联军、捻军等战争，军功卓著，1865年在与捻军作战时战死，被清廷视为长城、"国之柱石"。

〔二〕薄暮：傍晚，太阳快落山的时候。屈原《天问》："薄暮雷电，归何忧？厥严不奉，帝何求？"

〔三〕紫竹林：天津老地名，近代有紫竹林租界、紫竹林码头、紫竹林教堂、紫竹林兵营等名号。第二次鸦片战争后，中英、中法相继签订《北京条约》，天津被迫开为通商口岸。英、法、美三国首先将位于天津城东南的紫竹林村沿海河一带划为租界，俗称紫竹林租界。

〔四〕居留地：日本历史名词，相当于中国的租界。日本与欧美诸国缔结通商条约后，首先在长崎、横滨两地辟出居留地，以后逐渐扩展到神户、大阪、东京等地。1899年取消。

四日（丁卯），晴朗

秋炎特甚，如我邦仲秋气候。平明推窗望东岸，民屋皆以泥涂之，一如昨日大沽所见，唯公署、庙观及富户以瓦盖之。闻此地不出竹木，所用诸材皆输自闽、广及朝鲜云。

八点钟永宁登岸，携陈仪亭及钱艇夫荐书至旗昌行访崔子亨。子亨出见，刘森（森，字越石，号树滋，浙①江人，三品衔）亦在，乃出艇夫书付之。读毕云："艇夫，仆之乡亲，今有荐书，敢不尽力。惟贵使之来，不知欲寻何等大屋？"永宁曰："仆等虽奉使而来，不过留滞阅月〔一〕，何必用大厦为？但有几间房子，容得主仆十数人足矣。"刘森乃引永宁遍院检视，永宁择定两室。乃回,接前光等同就宿焉。

门前河水三歧[二],一溯京城,一通直隶,一注海口,故名曰三岔河。门外粉壁,大书"轮船公司"。岔北岸头有法国天主堂,即今兹五月乱民所焚毁[三]。往探之,堂宅俱烬,独留砖壳而已。

【校记】

①浙,写本作"淅",误。

【笺注】

〔一〕阅月:经一月。《新唐书·李景俭传》:"及延英奉辞,景俭自陈见抑远,穆宗怜之,追诏为仓部员外郎,不遣。阅月,拜谏议大夫。"

〔二〕歧:岔路;分支。《列子·说符》:"大道以多歧亡羊,学者以多方丧生。"

〔三〕乱民所焚毁:指天津教案。

五日(戊辰),晴朗

前光与义质乘轿至美、英、布等领事馆,递上海各领事荐书。归路过"满洲"船,赏劳有差[一]。

九点钟刘森报三口通商大臣成林[二](三口,乃天津、牛庄、芝罘也)遣僚属连兴来寓请见。会前光、义质不在,永宁出接。连兴曰:"通商大臣闻各位到此地,命某来候。"永宁谢劳,略叙来由。及前光、义质归,作书与名单付刘森送连兴,转致通商大臣(连兴,号达斋,京旗蒙古人,七品官也)。

其书曰:

大日本外务省出使柳原前光等奉使上到贵国,道经上海,谒见道宪涂公,陈述来意,便问进京之路。旋闻涂公已将前光等来由据情详致天津各大宪处等云。乃于八月廿七日附坐美国轮船开行,于昨初三日夜间抵津,即投旗昌洋行下宿。所有同来官员及仆从人数合应通报,并求晋谒贵宪大人面禀一切。伏冀即为指示日期,以便趋造。肃兹报明,右报大清三口通商大臣大宪衙门,明治三年庚午九月初五日。

闻"满洲"船将以明日回申,乃修书报本省以到津。又作一书与陈福勋,书曰:

握别登舟,继于本月初一午时安抵烟台。翌午开轮,初三日夜十点钟入津系岸,前光等乃投旗昌洋行下宿安顿矣。即有通商大臣衙中委员连兴大人来寓相会,随与面商欲于日内诣见成大人事宜,乃蒙照应裹办,如见亲人。此皆出自老先生阁下宛转于道宪大人前,飞书天津早为申陈瞭达之所致。感激之私只有铭诸五内[三]耳。至于正事,容俟会过各大宪办妥一切另当具报。刻[四]闻"满洲"明晓欲回,不遑细述,草具数行奉闻。临楮[五]曷胜神驰,率勒[六]不庄,即请宝藁陈老大人秋祺。

此日布国领事致书,请明日六点钟邀前光、义质晚酌。
此日信敦有诗:

秋风吹起思乡情,烛暗衾寒梦数惊。
萝月[七]才窥窗户处,三叉渡口杜鹃啼。

【笺注】

〔一〕有差:不一,有区别。《后汉书·张敏传》:"今托义者得减,妄杀者有差,使执宪之吏得设巧诈。"

〔二〕成林(?—1879),字竹坪,号茂轩,满洲镶白旗人,同治中兴的七大重臣之一。1855年(咸丰五年)举人,1860由奕訢调办抚局,随后留为总理衙门总办章京,1869年擢升总理衙门大臣。历任光禄寺卿、大理寺卿、总理衙门大臣、署理三口通商大臣、工部侍郎、吏部侍郎、广西巡抚、刑部右侍郎等职。

〔三〕五内:五脏,指内心。汉·蔡琰《悲愤诗》:"见此崩五内,恍惚生狂痴。"

〔四〕刻:今,现在。《官场现形记》第四回:"刻接制宪电称,所事尚未出奏。"

〔五〕楮:纸,多指信笺。明·陈衍《与邓彰甫书》:"临楮干冒,惶仄不既。"

〔六〕率:轻率、草率。率勒为草草收束此信的意思。

〔七〕萝月:藤萝间的明月。南朝宋·鲍照、王延秀等《月下登楼连句》:"鬋鬓萝月光,缤纷篁雾阴。"

六日(己巳),晴

午前刘森持通商大臣照覆文来。其文曰:

钦命二品顶戴大理寺[一]卿、稽查左翼觉罗学[二]事务大臣、总理各国事务大臣、三口通商大臣、兼管天津等关成,为照复事:同治九年九月初五日接到贵出使等文,开于八月二十七日附坐美国轮船开行,于昨初五日夜间抵津,即投旗昌洋行下宿,所有同来官员及仆从人数合应通报,并求晋谒,即为指示日期,以便趋造等因[三]。本大臣于日前接到上海涂道来禀,知贵出使等于日内即可由沪来津。兹于昨日得悉贵出使等已抵津门,在旗昌洋行居住,当派委员连大老爷前往该行,会晤贵出使等,面致一切,并知有与本大臣晤面之意,本大臣甚为喜悦,现定于九月初七日十二点钟时在署拱候〔四〕,即请贵出使等届时惠临可也。须至照覆者。

黄昏前光同义质到布国领事馆欢饮,十点钟回寓。

信敦谒文庙,在东门内大街二里,制不甚大,侧有学寮〔五〕,刘生出接。

信敦曰:"学内有生徒〔六〕几许?"

曰:"三百余人。贵邦凡有官阶者,想皆读书名儒,不知因何取士?敝①邦以文章取士二百余年〔七〕,不知贵邦亦取八股文字否?或另有所取乎?乞示知。"

曰:"敝邦制度久为封建,至二三年前政治一新,如郡县制。故取士之法不同贵邦,与周末列国时略相似。"

【校记】

①敝,写本作"弊"。本日条末句中的"敝"亦同此。

【笺注】

〔一〕大理寺:官署名,掌刑狱案件审理,相当于现代的最高法院。长官为大理寺卿,位九卿之列。秦汉为廷尉,北齐为大理寺,历代因之,明、清时与刑部、都察院并称三法司,清末新政后改称大理院。

〔二〕觉罗学:清代专门教授皇族内觉罗子弟(清显祖塔克世的旁系亲属子孙)的官办学堂。创立于1729年(雍正七年),属宗人府管辖。觉罗学学生从八岁以上、三十岁以下的觉罗子弟中挑补,并定有额数。1902年宗室、觉罗、八旗等官学改并为中、小学堂。

〔三〕等因:旧时公文用语,常用于叙述上级官署的令文结束时。

〔四〕拱候:拱手等候,表示恭敬。《西游记》第五一回:"请大圣早去早来,我等只在此拱候。"

〔五〕学寮:当指府学,即学、庙合一的府级官办教育机构,既是学校也是祭祀孔子的地方。《使清日记(中册)》九月十四日条有"名仓信敦往观府学,文庙荒圮"的记载;《使清日记(下册)》十月十五日条有"无锡县学生员王缄来话"的记载。

〔六〕生徒:学生,门徒。《后汉书·寇恂传》:"恂素好学,乃修乡校,教生徒。"

〔七〕"以文章取士二百余年",仅指清代以来的科举取士。

七日（庚午），晴

早起有一武官带兵卒四员来，云："仆等天津府兵，本知府马绳武〔一〕奉曾〔二〕、李〔三〕两中堂及通商大臣之命，特遣仆等守护各大老爷公馆，凡公私出入皆卫送之。"言毕，俱在门口看守。其刺云："五品衔蓝翎芦团哨官、军功候补千总黄得中。"

十一点钟半仪服乘轿出门，黄得中骑马相从，兵丁前走喝道。沿河西行数十弓〔四〕，有大杉板船数只，连以铁环，横截河流，上布板块以作桥梁。过河北行数十弓，至通商衙门。直入辕门，通刺开门。至仪门下轿，门内连兴候迎，引入正厅就席。成林乃出相见，各一揖，叙座毕。

前光曰："谨贺贵国皇帝安泰。"

成林曰："谨贺贵国天皇平安。"

前光曰："本使等始至贵国，境内静谧，今日得见阁下，幸甚。"

成林曰："贵使之来也，海上定安澜〔五〕。"

前光曰："万里航海，众皆无恙。"

成林曰："日前接得上海涂道之书，早知贵使赍带信翰来津。昨闻贵使已至，即遣僚属候安，又派武弁〔六〕备于贵馆矣。"

前光曰："多谢阁下盛款恳笃。"

成林曰："闻贵使即欲赍书进京，然乎？"

前光曰："然。"

乃出信翰及委办缴单而示之。

又曰："本翰抄底及委单翻文已呈上海道矣，谅亦经览。"

成林命僚属取涂道禀函，再看一过。

成林曰："是也。总理外国事务衙门乃在京师，系恭亲王专办。本大臣管三口通商，亦得总理各国事务。然此信函不能收拆，必须递送王大臣者。"

前光曰："敝邦与贵国音信久绝，本使等此行欲寻旧盟，且议通信通商事宜。望贵大臣照料，俾本使等进京谒恭亲王，则感无涯矣。"

成林曰："想贵国缘与敝邦音信久绝，而今西洋诸国相与通商，故亦欲与我议立条约，以修邻交之礼耶？"

前光曰："诚然。愿速赴北京谒恭亲王，面陈交际事宜了使命。以遇阁下总理各国事务，见王大臣后，诸事与阁下相商量。"

成林曰："从前外国官员初到敝邦，则应在津与通商大臣先行酌议，是系成案。今贵使等到此，所有公事亦须与本大臣先议，而后禀请王大臣。

然闻贵使远来，专欲进京，已将涂道来禀咨请总署，而回答未到也。若王大臣委本大臣先议一切事宜，即将信函交付本大臣递送总署可也。"

前光曰："本国外务卿大臣修书，使赍呈贵国总理各国事务衙门，则本使等自要进京面交，不然难以回国复命。"

成林曰："本大臣系总理王大臣派委在津，为三口通商大臣，办理各国事务。今贵使等若要进京，请俟本大臣先通报总署，得其可否，以决进止〔七〕。"

前光曰："贵大臣所教极是。惟闻贵地九月杪〔八〕即降雪，至冬河冰凝合，舟楫不通，正欲速了使事回国耳，敢问几日而可得王大臣回音？"

成林曰："往返只得五日。"

曰："诺。"

谈毕，成林飨茶菓酒馔。

前光等谓成林曰："弟等六月以来，天津新报日日到我敝邦东京，闻曾、李两中堂大名既熟，而今幸奉使入贵地，愿赖阁下得谒为幸，请阁下言此意。"

成林曰："诺。"

过一点钟回寓。

四点钟前光同义质、永宁骑驴入城，逍遥街衢。府兵前导，观者如堵。

六点钟成林使人来云："明初八日九点钟请到曾中堂，十点钟到李中堂。八点钟二刻应差军官迎各大人。"

【笺注】

〔一〕马绳武（1822—1887），字松圃、筱圃，安徽怀宁人，1844年（道光二十四年）进士，任翰林院庶吉士、编修、侍读等，后署理天津知府，入曾国藩幕府，赴天津办理通商事务。1884年升内阁学士，1887年任江西放赈钦差大臣，加户部侍郎衔。后病殁于钦差大臣任上。

〔二〕曾：指曾国藩（1811—1872），初名子城，字伯涵，号涤生，湖南湘乡人，晚清"中兴第一名臣"，湘军的创立者和统帅。官至两江总督、直隶总督、武英殿大学士，封一等毅勇侯，谥号"文正"，后世称曾文正。

〔三〕李：指李鸿章（1823—1901），本名章桐，字渐甫、子黻，号少荃（泉），安徽合肥人，晚清名臣，淮军和北洋水师的创始人和统帅，洋务运动的主要领导人之一，晚清中兴四大名臣之一，世人多称李中堂。死后追赠太傅，晋封一等肃毅侯，谥号"文忠"，著作收于《李文忠公全集》。

〔四〕弓：旧时丈量地亩用的器具和计量单位。一弓约等于1.65米。

〔五〕安澜：水波平静，比喻太平。《文选·王褒〈四子讲德论〉》："天下安澜，比屋可封。"

〔六〕武弁：武官。唐·储光羲《同诸公送李云南伐蛮》："剑关掉鞅归，武弁朝建章。"

〔七〕进止：进退，去留。三国魏·曹植《洛神赋》："进止难期，若往若还。"

〔八〕杪：指年月或四季的末尾。《礼记·王制》："冢宰制国用，必于岁之杪。"

八日（辛未），晴

九点钟乘轿入城见曾国藩。及仪门，知府马绳武出迎，引至客厅。国藩出在厅前，迎揖就坐，共问起居，飨以茶酒，肴核〔一〕甚饶（国藩，号涤生，湖南湘乡县人。现任太子太保、武英殿大学士、兵部尚书兼都察①院右都御史、总督两江等处、提督军务粮饷、操江统辖南河、督理两淮盐漕军务、加三级一等毅勇侯）。为人温霭寡言，年逾六十，声如洪钟，尝讨长毛贼〔二〕有功，累迁至此。语次问战功之状，微笑述一两言而止。求其挥毫，欣然许之。

十点钟后辞去，见李鸿章（鸿章，号少荃，安徽合淝县人，岁四十八，长七尺，须眉明秀，眼光射人。现任太子太保、协办大学士、兵部尚书兼都察院左都御史、总督直隶等处、管河务、提督军务粮饷紫荆密云等关隘、管巡抚事、加三级一等肃毅伯）。门口题曰"问津行馆"，凡外省官员过天津者，皆宿于此云。及二门口下轿，门内绳武已在，引接前行。鸿章立厅前，揖入中厅，飨酒肴。鸿章亦与曾国藩同讨贼有功。或云，曾，公忠为国，宗室亲王皆敬畏之；李，英迈能断，西人亦称其能。

归路过马绳武谢劳，十二点钟归寓。

【校记】

①察，写本作"寮"，误。

【笺注】

〔一〕肴核：也作殽核，通称谷类以外的肉类蔬果等食品。晋·左思《蜀都赋》："金罍中坐，肴核四陈。"

〔二〕长毛贼：对太平天国军的蔑称。因太平军反抗清政府剃发留辫的规定而一律蓄发，故称。《官场现形记》第二八回："所以从前打'长毛'、打'捻子'，屡次打赢，就是这个缘故。"

九日（壬申），晴

乘轿入城，访天津道丁寿昌[一]及知县萧世本[二]。十二点钟回寓。永宁闻明日旗昌行有轮船往上海，乃作书谢钱艇夫。略曰：

> 迳启者：弟托福庇，于本月初三日夜间平安抵津。次早即将阁下所赐书信赍至旗昌洋行，恰值刘树滋翁在行接①览。当蒙慨诺，乃命行友及仆厮人等就行中打扫数楹房间，至如床铺、椅桌、器皿、饮食，一切无不亲自派拨周致，方雇一顶轿子舁弟送回本船。即请柳大人以下官员及从仆等共十三名箱笼移坐两只剥船[三]，往树滋翁行中安歇。又拨两个小厮房中服役。凡买应用物事，雇倩[四]轿马人船，必唤刘翁身边张厮办理。其该银钱俱由本柜账房开发登记，以便一照行规，不许津人贪图新客之钱。初五日早间，三口通商大臣已知日本使臣到津，特差委员连兴老爷来寓问候。因而照会该大臣订期会晤。初六日有该大臣照复云，于初七日十二点钟拱候惠临等因。如期会晤已毕。初八日九点钟谒曾中堂，十点钟谒李中堂，十二点钟谒马府台。今日十点钟谒丁道台，十二点钟谒萧知县。明日二点钟成大人欲来敝寓拜望。而成大人已为弟等即欲进京一事禀恭亲王去讫，现在候其回信间耳。窃思其所以然者，皆出自阁下一封书中，感激之私莫可言宣，当俟成功回申日，一行官员叩府拜谢可也。今乘轮便，草此布闻。诸冀丙谅，并请秋安。

此日重阳，寓中开筵，限韵作诗：

> 故园今日菊花香，遥想双亲天一方。
> 自讶平生在行旅，三年三处遇重阳。（前光）
> 满篱黄菊散清香，身似浮云不定方。
> 娘在西京爷旭水，三人三处送重阳。（义质）
> 海外秋风爱晚香，几回重九客殊方。
> 缅思今日故园菊，徒向书窗熏夕阳。（信敦）
> 秋风万里酒杯香，住在三岔河一方。
> 半白[五]半游天外去，异乡亦是遇重阳。（同上）
> 菊花天气晚来香，怅望伊人水一方。
> 海国征帆将去也，与君客里话重阳。（邱濬恪[六]，清人）
> 园中晚菊尚余香，风景从来异远方。
> 为问使君乡国里，也应把酒话重阳。（刘作模，同上）

数丛秋菊手培栽，宦②海几惊重九来。
故园今日书窗下，黄黄又对白衣开。（永宁）

政道描菊，上题诗曰：

燕地儌[七]居刘氏家，三千余里故山赊。
不须重九登高会，却写一瓶黄菊花。（政道）

又同题《美人插菊图》，步政道韵：

秋风吹入美人家，黄菊篱边酒可赊。
千思万情君识否，含娇却插一枝花。（前光）
秋光深入伐冰家[八]，却慕淡妆酒数赊。
不似沈香亭[九]北趣，云鬟遍插傲霜花。（永宁）
九秋佳节在刘家，分韵品茶废酒赊。
时认纱窗美人影，圣知[一〇]墙下摘黄花。（政道）

此日信敦访王印川，席上赋诗相酬：

间住津门近二年，与君萍水得周旋[一一]。
书生不识朝堂事，风月清谈语夙缘。（王印川）
间过秋风五十年，岂图今日蒙周旋。
虽然会面难豫约[一二]，数字笔谈亦好缘。（信敦）
辜负韶华卅六年，相逢到处有周旋。
知君不是寻常辈，他日长安话旧缘。（王印川）
一日不看情若年，先生门外水回旋。
燕京归路如相访，话尽西窗多少缘。（信敦）
此邦辉映已多年，航海重来未锦旋[一三]。
今日鲰生[一四]真有幸，相逢万里总前缘。（王印川）
酒边相对兴如年，不耐夕阳车盖旋。
多谢高堂重九会，结成观菊好因缘[一五]。（信敦）

信敦归寓，以诗似[一六]前光等，又次其韵：

三叉河上度华年，何日功成衣锦旋。
诗客满堂朱与紫[一七]，菊花香里话前缘。（前光）
剋苦[一八]匆匆四十年，功成何日事便旋。

满腔精血宣清国，好对先人了世缘。（永宁）
世业象胥二百年，先生今日恰锦旋。
邻交从是又稠密，结了祖先未了缘。（义质）

此日米国领事来访，语次及清国通信通商之事，大善之。

【校记】

①接，写本作"桉"，误。
②宦，写本作"官"，误。

【笺注】

〔一〕丁寿昌（1826—1880），字乐山，安徽合肥人，由淮军将领渐次擢升为地方大员。1869年天津教案发生后署天津道，不久实授。后总理天津营务，兼充海防翼长。1878年署津海关道，擢按察使，署布政使，以勤慎著称。

〔二〕萧世本（？—1874），字廉甫，四川富顺人。1863年（同治二年）进士，先在籍治团练有声，曾国藩莅直隶后辟为幕僚。1869年署天津县，不久实授，任内捕诛大盗，肃清海道，籍赈兴工，倡修运河堤以免水患。后署天津、正定两府。

〔三〕剥船：即驳船，运输货物的小船。《喻世明言·新桥市韩五卖春情》："走进看时，只见屋后河边泊着两只剥船，船上许多箱笼、桌、凳、家伙，四五个人尽搬入空屋里来。"

〔四〕雇倩：付酬请人用车船等为自己服务。《醒世恒言·刘小官雌雄兄弟》："此驴畜养已久，老汉又无远行，少有用处，你就乘他去罢，省得路上雇倩。"

〔五〕半白：谓须发斑白。唐·曹松《拜访陆处士》："万卷书边人半白，再来惟恐降玄纁。"

〔六〕邱濬恪，时任天津府学教官，光绪年间曾任宁津县知县，纂有《诸城金石续考》《增修诸城县续志》等。

〔七〕僦：音[jiù]，租赁、雇；也用作名词，指租金、赁金。战国·商鞅《商君书》："令送粮无取僦。"

〔八〕伐冰家：伐冰，凿取冰块。本自《礼记·大学》："伐冰之家，不畜牛羊。"郑玄注："卿大夫以上丧祭用冰。"后用"伐冰之家"称达官贵族，亦省作"伐冰"。

〔九〕沈香亭：亦作沉香亭，唐时宫中亭名。唐·李白《清平调》其三："解释春风无限恨，沈香亭北倚阑干。"

〔一〇〕圣知：犹圣智，谓聪明睿智，无所不通；也指具有非凡道德智慧的人。《荀子·宥坐》："聪明圣知，守之以愚。"

〔一一〕周旋：引申为交往，交际应酬。汉·曹操《与荀彧追伤郭嘉书》："郭奉孝年不满四十，相与周旋十一年，险阻艰难，皆共罹之。"

〔一二〕豫约：犹预约，谓事先约定。清·佚名《帝城花样·韵香传》："嵩祝部一时声誉顿起，座中客常满，有隔日豫约不得入坐者。"

〔一三〕锦旋：也作锦还，犹言衣锦荣归。《幼学琼林·人事》："贺人荣归，谓之锦旋。"

〔一四〕鲰生：见识鄙陋的人，也用作文士自谦之词。《史记·项羽本纪》："鲰生说我曰：'距关，毋内诸侯，秦地可尽王也。'"

〔一五〕因缘：机会，缘分。《史记·田叔列传》："〔任安〕少孤贫困，为人将车之长安，留，求事为小吏，未有因缘也。"

〔一六〕似：与，给。唐·贾岛《剑客》："今日把似君，谁为不平事。"宋·晏几道《长相思》："欲把相思说似谁，浅情人不知。"《使清日记（下册）》十月二十九日条中"前光有诗似丽正"，闰十月八日条"忠道似以曩日涂宗瀛所送书柬"，用法皆同此。

〔一七〕朱与紫：红色和紫色，古代显贵者的服色（朱衣紫绶），比喻高官；也用以比喻作品的文采。《文选·张衡〈西京赋〉》："木衣绨锦，土被朱紫。"

〔一八〕剋苦：同克苦、刻苦，下苦功夫钻研。《旧唐书·儒学传下·韦表微》："表微少时，克苦自立。"

十日（癸酉），晴

第①二点钟，成林来寓答拜。四点钟，丁寿昌、萧世本亦来拜。寿昌赠一律，其诗云：

　　海风吹客到天涯，异地班荆〔一〕兴转赊。
　　上国衣冠还太古，使臣半度自高华。
　　题笺索我三升墨，投笔输君万里槎〔二〕。
　　此日复逢萧颖士〔三〕，应知屈宋有官衙〔四〕。

【校记】

① "第"为衍字。

【笺注】

〔一〕班荆：班，布置。荆，楚地出产的木材。形容朋友在途中相遇时并坐谈心。本自"班荆道故"，也作班荆道旧、班荆椒举、椒举班荆，典出《左传·襄公二十六年》："伍举奔郑，将遂奔晋。声子将如晋，遇之于郑郊，班荆相与食，而言复故。"

〔二〕槎：木筏。晋·张华《博物志》："年年八月，有浮槎去来不失期。"

〔三〕萧颖士（717—768），字茂挺，号文元先生，颖州汝阴（今安徽阜阳市）人，唐朝文学家。高才博学，工于书法，诗多清凄之言。乐闻人善，常推引后进，名重当时，人称萧夫子。日本使者来朝，曾表示要请他为师。

〔四〕应知屈宋有官衔：以屈原、宋玉作自己的衙官，为矜夸文才出众之语。《旧唐书·文苑传上·杜审言》："〔杜审言〕又尝谓人曰：'吾之文章，合得屈宋作衙官；吾之书迹，合得王羲之北面。'其矜诞如此。"后亦用以称美别人的文才。

十一日（甲戌），晴

二点钟马绳武来谢，曾国藩、李鸿章因绳武送名帖致谢。是日成林为日本使员[扎]令①刘森干事，其札曰：

> 为札委事：照得本大臣办理中外交涉事件，必须熟悉之员以资差遣。查该员在津多年，于中外交涉事件自必熟悉。现在日本官员来津，需员照料，合亟札委，札到该员立来辕听候本大臣差遣，以便照料日本国官员，毋负委任，切切特札。右札仰候选同知刘丞，准此。

此夜成林接总理衙门咨文，即送照会及总署来函抄稿来，曰：

> 为照会事：九月初七日接见贵出使等来署，晤面时据云意欲赴京，业经本大臣面告，各国官员初次到津，欲请议约通商事宜，应在津与通商大臣先行酌议。因贵出使等欲往北京亲递信函，是以本大臣不能不代贵出使等欲往京都之意函达总理衙门，请示遵办。嗣于本月十一日接准总理衙门来函，并初九日先接到总理衙门来函，相应一并抄录，为此照会贵出使等，希即查阅可也。须至照会者。

照录总理各国事务衙门来函：

> 竹坪阁下：本月初五日接准来函，内称据江苏涂道（宗瀛）禀称，日本翻译官持长崎来书，系报权大丞柳原前光等奉委前来预商通信事宜，业于八月十七日到沪，尚有应议之事，必须亲自赴京[始]能②回国销委，并抄录日本国函稿、该道禀稿咨送前来。本衙门查阅日本函稿，内叙明此次委员前来商议通信事宜，以为他日定条约之地。似乎此来意在专议通商，而于立约一层，仅于此次陈述其意。然换约事宜，必须派有钦差，方能与中国大臣面议，若仅止委官前来，尚不能遽行议约，此系历届办法。如果专议通商，亦应先由尊处晤面商议，毋庸遽给护照进京，方与

成案相符，缘总署王大臣断难与该委员接见也。倘有应议之件，亦应由阁下代为转达，在津听候回信，切勿遽令来京，致与从前办理泰西各国在津议约成案不符。是为至要，专此布复，顺候勋祺。恭亲王、宝鋆〔一〕、董恂〔二〕、沈桂芬〔三〕、毛昶熙〔四〕、崇纶〔五〕同启。

照录总理各国事务衙门来函：

竹坪阁下：前布一函，谅已递到。本月初九日复接来函，知日本委员柳原前光等已于初七日午刻到贵署会晤阁下，并面陈奉总理外务省大臣之谕，由沪上而至津郡，拟赴都门，欲见本王大臣亲递信件以通和谊，始能回国销差等语。查日本与中国相距一海，人皆朴实，俗尚儒雅，素称礼义之邦。此次柳原等五员随带仆从数人航海来津，历经风涛之险，跋涉重洋之路，原系预前商议通信事宜，以为他日酌定条约地步。本衙门前次覆案内业将与历次在津办过成案不符碍难情形据实详叙，兹不复述。谅阁下在本衙门办理各国交涉事件历有年所〔六〕，亦深悉柳原等未便遽行进京，且与向章不符。而今阁下不能不泐〔七〕函代请者，自必以柳原等此次初到中国，似阁下故为阻止，有意薄待渠等耳。殊不知决非阁下有意薄待，尤非本王大臣不肯轻见，实与历届成案不符，诸多碍难。若柳原等不以阁下相告之言为凭，倘遽然来京，本王大臣决不能相见有违体制，彼时勿谓本王大臣有意轻视也。仍祈阁下再为详细切实相告，万勿往返徒劳，有需时日。现届九秋〔八〕既杪，风霜严肃，转瞬冰凝河冻，舟行不易，所有预前应议各事宜即与阁下速为商定妥慎，以便柳原等及早扬帆南下，旋国销差，庶免久留异地，以敦和谊也。专此飞布，即颂勋祉。恭亲王、宝鋆、董恂、沈桂芬、毛昶熙、崇纶仝启。

前光等收阅，乃复书成林曰：

为照覆事：兹于九月十一日接到贵大臣照会，为本出使等意欲进京一事，文内粘抄总理衙门来函计二纸，业已收阅详悉。特此具收照，须至照覆者。

【校记】

①"令"前疑脱一"扎"字。

②结合下面一封总理衙门来函，"能"前疑脱一"始"字。

【笺注】

〔一〕宝鋆(1807—1891)，字佩蘅，索绰洛氏，满洲镶白旗人。1838年(道光十八年)进士，授礼部主事。咸丰时任内阁学士、礼部右侍郎、总管内务府大臣。同治时任军机处行走，并任总理各国事务大臣、体仁阁大学士。与恭亲王奕䜣、文祥等自同治初年当枢务，为洋务运动时期清廷的主要领导者之一，共同造就同治中兴。光绪年间晋为武英殿大学士。

〔二〕董恂(1807—1892)，原名醇，后避同治帝讳改恂，字忱甫，号醒卿，江苏甘泉(今扬州)人，1840年(道光二十年)进士，先后事道光、咸丰、同治、光绪四朝，官至户部尚书。曾任职总理各国事务衙门，奉派为全权大臣与比利时、英、俄、美等国签订通商条约，为维护国家利益据理力争，不辱使命。

〔三〕沈桂芬(1818—1880)，字经笙，又字小山，顺天宛平(今北京市)人，晚清洋务运动时期朝廷主要领导者之一。1847年(道光二十七年)进士，1857年任内阁学士兼礼部侍郎。1863年署山西巡抚。1867年任军机大臣兼总理各国事务衙门大臣，1870年迁兵部尚书，1872年加太子少保。

〔四〕毛昶熙(1817—1882)，字旭初，河南武陟人。1845年(道光二十五年)进士，1860年以左副都御使衔在籍办团练围攻捻军。1861年任内阁学士。1862年随僧格林沁在鲁、豫、鄂、皖等地镇压捻军，授礼部侍郎。后调吏部、户部，授左都御史。1869年兼署工部尚书，在总理各国事务衙门上行走。1872年改任吏部尚书。1874年兼翰林院掌院学士。1882年任兵部尚书。

〔五〕崇纶(1792—1875)，即许崇纶，1819年(嘉庆二十四年)中试武举，历任翻译笔帖式、江南织造、两淮盐运使。1854年授内阁学士，兼礼部侍郎。1856年任工部左侍郎。1861年任帮办总理各国事务衙门大臣，署镶黄旗满洲副都统。后历任吏部左侍郎、礼部左侍郎、右翼前锋统领、武英殿印钥、户部左侍郎、理藩院尚书、工部尚书、吏部尚书等职。1875年追授太子少保衔。

〔六〕历有年所：亦作多历年所、多历年稔，谓已有多年。《尚书·君奭》："率惟兹有陈，保乂有殷，故殷礼陟配天，多历年所。"

〔七〕泐：音[lè]，书写，旧时对平辈或晚辈写信时常用。

〔八〕九秋：指秋季九十日，特指九月深秋。《文选·张衡〈南都赋〉》："结九秋之增伤，怨西荆之折盘。"

十二日(乙亥)，晴

前光等议，入京一事自有成例，竟难强请，遂决意加封信翰，托成林转递恭亲王。乃作照会，将信翰付与刘森，持至通商大臣衙门，代托成林。其文曰：

为照覆事：九月十一日接到贵大臣文，开于九月初七日本使臣等诣贵大臣署晤面时所云，欲往北京亲递信函之意，已承贵大臣代本使臣等函达总理衙门请示遵办，嗣于本月十一日并初九日先后两次接准总理衙门来函，一并抄录照会本出使等，可即查阅等因。本使臣等皆接阅之下深悉前事，与历次在津办过成案不符，诸多碍难。本使臣等相应据贵大臣相告之言为凭，今将所赍国书交至贵大臣处，希为转递总理衙门，领其回信发付本使臣等可也。须至照覆者。

此日曾国藩使人赠所书楹联五副，丁寿昌亦赠《渊海子平》〔一〕《诹吉宝镜》〔二〕各五部，众分受之。

【笺注】

〔一〕《渊海子平》：命理学著作，宋代徐大升根据当时著名的命理学家徐子平的批命方法记录而成。书中第一次比较完整和系统地论述了"四柱算命法"。

〔二〕《诹吉宝镜》：清代俞荣宽编《诹吉便览宝镜图》之略称。该书1863年（同治二年）写本载聊邑梁学礼立轩氏序，谓："夫《宝镜图》一书，系诸葛武侯所著。昔在蜀中，与吴、魏交兵出战，每安营寨，屡获全胜，皆称神奇，乃此书之力也。嗣后传黄严老人，行之于世。"当为后世假托。

十三日（丙子），晴

此日起条约稿。

十四日（丁丑），晴

　　名仓信敦往观府学，文庙荒圮〔一〕，学中寥寥，生员亦不多。有教官邱濬恪者，忧文学不振，冰檗〔二〕自矢〔三〕，颇有慷慨之色云。

【笺注】

〔一〕圮：毁；塌坏；坍塌。《书·序》："祖乙圮于耿。"传曰："河水所毁曰圮。"

〔二〕冰檗：也作冰蘗，喻处境寒苦艰辛，多形容妇女的苦节。檗，即黄檗、黄柏，性寒味苦。唐·白居易《三年为刺史》："三年为刺史，饮冰复食檗。"

〔三〕自矢：犹自誓，立志不移。明·袁宏道《舒大家志石铭》："族长者以其秩李恐不当霜雪，家以死自矢。"

十五日（戊寅），晴①

【校记】

①写本此日有目无文。

十六日（己卯），晴

花房义质访美国领事，领事云："清国乱民焚毁天主堂一事，李鸿章等与外国官吏议，斩首事民十五人，谪廿二人，又约定重修天主堂，出偿金若干，略至平决[一]。"

此日条约稿成，副以照会，交付刘森，递与成林查阅一过，并言俟其校阅毕，前光等自来酌议。其照会曰：

> 为照会事：于九月十一日接准贵大臣照录总理衙门来函二纸，内称九秋既杪，风霜严肃，转瞬河冻，舟行不易，所有预前应议各事宜，即与贵大臣速为商定妥慎等因。本出使等据此谆谕笃切，一面即日将外务省卿、大辅文件封交贵大臣，烦递总理王大臣，代领回信；一面将应议各事宜起稿，缮成一册，即欲面呈酌议，惟恐其稿潦草未妥，相应先将拟稿呈览。即希贵大臣细加校阅，注脚示下，方叩贵署面商酌定，以便本出使等及早南下，旋国销差可也。须至照会者。

条约拟稿以未妥议，今除之。

【笺注】

〔一〕平决：判断处理。《汉书·王莽传上》："平决朝事，常以皇帝之诏称制，以奉顺皇天之心。"

十七日（庚申），晴朗

马绳武作书信，递送李鸿章所赠朱子《纲目》〔一〕一部、楹联五副。其文曰：

> 敬启者：日前文旌远贲，得聆雅言，并读诗章，殊深欣幸，足见贵邦文风骎骎〔二〕日上，洵属有志之士也。今奉李爵相送来朱紫阳〔三〕《纲目》一部，嘱转达阁下，以为考究古今，博览典故，于此书大足为芸窗〔四〕诵读之一助耳。并对联五副一并奉上，祈查收是荷。专此布达，即颂吟佳，统①惟荃照，不一。

成林收信函及条约拟稿,乃复书曰:

为照覆事:本年九月十二日准贵出使等照会,以贵出使等查阅总理衙门两次来函,深悉与历次办过成案不符,即以本大臣相告之言为凭,将国书交本大臣,转递总理衙门,领其回信,送交贵出使等等因。准此,本大臣当将送到国书备文咨送总理衙门查照,除俟回信到日再行照送外,相应照覆。为此照会贵出使等,希即查照可也。须至照会者。

为照会事:本年九月十六日接准贵出使等文,开现将应议各事宜拟稿送阅,希即细加注明,以便来署面商,俟酌定后贵出使等可以及早南旋等因。准此,本大臣现将送到所拟应议各事宜稿详加查核,除俟校阅完竣别行知照贵出使等再为商酌外,拟合照覆。为此照会贵出使等,希即查照可也。须至照会者。

【校记】

① "统"字末笔缺笔。

【笺注】

〔一〕朱子《纲目》:即《资治通鉴纲目》,朱熹生前未定稿,其门人赵诗源续编完成的59卷史学巨著。该书创造了一种新的史书体裁"纲目体",其实是简化的编年体体例。朱熹修订了司马光的正统史观,加入浓厚的道德信念和解释,严分闰之际,明辨伦理纲常,并注意褒贬春秋笔法。因并没有做原始材料的收集和裁定,其史料价值并不是很高。

〔二〕骎骎:本义为马跑得快,形容事物日趋进步强大。《诗经·小雅·四牡》:"驾彼四骆,载骤骎骎。"

〔三〕朱紫阳,即朱熹(1130—1200),字元晦,又字仲晦,号晦庵,晚称晦翁,谥文,称朱文公,祖籍徽州婺源(今江西婺源),出生于南剑州尤溪(今福建尤溪),因讲学于武夷山紫阳书院,世称紫阳先生或朱紫阳,南宋著名理学家、思想家、哲学家、教育家、诗人,闽学派代表人物,博学多识,著述丰富,现存著作25种,600余卷,为儒学集大成者,后世尊称为朱子,与二程(程颐、程颢)合称"程朱学派"。朱熹的理学思想作为元、明、清三朝的官方哲学对思想文化影响很大,其《四书章句集注》为元、明、清三朝钦定教科书和科举考试标准。

〔四〕芸窗:书斋。唐·萧项《赠翁承赞漆林书堂诗》:"却对芸窗勤苦处,举头全是锦为衣。"

十八日（辛巳），晴朗

终日无事，逍遥津城内外市街。

十九日（壬午），晴朗

此日亦无事。午后观剧，有《龙虎斗》《巧姻缘》《绵山》《泗州城》等戏。

廿日（癸未），晴朗

午后逍遥街市。

廿一日（甲申），晴朗

早起望三岔河许多官船，皆插黄旗与赤帜，上书"爵阁部堂"等字，意曾国藩进京[一]之船。问之，果然。乃投名刺，订期送行。曾回言曰："明后廿三日启行，请明日十点钟枉驾。"

午后前光与义质、永宁命舟北溯二里许，登岸有大悲院，为天津一大香火场云。后园见一老猪，闻经八十八岁，盖乾隆已来所生，胸、腹皮肤垂及地，步走若不胜者，类人耄耋[二]。还至杨柳小桥边，呼舟坐归寓。

此夜成林柬于前光等，递送总理衙门复我外务卿及大辅之函，并抄录原稿来。其文曰：

> 为照送事：案查本年九月十二日准贵出使等将国书交本大臣，转递总理衙门，候其回信，送交贵出使等因。当经本大臣将送到国书备文咨送总理衙门，并照覆贵出使等查照在案。兹于九月二十一日接准总理衙门来函，拟合将原函备文照送，为此照会贵出使等，希查收可也。须至照会者。

总理衙门复函抄底曰：

> 为照会事：同治九年九月十四日由三口通商大臣转递到贵国从四位外务权大丞柳原前光等带来信函，备陈商议通信事宜，意欲与中国通商修交际之礼，为他日定条约之地。查同治元年，据上海道禀，称贵国头目助七郎等八人，带领商人十三名，携有海菜等物，来上海贸易。迨[三]三年四月贵国官锡次郎等复携带货物数种，在上海贸易而回。足征中国与贵国久通和好，交际往来已非一日。缘贵系邻近之邦，自必愈加亲厚。贵

国既常来上海通商，嗣后仍即照前办理，彼此相信，似不必更立条约，古所谓"大信不约"〔四〕也。惟于贵国货物到上海时，先行通知上海道验货纳税，两无欺蒙，自可行诸久远，似较之泰西立约各国尤为简便。此乃中国与贵国格外和好亲睦之意，谅贵国必洞悉此情。须至照会者。

前光等读毕，惘然自失，终夜不能眠。因思不与成林面议，我等来意终难贯彻，乃令刘森问成林明日几点钟在衙。适连兴来在行中，森引之来曰："老爷自与他说，俟明朝订他时刻回报可也。"连兴曰："适闻公等见恭亲王回信，以其与公等来意不合，定要再议。弟想通商大臣亦明知公等不依，但王大臣却以为格外和好之意，因此乃照送耳。公等明日面议时刻，今夜回衙入白通商大臣，明朝回报。"言毕别去。

【笺注】

〔一〕1870年两江总督马新贻被刺杀，朝廷命曾国藩再任两江总督，前往南京审理该案。曾国藩此番进京面见皇帝后即赴南京任。

〔二〕耄耋：耄，年纪约八九十岁；耋，年纪为七八十岁；耄耋，指年纪很大的人。汉·曹操《对酒歌》："耄耋皆得以寿终，恩泽广及草木昆虫。"

〔三〕迨：等到。晋·陆云《牛责季友》："迨良期于风柔，竞悲飙于叶落。"

〔四〕大信不约：真正讲信用，不在于立誓订约。《礼记·学记》："大德不官，大道不器，大信不约，大时不齐。察于此四者，可以有志于本矣。"

廿二日（乙酉），晴朗

今上天皇圣诞天长节〔一〕，遥拜奉寿。

成林令人来言："今日与曾中堂别，故不得闲，须于午后四点钟候驾。"

十点钟前光与义质、永宁、政道至曾国藩门前，车马纷纷，皆送其行也。乃立轿门外通刺，须臾有人来接。下轿进内，国藩阶迎，揖入客厅，叙礼坐定，酒果如式。

乃陈曰："本使等前日获晋谒，今闻荣旌〔二〕北上，不任瞻依〔三〕。昨着人请趋府拜别，幸得今日再谒威范，荣幸极。"

曰："老夫明日启行，诸位特赐劳驾，足感厚情。"

曰："昨夜接到通商大臣送来总理王大臣回函文稿，再诵之下，与本使等奉差来意大相差错。故大疑王大臣之意，仅以卖海菜者藉为交际之本，不立条约谓是格外和好。我外务卿大臣出本使等盖在预议条款，为后派钦差换约之地步。仍将原封奉还，老中堂意为如何？"

国藩曰："贵使等意极有道理，但据老夫见，此王大臣所发之信，今不好还他，只收在尊处，求他别换一封可也。"

曰："多谢指教，本使等领老中堂命了。再求老中堂，明日进京见王大臣，幸为解说，必得别换一封，使本使等得以回国复命，当不忘鸿恩矣。"

曰："晓得晓得，老夫见王大臣，力言可也。"

曰："适见尊客车马盈门，想老中堂应接不暇，本使等不敢多坐，即此奉别。伏愿老中堂为国家保重。"

曰："多谢多谢。"

回路欲转到李府，闻鸿章轿马亦在曾府，遂归寓。又使人往李府，请订时刻，李未回府。久之，李差人来言："闻诸位大人订以四点钟见通商大臣，请事毕到敝衙可也。"

四点钟坐轿往通商衙门，连兴、钱遹、刘森立在院门内迎接，成林阶迎，入厅坐定。前光等曰："初十日特蒙大人文驾光临，多承教谕。本使等前所奉托之信翰，即蒙贵大臣转递总署，而王大臣乃赐回信，又烦大人照送前来，节节大费清心，不胜感激。昨夜展读函稿，细思其意，虽出自王大臣格外亲谊，大与本卿大臣所望龃龉〔四〕。王大臣或小视敝邦而不肯换约乎？本使等实为骇异。以此复叩贵衙，求大人再请王大臣别换一封回信，使本使得以奉归复命。"

成林乃展开恭亲王回函抄稿，辩之曰："贵使等切勿以王大臣之言为不合也，彼非小视贵国而不肯换约，彼已相信贵国，故云'系邻近之邦，自必愈加亲厚'。又说'大信不约'，是引古语以明不必换约之意也，然则又何必学他西洋各国区区换约？贵使等须是看取王大臣所言'与贵国格外和好亲睦'等语，便可知其好意。且本月十一日接到总署来函，内所称柳原等所有预前应议事宜，即与阁下速为商定妥慎之意，并非令本大臣与贵使商议条约之义也。"

前光等曰："本使等读王大臣回信，其好意之处已自了悉矣。然我外务卿大臣特派本使来者，预先商议条约事宜，作他日派钦差大臣换约之地，是为紧要旨趣〔五〕，已在卿大臣文内明白。况本使等应办事宜，卿大臣亦已载明于《委办限单》上。而今王大臣回信中云不必更立条约，故本使等实难奉回缴报，不得已而再来奉渎〔六〕，伏祈谅察。"

成林曰："贵使所言甚不能解。王大臣既以好意给发回信，以便贵使及早销差，则本大臣万难再禀也。"

前光等曰："贵大臣所谕之言,只看王大臣一面之语,不思本卿大臣一片苦心。本使等愿为贵大臣详说之。"

成林曰："请教。此乃王大臣所谓贵使等预前应议事宜,而本大臣自分商定妥慎处也。"

曰："贵大臣知我邦现在与泰西诸国换约通商乎?"

曰："不知。"

曰："十数年以来,与我换约通商者十有四矣。现有各国公使驻扎东京,又开八口马头〔七〕,各国置领事,租地设馆,管辖本国之民,令做买卖。"

曰："是何等国?"

曰："英、法、美、俄、葡、荷、瑞、澳、意、那、白、丁、伊、布〔八〕是也。"

曰："这许多国皆已换约乎?"

曰："然。但此各国不过数年以前才来通商,贵国商民在我邦者已经数百年之久,情谊最笃,只可惜没有条约。在数年前外人建议,不得与无约之国做买卖,竟把贵国商民总归外国收管,报关纳税亦由外国代办,便在贵国人货价上抽一二分,贵国商民不堪其苦。而外人说道,清国之人并无条约,亦无船只,只在洋船运货买卖,则将清国之人视为外国商民可也。是以本邦政府亦无如之何也。大人请自想,可怜不可怜!

"贵大臣还有所不知者,彼助七郎、锡次郎等载货物到上海日,见道台陈以贵国人久在我邦做买卖,则我邦人亦应准到贵国做买卖等语。道台回答说道,没有条约来做买卖,有碍别国规例,到底不准,竟托荷兰领事调停,在他管下做买卖而回去。尔后本邦商民不愿发船。今王大臣回信上,把这两名为两国交际通商之本,大人请自想,这一封信本使等好收不好收?

"还有一件,我邦商民通商西洋各国,只靠本国条约自做买卖,不曾在外国管下做。唯贵国人在我邦者,因他没有条约,不得不靠外国人做,其中苦情有不可言。我卿大臣怜他如此,曾写公信送到上海道台应宝时,云以后两国商民来贸易,由地方官专主照料,或有罪犯,各在其地照依己民处法。应宝时回信说极好,以后须如此办理等语。卿大臣即将此意告示贵国人民之在我邦者,尽归地方管辖,又布告各国领事知之,又为贵国商民另外编立籍贯,得自由报税买卖,才免他人收管。只因没有条约,尚不免洋人傍议。由是卿大臣竟奏朝廷,必要与贵国换约通商,不然不似邻邦体裁。有难之者曰:'今欲与清通信修约,不可。现在清国纲纪〔九〕解纽〔一〇〕、治道陵夷〔一〕，仓卒出使，彼若拒之，事或不济〔二〕。'卿大臣以为不然，说道：'我国与他单隔一海，原系唇齿旧交之邦，我外务省能派出使者以通消息，有何不可？'遂以上疏，即日许可，吩咐外务省可依议办理。乃遣本使等预为其地，即此卿大臣的一片苦心。

"望贵大人将他这段情理详禀王大臣，必得预商条约事宜，且改发定要换约之回信，是所切祷。本使等若是办不成功，直教前日说难之人拍手笑话，那时有何面目见卿大臣哉！故王大臣若不肯说换约两字，本使等只要死而后已。"

曰："贵使所言，彻底明白。本大臣办了几年的各国事务，却不晓得此等详细缘故，怪不得王大臣了。贵国既留心于邻交如此，吾当尽情申详，想王大臣或可别换一封回信。"

曰："仰仗贵大臣鼎力周旋。"

曰："是吾职分，不劳叮嘱。"

曰："借重借重。"

曰："岂敢岂敢。"

成林飨以酒果，日暮辞归。

路过李府，细陈前事。

鸿章曰："日间在曾府亦闻此事。吾想贵国虽换条约，能有商船来做买卖否？"

对曰："岂不闻'有土此有人，有人此有财'〔一三〕？本邦虽小，山川薮泽之利，五谷六畜①〔一四〕之产，茧丝茶叶之货，无所不有。不然泰西十有四国究竟来作何事？贵国商民在我邦营生者三百年矣，今日充满各港，查其人头，不下三千余人，若无条约相守，何以保永好乎？"

鸿章谓永宁曰："闻君郑成功之后，今为说客，将要开拓口岸耶？抑亦欲管束我民耶？"

永宁答曰："本邦人未娴开拓土地，但看他人蜂拥而来，指东点西为可畏也。"

鸿章笑而不言，久之，曰："贵国与各国果换约耶？"

曰："中堂尚疑之耶？"

曰："然。一个人须要说真话。"

曰："诺。明日带此等书本来，呈上台览。其中昔日将军换之者有之，今日朝廷换之者有之，而今唯以新换者为正，故以《澳大利条约》奉上。"

曰："大君〔一五〕之约今已废耶？"

曰："否，未及改议也。"

曰："必求一观。明日有公务出去，订于廿四日四点钟恭候各位，以聆大教。"

曰："敢不趋造。"

话毕，八点钟回寓。

【校记】

①畜，写本作"蓄"，误。

【笺注】

〔一〕天长节：本为唐玄宗的生日，"天长"取自老子的"天长地久"。《旧唐书·玄宗本纪上》载，开元十七年"八月癸亥，上以降诞日，燕百僚于花萼楼下。百僚表请以每年八月五日为'千秋节'。天宝七载秋八月己亥朔，改千秋节为'天长节'。"日本人因以称天皇寿诞。

〔二〕旌：尊称他人的行踪，如文旌、行旌。明·何景明《过书院》其一："书院新开日，文旌暂过时。"

〔三〕瞻依：瞻仰依恃，表示对尊长的敬意。语出《诗经·小雅·小弁》："维桑与梓，必恭敬止，靡瞻匪父，靡依匪母。"郑玄笺："此言人无不瞻仰其父取法则者，无不依恃其母以长大者。"

〔四〕龃龉：不相投合，抵触。唐·韩愈《答窦秀才书》："又不通时事，而与世多龃龉。"

〔五〕旨趣：也作指趣，宗旨和意义。汉·荀悦《汉纪·成帝纪二》："孔子既殁，后世诸子各著篇章，欲崇广道艺，成一家之说，旨趣不同，故分为九家。"

〔六〕渎：轻慢，不敬。《镜花缘》第一七回："婢子以此细事上渎高贤，真是贻笑大方。"

〔七〕马头，即码头。《资治通鉴·唐穆宗长庆二年》："又于黎阳筑马头，为度河之势。"胡三省注："附河岸筑土植木夹之至水次，以便兵马入船，谓之马头。"八口马头，指当时日本开港的长崎、浦贺、神奈川、箱馆、堺、新潟、下田、兵库八处通商口岸。

〔八〕近代与日本签订不平等条约的十四国指美国（1854年[嘉永七年]订约）、荷兰、俄国、英国、法国（以上四国1858年[安政五年]订约）、葡萄牙、普鲁士（以上二国1860年[万延元年]订约）、瑞士（1864年[文久三年]订约）、比利时、意大利、丹麦（以上三国1866年[庆应二年]订约）、瑞典-挪威、西班牙（以上二国1868年[明治元年]订约）、奥地利-匈牙利帝国（1869年[明治二年]订约）。

〔九〕纲纪：法度，纲常。《汉书·礼乐志》："夫立君臣，等上下，使纲纪有序，……人之所设也。"

〔一〇〕解纽：喻国家纲纪废弛。东晋·干宝《晋纪总论》："名实反错，天纲解纽。"

〔一一〕陵夷：衰颓，衰落。《史记·高祖功臣侯者年表》："始未尝不欲固其根本，而枝叶稍陵夷衰微也。"

〔一二〕不济：不成功。《左传·僖公九年》："不济，则以死继之。"

〔一三〕"有土此有人，有人此有财"，本自《礼记·大学》："君子先慎乎德。有德此有人，有人此有土，有土此有财，有财此有用。"强调德行是根本，财富是末事。

〔一四〕五谷：粮食作物的统称，一说指稻、黍、稷、麦、菽；一说指麻、黍、稷、麦、菽。六畜：马、牛、羊、鸡、犬、豕，泛指家畜。

〔一五〕大君：日本江户时代幕府将军在外交文书（国书）上使用的称号。最初在对朝鲜王朝的外交文书上使用，后来对琉球和欧洲列国的外交文书上也用。

廿三日（丙戌），晴朗

成林馈馔〔一〕问安。

上海品川忠道递送本省文牍至。

黄昏后刘森引连兴来寓，曰："昨各老爷回驾后，通商大臣听公等详细话，与兴等商议，正欲替公等力陈于王大臣。"

前光等曰："昨日特在通商大臣前所陈之意，欲具于照会文，更求通商大臣别写一分详文副之，如何？"

兴等曰："如此极好。"

乃约以一两日内送。即夜起稿。

【笺注】

〔一〕馈馔：奉献尊长饭食。《后汉书·章帝八王列传·清河孝王庆》："贵人长于人事，供奉长乐宫，身执馈馔，太后怜之。"

廿四日（丁亥），晴朗

四点钟后命驾往李鸿章邸，赠以刀及《皇舆图》《官员录》《官位引表》《澳①大利条约》〔一〕等书。

鸿章看《官员录》，戏指右大臣〔二〕三条公〔三〕曰："此位能来否？"

曰："不能。"

曰："为何？"

曰："当朝宰相。"

曰："人物如何？"

对曰："好贤下士，不愧古名相。"

鸿章曰:"吾欲办了目下公事,早晚告退而游宇内,专与各国豪杰相识谈论,顾以目下公事多端未果。"

又看到"文书司",指"文书权正",顾永宁笑曰:"吾初以君为说客,不想原来在此。"

永宁曰:"中堂何多疑?"

鸿章曰:"吾说真话耳。"

因共大笑。

黄昏回寓。

【校记】

① "澳"字写本作"添"。

【笺注】

〔一〕《澳大利条约》:指1869年10月18日以英国驻日公使巴夏礼(Harry Smith Parkes, 1865—1883年在任)为中介,日本与奥地利-匈牙利帝国签订的《友好通商航海条约》。因签订时间较其他不平等条约都晚,比以往的条约在给予外国人特权方面更完备。

〔二〕右大臣:日本律令官制名,太政官之一。苏我大臣死后,大臣之权一分为二,称左大臣、右大臣。右大臣定员一人,权责和左大臣相同,平时负责辅佐左大臣,在左大臣出缺时则负责代理其政务,位阶相当于正二位或从二位。和太政大臣、左大臣并称为三大臣、三公、三槐。

〔三〕三条公:指三条实美(1837—1891),内大臣三条实万之四子,日本幕末、明治时期的公卿、政治家。早年参加尊王攘夷运动,1867年王政复古时回京,任新政府议定,1869年起任右大臣,1871年任太政大臣,1873年参加岩仓使节团出访欧洲,1884年获封公爵,1885年底实行内阁制后转任内大臣,1889年黑田清隆内阁倒台后一度兼任内阁总理大臣(第三任)。

廿五日(戊子),晴朗

前光与义质、永宁到紫竹林,欲因美国领事见俄国全权公使〔一〕。及访之,会公使外出,不遇。

【笺注】

〔一〕俄国全权公使:指倭良嘎喱(General A. Vlangaly),1863年11月30日—1869年4月21日任俄国驻清特命全权公使。1869年4月21日—1870年10月15日叶夫根尼·卡尔洛维奇·布策(Eugene de Butzow)任俄罗斯驻清署理公使(临时代办),倭良嘎喱转任驻天津公使。1870年10月15日—1873年10月5日倭良嘎喱再任驻清特命全权公使。

廿六日（己丑），晴朗

誊写前稿送与成林，求其副文转达恭亲王。其文曰：

为照会事：本年九月廿一日蒙贵大臣送到照会，并附有贵国总理衙门王大臣回覆本国外务卿大臣及大辅函文一封，应寄回本国报缴销差等因。当因贵总理衙门函文封固，本出使等不晓底里[一]，似乎碍难回国销差，即面晤贵大臣，请示函文封内所叙何言。蒙贵大臣面示以贵总理衙门来函，内叙中国与日本比邻之邦，人民往来，久已通商，彼此相信，何必更立条约，只可照旧和好通商，古之所谓大信不约各等语，面为反复谈论。本出使等因思此次前来贵国通信，专为将来换约之地。今我国有泰西十四国皆已换约，其各国与我相距数十万里，俱有命使、港士[二]等官跋涉重洋而来，驻扎我国京师及通商口岸，保护商船，其爱人民也如此。但我与贵国虽有商贾往来，从前未曾通款换约，并无官长管束保护，是以西人前曾拥收贵国商民之在我国各口营生者归其管辖，称言附西船贸易者当以西人视之等语，而间有如束湿薪[三]之势。

且于同治元年及三年间，有我国小吏携带商人往上海贩卖，时虽经面晤该道，亦以未曾换约为辞，竟依荷兰领事绍介方能贸易而回，此亦不过以西人视之也。尔后我国商民无复入上海者。而贵国商人在我国贸易既久，遽难变局，不得不受西商拘束，是可悯也。经本外务卿大臣轸念[四]，贵国之民自从明末络绎通商，柔绥已久，不宜置之膜外。前年戊辰[五]春间，备文照会上海道应，以权宜各将来商总归该地方官约束等因。及接到准明照覆，当即知照在口西国各领事等，将贵国人贸易还我管辖，方脱樊笼。因而居以别区，编立户籍，优加保护，就中选举老实干事者命为保甲，月给俸银，使其劝良剔奸，以安其业。然终不免西人因事横议者，以未曾换约故也。

现在我国各口营生之贵国人不下三千余人，又准我国人民听其出外通商，而不有领事专管保护，正与西人实行不符，似非子爱人民之道。言论及此，即有比邻相信之名，并无行诸久远之实也。于是上疏请曰，方今文明大开，交际日盛，皇国近与泰西换约通商者已十四国之多，而与清国独不修交际礼，深以为憾。今虽内地多事，不可久旷，宜亟遣使通款，早为特派钦差换约之地。或曰，今时入清，非由西人绍介，事恐不谐。卿大臣乃与诤论，以为我国与清国唇齿邻邦，至厚友谊，何必自弃夙好，专倚外人为耶？须以一片至诚之心，修函直达彼国当涂〔六〕，谅必更加亲厚也。疏遂上，即日降旨，着外务省速行。以此特派本出使等前来。今若回报不必换约，实与本外务卿大臣一片苦心相反也。

贵大臣至明且哲，尚祈格外鼎力，再请将此苦心转达贵总理王大臣，俯允本出使等与贵大臣预议条款，以为将来换约之地步，并祈换给准以换约信函，使本出使等持回销差，则感厚谊于无既矣！如不能准，使前之论者终行其志，事关辱命，本出使等万难回国销差也。合应亟切沥情以陈，为此照会贵大臣，希即查照可也，须至照会者。明治三年九月二十六日。

此日复往紫竹林，见俄公使及领事，谈话数刻。公使云："今往北京，与前办理公使〔七〕交代〔八〕。前公使归国之后复出外，必到贵国驻京也。"

【笺注】

〔一〕底里：深藏不显见的地方。《红楼梦》第七五回："老贤甥，你不知我邢家底里。我母亲去世时，我尚小，世事不知。"

〔二〕港士：指西方各缔约国通过不平等条约形式向近代日本各通商口岸派驻的海关管理人员等。

〔三〕束湿薪：本自束湿，捆扎湿物，形容旧时官吏驭下苛酷急切。《汉书·酷吏传·宁成》："为少吏，必陵其长吏；为人上，操下急如束湿。"

〔四〕轸念：悲切思念。南朝梁·沈约《郊居赋》："思幽人而轸念，望东皋而长想。"

〔五〕戊辰：指1868年，清同治七年，日本明治元年。

〔六〕当涂：执掌大权，身居要津。《韩非子·五蠹》："行货赂而袭当涂者则求得，求得则私安。"

〔七〕前办理公使：指布策，1869年4月21日—1870年10月15日任俄国驻清署理公使（临时代办），其后俄国原驻天津公使倭良嘎哩继任驻清特命全权公使。

〔八〕交代：接替，移交。

廿七日（庚寅），晴朗

永宁以外务省送来竹溪等罪案文件翻作汉文，即廿三日所接到也。清人张恩焘〔一〕来晤，赠前光以诗曰：

慷慨披肝膈〔二〕，临风怀抱开。
动予忧世隐，知尔出群材。

忠毅平生许，艰难海上来。
济时劳厚望，惭愧尚尘埃。

【笺注】

〔一〕张恩霨：光绪朝曾任石景山同知，著有《大学阐要》《中庸阐要》《孝经阐要》《论语论略》《孟子论略》《中黄道经》《留松堂诗存》等。

〔二〕肝鬲：亦作肝膈，即肺腑，比喻恳切。汉·曹操《让县自明本志令》："孤此言皆肝鬲之要也，所以勤勤恳恳叙心腹者。"

廿八日（辛卯），晴朗

逍遥于天津城。

廿九日（壬辰），晴朗

翻译各案成，副以照会送交成林。其照会曰：

为照会事：本月二十六日接到本外务省来函，内称据神奈川县详禀，为清民竹溪等仿造官钞一案审拟斩徒，应否由该地方申刑部省请旨裁决等语，附具该犯供状、结案等件前来。但念方本出使等出在清国预议条款之际，如若立斩似伤比邻之谊，必得本出使等经申贵国政府查核①，火速寄回信函，方可裁决等因。准此，本出使等除当将本外务省来函及各等案件一并抄录照送外，相应伫望贵大臣即为查照函稿事理，随宜裁覆，以便本出使等修函火速寄回。为此照会贵大臣，希即查阅可也。须至照会者。

外务省来函翻译列左：

柳原外务权大丞、花房外务权少丞、郑文书权正阁下：本月初一日接准神奈川县详文，内称本县口岸所住清民竹溪与横滨新滨町善吉、东京芝中门前峰吉通同仿造官钞，又有清民亚福因主家出外远游，将楼厅空处借与竹溪刷造赝钞，当行审诘再三，取具供状，依拟私铸国币成案，定竹溪、善吉、峰吉等罪当斩枭示，亚福当徒三年，应否由该地方申刑部省请旨裁决等语，并抄具该犯等供状、结案禀送前来。

本卿大臣查阅前年总镇西海道在长崎日，因视清国与我从前邻交固非别外[国]之比，故为两国商民营生事宜备文照会上海道应，接到回函，内叙两间苟有逾越法度、作奸犯科，宜依犯事地方律例科罪，其本国官勿庸过问等因。准此,当即遍谕在各口之清国商民,并知照各国领事官,均已稔悉在案。而今各口清民居多,遇有此等罪犯,如不照我人民一例正法,无以警服内外人心,则杀之固宜矣。但念现在遣使通款预议换约之际,并无一言关会〔一〕立断斩决似伤比邻之谊,于心终不安也,合亟抄录该犯供状、结案等件飞函知照。函到即将其由申报清国政府查照,如无异议,立刻修函火速寄回是望。

又附送清民小窃盗案一纸,并从前禁吸鸦片一事,迩来渐致急弛,今为更张,本省所奉上谕一道,须与前案文件一并照送,以备该政府查阅可也。特此飞布,顺颂旅祺。外务卿泽〔二〕、外务大辅寺岛〔三〕同启,九月初三日泐。

【校记】

①核,写本作"覆",校以《使清日记(下)》十月朔条所载成林照复文,述及该照会内容时,写本初作"覆",旁注"マヽ覈カ",可知"覆"为误,当作"覈",即"核"的异体字。

【笺注】

〔一〕关会:行文知照。宋·叶适《淮西论铁钱五事状》:"臣寻令拆辩拣择,其字文模糊尤甚,十居二三,见已关会诸处,别议措置。"

〔二〕泽:即泽宣嘉,也称清原宣嘉。详见上册七月二十五日条笺注二。

〔三〕寺岛:即寺岛宗则,也称藤原宗则。详见上册八月十七日条笺注七。

具供状人大清国广东省香山县竹溪谨禀,为蒙审问通同摹造官钞以赝混真事:竹,年三十岁,系广东香山县积看第①二子,于前乙丑年〔一〕间随父同到贵国横滨,在外国人租地各商馆内赁佣,现在四十九号英商罗士巴彼②租地内寓居。于昨巳年〔二〕十二月间,有首饰匠峰吉、油漆匠善吉等,平昔与竹相善,偶来竹寓,谈及伊等近日穷乏难以过活等语,缘该峰吉工于雕刻,起意摹造官钞使用,乃共相谋。竹出日本金币七两,分为两次交给峰吉,用为买办器料之资,以便兴工仿造。又将正真乙两官钞乙枚、壹分官钞乙枚交付善吉,为仿刻铜版之样本。而该两人共做铜版九枚,业已造成。至于所用纸料,将情浼〔三〕托居横滨街间之甲州大野寺村房吉照式定办。即用该名办送之纸料,共印过壹两及壹分钞约计六十枚。内将壹分钞三十来枚给付房吉折作纸价,尚剩壹两钞拾枚收贮竹手,余数以其刷工不像尽行毁销。所有铜版九枚,内三枚嫌其出落不佳即行化销,其余六枚因峰吉、善吉皆言实不可用,将原铜版藏贮竹处。于同月廿九日该两名辞别回家，拟欲手自印刷使用，适有一本国人来住竹寓楼头，不便动工。至本年四月间，因闻英国命使出外游玩野州[四]、日光[五]等处不在公馆等说，自想若在个中刷并无眼目，自可尽情印造。乃于同月十五日往该公馆，与在该馆之清国人亚福者素称好友，便向此人力行求告，暂借该馆楼厅刷造赝钞，并嘱切勿说与别人知道等语。得其依允，自同月十八日起四五日间早往暮归自行刷造，其不佳者随行毁销，得其净者共乙百三十乙枚，藏在竹手，以待陆续支用。其亚福处未及酬送礼物已被拿审。更蒙严诘不止此次可曾别有此等情弊等因，竹禀除本供所招外并无别故。

兹蒙审结云：竹，尔与横滨新滨町鹤次郎租店善吉及外乙名通同私刻铜版，赝造日本楮币[六]，浼托甲州大野寺村房吉定办纸料，印过赝钞，内分给房吉折作纸价，又瞰英国公使出外，结托清民亚福，妄借该馆楼厅印造赝钞，始末情由大为不该等因，无言可辩，惶恐无地，以上情由并无虚谬，所供是实。同治九年庚午五月三十日，具供状人竹溪谨禀。

具供状人东京芝中门前长介租店峰吉，本年二十五岁，横滨新滨町鹤次郎租店善吉，本年三十四岁，谨禀，为蒙审问通同摹造官钞以赝混真事：峰于前辰年七月间来住横滨，各处赁佣、制造首饰为生。适在穷乏无以生活，于昨巳年十二月十八日，有四十九号英商罗士巴彼租地内寓居之清国人竹溪者，平昔与峰相善，包做金银器物，以此往竹溪处自定办物件。善以涂描油漆为生，亦为穷乏，索债盈座，无处躲避，于昨巳年十二月十日往竹溪处，意图托其调剂，与峰二人讨做应手生活，共相话及挣钱之事。缘峰工于雕刻，起意仿造国钞使用，遂与相谋。峰在竹手先后两次共收金币七两，买办诸料，起造印刷赝钞之器。善取竹溪所贮壹两及壹分官钞，将其面背裊裊③[七]剥来，用油粘上铜版，其文字花样处即以漆水渲定。峰看文字花样漆水粗肥版面不平之处，辄用钢锐细刀极巧整匀，然后药敷版面，俟其蛀烂，火上烤去药气，造成赝钞原版九枚。至于所用纸料，当时竹溪将情浼托租居横滨街间之甲州大野寺村房吉照式定办。即用该名办送之纸料，共印过壹两及壹分钞合计约六十枚，内竹溪将壹两钞三十来枚给付房吉折作纸价，尚剩壹两钞十枚，竹溪自行收贮，余数以其刷工不肖尽行毁销。所有铜版九枚，内三枚嫌其出落不佳即行化销，其余六枚竹溪虽称可意，峰、善等看其究难逼真，自说纵虽刷造非徒无益，若或一旦败露，所关不小，由是婉为推辞，于同十二月二十九日峰等二人谢别竹溪各自回家，以后绝不与同其事。今被拿审，更蒙严诘④非止此次可曾别有此等情弊等因，峰等共禀，除本供所招外并无别故。

兹蒙审结云：峰、善，尔等与清民竹溪通同私刻铜版，赝造皇国楮币，始末情由大为不该等因，无言可辩，惶恐无地，以上情由并无虚谬，所供是实。明治三年庚午五月三十日，具供状人峰吉、善吉同谨禀。

具供状人大清国广东省香山县亚福谨禀，为蒙审问明知私造赝钞情弊，妄开厅堂借给其人始末情由事：福系英国命使公馆所雇厮役，于本年四月十二日因本命使往野州、日光等处，留福在家。于同月十五日适有本乡好友竹溪过来探问本命使果出外否，福告以远游之故，竹幸其不在，必欲暂借本馆楼间。福问何用，竹以自己刷造赝钞切勿说与别人知道等语苦苦相告。福于朋友情面不好挥却，只得依允，即开楼厅借给暂坐。竹便取齐造赝钞之铜版及一应器具，初自同月十八日起四五日间每天价〔八〕来，手自刷造。福却不知其数多少，但将楼门上锁，并无别人进来。福亦曾相帮刷造两三枚许，却不曾讨过礼物。及本命使回馆，事致发觉，将福交出。审究始末情由，福禀除所招外并无别故。

兹蒙审结云：福称于清民竹溪及外二名私刻铜版赝造日本楮币情事本不关涉，即或竹溪苦苦相告他要刷造赝钞，因瞰英国命使不在，问借楼厅，此事切勿说与别人知道等语，如此重情本应立行劝阻，却乃依允，擅将楼厅借给，始末情由殊为不合等因，无言可辩，惶恐无地，以上情由并无虚谬，所供是实。同治九年庚午五月三十日，具供状人亚福谨禀。

【校记】

①第，写本作"弟"。
②"罗士巴彼"旁注假名"ロスパーペー"标注读音。
③袅袅，写本作"嬢嬢"。
④诘，写本原作"结"，旁注"詰カマヽ"。

【笺注】

〔一〕乙丑年：即1865年，清同治四年，日本庆应元年。
〔二〕巳年：即1869年，清同治八年，日本明治二年。
〔三〕浼：托别人帮忙的客气话。
〔四〕野州：日本地名，律令时代令制国下野国的异称，属东山道，位于今栃木县。
〔五〕日光：日本地名，位于栃木县西北部。江户时代以前作为日光山的门前町、修验道的道场而成为山岳信仰的圣地。明治时代发展成为国际观光城市，尤其欧美各国驻日本大使馆、领事馆多在日光建别庄，以至于有"夏季时外务省搬到日光"的说法。现有众多西式建筑留存。

〔六〕楮币：也称楮券，旧时纸币的别称。因楮树皮可以造纸，统称纸为楮，故有此名。《宋史·席旦传》："蜀用铁钱，以其艰于转移，故权以楮券。"

〔七〕袅袅：轻盈纤美貌。晋·左思《吴都赋》："蔼蔼翠幄，袅袅素女。"

〔八〕价：语气助词，用于句首、句中或句末。宋·柳永《凤衔杯》其二："追悔当年孤深愿，经年价两成幽怨。"

清国广东省香山县　竹溪

该犯与横滨新滨町鹤次郎租店善吉及外乙名通同私刻铜版，赝造日本楮币，浼托甲州大野寺村房吉定办纸料，印过赝钞，内分给房吉折作纸价，又瞰英国命使出外，结托清民亚福，妄借该馆楼厅印造赝钞，始末情由大为不该，着枭首〔一〕示众。

月　日

横滨新滨町鹤次郎租店　善吉
东京芝中门前长介租店　峰吉

该犯等与清民竹溪通同私刻铜版，赝造皇国楮币，始末情由大为不该，均着枭首示众。

月　日

清国广东省香山县　亚福

该犯于清民竹溪及外二名私刻铜版赝造日本楮币情事本不关涉，即或竹溪苦苦相告，他要刷造赝钞，因瞰英国命使不在，问借楼厅，此事切勿说与别人知道等语，如此重情本应立行劝阻，却乃依允，擅将楼厅借给，始末情由殊为不合，着徒〔二〕三年。

月　日

清民阿绅

该名往横滨大街第一图青菜铺伊三郎处，出钱九百文买茄子，却向伊处钱柜中偷取金钞四两三铢①〔三〕，始末情由甚为可恶，着监禁一月，觅便赶回香港，不许再来。

庚午六月

清民阿时

该名在横滨第乙佰三十六号外国人房屋内偷取锁件及铁器，始末情由甚为可恶，着监禁一月，觅便赶回香港，不许再来。

庚午六月

八月初一日有花旗轮船发往香港，将该两名放出赶回。本日将其全身照影图形，注上罪名，分为八片，颁送国内各口〔四〕，贴在关前，他日如敢再来，据图认明，以便严办。

外务省奉上谕，前于各港府县〔五〕晓示在该港清国人等，不得藏贮鸦片等因，旋将买片烟之我国人及卖付之清国人等，业已据罪惩治在案。昔此物入清国，流毒害民，以至今日之甚，是不可不思之也。为此本政府新定《防害律例》，颁示通商各港府县，申谕在港清国商民，嗣后倘有毫犯，法在必行，以熄恶焰。凡清国人素有烟瘾刻难置其管笸〔六〕者固不须言，即量浅似吃白相②〔七〕者亦所严禁，断不准其来港营生。除将现住本港烟鬼彻底清查，其自能戒断吸吃以遵禁令者可，其不能者当即自行去此回乡外，奉到新谕、《律例》以后，仍有潜匿犯大禁者，一经查出，毋庸分别原住、新来，立刻按律处治。奉此特示，明治三年庚午月日。

【校记】

① 铢，写本作"朱"，误。参见笺注三。
② "吃白相"三字旁注"モテアソビ"。

【笺注】

〔一〕枭首：旧时斩首刑罚。《史记·秦始皇本纪》："卫尉竭、内史肆、佐弋竭、中大夫令齐等二十人皆枭首。"隋唐时期始，日本大举引进中国律令制度，故许多刑罚包括术语都与中国相同。

〔二〕徒：古代五刑之一，拘禁使服劳役。《新唐书·刑法志序》："其用刑有五〔笞、杖、徒、流、死〕，……三曰徒。"

〔三〕铢：古代衡制中的重量单位，为一两的二十四分之一。《孙子兵法·形》："故胜兵若以镒称铢，败兵若以铢称镒。"

〔四〕国内各口：指日本当时辟为通商口岸的八个港口，参见本册九月廿二日条笺注七。

〔五〕各港府县：意为通商各港所在的府、县。

〔六〕管笸：谓鸦片烟枪、烟具。

〔七〕吃白相：犹言吃着玩。白相，吴方言词汇，意为游玩、戏耍。明·冯梦龙《双雄记·青楼忆旧》："我做小娘官样，天生极会白相。"

先是，庆应三丁卯年〔一〕长崎奉行〔二〕河津伊豆守〔三〕某致书于江南道台应宝时，言两国通商并往来用印章为证等件。其书曰：

大日本长崎奉行河津伊豆守谨致书大清国江南道大司宪台下：曩于壬戌年[四]前任高桥美作守[五]在崎间，特差僚属数员拜于贵衙门，面叩通商事宜。及伊等返棹[六]，闻之其在上邦多承垂情恳切，俾获诸凡顺遂，转想殷殷之谊感不可言，极应早年申谢，奈缘前任交代[七]，加以国家多故，遂致久旷音信，罪甚。顷者我国与欧罗巴诸洲迭相往来，我国或有公使奉命出海，或有绅士、商民附洋舶而西者，时常颇多行者，临发官给路照，又将其照验印章先行颁送西洋各国，以便查照过客，以此到处俱安。惟贵邦乃我航客首过之境，针路[八]必由之地，况自往昔以来夙有交谊，非他国比，但此等事未曾举行，却与邻近贵国似不能公然往来，俾入境者恰如平沙落雁[九]，甚是失体。今者更有禀请欲赴贵地传习学术或经营商业、就便侨寓者，向后或有此等人来，望为照应。但恐于阑擅入[一○]，兹拟将其照验印章呈送贵衙门，以便查核箝束，以昭两国符信。今托在留敝邦之英国官吏先行寄奉一书，即请贵台鼎酌允金允，一俟咨回，另当专差缕述一切也。务望速赐咨覆，曷胜幸甚。谨致，庆应三年丁卯月日。

【笺注】

〔一〕庆应三丁卯年：即1867年，清同治六年。

〔二〕奉行：日本江户幕府设置的官职，有町奉行、要地奉行、远国奉行等不同类别。长崎奉行属于管辖江户以外幕府直辖地的远国奉行之列，居远国奉行首席（日语谓「首座」）地位。

〔三〕河津伊豆守：名河津祐邦（？—1868），幕末虾夷地探检开拓者，曾参与五棱郭建设、北虾夷地开拓。1863年任外国奉行，以副使身份参加遣欧使节团。历任关东郡代、勘定奉行等职，1867—1868年任末任长崎奉行。明治维新后任外国事务总裁。

〔四〕壬戌年：指1862年，清同治元年，日本文久二年。

〔五〕高桥美作守：名高桥和贯，1861—1862年任长崎奉行。

〔六〕返棹：乘船返回，泛指还归。清·龚自珍《乙酉腊，见红梅一枝，思亲而作，时小客昆山》："南天初返棹，东阁正留宾。"

〔七〕长崎奉行初设时只有一人，后来随着该职位的重要性增加，为防止官员有不奉法的行为，将奉行增至两人。1637—1638年岛原之乱后，长崎奉行于每年九月实行交代制度，即两人交相代换之意。其中一人在江户，称在府奉行；一人在长崎，称在勤奉行。交代制度有效地加强了幕府对长崎奉行的控制，也强化了江户与长崎两地间的联系。

〔八〕针路：用罗盘针所指示的航道。明·张燮《东西洋考》中有"西洋针路"的记载。此指日本出海航行之路。

〔九〕平沙落雁：中国古琴名曲，有多种流派传谱，其意在借大雁之远志，写逸士之心胸。此处或用远飞的群雁暂时在沙滩上起落、回翔的意象，喻指远涉重洋途经中国的日本人碍于两国音信不通故落而不鸣、不能栖止的情形。

〔一〇〕于阗搀入：犹阑入，指擅自进入禁地。搀，混杂，掺杂。参见上册八月二十三日条笺注一。

未及复书而皇政一新，<u>河津某</u>去长崎，<u>泽宣嘉</u>以总督镇长崎。明年三月<u>宝时</u>复书曰：

> 惠风远布，展奉德音。承示贵国人有禀请欲赴中土传习学术或经营商业、就便侨寓者，向后或有此等人来望为照应，拟将其照验印章送交道署等语，具见执事谨慎，为心言归于好。查经营商业之人，前于甲子年〔一〕二月间有贵国官员<u>山口锡次郎</u>等五人来沪云，称由本国禀明大将军，乘坐夹板船游历各处以习风涛。因商人求带海菜货物数种至沪消售〔二〕，求报关纳税，即当刻日回国，并不上岸居住。旋于税钞交清、货物售完后起碇回国，并未就此侨寓。今来翰所云传习学术，不知所传系何项学术，是否欲就中国人传习，抑欲传与中国人习学？请即详悉见示，以凭禀明上宪主持，再行布复左右。事关中外交涉，本道职仅监司，丝毫不敢擅主。所有查核贵国印章照验之处未便接收。苟贵国人来中土，果能入境问禁，入国问俗〔三〕，一守中国法度，与我小民无争无忤，则我边界吏民知朝廷怀远之忱，自能推心置腹，尽信尽诚，皆有宾至如归之乐，无庸预嘱也。重洋悬盼①，肃复以闻，不尽驰系〔四〕。同治七年岁次戊辰三月日，<u>应宝时</u>。

闰四月<u>泽宣嘉</u>亦送书信曰：

> 前此本邦长崎旧宰致书左右，乞以本邦人赴贵国传习学术及查核印章等件，为言〔五〕金玉无斯〔六〕，便惠裁示，实为欣幸。承问所传系何项学术云云，盖其所谓学术者，凡有益于我国家之事，不论何项，皆欲使之学焉者也。至其查核印章一节，执事敬慎，即不敢专，但愿仍以转申上宪是祈。如其入境问禁，入国守法，则我自当预为严饬而可不烦教矣。又本邦举国之政②委之将门久矣，以之向航贵国者不得不禀明于将军也。今皇纲肇就一新，圣躬亲总万机，本职因奉敕命来镇长崎，钦承皇室之德意，将欲以修善邻之好，其所言推心置腹，尽信尽诚者，固所愿也。层涛漫漫，肃复以报，不具。庆应四年戊辰闰四月日，<u>清原宣嘉</u>。③

十一月<u>宝时</u>复书曰：

载披来翰，新接音徽〔七〕，藉审前溆复缄〔八〕，早登典记〔九〕为慰。承示贵邦人士欲来中土，举凡学术之有益于贵国家者皆愿受习，此在中国大道为公，决不稍存吝惜，惟贵邦人士倘亦欲授教于中国民人，究是何项学术？其间有无趣向异同之处？尚烦缕示端末。俾可转禀上宪察酌办理。若夫交收查验印章之说，窃谓可勿议及。盖贵国贾舶至沪，凭借船牌赴关报验纳税，可遵成轨，无事更张。至此等受习学术人来，果能一秉惠函所云循绳守墨，凡我中华臣庶莫不宣④扬圣化，加意绥来。苟间有逾越法度作奸犯科，似宜依犯事地方律例科罪，与华民之在贵国者同，其本国官勿庸过问。而卒未闻华民在贵国有大过犯者，斯非畏法而益守法之明验欤？摅〔一〇〕见以复，惟执事实利图之。同治七年岁次戊辰十一月初九日。

今斩<u>竹溪</u>等，皆取断于此也。

【校记】

①盼，写本作"盻"，误。

②政，写本作"故"，误。

③写本在该书信后有近两页（十八行）空白。

④宜，写本初作"宜"，旁注"宣カマヽ"。

【笺注】

〔一〕甲子年：指1864年，清同治三年，日本元治元年。

〔二〕消售：意同销售，指卖出（货物）。清·王韬《瓮牖余谈·造自来火说》："今西方诸国多用是物，消售最广。"

〔三〕入国问俗：语出《礼记·曲礼上》："入竟而问禁，入国而问俗，入门而问讳。"

〔四〕驰系：旧时书信用语，意同驰念，表达思念之情。

〔五〕为言：与之交谈。《史记·孟子荀卿列传》："岂寡人不足为言邪？何故哉？"

〔六〕靳：吝惜。《后汉书·崔石传》："悔不小靳，可至千万。"

〔七〕音徽：犹音讯，书信。《文选·陆机〈拟庭中有奇树〉》："欢友兰时往，迢迢匿音徽。"

〔八〕缄：书信。唐·白居易《初与元九别后，忽梦见之，及寝，而书适至，兼寄〈桐花〉诗；怅然感怀，因以此寄》："开缄见手札，一纸十三行。"

〔九〕典记：典籍要记，指重要的书籍典册。明·唐顺之《重修瓜州镇龙祠记》："龙之祠不秩于三代之典记，《礼》者，谓之四灵，盖以为鳞虫之灵者耳。"

〔一〇〕摅：音[shū]，抒发，表达。汉·班固《西都赋》："摅怀旧之蓄念，发思古之幽情。"

李鸿章使人赠二蓝龙光线绉、云鹤宁绸[一]、花缎等共四卷来。十点钟俄国领事孔气①来谈。昨日孔气送书曰：

启者：本总领事拟于明早十点钟到贵寓奉拜，不知是否得值公暇？特先布讣，即望示覆为荷。此请均②安。

即答以如期相候，是以来也。飨十二样果品及洋酒。孔气云："本国公使以进北京不能回拜，请恕。"

【校记】

① "孔气"二字旁注日文假名"スコチコフ"标注读音。中国习译作"孔令"。

② 均，当为"钧"之误。

【笺注】

〔一〕宁绸：丝织品，因产于江宁（南京的旧称），故名。织造前预先染色，有素织和花织两类，适于作服装用。

三十日（癸巳），晴朗

午后往协盛园[一]看戏。

【笺注】

〔一〕协盛园：清代天津著名戏园之一，与庆芳园、金声园、袭胜园齐名。四家戏园分处城中不同地段，戏班在各戏园间轮流演出。至民国初年协盛园仍持续红火，与东天仙、下天仙、第一台等戏园一起声名远扬。

《使清日记（下）》校记与笺注

台本出处	采集人名	采集年月	校正	誊写人名	备考
伯爵柳原义光	御用挂子爵藤波言忠	大正十一年三月	有田利雄	冈山常治郎	

（临时帝室编修局）

十月朔（甲午），晴

成林复书曰：

　　为照覆事：九月二十九日准贵使文，称接到本外务省来函，内称据神奈川县详禀，为清民竹溪等仿造官钞一案审拟斩徒，应否由该地方申刑部省请官裁决等语，附具该犯供状①、结案等件前来，但念方本使等出在清国预议条款之际，如若立斩似伤比邻之谊，必得本出使等经申贵国政府查核②，火速寄回信函方可裁决等因。准此，本出使等除当将本外务省来函及各等案件③一并抄录照送外，相应伫〔一〕望贵大臣即为查照函稿事理，随宜裁覆，以使本出使等修函火速寄回，为此照会等因，到本大臣。准此，具征贵国外务省慎重人命，敦笃邻谊，本大臣甚为欣悦。查该犯竹溪等私造官钞各情，经拟斩徒，罪名律以中国之条亦属罪有得。推事关人命，既经贵国外务省函询前来，本大臣亦未便擅定，现已照咨总理衙门王大臣酌核饬遵。除俟奉到回文再行照会外，先此备文照复贵出使，希即查照可也。须至照会者。

【校记】

①状，写本写作"收"，旁注"マヽ状力"，即当作"状"。

②核，写本初作"覆"，旁注"マヽ覈力"，即当作"覈"，为"核"的异体字。

③件，写本作"仵"，误。

【笺注】

〔一〕伫：企盼，等待。《资治通鉴·唐高祖武德元年》："七政之重，伫公匡弼。"

二日（乙未），小雨

连兴赠自画山水，且云："订明日三①点钟，通商大臣拟到贵寓谈公事。"

【校记】

①"三"后原衍一"日"字。

三日（丙申），雨

本省书信到。津久井远寄前光以诗曰：

因忧国事情真激，欲责使名论更浓。
晓月一痕人万里，分明半夜梦登龙[一]。①

三点钟成林来谈，连兴、刘森陪坐。

前光等曰："蒙冒②雨劳驾，感谢何堪！九月二十二日本使等到贵衙冒渎[二]许多，而不唯赐厚飨，翌日更承赠美菜佳肴，实荷高情。二十六日送照会谅已炤览[三]矣。"

成林曰："本日收到，即行查阅，当已备文咨照总理王大臣。经王大臣案，将文件重加妥议。顷接王大臣回文，云贵使等所再请告极有情理，自当别作一封回信，定要与贵国换约；至于九月十六日接到贵使等送来条约拟稿，存王大臣处，一俟贵国派钦差来，方可酌定施行等语。以此本大臣先为报知，好教贵使等会意。"

前光等曰："多蒙大人切实赞成，成就本使等来意，好回国报销使命，而今本使等才得放心安意。既蒙贵大臣费心，已有王大臣回答外务卿大臣的信函到来，即祈将其原稿抄底速赐一看。"

成林曰："这回信的本函还未发，不日奉到，即当抄出呈览。尚有九月二十九日所接竹溪犯案各件③，亦经备文照咨在案，此等回文一并知照可④耳。"

前光等曰："本使等回国后，本朝廷必须派出钦差大臣与贵国换约。则贵国所有泰西条约及各口贸易税饷规则等书俱要奉借一览，明白通晓以资后来立约之基础，望即借给。"

成林曰："近日可呈览。"

前光曰："现今上海已有我国士商来，将及三四十名，本使等回国更发钦差之间，或有不妥当者亦未可知，必须留两三小员在上海照料约束，以便使本国士商守法。然留员看守之事未敢擅专，望贵大臣特为发一封信，知照上海道台会意，于本使等回国时留两三小员而去，则庶免顾虑。又闻宁波一口离上海不远，轮船一夜可达，本使等回至上海，欲一过宁波，后回申方要旋国，亦望知照道台，发给路引可也。"

成林曰："贵使防备贵国士商在上海有不妥的事，欲留小官员照料看守，这事极是容易。本大臣知照道台，便贵使留人看守。又要往宁波府一看，是处亦有宁绍台道[四]文廉[五]者，本大臣别写一封信，知会文道可耳。"

前光等曰："此次欲预议换约，不意总理王大臣回说不必换约，本出使等正在进退无措之际，全赖贵大人鼎力周旋，方得王大臣准以换约回信换给，本使等得旋国销差，此皆贵大臣厚惠。且今日又敢冒求几件事情，一一得蒙全允，深感喜。"

成林曰："此即本大臣分内之事，何足挂齿。"

前光曰："请大人宽坐〔六〕小酌。"

成林曰："多谢！本大臣宿疾尚未痊，不敢领酒。但蒙盛设，当留连、刘老爷并领盛情可也。"

前光曰："薄酒粗果，无可奉劝，惭愧惭愧。敢问雨中劳驾，恐于贵体不妙。"

成林曰："不碍不碍。此病已经三四月，从前胸肿，内觉有痞块，呼吸作痛。本府有好医生日日来按摩，将痞块按下去方得饮食少进。前十数日以来，每餐吃此等小一碗稀粥，才觉精神清爽。"

前光曰："时已降霜，望为国家保重。"

成林曰："多谢多谢。本大〔臣〕⑤俟有总理衙门各件回函到，即缮写与上海、宁波两道手函一并送呈。"

前光曰："仗大臣费心，本使等每事即办。"

成林遂告别归衙。连兴与刘森留饮，各尽欢，带春容〔七〕而归。

前光口占一首曰：

万里入清和议成，千余年后订前盟。
奏功自喜才三月，成就皇州使节名。

信敦次韵⑥曰：

到底精神何不成，断然航海结鸥盟。
多年阙典向人愧，初领邻交鲁卫〔八〕名。

前光梦归朝游墨水，觉而有作：

奉使方从清国回，惊涛卷舶响如雷。
归来今日多吟暇，立马墨江间见梅。

【校记】

①写本中此后有半页（五行）空白，最后两行又继续誊写本日条内容。

②冒，写本作"昌"，误。

③件，写本初作"件"，旁注"マヽ件ヵ"改正。本日条下文另一"件"字亦作此写。

④可，写本作"何"，误。本日条下文有句："本大臣别写一封信，知会文道可耳。"

⑤写本此处空缺,旁注"原本不明,臣力",即疑为"臣"字。
⑥韵,写本作"韵",旁注"マヽ韵力"。

【笺注】

〔一〕登龙:比喻成名发迹,飞黄腾达。本自《史记·孝武本纪》:"其秋,为伐南粤,告祝泰一,以牡荆画幡日月北斗登龙,以象天一三星,为泰一锋,名曰'灵旗'。"

〔二〕冒渎:冒犯,亵渎,此处意为添麻烦。元·施惠《幽闺记》:"适间冒渎少拜识。"

〔三〕炤览:炤同昭,意为览读。《东观汉记·薛汉传》:"〔薛汉〕兼通书传,无不昭览。"

〔四〕宁绍台道:清朝行政区划名,1726年(雍正四年)置,治宁波,辖宁波、绍兴、台州三府。1843年(道光二十三年)增辖定海直隶厅(原属宁波府)。民国初废。

〔五〕文廉(1810—1870),字洁溪,齐里特氏,正蓝旗蒙古文元佐领下人,1835年(道光十五年)翻译进士。1866年任浙江宁绍台道,1870年患中风症病故。

〔六〕宽坐:留坐的敬辞。《西游记》第六四回:"十八翁笑道:'一向闻知圣僧有道,等待多时,今幸一遇。如果不吝珠玉,宽坐叙怀,足见禅机真派。'"

〔七〕春容:本指春天的景色,此指微醺后面带春光。五代·齐己《南归舟中》其一:"春容含众岫,雨气泛平芜。"

〔八〕鲁卫:本自《论语·子路》:"鲁卫之政,兄弟也。"后用以代称兄弟。

四日(丁酉),晴

备币赠成林及连兴①(赠成林以《大日本史》全部,腰刀一口,探幽山水两幅,螺钿书笥〔一〕一架,红染花绉一端,越地绉葛两匹;赠连兴以日本古刀一口,素地绢绉两匹,漆花小厨②一个,五彩花笺两连)。

【校记】

①兴,写本初作"舆",旁注"マヽ興力"。
②厨,当作"橱"。本册十月六日条中成林回信致谢,信中提到"柜厨",亦同。

【笺注】

〔一〕书笥:竹制书箱。

五日(戊戌),晴

前光与耿冶①润、邱潘恪书曰:

雨苍、桐苏两先生阁下：顷者承赐笔②扇题高吟，曷胜铭感，肃鸣谢忱，附敝邦土物（精茶两壶、画扇四握、墨盒二合、笺③纸四种）四种，籍鸣芹敬，希赐哂存。再请于此诗笺复赐两位先生挥毫，不堪翘望幸获金诺，欣喜之至。伏惟丙照，顺颂日祺。

耿冶润复书曰：

青青先生大人阁下：连日未亲雅教，渴企良深。顷蒙尊使过④寓，并惠珍物多品，仰渥高情，曷胜铭谢。邱桐孙兄数日不晤，当即作函转致，容日同到尊斋⑤面申⑥谢悃〔一〕。承书诗笺，再为缮写奉上也。此复并谢，兼请吟安，不一。

此日崇厚奉钦差之法国，辞京而过天津，李鸿章、成林、道、府、县等在津官员俱出十里外迎接。十点钟到津城，各衙门喜炮声振一城。厚曾在天津为三口通商大臣，今称"崇宫保"（以位春宫〔二〕少保〔三〕也）。鸿章现在相位而郊迎，以足知钦差之权也。

明日有轮船往上海，作书寄送外务省。

【校记】

①冶，写本作"治"，误。
②笔，写本作"篷"，疑为"笔"之误。
③笺，写本作"蓠"。
④过，写本作"過"，旁注"マヽ過カ"。
⑤斋，写本作"齊"，旁注"マヽ齋カ"。
⑥申，写本作"伸"，误。

【笺注】

〔一〕悃：诚恳，诚挚。

〔二〕春宫：太子居东宫，五行家以春季配东方，故称东宫或太子为春宫，也称青宫。唐·骆宾王《为徐敬业讨武曌檄》："洎乎晚节，秽乱春宫。"

〔三〕少保：官职名，明清少保皆为从一品。太师、太傅、太保都是东宫官职。太师教文，太傅教武，太保保护其安全。少师、少傅、少保均是他们的副职。后来名存职异，只是一个荣誉称号。

六日（己亥），小雨

成林柬前光等曰：

> 柳原权大丞等阁下：前承厚贶[一]史书全部，古画双轴，宝刀一柄，葛绉三束①，柜厨一架，各种无不精妙，是足纫[二]贵国笔墨制造之至。深荷远道将来[三]，却之不恭，受之有愧，拜领之余，倍感谢感谢。统俟荣行诹吉[四]，谨守伐送，踵别一切。先此手②复，即展谢忱，顺候台祉，不庄。

国学生王桢来访，前光出诗笺乞题诗，诺去。

刘森来云："此寒甚，复经数日，忽尔雪来，冷不可当，须制裘衣皮裤以备不时之需，否则寒从地起，不可防也。即往南边，必假舟楫，江浙之间亦非裘衣不可。仆请为公等预制之。"众从之。

【校记】

① 柬，写本作"速"，误。

② 手，写本似初写作"乎"，旋在原字上改作"手"，旁注"マゝ"，即原本如此。

【笺注】

〔一〕贶：赠、赐；亦作名词，敬称别人所赠的东西或恩惠。《左传·昭公三年》："岂惟寡君，举群臣实受其贶。"

〔二〕纫：感佩不忘。《楚辞·离骚》："纫秋兰以为佩。"

〔三〕将来：带来，拿来。南朝宋·刘义庆《幽明录·陈良》："向下土有一人，姓陈名良，游魂而已，未有统摄，是以将来。"

〔四〕诹吉：选择吉日。清·唐孙华《进呈御览诗一百韵》："黄道方诹吉，青阳正放晴。"

七日（庚子），小雨，微凉

王桢赠前光所托诗笺，其诗云：

> 计日重洋万里经，鱼龙慴伏效皇灵[一]。
> 别从乌弋[二]黄支[三]外，一道东风送使星。
>
> 雍客剑佩气如虹，绰有观光国士风。
> 恰遇渡江刘越石（越石，刘森字），主宾欢洽两情通。

商贾腾欢遍市间，东京使者度纡余[四]。
他年修史容参笔，货殖[五]应添海外书。

乍识荆州[六]辱赠笺，属留翰墨几重缘。
即今岂少鸡林[七]客，谁许诗才步乐天。

耿冶润赠书前光曰：

青青先生大人阁下：昨蒙惠赐①，铭感良深。邱桐荪兄处业经函致，均深道谢也。并承嘱书诗笺十叶，弟与桐荪留书三四叶，又浼善书友人各书数叶，须三五日方能汇齐也，容日偕桐荪过尊斋畅谈一切。兹寄律诗一首奉赠，即希斧削是幸。此布，顺请吟安，不一。

东望扶桑[八]路本赊，犹劳万里赋皇华[九]。
几时玉帛成王会，终古衣冠属汉家。
新喜龙门重御李[一〇]，聊从鳄海说乘槎[一一]。
使君更驾长风去，水国波涛雁字斜。

庚午秋日，差次津门，适值大日本国使者青青先生到此，猥蒙雅爱，兼赐多珍，因念客中无以酬答，特作律诗一首奉赠，以结翰墨之缘云。录呈吟政，并乞哂存。

【校记】

①赐，写本作"锡"，误。

【笺注】

〔一〕皇灵：即皇帝。

〔二〕乌戈：指三国时期的乌戈国，位于蜀国南中附近（今缅甸中北部）。《三国演义》中有孟获遭六擒六纵后向南蛮乌戈国之主兀突骨（小说虚构人物）求援的描写。

〔三〕黄支：亦作黄枝，古国名，一般以为在今印度马德拉斯西南的甘吉布勒姆。《楚辞·王逸〈九思·伤时〉》："陟丹山兮炎野，屯余车兮黄支。"原注："黄支，南极国名也。"《汉书·平帝纪》："二年春，黄支国献犀牛。"

〔四〕纡余：从容宽舒貌。唐·韩愈《进学解》："登明选公，杂进巧拙，纡余为妍，卓荦为杰，校短量长，惟器是适，宰相之方也。"

〔五〕货殖：本指经商盈利，此处指《货殖列传》，本自《史记》，是专门记叙从事商贸活动的杰出人物的类传。

〔六〕荆州：本自李白初见韩朝宗时的自荐书《与韩荆州书》："生不用封万户侯，但愿一识韩荆州。"赞美韩朝宗谦恭下士,识拔人才。

〔七〕鸡林:指佛寺。

〔八〕扶桑:传说东方海域的古国名,我国相沿用以代称日本。唐·王维《送秘书晁监还日本国·序》:"扶桑若荠,郁岛如萍。"

〔九〕皇华:《诗经·小雅》中的篇名。《毛诗序》谓:"《皇皇者华》,君遣使臣也。送之以礼乐,言远而有光华也。"后因以赞颂奉命出使或出使者。

〔一〇〕御李:本自《后汉书·党锢列传·李膺》,李膺有贤名,士大夫被他接见辄身价大增,被称作"登龙门"。荀爽去拜访他,并为他驾御车马,回家后对人说:"今日乃得御李君矣!"后因以"御李"谓得以亲近贤者。

〔一一〕乘槎:亦作乘楂,本自晋·张华《博物志》,指乘坐竹筏或木筏,后用以比喻奉使,也指登天,又比喻入朝做官。

八日(辛丑),晴①

【校记】

①写本此日有目无文。

九日(壬寅),晴

崇厚下船往申浦。

十日(癸卯),晴

有客来谈,语次及时事,曰:"此地文人寥寥,故府学亦属荒凉。官员皆俗吏,只李鸿章、丁寿昌有文才耳。"又曰:"今帝〔一〕方今专修英学,不出多年洋化必当盛开。"

【笺注】

〔一〕今帝,指清穆宗爱新觉罗·载淳(1856—1875),年号同治。在位期间,两宫太后垂帘听政,议政王奕䜣主持政务,重用曾国藩、李鸿章、左宗棠等汉族大臣,推行新政,虽有内忧外患,仍出现了"同治中兴"的局面。

十一日(甲辰),阴寒

晚降雪,二更后深三寸许。时夏仁麟同刘森持成林照会及恭亲王回函并回函抄底来,乃接而看。成林照会曰:

为照会事:同治九年九月二十六日准贵出使照会,内称接到总理衙门回复贵国外务卿大臣及大辅函文，与来意未符，照请本大臣转达总理衙门王大臣，俯允换给准以换约信函，使本出使等持回销差等因，当经本大臣咨呈总理衙门，并将贵出使等面陈各情代为详达。兹奉到总理衙门别覆贵国外务大臣及大辅照会一件①，为此备具照会送交贵出使等查收，希即持回销差可也。须至照会者。

成林又副一束曰：

迳启者：数日未晤，维〔一〕旅祺〔二〕晋〔三〕吉为颂。前者贵出使来署面谈并照会本大臣，以总理衙门覆给贵国外务省函文与来意未符，商由本大臣再为转达总理衙门王大臣，换给准以换约信函，俾贵出使持回销差等因，本大臣深念友邦邻睦之谊，兼体〔四〕简书郑重之怀，当经代为详达，并承<u>李爵帅</u>〔五〕亦为函请，兹奉到总理衙门王大臣另覆贵国外务省照会一件，特②备公牍送请查收。兹抄送照会底稿一纸，俾贵出使阅悉文内所覆准以换约之意也。峭风司令，往矣雪霏，何日回帆并望示知，以便本大臣专趋送别，是为切瞩。至上海<u>涂观察</u>〔六〕、宁绍台<u>文观察</u>两处函件，本大臣当切实代达，一俟缮讫容再送云。即颂旅祉，不一。

为斩竹溪事照覆文曰：

为照会事：同治九年十月初九日准总理衙门咨，开〔七〕昨据贵大臣咨，称据日本国出使<u>柳原</u>等照会，内称清民<u>竹溪</u>等仿造官钞一案审拟斩徒等因，照录出使等照会并该省来函、供册等件，咨请覆核〔八〕前来。查日本国外务省函，据称两国商民营生事宜备文照会上海道应，接到回函，内叙两间苟有逾越法度作奸犯科，宜依犯事地方律例科罪，其本国官勿庸过问等语。既有成言在前，今中国民<u>竹溪</u>等在日本国仿造官钞，其应如何惩办之处，仍由日本国自行酌核办理。为此咨行贵大臣查照，即将此意照覆日本国出使等可也等因，到本大臣。准此，为此照复贵出使等，希即查照办理可也。须至照会者。

恭亲王回函抄底曰：

为再行照会事：前因贵国从四位外务权大丞③<u>柳原</u>带来信函，意欲与中国通商修交际之礼，为他日定条约之地，本王大臣以中国与贵国本系邻邦，来往通商交好已久，可不必更立条约，原以照格外和睦之意。兹复据协办大学士直隶总督<u>李</u>、大理寺④卿三口通商大臣<u>成</u>来函，均称贵国来员柳原等坚以立约为请，本王大臣复思，两国相交，固贵诚信之相孚〔九〕，尤贵情意之各洽。今贵国来员既坚持来意，自应如其所请，以通交好之情。惟议立条约事关重大，应特派使臣，与中国钦派大臣会同定议。贵国今欲与中国通商立约，应俟贵国有特派大臣到津，中国自当奏请钦派大臣会议章程，明定条约，以垂久远而固邦交。须至照会者。

道台丁寿昌赠蜜枣（枣实蜜渍者）、桂圆（即龙眼子）、雨前银针（茶名）及诗五首。其赠前光诗曰：

上国随缘⑤住，相逢各有因。
霜钟天外应，云水异乡亲。
陆岙程途回，开皇岁月新。
仙山真咫尺，四海若为邻。

赠义质诗曰：

同是天涯客，高风几度攀。
一朝新雨露，万古此河山。
地岂中原限，身从五岛还。
乘槎来日下，和气满人寰。

赠永宁诗曰：

夙有安邦志，而无济世才。
众星皆北拱，佳气尽东来。
秋水伊人在，长风破浪才。
含情兼默语，樽酒共徘徊。

赠信敦诗曰：

鸿爪春泥〔一○〕迹偶然，一樽诗酒咨前缘。
来途若问风帆利，应在清明第⑥二天。

万里长风破浪行，停云客至不胜情。
料应五岛归来日，次第编诗记水程。

东洋佳气欝朝霞，衔命争随八月槎。

为问仙山今在否，可令常放四时花。

津市相逢作吏来，石交〔一一〕新订仗诗媒。
平生忧乐关天下，结纳无分中外才。

赠政道诗曰：

白也诗无敌，群儿砚欲焚〔一二〕。
羡君扶大雅，自昔重斯文。
嘉什〔一三〕琳琅富，深情缟纻〔一四〕殷。
分镳从⑦此去，天路共风云。

马绳武赠《缙绅全书》〔一五〕、楹联五幅并折扇。

【校记】

①件，写本初作"仵"，旁注"マヽ件カ"。
②特，写本作"持"，旁注"マヽ特カ"。
③丞，写本作"亟"，误。
④寺，写本作"苓"，误。
⑤缘，写本初作"綠"，旁注"マヽ縁カ"。
⑥第，写本作"弟"。下一首诗中的"次第"亦作此写。
⑦从，写本作"徒"，误。

【笺注】

〔一〕维：语气助词，置于句首或句中，无义。《诗经·召南·鹊巢》："维鹊有巢，维鸠居之。"
〔二〕祺：安泰无忧，常用于书信结尾的祝颂语。
〔三〕晋：进、前往。《文选·班固〈幽通赋〉》："盍孟晋以迨群兮，辰倏忽其不再。"
〔四〕体：设身处地，为人着想。《中庸》："体群臣，则士之报礼重。"
〔五〕李爵帅：指李鸿章。
〔六〕观察：职官名，为观察使之省略。唐代设置，为各道的最高长官，负责察访州县官吏功过及民间疾苦。唐中叶后多以节度使兼领其职，后改为采访处置使，又改为观察处置使。宋代观察使为虚衔，无定员。清代无此职衔，此处用以代指道台。
〔七〕开：开列，列叙；陈说，表达。《史记·吕不韦列传》："不以繁华时树本，即色衰爱弛后，虽欲开一语，尚可得乎？"

〔八〕核：检验、查核。《文选·张衡〈东京赋〉》："其以温故知新，研核是非。"

〔九〕相孚：为人信服。清·梅曾亮《原任予告大学士戴公墓碑》："而公以耆年长德，不急功近名，合道于仁厚清静，相孚之德，固如是也。"

〔一〇〕鸿爪春泥：比喻往事留下的痕迹，同鸿爪雪泥。北宋·苏轼《和子由渑池怀旧》："人生到处知何以？应似飞鸿踏雪泥。泥上偶然留指爪，鸿飞那复计东西。"

〔一一〕石交：如石头般坚固的深厚情谊。《史记·苏秦列传》："燕无故而得十城，必喜；秦王知以己之故，而归燕之十城，亦必喜。此所谓弃仇雠而得石交者也。"

〔一二〕砚欲焚：焚砚，自愧文不如人，自毁笔砚，以示不再著述。宋·曾巩《戏呈休文屯田》："已闻清论至更仆，更读新诗欲焚砚。"

〔一三〕嘉什：优美的诗篇，多用以称别人的诗作。《东阳夜怪录》："时自虚方聆诸客嘉什，不暇自念己文。"

〔一四〕缟纻：指缟带、纻衣，喻深厚的友谊；亦指朋友间的互相馈赠。本自《左传·襄公二十九年》："〔吴季札〕聘于郑，见子产，如旧相识。与之缟带，子产献纻衣焉。"

〔一五〕《缙绅全书》：即《大清缙绅全书》，清荣禄堂官修史料，详细记载清朝中后期从京畿到地方各省、各部门、各品级官员的官职任选情况，是研究清史尤其清季官职设置和官员构成的重要资料。

十二日（乙巳），阴寒①

【校记】

①写本此日有目无文。

十三日（丙午），晴

成林赠古铜寿星、麒麟、仙鹤等陈设五件，关东花灰鼠皮大外褂筒五套，彩色团龙花江宁绸袍料五端，内造〔一〕款式缎地花色针黹〔二〕五匣为贶〔三〕。

三点钟前光、永宁往通商衙门，谢其周旋总署准以换约，又馈数种，并交付收照。其一曰：

为照会事：本年十月十二日接贵大臣送到贵国总理衙门王大臣回复本国外务卿大臣及大辅函文一封并贵大臣文，开同治九年九月二十六日准贵出使照会，内称接到总理衙门回复外务省函文，与来意未符，照请本大臣转达总理衙门王大臣，俯允换给准以换约信函，使本出使等持回销差[等]因①，当经本大臣咨呈总理衙门，并将贵出使等面陈各情代为详达，兹奉到总理衙门另覆外务卿大臣及大辅照会一件②，备文送交等因，到本出使等。准此，深感贵大臣切实详陈，代邀总理衙门王大臣俯允所请，另给准以换约信函，俾得要领，本出使等均为加额，当即奉回销差。为此照覆贵大臣，希即查照可也。须至照会者。

其二曰：

为照覆事：本年十月十二日接准贵大臣照覆，以前者本出使等所请查照竹溪等仿造官钞一案，经贵大臣咨请总理衙门，已于本年十月初九日准该衙门覆核，可照上海道应成言，将竹溪等依日本国律例办理等因。本出使等准此，当将此意飞函咨送外务省查照办理。为此照覆贵大臣，希即查照可也。须至照会者。

【校记】

①"因"前脱一"等"字。
②件，写本作"仟"，旁注"マヽ"，即原本如此。

【笺注】

〔一〕内造：依皇宫内廷制作物品的方式制成。《红楼梦》第四二回："这是一盒子各样内造点心，也有你吃过的，也有你没吃过的，拿去摆碟子请客，比你们买的强些。"
〔二〕针黹：指缝纫、刺绣等针线活。
〔三〕赆：送行赠别的财物。《孟子·公孙丑下》："予将有远行，行者必以赆。"

十四日（丁未），晴

连兴①奉成林命，持前所约各国条约书一套及与上海涂道、宁波文道信函两封来。

其与②涂道书曰：

鹭堠③〔一〕迢递〔二〕，麈谈〔三〕暌隔，每怀吉采，曷罄驰思〔四〕。辰维朗轩〔五〕仁兄大人莿祉④〔六〕骈臻，苾猷〔七〕骏通〔八〕，豸华〔九〕奏绩，信诚恬海滋〔一〇〕之波，凤绂〔一一〕酬庸〔一二〕，迁擢重屏藩之寄，引觇〔一三〕芝霭，定洽渗⑤忱。弟叨列卿班，鹈濡〔一四〕时懔〔一五〕，忝权权政，蚊负〔一六〕弥形。近日远人虽就绥柔，而估客〔一七〕久怀观望，招徕术乏，课〔一八〕绌堪虞。风便〔一九〕尚祈时惠好音，藉通结辖〔二〇〕，则感[荷]⑥无暨〔二一〕矣。专函布臆，敬请勋安，诸惟察照，不戬。愚弟成林顿首。

【校记】

①兴，写本作"舆"，旁注"マヽ興カ"。
②写本漏写"与"，补在"其"前，位置有误。
③堠，写本旁注"マヽ'堠'カ"，实为同字异体。
④祉，写本作"社"，误。
⑤渗，写本上部尚有一"艹"。本日条下文致文廉信函中写法同此。
⑥参以本日条下文致文廉的信函，"感"后脱一"荷"字。

【笺注】

〔一〕鹭堠：本自《魏书·官氏志》："以伺察者为候官，谓之白鹭，取其延颈远望。"后因以指做伺察工作的人。

〔二〕迢递：亦作迢遰，意为遥远。三国魏·嵇康《琴赋》："指苍梧之迢递，临回江之威夷。"

〔三〕麈谈：执麈尾而清谈，亦泛指闲居谈论。本自《晋书·王衍传》："〔王〕衍既有盛才美貌，明悟若神，常自比子贡。兼声名藉甚，倾动当世。妙善玄言，唯谈老庄为事。每捉玉柄麈尾，与手同色。义理有所不安，随即改更，世号'口中雌黄'。"

〔四〕驰思：心驰神思，驰念，遐想。汉·傅毅《舞赋》："修仪操以显志兮，独驰思乎杳冥。"

〔五〕朗轩：涂宗瀛的号。

〔六〕茀祉：茀，古同福；茀祉，即福祉。

〔七〕荩猷：犹荩谋，谓竭忠尽善的谋略。清·陈康祺《郎潜纪闻》卷十三："知其才必可毗任当时，必已卓树荩猷，不特儒雅风流，为相门子弟所罕也。"

〔八〕骏遹：本自《诗经·大雅·文王有声》："文王有声，遹骏有声，遹求厥宁，遹观厥成，文王烝哉！"遹，语首助词，无义。

〔九〕豸华：豸，指獬豸，古代传说中的神兽，一角，能辨曲直。古时法官戴的帽子因而称獬豸冠。唐·白居易《见萧侍御忆旧山草堂诗因以继和》："晚起慵冠豸，闲行厌避骢。"此处"骏遹豸华"犹言涂宗瀛拥有与骏马、独角兽一般优秀的才干。

〔一〇〕海澨：海滨。南朝梁·江淹《杂体诗·效谢灵运〈游山〉》："且泛桂水潮，映月游海澨。"

〔一一〕绂：系官印的丝带，也代指官印。《汉书·匈奴传下》："授单于印绂，诏令上故印绂。"

〔一二〕酬庸：酬功，酬劳。南朝梁·江淹《封江冠军等诏》："开历阐祚，酬庸为先。"

〔一三〕觇：观看，观察。《文心雕龙·乐府》："是以师旷觇风于盛衰，季札鉴微于兴废,精之至也。"

〔一四〕鹈濡:本自《诗经·曹风·候人》:"维鹈在梁,不濡其翼。"郑玄笺:"鹈在梁,当濡其翼,而不濡者,非其常也。以喻小人在朝,亦非其常。"后因以比喻小人在朝,或在位者才德不称。

〔一五〕懔:危惧,戒惧。晋·潘岳《关中》:"主忧臣劳,孰不祗懔?"

〔一六〕蚊负:也作蚊蚋负山、蚊力负山,比喻力小任重。语本《庄子·应帝王》:"其于治天下也,犹涉海凿河,而使蚊负山也。"

〔一七〕估客:行商之人。南朝宋·刘义庆《世说新语·文学》:"闻江渚间估客船上有咏诗声。"

〔一八〕课:督促、督率。《宋史·岳飞传》:"师每休舍,课将士注坡跳壕,皆重铠以习之。"

〔一九〕风便:原指借风之力而得到的便利,后指借他人或其他条件而取得的便利。唐·罗隐《秋日有寄姑苏曹使君》:"水寒不见双鱼信,风便惟闻五袴讴。"

〔二〇〕轖:古代车旁用皮革交错结成的障蔽物。结轖,将轖连结起来,比喻心中郁结不畅。《文选·枚乘〈七发〉》:"邪气袭逆,中若结轖。"

〔二一〕无暨:犹不已,无限。

再启者,日本使者柳原诸君此番来意专欲进京亲谒总署王大臣,经弟挽留暂住津门,代将所递总署(此指本省①)函件寄京,现经总署王大臣给予覆文,准俟专派大员来华议定条约。惟②据柳原诸君道及,该国商③民在沪贸易者旧有数十,恐无人约束致被他族挑唆滋事,商之于弟,已面允,并达之总理衙门矣。柳原诸君安雅透彻,具[见]④礼教之邦,不甚远于中土。过沪时诸望照拂〔一〕一切,俾免岐路之艰,想⑤阁下政成遐迩,必能诸臻周妥也。附此布达,再颂勋祺,弟又顿⑥首。

【校记】

①写本在"总署"后所夹注的"此指本省",意即代指日本外务省,下文致文廉的书信中相同的表述后夹注"即外务省",皆误,总署当指清总理衙门。

②惟,写本作"帷",旁注"マヽ惟カ"。

③商,写本作"啇",旁注"マヽ商カ"。

④与致文廉的信函相较,"具"后脱一"见"字。

⑤想,写本作"相",考以下文致文廉的信函,当作"想"。

⑥顿,写本作"頋",旁注"マヽ頓カ"。

【笺注】

〔一〕照拂：照顾，照料。清·李宝嘉《官场现形记》第四三回："极蒙太尊照拂，到省不到半年，已经委过好几个差使了。"

其与文道书曰：

鹭埭迢递①，麈谭暌隔，每怀吉采，曷罄驰思。辰维洁溪〔一〕仁兄大人荋祉骈臻，荩猷骏通，豸华奏绩，信诚恬海滋之波，凤绂酬庸，迁擢重屏藩之寄，引觇芝霭，定洽渗忱。弟叨列卿班，鹈濡时懍，忝权权政，蚊负弥形。近日远人虽就绥柔，而估客久怀观望，招徕乏术，课绌堪虞。风便尚祈时惠好音，藉②通结辖，则感荷〔二〕无暨矣。专函布臆，敬请勋安，诸惟察照，不戬。愚弟成林顿首。

再启者，本年九月日本遣使者柳原诸君来华通信，预商修好立约事宜，本意晋京亲谒总署王大臣，经③弟再三阻止，留津暂住。代将所递总署（即外务省④）函件寄京，现已接到总署覆文，准俟再派大员前来议换条约矣。惟据柳原诸君道及，此次回帆过沪，距宁波只一日程，拟迂道一游，藉觇风景，弟已面允，并为代达总理衙门。柳原诸君安雅晓事，具见礼教之邦，不甚远于中土。将来到宁时，尚望予以照拂，俾免岐路之艰。想阁下政成遐迩，必令诸臻周妥也。附此布达，再颂勋祺，弟又顿首。

三点钟前光、永宁往李鸿章馆，告以恭亲王换给回信，谢其吹嘘之恩。先是，鸿章与成林议，为前光等交章详致总署，力陈情理。其回信之换至，实赖鸿章。

此日作书，托轮船寄外务省，报告使事已成，竹溪等一案亦可照办。

此日同知衔芦台场〔三〕大使程炳泰、提举〔四〕衔候补盐大使钱凤祥及庄周孙等来话。前光托诗笺索书，话而归。

耿冶润、邱濬恪亦来，题所属诗笺曰：

庚午十月，大日本国公使柳原青青先生以精茶、彩扇、墨盒、笺纸四珍见赠，诗以志谢，并求斧正：

秋风秋雨菊花天，珍异遥从海上传。

自是三生〔五〕曾有约，鸿泥雪爪悟前缘。

雀舌衔来海外春,果然佳茗似佳人。
怪来诗思清于水,涤尽胸中十斛尘。

团团明月手中持,珠玉挥成绝妙辞。
愿以仁风慰黎庶,天涯海角奉扬时。

万斛珠玑贮一囊,风来翰墨自生香。
他年欲借生花笔⑤〔六〕,迢递关河〔七〕寄报章。

十样鸾笺寄益州,艺林佳话擅千秋。
修添我亦邀君贶,愧我无才造凤楼〔八〕。

海天东望路漫漫,高谊隆情欲报难。
风顺一帆归去后,为君万里祝平安。

【校记】
①递,写本写若"遁",旁注"遁力"。
②藉,写本左下部作"束"。
③经,写本写若"经",误。
④"总署"后写本夹注"即外务省",误,当指清总理衙门。
⑤笔,写本初作"葦",旁注"マヽ筆力"。

【笺注】
〔一〕洁溪:文廉的字。
〔二〕荷:蒙受,承受。《左传·昭公三年》:"一为礼于晋,犹荷其禄,况以礼终始乎?"
〔三〕芦台场:芦台南部(位于今天津市芦台镇)设场煮盐,史称芦台场。
〔四〕提举:原为管理提调之意,宋代以后设立主管专门事务的职官,即以提举命名。元、明、清三代设盐提举,协助盐务主官管理盐政事务。
〔五〕三生:佛教用语,指前生、今生、来生,或过去、现在、未来三世。唐·白居易《赠张处士山人》:"世说三生如不谬,共疑巢许是前身。"
〔六〕生花笔:本自《开元天宝遗事·梦笔头生花》,喻杰出的写作才能。
〔七〕关河:本指函谷关和黄河,后用以比喻关山河阻、艰难的旅途。《史记·苏秦传》:"秦四塞之国,被山带渭,东有关河,西有汉中,南有巴蜀,北有代马,此天府也。"

〔八〕凤楼：五凤楼之节略。唐在洛阳建五凤楼，玄宗曾在其下聚饮，命三百里内县令、刺史带声乐参加。梁太祖朱温曾重建五凤楼，去地百丈，高入半空，上有五凤翘翼。（见《新唐书·元德秀传》；宋·周翰《五凤楼赋》）后喻文章巨匠为造五凤楼手。

十五日（戊申），晴

无锡县学〔一〕生员王缄来话，前光又出笺纸索书，诺去。

【笺注】

〔一〕县学：科举时代每县均设官办学堂以教育人才，称为县学。

十六日（己酉）

以使事已毕，置酒请连兴、刘森、钱达、夏①仁麟、王瀛等同酌叙别。连兴送自作书画及南来茶点（江南所制茶食）。夜深乃去。

【校记】

①夏，写本写若"复"，误。参见本册十一日条、十九日条。

十七日（庚戌），晴

邱潚恪柬前光曰：

青青先生大星使大人阁下：闻诸公不日将东归矣，弟公事匆忙，未得走送为歉。伏望〔一〕一帆风顺，万里平安！岁年〔二〕春日弟在津门敬候也。

明年回兹之期约在何时？到后务示弟一信，以便登门请安也。外小字一幅奉赠，乞查收。阁下才储文武，勋业攸隆，明岁必仍下降〔三〕，复会匪遥，是则私心窃慰者也。再，贵邦如别派大臣前来，务代为转致，弟闻信当往请谒，并询同来诸君之佳胜〔四〕也。临岐〔五〕匆匆，不尽欲言，即请行安。小弟邱桐荪顿首。

【笺注】

〔一〕伏望：表示希望的敬辞。宋·王禹偁《滁州谢上表》："伏望陛下思直木先伐之义，考众恶必察之言。"

〔二〕岁年：指短时间，此处犹言明年、来年。清·恽敬《与汤敦甫书》："春间得复书，儒者之气盎然楮墨，及读其辞，益知先生之所养，非岁年所能至也。"

〔三〕下降：莅临。《绣像金瓶梅》第七回："老身不知官人下降，匆忙不曾预备。"

〔四〕佳胜：旧时书札问候、祝颂用语，犹言安好、顺适。宋·苏轼《答苏伯固书》："辱书，劳问愈厚，实增感概，兼审尊体佳胜。"

〔五〕临岐：亦作临歧，本为面临歧路，后亦用为赠别之辞。《文选·鲍照〈舞鹤赋〉》："指会规翔，临岐矩步。"

十八日（辛亥），晴

此日火轮船至，前来津时所驾"满洲"船也。欲于二十日回上海，乃告众束装。

十点钟前光、永宁仪服往各衙门告别，书于其帖曰：

> 雁使南归，羽便〔一〕甚促，弗及预期，迳请瞻谢〔二〕，如赐一晤幸甚，刻或在公，即此告辞。花房等三人者有疾，难以整服，恕不踵拜。当俟春风再复北上仰望，随时珍重。阳月〔三〕十九日启。

入城先至道署，次知县、知府，后至李中堂。

此日，直隶提督刘铭传〔四〕转任山西提督，在山西会馆张筵饯行（山西会馆者，关帝庙也），丁寿昌、马绳武、李鸿章、成林、萧世本等俱往饯送，以此丁、马、成、萧不在家也，门上留刺而归。

及至李府，正值仪从排列在门，乃通刺，须臾请入。至仪门下轿直入①，鸿章出迎。就坐，告以明日南下。李②言："贵使远来，未经两月又复回国，无乃太匆忙。"曰："是臣子常分〔五〕也。"鸿章盛称赖襄〔六〕学问论识，曰："诸葛武侯流亚〔七〕也。"日前赠《外史》故也。临别嘱前光曰："归国日善为我候右大臣、外务卿。"

是夜刘森置酒送别，前光、永宁、政道与李发荣（山西汾阳人，为兵马司副指挥，号椿浦）、王瀛（浙西人，直隶候补同知，正五品，号少泉）同酌。刘森又贶以物（火腿两蹄、酱鸭六嘴、茶食四匣、醉蟹一坛、糟鱼一篮、查糕〔八〕四匣、水果四包、松花〔九〕六十）。王瀛送前光诗曰：

> 明朝归去一帆风，我送君行唱恼公〔一〇〕。
> 惭愧不知投李报，杏花开处诉离衷。

是夜义质、信敦以疾不与饯。李鸿章送名帖表送行。

【校记】

① "轿直入"三字写本初有重复，后旁注"エン"。

② 李，写本作"季"，当为笔误。

【笺注】

〔一〕羽便：指信使之便。明·卢象昇《寄外舅王带溪先生》其二："下衷未罄，嗣羽便再陈。"

〔二〕瞻谢：拜谢。《宋书·王玄谟传》："黄门侍郎宗灵秀体肥，拜起不便，每至集会，多所赐与，欲其瞻谢倾踣，以为欢笑。"

〔三〕阳月：农历十月的别称。汉·董仲舒《雨雹对》："十月，阴虽用事，而阴不孤立。此月纯阴，疑于无阳，故谓之阳月。"

〔四〕刘铭传（1836—1896），字省三，自号大潜山人，安徽合肥人，清末淮军将领，洋务派骨干之一。早年在乡办团练，1862年随李鸿章至上海，参与镇压太平军，1865年入山东镇压捻军，1868年督办陕西军务，镇压回民起义。1884年以福建巡抚督办台湾军务，抗击入侵法军。1885年10月台湾设省后任首任巡抚，1891年因病回籍。著有《刘壮肃公奏议》《刘铭传文集》。

〔五〕常分：本分。宋·李纲《论宣抚职事札子》："见危致命，臣之常分，亦无足道。"

〔六〕赖襄（1781—1839），大阪人，日本朱子学者赖春水长子，江户后期著名历史学家、思想家、汉诗人、文人。幼名久太郎，字子成，号山阳、山阳外史，别号三十六峰外史，书斋名"山紫水明处"。著有《山阳诗钞》《日本政记》《日本通议》《日本外史》等。《日本外史》对幕末的尊皇攘夷运动产生过巨大影响。

〔七〕流亚：同类人物。《三国志·蜀书·吕乂传》："吕乂临郡则垂称，处朝则被损，亦黄薛之流亚矣。"

〔八〕查糕：用山楂果实为主要原料熬制成的糕。山楂亦作山查。《官场现形记》第十一回："邹太爷藏好当票，用手巾包好钱，一走走到稻香村，想买一斤蜜枣、一盒子山查糕，好去送礼。"

〔九〕松花：即松花蛋，又称皮蛋、变蛋。

〔一〇〕恼公：唐·李贺有《恼公》诗，奇语络绎，以铺张和盘旋的笔法写冶游情事。此处犹言扰乱我心曲。

十九日（壬子），晴

早晓萧世本来送别，须臾知府①马绳武亦来送别。

钱达束前光曰：

青青先生大人执事[一]：昨自榷署[二]归来，辱承嘉贶，渥蒙雅意，却恐不恭，谨登拜领，感铭曷既[三]。前呈俚句二章，自愧风尘俗吏末学荒芜，方以巴人下里[四]之词不足尘[五]大雅，乃荷尊属，今各书一叶，惭汗无已,固知癖等嗜痂〔六〕,因即剪烛染毫〔七〕,分册然缮,谨呈台鉴,祈即察存。附呈陈抱潜〔八〕《十二种兰亭诗集》〔九〕,非敢报琼〔一〇〕,聊佐清玩〔一一〕。外四部并祈转致眠云〔一二〕诸君为荷。祗肃鸣谢,敬请台安,并送行旌〔一三〕,不宣。外诗册五叶、《诗集》五部。钱达再拜。

送别诗曰:

  津沽忽照使星明,万里仙槎海上行。
  玉帛会盟周制度,衣冠朴古汉公卿。
  谦卑好礼皆师竹,揖让叨陪快识荆。
  一幅梅花劳惠赠,孤山翻触救卿情。

  敞筵折柬昨承招,读画②论诗意趣饶。
  神采兴③飞云霁月,谈锋词涌海生潮。
  金波味品口④中蚁,银镯春生座上貂。
  此会难逢偏易别,风帆顺利祝归桡。

  连兴来寓送行,因传成林所嘱云:"各位老爷如有临行要事,说与照料可也。"即转告成林,请发票知照税关,将使员行李⑤放行。
  夏仁麟赠书赆送行。
  二点半钟花房、名仓以有病先坐轿往紫竹林下"满洲"船。
  三点钟前光、永宁往俄、布、美、英四国领事馆告别,俄、美两国领事在家相见,布、英领事不在家。
  黄昏下船,刘森送至船中分手。因开费用各账,乃同至银房,将上海银行银票找算。回船吃饭。
  夜半刘森回家,特送精茶两罐于永宁。
  俄国办理公使部酺富⑥已与全权公使倭良嘎里⑦交代,辞京来津,亦乘"满洲"船至申转游横滨,云曾以寓箱馆〔一四〕,少通我国语。
  是夜仍泊紫竹林。

【校记】

  ①府,写本作"有",误。
  ②画,写本作"畵",下部的"田"作"日",旁注"マヽ",即原本如此。
  ③兴,写本作"與",据下句"谈锋词涌"推断,因繁体接近致误,当作"兴"。
  ④写本原脱"口"字,后补,旁注"脱字"。

⑤李,写本作"季",误。
⑥"部酢富"旁注日文假名"ビウツオフ"标注读音。
⑦"倭良嘎里"旁注日文假名"ウオランガリ"标注读音。

【笺注】

〔一〕执事:旧时书信中用以称对方,不直指其人而表示对对方的敬称。《左传·僖公二十六年》:"寡君闻君亲举玉趾,将辱于敝邑,使下臣犒执事。"

〔二〕榷署:宋代设置掌管过境贸易的机构。《宋史·食货志下八》:"乾德二年,禁商旅毋得渡江,于建安、汉阳、蕲口置三榷署,通其交易。"

〔三〕既:尽,全部。唐·韩愈《进学解》:"言未既,有笑于列者曰:'先生欺余哉!'"

〔四〕巴人下里:即下里巴人,古代楚国流行的民间歌曲,用以称流俗的音乐,泛指粗俗的作品。战国楚·宋玉《对楚王问》:"客有歌于郢中者,其始曰《下里》《巴人》,国中属而和者数千人。"

〔五〕尘:污染。《诗经·小雅·无将大车》:"无将大车,祇自尘兮。"

〔六〕嗜痂:喜食疮痂的嗜好,也称嗜痂成癖,语本《南史·刘穆之传》:"〔刘〕邕性嗜食疮痂,以为味似鳆鱼。"后用以形容人的嗜好奇特。

〔七〕染毫:濡墨挥笔,指作诗、文、书、画等。南朝齐·谢赫《古画品录·顾骏之》:"天和气爽之日,方乃染毫。"

〔八〕陈抱潜:号小铁,钱塘人,官直隶永定河道同知,著有《十二种兰亭精舍诗集》。

〔九〕《十二种兰亭诗集》:即《十二种兰亭精舍诗集》。

〔一〇〕报琼:本自《诗经·卫风·木瓜》:"投我以木瓜,报之以琼琚。匪报也,永以为好也。"原谓男女相爱互赠礼品,后指报答他人对待自己的深情厚谊。

〔一一〕清玩:供赏玩的雅致物品。元·欧阳玄《题山庄所藏东坡〈古木图〉》:"山庄刘氏富清玩,家有苏公旧挥翰。"

〔一二〕眠云:花房义质的字。

〔一三〕行旌:本为官长出行时的旗帜,后用以代称出行的官员。《荡寇志》第一二三回:"舍下离此不远,愿请行旌小住一日,未知可否。"

〔一四〕箱馆:即函馆,北海道西南部的海滨城市,因日语发音相同而用作异称。

二十日(癸丑),晴

八点钟起碇,迤逦而行,已过葛沽〔一〕,水浅船不甚进。船主立倚窗隙以望岸上树木,见其全不转,乃云每年十月初旬河水减落,若无潮水不能通也。乃停轮候潮,午后又走,及夜。

【笺注】

〔一〕葛沽:今天津市津南区葛沽镇。葛沽是历史上华北八大古镇之一,自明代起就是天津地区著名的水旱码头及贸易货物集散地。

二十一日(甲寅),晴

早晓系船于大沽炮台右岸煤厂前收煤。

午后前光、永宁上岸闲步,至西炮台及营门口,入守番厢吃烟。

问:"营长为谁?"

番卒云:"姓李。西戍五百,东戍三百,常屯于此。"

永宁曰:"我等日本使臣也,今欲回申,因候潮在此,欲看炮台,你可通报李营长。"

番卒进去,须臾短褂长袍者出见。永宁拱手问:"可许一观否?"

李云:"某昨过津城,闻日本使臣在津与李爵阁、成大人晤会办事云。却是公等也耶?要看炮台,何敢拒焉。"

言毕同十数营兵引前光等上台。台上有三位洋铁大炮,上记云:"重陆仟肆佰磅,吃药六勮、子廿五勮"。炮台共有五座,东营二座,西营三座。西营第一座上竖西洋旗杆,问之,云:"洋人借为瞭海船所也。"

五点钟起锚开船,风顺汽盛,回首已失大沽炮台,落日半含西山矣。

二十二日(乙卯),晴

二点钟抵烟台。登岸入市,过观音阁看剧,乃演美髯公〔一〕麦城之役〔二〕,关平、周仓侍焉。

归路转出海。出海边,登一石,层楼题曰"烟台",眺望颇佳,英国前领事官马利逊与登州诸彦要〔三〕所协力结构也。上可方丈余,中安圆石台,围以板橙〔四〕,有碑,系市商颂其德。归路转至外商居场。

【笺注】

〔一〕美髯公:汉末三国时期蜀汉名将关羽(?—220)的雅号。

〔二〕麦城之役:三国时期的一场战役,《三国演义》中有浓墨重彩的描写。219年(建安二十四年),关羽已失荆州,损失惨重,只有三百人马来到麦城(今湖北宜昌当阳市两河镇),向远在西川的刘备和在上庸(今湖北竹山县)的刘封、孟达求救未果,无奈突围,结果遭吴国将领潘璋、朱然等人埋伏,关羽被擒,宁死不屈,终被斩杀。

〔三〕彦要：彦，才德出众的人；要，重要人物。《诗经·郑风·羔裘》："彼其之子，邦之彦兮。"

〔四〕櫈：音[dèng]，无靠背的有足坐具。《晋书·王献之传》："魏时陵云殿榜未题，而匠者误钉之，不可下，乃使韦仲将悬櫈书之。"

二十三日（丙辰），晴

五点钟起锚。入夜波浪起伏，船颇动摇。

二十四日（丁巳），阴晴不定

见海水带泥色，过黄海也。
夜，风雨。

二十五日（戊午），晴

早晓船动摇如昨。南望一抹平林掩隐波间，知已过扬子江口，至崇明之外（崇明，县名，扬子江所注海处一岛是也。其背江处为内，面海处为外）。

十二点后抵申归寓，忠道、延长出迎称贺。

此日作书，将托涂宗瀛送曾国藩致谢。其书曰：

敬禀者：远违鹭埃，未遂瞻依，获睹鸿仪，倍深欣幸。更复仰承明训，诸有遵循，既叨大造〔一〕之滋培，尤赖春风之嘘拂，私衷感戢〔二〕，不待①言宣。恭维〔三〕宫太保爵中堂盛德在躬〔四〕，鸿猷〔五〕济世，忠诚正直，久高半壁之金汤〔六〕，惠露恩膏，偏〔七〕溥两江之苍赤〔八〕。正色表立朝之度，信五百名世之兴；读书明有道之基，符亿万载贤臣之颂。实中外之所以肃观听，亦遐迩之所以企仪型〔九〕也。前光等一介远人，毫无知识，仰精神夔铄，钦佩维殷，愧奔走风尘，悚惶靡已②。日前业奉总署回文，料理回国，惟违颜于在远，犹颂德于无涯。把紫气〔一〇〕之南来，喜闻鹊报；望大江之东去，谢托鱼书〔一一〕。恭敬⑦禧安，伏乞崇鉴。前光等同禀。

先是，国藩驻天津，转任两江总督，进京陛见，前光等因送行而浼托总署回函事，云："俟事成日，当奉书启谢。"后闻十月望国藩陛辞赴于金陵，故作此书以了前约。

此日名仓信敦有诗云：

书剑几回游上洋，故人情态似家乡。

童子皆道待君久，橘柚江南正饱霜。

清人凌酬卿次韵云：

三年小别隔重洋，万里睽违[一二]各一乡。
知否有人居旧馆，饱餐黄菊傲秋霜。

【校记】
①待，写本作"律"，误。不律意为不遵循，不守法，用在此处不通。
②已，写本作"己"，误。

【笺注】
〔一〕大造：大功劳，大恩德。《左传·成公十三年》："文公恐惧，绥静诸侯，秦师克还无害，则是我有大造于西也。"
〔二〕感戢：犹感激。司马光《与范尧夫经略龙图书》："光今日忝窃，皆由尧夫素加诲诱，重以推挽，其感戢固不在言。"
〔三〕恭维：恭敬思之，一般用于行文之始，为对上的谦词。汉·王褒《圣主得贤臣颂》："恭惟《春秋》法王始之要，在乎审己正统而已。"
〔四〕在躬：清明在躬之节略，形容人心地光明正大，头脑清晰明辨。躬，指自身。《礼记·孔子闲居》："清明在躬，气志如神。嗜欲将至，有开必先。"
〔五〕鸿猷：鸿业，大业；深远的谋划。南朝宋·谢庄《求贤表》："臣生属亨路，身渐鸿猷。"
〔六〕金汤：金城汤池之略语，比喻防守严密，无懈可击。《后汉书·光武帝纪下》："金汤失险，车书共道。"
〔七〕偏：假借为"遍"。《墨子·经说下》："伛宇不可偏举。"
〔八〕苍赤：指百姓。《封神演义》第六二回："甘驱苍赤填沟壑，忍令脂膏实羽翎。"
〔九〕仪型：楷模，典范。宋·苏轼《次韵张安道读杜诗》："简牍仪型在，儿童笺刻劳。"
〔一〇〕紫气：紫色云气，比喻祥瑞之气。汉·刘向《列仙传》："老子西游，关令尹喜望见有紫气浮关，而老子果乘青牛而过也。"
〔一一〕鱼书：也称鱼符，唐时用作凭信的鱼形符节，以木或铜制成，后用以指代书信。唐·陆贽《冬至大礼大赦制》："刺史停替，须待鱼书。"
〔一二〕睽违：别离，隔离。南朝梁·何逊《赠诸游旧》："新知虽已乐，旧爱尽睽违。"

二十六日（己未），晴

永宁往陈福勋馆告到，并请代订日期入谢道署。回路访福昌行刘益卿，托后寄信问于天津，必由贵行递至旗昌，益卿允诺。益卿，刘森兄弟①也。

陈福勋送书曰：

启者：今旦〔一〕接见贵权正郑公，欣悉贵权大丞亦已由津门吉旋〔二〕沪上，本分府深为慰念，容俟明早赴道宪前报明后，即于午前趋诣贵公馆拜晤各位，并以道贺为快也。专泐奉订，顺颂时祺。

前光等复书曰：

接诵惠函②，极感关爱。明日午后恭候文驾，专此单覆。

午后前光等至英、布、荷三国领事馆报到。入夜归寓。

此日外务省所派少录斋藤丽正〔三〕至沪，本省大少丞顺寄书信。时宫木鸣在箱馆，寄前光诗曰：

不恨东西万里分，丹心所望只青云。
孤眼一觉天如水，不梦乡③关独梦君。

【校记】

①弟，写本初作"第"，旁注"マヽ弟カ"。

②函，写本写若"凾"（末笔缺）。

③乡，写本作"卿"，误。

【笺注】

〔一〕今旦：今朝，今日。《史记·孟尝君列传》："今旦代从外来。"

〔二〕旋：回，归。唐·李商隐《行次西郊作一百韵》："玉辇望南斗，未知何日旋。"

〔三〕1870年十月经柳原前光极力争取，中方允以日本外务省在上海委任官员管理在沪日本居留民，由受大藏省委派来沪的通商大佑品川忠道负责，权少录斋藤丽正和权少属神代延长为辅。

二十七日（庚午），晴

午前陈福勋来称贺，约以明日十二点钟进城晤涂道。

午后广东路福昌洋行刘树琳、刘树槐二人来见。

黄昏宁波人应昌槐邀仆从等登宝善街同新楼酌酒，尽欢回转，入昌①槐所爱娼家吃茶。唱妓设果泡茶，又弹琵琶数齣，次鼓洋琴〔一〕，清歌低唱，莺啭〔二〕度曲〔三〕。弹罢卧于炕床，装鸦片烟进之。仆从故大吹本国烟叶，笑其所握烟具浑不似也，以示不解食鸦片之态②。姊③既去，其妹又来款劝，并拒斥之。

有邻壁婆娘携八岁小儿至，盖妓邀之看异邦人也。问曰："此小郎玲珑可爱，想已读书？"婆云："今年二月上学，顷读《神童诗》〔四〕。"因见其儿青头白面，倚定娘膝，注视不转睛，乃取雪梨一片与之。谢而受，拱而食，绝无顽态。因疑此等女流不知缘何流落于此，想亦长毛乱余流离之子耳。坐觉慭然〔五〕，不敢妄谈。其大妓年二十四五，小姨十八，俱姑苏口音。

【校记】

①昌，写本作"畅"，误。

②态，写本作"熊"，旁注"マヽ"，误。

③姊，写本作"姉"，日语汉字亦作此写。

【笺注】

〔一〕洋琴：一般称扬琴，中国常用的一种击弦乐器，与钢琴同宗，音量宏大，音色明亮，表现力丰富，可以独奏、合奏或为琴书、说唱和戏曲伴奏。

〔二〕莺啭：谓黄莺婉转而鸣。唐·卢照邻《入秦州界》："花开绿野雾，莺啭紫岩风。"

〔三〕度曲：依曲调的节拍歌唱。《文选·张衡〈西京赋〉》："度曲未终，云起雪飞，初若飘飘，后遂霏霏。"

〔四〕《神童诗》：旧传宋代汪洙撰，后人以汪洙的部分诗为基础，再加进其他人的诗，编成《神童诗》一卷。历代多有编补修订，增入了隋唐乃至南北朝时期的诗歌，篇名也大多是另行添加的。诗体皆为格律工整的五言绝句，文字浅显易懂，是适合少年学诗的范本。

〔五〕慭然：怜悯貌。《后汉书·廉范传》："麟乘小车，涂深马死，不能自进，范见而慭然，命从骑下马与之，不告而去。"

鸦片床头挂四小幅，书袁翔甫〔一〕《沪北竹枝词》〔二〕二十四首（翔甫者，随园〔三〕之文孙〔四〕云）：

沪上风光尽足夸,门开新北更繁华。
出门便是华夷界,一抹平沙大道斜。(上洋亦名沪渎〔五〕,新北门自辛酉年〔六〕备夷防寇时始开,市桥外即法兰西国租地界址①〔七〕。)

丽水台高雉堞〔八〕齐,评茶有客日攀跻。
绕楼四面花如海,倚遍阑干任品题〔九〕。(丽水台,茶肆名。环台皆青楼也,又名"沪江第②一楼"。)

肠肥脑漏说津津,浦五房经买醉频。
毕竟金陵风味好,新新楼上馔尤新。(浦五房乃姑苏灯舫〔一〇〕名厨新开酒楼也,新新楼为金陵庖人③。)

丹桂园兼一美园,笙歌从不问朝昏。
灯红酒绿花枝艳,任是无情也断魂。(戏园不下十所,丹桂、一美最著④者。一美亦名满庭芳。招伎同观,俗称"叫局"。夜剧来者尤多。)

呼卢比户任经过,百万金钱一掷梭。
除却局中人不解,红灯高挂五分和。(赌局门首必挂高灯,大书"五分和"字样,今悉禁闭。)

司徒庙里祈神切,鬼子坟前捉客忙。
共道儿家签句好,归来几度倩人详。(司徒庙〔一一〕在大马路东,每⑤逢朔望祈签者云集。鬼子坟相去近。)

抛球看惯不须称,拍卖商量到泰兴。
听说明朝大跑马,倾城士⑥女兴飞腾。(抛球乃西人戏剧,设场马路之东。拍卖,交易之称。泰兴,洋行名。大跑马一年两度,观者如堵。)

三分起息认招牌,质库如云处处皆。
休笑阮囊羞涩〔一二〕甚,玉钗⑦典尽到金钗⑧。(押铺当街排比,床头金尽〔一三〕之徒取资甚便焉。)

【校记】

①址,写本作"趾"。

②第,写本作"弟"。

③后省略或漏抄"所开酒楼"。

④著,写本作"箸"。

⑤每,写本作"海",误。

⑥士,写本原作"壬",旁注"マヽ士カ"。

⑦铋,疑为"钗"之误。

⑧钗,写本初写若"铋",旁注"マヽ釵カ"。

【笺注】

〔一〕袁翔甫(1827—1898),清代文学家袁枚嫡孙,名祖志,字翔甫,号枚孙,别署仓山旧主、杨柳楼台主等,浙江钱塘(今杭州)人,擅诗文,出任过县令、同知,后寓居上海,历任《新闻报》《申报》和《新报》主笔。曾建诗社"杨柳楼台"于上海四马路西,名噪一时。著有《谈瀛录》《出洋须知》《沪城备考》《上海竹枝词》《随园琐记》等,辑有《择言尤雅录》一卷,编定《袁随园全集》。

〔二〕《沪北竹枝词》:袁祖志《谈瀛阁诗稿》第七卷所收。19世纪末曾流行"欲悉春申江上事,固应熟读竹枝词"一说。

〔三〕随园:清代乾嘉时期著名诗人、散文家、文学批评家和美食家袁枚(1716—1798)之号。

〔四〕文孙:本指周文王之孙,后泛用为对他人之孙的美称。《书·立政》:"继自今文子文孙。"清·赵翼《题肃本淳化帖》:"文孙雅意惠来学,妙选宾友相切磋。"

〔五〕沪渎:古水名,指吴淞江下游近海处一段(今黄浦江下游)。

〔六〕辛酉年:指1861年,咸丰十一年。这一年咸丰帝病死,同治帝继位,发生辛酉政变,慈禧正式上台,曾国藩在安庆设立军械所,洋务运动开始。

〔七〕界址:土地分界之处。元·袁桷《松林行》:"阴阴松林八百里,相传昔日为界址。"

〔八〕雉堞:古代城墙上掩护守城人用的矮墙,也泛指城墙。《文选·鲍照〈芜城赋〉》:"是以板筑雉堞之殷,井干烽橹之勤。"

〔九〕品题:观赏,玩赏。唐·畅当《蒲中道中》其二:"古刹栖柿林,绿阴覆苍瓦。岁晏来品题,拾叶总堪写。"

〔一〇〕灯舫:苏州、扬州、杭州等地盛行用画舫吃船菜,或因夜间灯火璀璨而得名。

〔一一〕司徒庙:即上海保安司徒庙,位于南京东路,因内外墙刷成紫红色俗称红庙、虹庙,始建于明万历年间,原为佛寺。清康熙末年庙产典卖予毗邻淞南张姓道士,改为道观,此后一直到1966年住持都由张姓道士世传。

〔一二〕阮囊羞涩:本自元·阴时夫《韵府群玉》"一钱囊":"〔晋〕阮孚持一皂囊,游会稽,客问:'囊中何物?'阮曰:'但有一钱看囊,空恐羞涩。'"后因以"阮囊羞涩"为手头拮据、身无钱财之典。

〔一三〕床头金尽:钱财耗尽而陷于贫困。出自唐·张籍《行路难》:"君不见床头黄金尽,壮士无颜色。"

当街巡捕气何骄,赤棒宣威路一条。
最是侵晨[一]春睡美,恼人万马响萧萧。(巡捕乃外国巡街者之称,手棒所以击人。夷场[二]无东厕[三],只清晨中刻准担粪人到门,喧嚷沸腾,俗呼"消马桶"。)

千门万户好楼台,曲巷长街绝点埃。
底事[四]路人频讯问,问从何处便旋来。(夷场无小便所,行人甚窘,近乃设三五处。)

火轮坊转木桥西,马路迢迢草色齐。
流水是车龙是马,一鞭争逐夕阳低。(火轮磨①坊,夷制,在郑家木桥之西,再西去即大马路,每日四点钟时车马交驰。)

大自鸣钟矗碧霄,报时报刻自朝朝。
行人要对襟头表,驻足墙阴仔细睄。(大自鸣钟高出层楼②,行人观睹甚便。时辰表挂③于襟头,俗样也。)

竿灯千盏路西东,火自能来夺化工[五]。
不必焚膏夸④继晷[六],夜行常在月明中。(树竿置灯所以照道,皆自来火[七],由地道出,光焰绝明,彻夜不灭。)

星昴房虚[八]礼拜期,西人有例任游嬉。
今朝捐客[九]兼通事,定向花间醉一卮。(夷俗七日一礼拜,四宿值日之期,是日安息,任人游玩戏馆酒楼,花街柳巷烂其盈门。捐客,经手买卖之人。通事,洋行中译语言。)

不谙诵读不躬耕,镇日[一〇]寻欢结队行。

夕照渐低新月上，担心此际要关城。（游手好闲⑤之人盈千累万，皆无业流民也，切令日暮关城，非兵备道〔一一〕衙门照会不开。）

一任腰缠百万缗〔一二〕，未堪买尽上洋春。
归真返璞⑥知何日，愁杀旁观冷眼人。（一隅之地，奢华靡费甲于天下，有心世道者徒切隐忧焉。）

【校记】
①磨，写本作"磿"，旁注"マヽ"，即原本如此。
②楼，写本作"接"，误。
③挂，写本作"桂"，误。
④写本此处书页错乱，本叶右页至此结束，但与左页不接续，今将与该诗接续的书页提至此处，中间两页顺序后移。
⑤闲，写本作"间"，误。
⑥璞，写本作"樸"，误。

【笺注】
〔一〕侵晨：天色渐亮时，拂晓。《三国志·吴书·吕蒙传》："侵晨进攻，蒙手执枹鼓，士卒皆腾踊自升，食时破之。"
〔二〕夷场：旧时指上海的租界，亦用以称旧上海，犹言洋场，含贬义。
〔三〕东厕：厕所。《水浒传》第六回："还有那管塔的塔头……管东厕的净头，这个都是头事人员，未等职事。"
〔四〕底事：此事。宋·林希逸《题达摩渡芦图》："若将底事比渠侬，老胡暗中定羞杀。"
〔五〕化工：自然造化而成。宋·苏轼《浣溪沙·徐州藏春阁园中》："惭愧今年二麦丰，千畦细浪舞晴空。化工余力染夭红。"
〔六〕焚膏夸继晷：燃烧灯烛一直到白天日光出现，形容夜以继日地勤读或工作。语本唐·韩愈《进学解》："焚膏油以继晷，恒兀兀以穷年。"
〔七〕自来火：煤气灯。包天笑《钏影楼回忆录·儿童时代的上海》："许多店家都点的自来火，即是煤气灯，上海人叫他自来火。"
〔八〕星昴房虚：星宿名。按中国黄历二十八宿轮流值日的说法，星期日为虚、房、星、昴四宿值日。
〔九〕掮客：替人介绍买卖从中赚取佣金的人，也常喻指投机者。《二十年目睹之怪现状》第八五回："子安道：'是个掮客。'"

〔一〇〕镇日：整天，从早到晚。宋·朱熹《邵武道中》："不惜容鬓雕，镇日长空饥。"

〔一一〕兵备道：整饬兵备道之略称，明朝时在边疆及各省要冲地区设置整饬兵备的按察司分道。清朝沿置，乾隆时定为正四品，多由守、巡二道兼任。兵备道集军事、监察大权于一体，是明清时期一项重要的地方管理制度。

〔一二〕缗：古代穿铜线用的绳子，借指成串的铜钱，亦泛指钱。《史记·酷吏列传》："于是丞上指，请造白金及五铢钱，笼天下盐铁，排富商大贾，出告缗令。"

富贵荣华瑞兆嘉，十分春色不嫌奢。
何须艳说丁家巷①，花径②三三自足夸。（兆富、兆贵、兆华皆里名。此外日新、久安、百花、尚仁、文运、桂馨、永里悉系上等勾栏〔一〕，俗称"板三局"。丁花巷③乃苏台伎馆最盛处所。）

廿四间楼景色酣，寻春先向此中探。
也知身价今非昔，尚可逢人说二三。（廿四间楼伎馆设最早，今居二等勾栏，俗称"二三局"④。）

簇簇三层歌舞⑤楼，娇娃〔二〕强半〔三〕是苏州。
檀郎〔四〕偏爱南京调，一曲终时一饼投。（东西棋盘街三层楼皆居下等勾栏，俗称"么二〔五〕局"。）

梳头掠鬓样争奇，叠被铺床百事宜。
别有风情惹怜惜，绉纱马甲俏娘姨。（娘姨，女伎之称。马甲，半臂也。"娘姨弗搭脚，那里有绉纱马甲着？"吴人俗谚云。）

轻绡帕首〔六〕玉生香，共说侬家是五羊〔七〕。
联袖拖鞋何处去，肤圆两足白于霜。（粤东伎女皆不缠足，间有佳者洁白无比，亦于此间设所。）

一曲琵琶四座倾，佳人也自号先生。
就中谁是超群者，吴东卿同黄爱卿。（说书女流身价颇重。）

花样翻新任讨探，不愁妆束入时难。
随身别有银奁具，方寸菱花〔八〕席上安。（青楼中衣饰岁易新式，更有小银镜皆随置座隅⑥。）

　　　　传神端不藉丹青，有术能教镜照形。
　　赢得玉人〔九〕怜玉貌，争模小影挂云屏。（照相乃西人术也，能以药水照人全影于玻璃或纸上，神采逼肖。勾栏中人必各照一相悬之壁间。）

　　时将二更，乃谢别下楼，大姨执烛送至楼门。昌槐同到二马路街，临别仆从等偶话及前光等欲行宁波，应请接待于己家，翌日先回。

【校记】
①巷，写本下部写若"匕"，旁注"マヽ巷カ"。
②径，写本写若"徑"，右上写若"人"，旁注"マヽ徑カ"。
③丁花巷，即诗中丁家巷，或误抄，或异名。
④写本原作"俗'二三局'称"，后标以调整顺序的符号。
⑤舞，写本下部写若"舜"字中下半，旁注"マヽ"，即原本如此。据文意当作舞，径改之。
⑥隅，写本作"偶"，误。

【笺注】
　〔一〕勾栏：宋元时杂剧和各种伎艺演出的场所，内有戏台、戏房（后台）、神楼、腰棚（看席）等，有的亦以"棚"为名；也用以指妓院。宋·孟元老《东京梦华录·东角楼街巷》："街南桑家瓦子，近北则中瓦，次里瓦，其中大小勾栏五十余座。"
　〔二〕娇娃：美人，少女。唐·刘禹锡《馆娃宫》："宫馆贮娇娃，当时意太夸。"
　〔三〕强半：大半。隋·杨广《忆韩俊娥》其一："须知潘岳鬓，强半为多情。"
　〔四〕檀郎：指晋代潘岳。《晋书·潘岳传》《世说新语·容止》均载，潘岳美姿容，尝乘车出洛阳道，路上妇女慕其丰仪，手挽手围之，掷果盈车。岳小字檀奴，后因以"檀郎"或"檀奴"为妇女对夫婿或所爱慕男子的美称。
　〔五〕么二：亦作幺二，本为骨牌名，旧时妓院中妓女有长三、幺二的等级名称，幺二是次一等的妓女。清·韩邦庆《海上花列传》第二回："耐去叫幺二，阿要坍台？"
　〔六〕帕首：裹头。唐·韩愈《元和圣德诗》："以锦缠股，以红帕首。"
　〔七〕五羊：广州的代名词。《太平寰宇记·岭南道一·广州》引《续南越志》云，相传古代有五仙人乘五色羊执六穗秬而至此，故称广州为"五羊城"。
　〔八〕菱花：古代常以菱花为铜镜背面的图案，故用菱花称镜子。唐·李白《代美人愁镜》其二:"狂风吹却妾心断,玉箸并堕菱花前。"

〔九〕玉人:比喻资质聪慧,神采俊秀的人,也称美女。《晋书·裴楷传》:"〔裴〕楷风神高迈,容仪俊爽,博涉群书,特精理义,时人谓之玉人。"

二十八日(辛酉),晴

十二点钟前光等仪服入城见涂宗瀛,信敦、政道以病留寓。昨本省派丽正来沪,以忠道任外务大录兼通商大佑,与丽正、延长共留申浦管束我商民在上海者,故同行而见于涂道。又送照会,其文曰:

> 为照会事:明治三年八月二十三日本出使等在申,因欲赍带国书北上亲递总理衙门,行当远离贵地,必须留委通商权大佑品川忠道、长崎县权少属熊延长等约束来沪本国士民交涉事件,为此备文,因贵分府陈转请贵道允准,据贵分府传言,经本道署查贵出使等文所称留员在沪约束本民云云,以为允当,然未议约之间不必备文照请,姑宜留员在此,小事由分府,大事由道署办而可也等因,本出使等准此,收还原文,旋①即北上。业在津门办完公事,当因回国销差,随将留员沪地约束本民事宜陈于通商大臣,已承面允,并达总理衙门在案。又于本出使等辞天津日,通商大臣特缮信函附寄前来,即便知照贵道。本出使等今已到沪,除当备文照送外,相应趋晤贵道深谢,本出使等是多蒙贵道切实照料,藉能北上办公完毕,俾得回国销差,拟请订期。

> 适于本月二十六日有本国外务省另派外务少录斋②藤丽正来沪,本出使等接到外务卿大臣来函,内称今有我国商民当渐入申,俟换约间必须委员钤束〔一〕,故加任品川忠道以外务大录,仍兼通商大佑,在留沪地,派斋藤丽正为副,命熊延长充翻译事,共相约束本民,毋使有犯他国典型等因,到本出使等。准此当藉本日晤谢贵道之便,带同该员一齐进见,面请贵道认存,以冀嗣后在沪诸邀贵道鸿施照料,庶获办公周妥,并祈贵道即发允准收照,以便本出使等持回缴销,感无涯矣。为此照会贵道,希即查照可也。须至照会者。

此日照录恭亲王回函以示宗瀛,又托谢函一封转递曾国藩,并将成林附寄宁绍台道台信函托付宗瀛预为递送,又请涂道托彼点拨行馆接待。涂云:"是处无公馆。"因有难色,前光等以应昌槐之约,乃曰:"可以不必,某等自寻下处可耳。只求递送封信去,得他预知为祷③。"宗瀛诺,乃辞回寓。

杨懋骥〔二〕招饮于同新楼。懋骥者,号雪山,嘉兴府平湖县乍浦人,永宁所素知也。杨④又邀友人金眉生〔三〕陪席,金乃作二律赠焉。金亦添菜蔬,宾主尽欢。楼头客满,欢呼歌谑,忽见两两青衣各扶女郎冉冉而上,由楼廊阁道结尾〔四〕鱼贯〔五〕而至,散入东阁西座,乃妓女应招而来者。所谓⑤:

　　徐福千年浮海去,彩云五色忽飞回。
　　一家水乳情原切,万顷波涛量自恢。
　　使节居然高陆贾〔六〕,勋名端可上云台。
　　中原文字欣同调,不羡西天佛法来。

　　申江楼阁碧琉璃,酒气成云烛万枝。
　　四海梯航皆拱极〔七〕,千秋人物比观棋。
　　筵前黄菊香犹满,天外新梅赏未迟。
　　把酒送君归棹稳,好春同昒⑥〔八〕再来时。

【校记】

①旋,写本初作"施",后改。

②斋,写本作"齐",误。

③祷,写本作"梼",误。

④杨,写本作"扬",误。

⑤以下二诗即金眉生所赠的律诗。

⑥昒,写本作"聇",误。

【笺注】

〔一〕钤束:管束,约束。宋·苏舜钦《上京兆杜公书》:"至于钤束小吏,期会簿书,非大贤事业,幸委之幕府。"

〔二〕杨懋骥,字雪块,号雪山,浙江嘉兴府平湖县乍浦人,与其妻周蓉并有文名。周蓉,字静居,工韵语,善写生。(参见潘衍桐编纂;夏勇,熊湘整理:《两浙輶轩续录(第10册)》,杭州:浙江古籍出版社,2014年。)

〔三〕金眉生(1817—1880),原名国琛,后改安清,字眉生,号傥斋,晚号六幸翁,浙江嘉善人,工诗,有文名。

〔四〕结尾:犹衔尾,前后相接。汉·桓宽《盐铁论·力耕》:"是以骡驴馲驼,衔尾入塞。"

〔五〕鱼贯：游鱼先后接续，比喻一个挨一个地依序进行。《三国志·魏书·邓艾传》："山高谷深，至为艰险，又粮运将匮，频于危殆，艾以毡自裹，推转而下。将士皆攀木缘崖，鱼贯而进。"

〔六〕陆贾（约前240—前170），西汉思想家、政治家、外交家，早年追随刘邦，因能言善辩常出使诸侯。曾两次出使南越，说服赵佗臣服于汉，为安定汉初局势做出极大贡献，著有《新语》等。

〔七〕拱极：犹拱辰，拱卫北极星，后因以比喻拱卫君王或四裔归附。语本《论语·为政》："为政以德，譬如北辰，居其所，而众星共之。"

〔八〕眆：盼望。元·张雨《早春怨·拟白石》："眆得春来，春寒春困，陡顿无聊。"

二十九日（壬戌），晴

前光有诗似丽正，曰：

春申江畔使臣船，异域①相逢也好缘。
满眼风光君看取，小东门〔一〕外月如烟。

此日作书报外务省。②

【校记】

①域，写本初作"城"，后改。

②写本本日条原只有"二十九日 此日作书报外务省"一句，其他内容系覆以纸片增补的。

【笺注】

〔一〕小东门：位于今上海市黄浦区东部，毗邻城隍庙、豫园，素为经济繁荣地区，因老城厢环城十扇门之一的小东门而得名。

闰十月朔（癸亥）

时田所政干、武市重礼请归国，遣之（二人皆从前光来者）。

四点钟前光、义质、永宁、丽正、政[道]①同乘美国轮船（号"江西"）之宁波。信敦有病，因留沪寓。

【校记】

①"道"字原脱。

二日(甲子),小雨

晓四点钟船已入宁波河口。夹岸有山,村家鸡鸣,渔火〔一〕归浦,风静水平。黎明至埠头,乃遣小厮报应昌槐。是地外国商铺仅有四五十号,未甚繁盛。须臾昌槐同来,迎接前光等上陆。过新江浮桥(连系造舟为梁,长可百间),向真武宫街路,入东门内海神庙后至应氏,乃宿焉。昌槐年四十五,尝居长崎,来往神户、横滨,少通我国言语,待前光等极其款曲。先是品川忠道之在大坂也,有人曾与昌槐知交者①闻忠道欲之上海转游宁波,乃作书荐托昌槐。忠道所以得遇于应,而前光等亦由是得此接待也。

是日作书送该道文廉曰:

> 昨初一日附坐"江西"轮船发沪,今晓六点钟抵岸入城,寓东门内海神庙后街应昌槐家,所有同来人数合应具单报明,并祈于今日或明日内专叩贵署拜晤为幸,即烦指示时刻是祈。肃此报闻。
>
> 再者,前在天津通商大臣处所领信函,十月二十九日浼涂公转递台处,谅已入览也。

少焉应氏来告云:"闻文道台昨夜以中风卒,故尊函即转报本府边葆诚〔二〕矣。"

已而〔三〕前光、义质逍遥城市。

三点知府边葆诚使江苏候补道陈政钥〔四〕来,永宁出接,言前光等明日欲见知府之意,政钥诺而去。

入夜政钥使人报曰,知府于明初三日九点钟恭候台驾云。

【校记】

①写本衍一"者"字。

【笺注】

〔一〕渔火:渔舟中的灯火,借指夜间捕鱼的渔船。唐·张继《枫桥夜泊》:"月落乌啼霜满天,江枫渔火对愁眠。"

〔二〕边葆诚,直隶河间府人,清同治、光绪年间任宁波知府。

〔三〕已而:过了不久,然后。《史记·孝武本纪》:"少君曰:'此器齐桓公十年陈于柏寝。'已而案其刻,果齐桓公器。"

〔四〕陈政钥(1817—1878),字鱼门,号仰楼,又号小楼,浙江鄞县(今宁波)人。咸丰年间因平定地方造反有功,授内阁中书从七品衔,驱逐太平军出宁波境后主持宁波善后局，后以直隶州知州发往江苏补用。

三日（乙丑），阴

九点钟前光等先至陈政钥，同往边府，飨接如式。葆诚年五十八，直隶河间府人也，谦恭温良，善书，云同治二年始上任时方毛贼猖獗，经曾国藩剿办乃得安堵〔一〕。前光等见府中题额皆边所书，笔法精巧，乃索其书，边诺之。十二点钟辞去。

午后昌槐引永宁逍遥城中，至天后庙，云："十八省〔二〕皆有之，而其壮严〔三〕，此为第一。"又呼舟过江东，天后庙后门粉墙嵌一石匾，题曰"庆安会馆"，云为宁波一府户口公派所修治，有事则集会焉。庙貌整肃，遥胜于城中者。正门临江而开，前后架两个戏台，画楼朱栏，巧致焕烂，石柱抱龙，自阶砌至墙壁，屋面多用石板①，雕花草人物，光滑如玉，其石宁波所出云。五点钟回寓。

此地卑湿，南风方起，水气渗于地上，如人发汗然。内外人家及街衢到处无不敷石②者，盖为此也。又水味咸卤，人家多设大缸以贮天水焉。

黄昏后昌槐与其友人邀我使员至一行院，门前有竹轿数肩停候。径入门，至中庭，有玻璃障数楹，窥其内，坐客满堂，美姝陪侧，弹唱侑觞〔四〕。时有一妇出，姿仪闲③雅，名李宝笙，盖曲中领袖也。转入④堂后，窥看坐客饮酒作乐。忽有小奚〔五〕运一板橙至堂中，请前光等坐而观之。座上或吏或商，丽姬劝酒，伶人弄音，客偶唱一曲，声妓因以调拨，俱昆腔〔六〕小调也。少焉，后房排上一卓，数品回千，几碗小菜，请前光等就席。有加鬟老婢呼曰陈阿嫂，往来供茶进烟。二妓把壶陪酒，问芳名何，一曰王春梅，一曰陈小梅。又呼阿招、小招娣等，俱十五六岁，弹琵琶而歌，最可爱也。更深，尽欢而归。

【校记】

①板，写本作"版"，误。
②石，写本初作"右"，旁注"マ丶石カ"。
③闲，写本作"间"，误。
④衍一"人"字，第二个"人"旁注"衍字"。

【笺注】

〔一〕安堵：安居。《史记·田单列传》："即墨即降，愿无虏掠吾族家妻妾，令安堵。"

〔二〕十八省：指汉地十八省，清朝将原明朝统治下的十五个承宣布政使司中的湖广分为湖南、湖北，南直隶（先改名为江南）分为安徽、江苏，从陕西中分出甘肃，共设置十八个省份。十八省维持晚明原有的政治制度，不同于满人占领的关外三将军辖区及新疆、内外蒙古、青海、西藏等其他地区。十八省的概念与范围自康熙至光绪两百多年大致维持不变，属于郡县直辖区。

〔三〕壮严：指建筑物壮盛严整。

〔四〕侑觞：劝酒，佐助饮兴。宋·周密《齐东野语·张功甫豪侈》："别有名姬十辈，皆白衣，凡首饰衣领皆牡丹，首带照殿红一枝，执板奏歌侑觞，歌罢乐止，乃退。"

〔五〕小奚：也作小傒、奚奴、小奚奴，指年幼的侍童。唐·李商隐《李贺小传》："恒从小奚奴骑驴，背一古破锦囊，遇有所得，即书投囊中。"

〔六〕昆腔：亦称昆曲、昆剧，流行于我国江浙一带的剧种，明代到清中叶以前为我国主要的戏曲腔调。

四日（丙寅），雨

边葆诚送书曰：

　　昨承惠顾，今日欲来回拜，诚恐贵使诸位有事不值，即祈示一时刻为祷。专此布请，顺颂行祺。

乃答以名帖，并言寓次蜗窄，不敢屈驾。黄昏后葆诚又使人来，云欲于明日二点钟专来拜候。因订许之。

是日英人葛格①〔一〕邀义质、永宁等登保德观。观在盐潮门内，往者击长毛贼也，英法兵由此门而入云。共登楼观之，时阴雨模糊②，四望不明，殊为可惜。此观为英国人调清兵教洋枪处，葛格为之师，官名"总卫"。

【校记】

① "葛格"旁注日文假名"コツク"标注读音。

② 糊，写本作"糊"，误。

五日（丁卯），雨

二点钟边葆诚来回拜，具酒菜飨之，赠以《国史略》〔一〕《星岩集》〔二〕、五色纸笺等。

晚间昌槐设一酒席请前光等同酌。其友数辈陪坐，乃项谨庄、俞荣怀、俞阿生也。

【笺注】

〔一〕《国史略》：受足利时代传入日本的中国史籍《十八史略》影响，日本江户时代末期岩垣松苗编纂的日本历史著作，1826年（日本文政九年）皇都五车楼刻本，5卷。

〔二〕《星岩集》：有"日本的李白"之誉的江户时代汉诗人梁川星岩（1789—1858）所著汉诗集，共26卷。

六日（戊辰），雨

四点钟昌槐导前光等到天宁寺登古塔。塔名天峰塔，锥柱高耸云霄，登之至顶，有十二梯，周围山水、府中街市都在望中。永宁有诗曰：

一上一上又一上，直上天峰塔顶来。
莫道浙①宁看未尽，满城烟雨是楼台。

下塔出寺门，又至延庆寺，是为宁城丛林〔一〕，有七十余僧，宝殿安置丈六佛像及十八罗汉，雕彩精妙。

回路过俞荣怀家，甫坐即饮以青菓〔二〕冰糖汤，次点桂圆汤。须臾排上卓子：六样回千，四样点心，六样小菜，四样大菜。就中〔三〕白煮河鳗〔四〕、清汤脚鱼〔五〕味尤美，八宝全鸭火候得中。饮毕吃饭，辞去。

【校记】

①浙，写本作"渐"，误。

【笺注】

〔一〕丛林：佛教用语，初专指寺院道场，后泛称寺院。宋·王安石《次韵张子野竹林寺》其一："涧水横斜石路深，水源穷处有丛林。"

〔二〕青菓：亦作青果，指鲜果、应时果品。《宋史·五行志一下》："宣和六年，都城有卖青果男子，孕而生子，蓐母不能收。"

〔三〕就中：其中。唐·李白《忆旧游寄谯郡元参军》："海内贤豪青云客，就中与君心莫逆。"

〔四〕河鳗：鳗鲡的一种，一般产于咸淡水交界海域，似蛇无鳞，营养丰富，肉质鲜嫩。

〔五〕脚鱼：又称甲鱼、团鱼，学名中华鳖，肉质细嫩，味道鲜美，在中国有悠久的烹食历史。《墨子》记述楚国"鱼鳖鼋鼍为天下富"，长沙马王堆汉墓出土的食谱中就有甲鱼，《唐书·地理志》载有"岳州贡鳖甲"。

七日（己巳），雨

此日欲回上海，忽听汽筒响声，知有船到，乃令众束装。昌槐馈物践行（摆磬两架，龙井芽茶四瓶，绣枕六只，火腿两只，抚联五对，雪片糕十包，翰笺〔二〕五札，蜜①青梅十瓶，诗笺五盒，桂圆五包）。

永宁往边府告辞。午后葆诚②赠物及自笔楹联（家刻《竹岩诗草》〔一〕一部，浙③刻《雁荡山志》〔二〕一部，《随园诗草》〔三〕一部，《杜律启蒙》〔四〕一部，湖笔四合，徽墨四合，芽茶八瓶，绍酒二罍〔五〕）。唯领书籍，余皆还之。项谨庄见边氏所作字，曰："边家高、曾、祖三世任清，俱至宰相，今子侄辈登仕篆者亦不为少，且文章笔墨如边氏者世不多见，故亦自高，不妄赠。今为诸公作之，重公等也。"

三点钟与昌槐作别，下驿船（号"西江"），四点钟解缆。

【校记】

①蜜，写本作"密"，误。

②诚，写本初作"誡"，旁注"マヽ誠カ"。

③浙，写本作"淅"，误。

【笺注】

〔一〕《竹岩诗草》：清·边中宝（生卒年不详）撰，《四库未收书辑刊》有收录。边中宝，字识珍，号竹岩，直隶任丘（今河北省任丘市）人。1738年（乾隆三年）举于乡，官遵化州学正。后与弟连宝同游东南山水名胜，诗作一时传写殆遍。著有《竹岩诗草》二卷，与弟连宝合著《南游埙篪集》一卷。

〔二〕《雁荡山志》：全名《广雁荡山志》，清·曾唯纂辑，1790年（乾隆五十五年）首次刻印，嘉庆、同治年间多有增补翻刻，版本多样，内容包罗宏富，体裁广博，是最后一部雁荡山旧式志书，也是历代雁荡山志的集大成者。

〔三〕《随园诗草》：清·边连宝（1700—1773）撰，蒋士铨选订，边中宝校勘，边廷抡刊刻（与边汝元《渔山诗草》、边中宝《竹岩诗草》一同刊刻），《中国古籍善本总目》有著录。边连宝，字赵珍，后改为肇畛，号随园，晚号茗禅居士，历康熙、雍正、乾隆三朝，清代中叶著名学者、文学家、诗人，与同时代的著名诗人袁枚号称南北两随园。

〔四〕《杜律启蒙》：边连宝评撰，1777年（乾隆四十二年）初刻，1834年（道光十四年）墨稼斋重刻，专事注解杜诗五律、七律，共十二卷，前九卷为五律，计627首；后三卷为七律，计151首。

〔五〕罍：古代大腹小口的酒器。

八日（庚午），阴

五点钟船已到沪。由宁至沪海程共六十里有奇也。监督大佑小野义真〔一〕、通商少令史田中直方来见，云本月初四日运铜五十万斤到申。忠道以以曩日涂宗瀛所送书柬，其文曰：

启者：十月廿九日接到来文，并承枉顾〔二〕，快聆壹是〔三〕。所有三口通商大臣成书函一件①，即当照收。现在品大录等留沪，遇有交涉事件，望就近与陈司马商办，本道自当随时照料，以副雅嘱。泐此布覆，惟照不宣。

【校记】

①件，写本作"忤"，旁注"マヽ件カ"。写本本日条下文"交涉事件"之"件"亦作此写。

【笺注】

〔一〕小野义真（1839—1905），日本明治时期实业家，通称强一郎。1871年4月任职于工部省，同年10月所在部门划归大藏省管辖，转任大藏少丞。翌年升任大藏省营缮土木寮头。1874年退官参与实业。

〔二〕枉顾：屈尊看望，称别人来访的敬辞。唐·王昌龄《灞上闲居》："轩冕无枉顾，清川照我门。"

〔三〕壹是：一概，一律，一切。《礼记·大学》："自天子以至于庶人，壹是皆以修身为本，其本乱而末治者否矣。"

九日（辛未），雨

永宁往陈福勋告由宁回，便问所有仿刻假钞一案如何着落，且曰必在本使辞沪之前审结明白，以便报销本国。福勋订以十二日十点钟在本府会审。既而回寓，又同忠道、小野往福昌洋行访刘树槐，话及欲卖铜之意。

前在天津日，因①〔一〕树滋友进京，托买书籍各物，前光等辞天津时尚未买到，树滋云："俟物到，轮便送上沪地。"此日在树槐家接树滋赠永宁来信及大木箱一只，启视之，乃虎豹皮及书籍也。其信曰：

甫亲麈教，遽唱骊歌〔二〕，未免有情，谁能遣此。比维行旌叶吉〔三〕，安抵珂乡〔四〕，引领凭云〔五〕，倾心颂祷。森如常历碌，无足告陈。前承委办各件现已购就，装成木箱一只，册页三部亦在包内。并有微②物八色，奉呈诸君及青青星使，聊以表意。惟内有挂对五付，因尚未书就，姑俟明春台驾来津再行面纳。兹奉托代印染坊绸二匹、罗一匹、绉纱五匹、小绸六匹，另单开呈，务祈印就，即于明春带下，至祷至祷。肃此布悃，敬请勋安。诸维远照，不宣。

【校记】

①因，写本作"困"，误。

②微，写本中下部作"小"，旁注"マヽ"，即原本如此。

【笺注】

〔一〕因：趁，乘。《史记·项羽本纪》："此天亡楚之时也。不如因其机而遂取之。"

〔二〕骊歌：离别时所唱的歌。逸诗有《骊驹》云："骊驹在门，仆夫具存；骊驹在路，仆夫整驾。"客人临去歌《骊驹》，后人因之称告别之歌为骊歌。

〔三〕叶吉：和协吉祥。宋·欧阳修《英宗皇帝灵驾发引祭文》："今者因山为陵，卜万世而叶吉。"

〔四〕珂乡：犹"珂里"，对别人乡里的敬称。本自《新唐书·张嘉贞传》："嘉祐，嘉贞弟。有干略……昆弟每上朝，轩盖驺导盈闾巷，时号所居坊曰'鸣珂里'。"后用以指贵人的住处。

〔五〕凭云：犹随云。本自南朝宋·谢惠连《雪赋》："凭云升降，从风飘零。"

十日（壬申），晴

刘树琳、刘树槐请前光等赴复新园晚酌，前光以病不往。黄昏永宁同忠道、丽正、政道、延长赴席。永宁便带书信，托与云洲觅便寄至天津，其漆器数件着人送交福昌。时堂中排七八桌，数十客就座，酒馔酷美所希见也。凡清俗宴朋友故旧，主客同席，所食肉菜一盆一碗相次而上，则众共箸同食，皆出莫逆之情。惟如飨高贵，每位分设，主人自把壶，初献已毕，次次上菜，小盆小碗①必每位分供，殊与平日不同，盖尽敬意也。夜深辞回寓。

此日永宁作书信寄刘树滋，其书曰：

树滋先生大人阁下：紫竹分袂，幸托福庇，二十五日安抵申浦。弟访到福昌，见贤昆玉〔一〕两君，陈以阁下厚谊之由，承许将来并为照拂一切。窃惟高门本枝岂弟〔二〕之风醇乎如此，世所罕见，愈深感佩。

顷者柳、花及弟等同游浙②甬，初八日又回沪寓，岂期〔三〕适有本国通商署员押带商铜五十余担在申,正觅销场。弟曩客居宝行时,阁下叮嘱此事匪朝伊夕[四]矣,但恨无由遽致,故不敢凭虚应承,姑约以回国倡办。而今俄尔[五]遇诸途中,正喜如大旱之得雨也。因想阁下或已有何方略预授令昆仲处,遇铜必收亦未可知,乃与品川带同该员急往福昌,探问天津令大兄处有无信嘱诸君觅买铜觔否。又展阁下日前付弟之铜价目录询之,据云洲兄云:"此事曾无信嘱前来,况今行情不到十六两之多,吾未③如之何也。来日舟发,只可将情信致大阿哥处,听其回话耳。"

弟于此时接阁下琅函[六]于云兄手,捧诵之下稔悉潭庭佳胜,时多纳吉,深慊鄙怀。复蒙远贶多珍,俱感拜领。前所冒求代购诸件④,亦蒙不弃,重海笪[七]送,业已照帐查收,种种费神之处不遑言谢。承委印⑤染之绸匹,弟已收到,当以携归命坊印就,明春纳上可也。

至于铜觔一节,闻今我国矿山日盛,可期源源接济,为此官署先运此数进口,试发一市,即须销售,今已剥来收栈。弟念阁下付托之重。已劝该员切勿散卖,以听津门回音。伊以本月廿日为限俟其回音,缘伊本月底定欲回国故耳。阁下如能及早南来,自可与伊面商将来一切事宜,若或迟至出月来沪,必先宽一极早轮便速赐回信,明晰裁定为望。又据该员云,现今我等未娴运入津门,莫如在申⑥交货为便。阁下是亦须知,虽然弟亦深信阁下必不以路人之货相视也。

柳、花、弟等订于本月十七日辞沪回国,不及亲接芝范为怅,已嘱品川接办,阁下回函即寄品川办之可也。前者阁下不纳房租,柳、花诸人终以为歉,兹呈漆物数件聊表谢悃,伏冀哂存是幸。再者,今有本国商民办来漆器,颇有其数,贵处如有销路,祈示件数,即烦代售。为此先送每样一件以便采择,一俟回示当可送出耳。专此鸣谢,并报头捷。临颖[八]不任神驰,诸冀鉴原,顺颂勋祺。

【校记】

① 碗,写本作"椀",录文统一用"碗"。
② 浙,写本作"淅",误。
③ 未,写本作"末",旁注"マヽ",误。
④ 件,写本作"仵",旁注"マヽ",误。
⑤ 印,写本初作"卯",旁注"マヽ印力"。
⑥ 申,写本作"中",误。

【笺注】

〔一〕昆玉：称人兄弟的敬词。元·关汉卿《单刀会》第四折："因将军贤昆玉无尺寸地，暂供荆州以为养军之资。"

〔二〕岂弟：亦作恺弟、恺悌，和乐平易。《诗经·小雅·蓼萧》："既见君子，孔易岂弟。"

〔三〕岂期：哪里想得到。唐·元稹《莺莺传》："岂期既见君子，而不能定情，致有自献之羞，不复明侍巾帻。"

〔四〕匪朝伊夕：不止一日。《周书·文帝纪上》："今若召悦授以内官，臣列筛东辕，匪朝伊夕。"

〔五〕俄尔：亦作俄而，不久，突然间。《庄子·大宗师》："俄而子舆有病，子祀往问之。"

〔六〕琅函：犹华翰，尊称对方的来信。清·顾炎武《答李紫澜》："春来两接琅函，著作承明，绸书金匮，自不负平生之所学。"

〔七〕筥：音[jǔ]，盛物的圆形竹筐或箱。《诗经·召南·采苹》："于以盛之，维筐及筥。"

〔八〕临颖：犹临笔，常用于书信。《颜氏家藏尺牍·王曰高》："小刻奉览，临颖神驰。"

十一日（癸酉），晴①

【校记】

①写本此日有目无文。

十二日（甲戌），晴

十点钟前光同永宁、忠道、延长往会审衙门，陈福勋吊①出在狱钞犯吴吉甫（上海人）、曹阿毛（上海人）、张荣昶（宁波人）、李子根（苏州人）到案，公同审结。福勋执笔，案略曰：

> 查②李子根之钞票一百张得于张复生之手，而张复生又由洋人孟打处取来，孟打系白耳旗国〔一〕人，据其所称亦无来历，无由再追，且严讯数堂，口供前后如一，尚在可原之列。
>
> 查曹阿毛系经卖吴吉甫所藏刻板之人，镌刻虽与曹阿毛无涉③，然察其情恐与是吴吉甫串卖钞。讯系得于张荣昶，即外国裁缝店张复生之手。质之张复生，坚称实由无约之白耳旗国人孟打处字纸堆内带来，经李子根取去两张，余已烧毁无存。业经贵权大佑等同张复生前赴白耳旗国公

寓，会同该国官讯，据孟打供称，伊处曾有字纸交与张复生烧毁，并提讯数堂，供词如一，均有心串卖，情尚可原。

而贵权大佑并柳原权大丞等均谓，私刻钞票，若照日本国例，其罪甚重，应将吴吉甫、曹阿毛严行治罪，以期咸使闻知，可儆将来等因，本分府因思，吴吉甫等均系华民，不知此为违禁之物，只图④获利，刊刻时尚无规避情形，较之有意私刻者有⑤别，自应量从末减〔二〕，酌治杖枷〔三〕。

复与贵权大佑暨柳原权大丞等再三商酌，拟将擅刻钞板之吴吉甫予以满杖〔四〕，折责四十板，并枷号〔五〕一个月，经卖钞板之曹阿毛即曹松甫量予递减，折责二十板，枷号半个月，均期满释放；其李子根即李子忠、张复生二名管押已久，格外从宽，具结〔六〕保释〔七〕完案。一面禀明道宪，并请严行示禁，以后如再有此种案情，一经察出定即加等治罪，不稍宽贷；并请道宪檄饬上海县一体出示查禁谕令，刻字店值票必非初次，与李子根、张复生之情状较重拟。

书毕已过二点钟，陈氏为设中饮。

【校记】

① 吊，写本写若"綈"。
② 查，写本上部原写作"水"，旁注"マヽ查カ"。
③ 涉，写本作"涉"，旁注"マヽ"，即原本如此。
④ 图，写本作"冂"，疑抄录未完。
⑤ 有，写本有涂改，旁注"有カ"。

【笺注】

〔一〕白耳旗国：即土耳其。
〔二〕末减：谓从轻论罪或减刑。《左传·昭公十四年》："〔叔向〕三数叔鱼之恶，不为末减。"
〔三〕杖枷：即枷杖，谓上枷并受杖刑。清·纪昀《阅微草堂笔记·滦阳消夏录三》："官再鞫而后承，罪不过枷杖，当设策使不竟其狱，无所苦也。"
〔四〕满杖：清代刑法名，杖刑打一百下。《六部成语·刑部·满杖》："杖至百数为止，曰满杖。"
〔五〕枷号：带枷示众。元·石君宝《秋胡戏妻》第四折："着重责四十板，枷号三个月。"
〔六〕具结：旧时对官署提出表示负责保证的文件。《警世通言·金令史美婢酬秀童》："要六房中择家道殷实老成无过犯的，当堂拈阄，各吏具结申报上司。"

〔七〕保释：为被关押的刑事被告人向司法机关提供担保而准予释放。清·东轩主人《述异记》卷下："天成见盗妇色美，力为保释。"

十三日（乙亥），晴

二点钟<u>前光</u>与<u>忠道</u>、<u>丽正</u>、<u>延长</u>到美、荷、英、法、布等国领事告别，皆不遇。

陈福勋来寓，云昨所结案必须申道署定罪名。<u>前光</u>等亦与之议处置，乞将定罪惩治之结末〔一〕知照<u>忠道</u>，以为证据，<u>福勋</u>诺而去。

【笺注】

〔一〕结末：结束，结果。元·马致远《寿阳曲·洞庭秋月》："豫章城故人来也，结末了洞庭秋月。"

十四日（丙子），晴

<u>前光</u>与<u>忠道</u>、<u>丽正</u>到英国领事，不在，见副领事，告<u>忠道</u>等留沪管理本国人民之意，且曰："今我商民来①沪贸②贩者不寡，想尔后贾舶〔一〕渐以来沪，惟恐关吏以未换约或有碍难，以此昨晤道署已说③明矣④。闻税关吏务亦由贵邦人分管，愿足下修书交付<u>忠道</u>转致于海关知照，以便诸获照料。"副领事允诺。

又到法国领事告别。

三点钟<u>前光</u>、<u>永宁</u>往道署告别。又嘱以善待<u>忠道</u>，遇有本邦商民自己发船进口，必由<u>忠道</u>具单报关，一如订约国领事，<u>宗瀛</u>允诺。回路转至小东门内海防厅<u>郭阶</u>家，<u>阶</u>不在，留刺而还。

是日美国邮船"呶哟若"⑤自我国到沪，刻于十七日回东，乃令众束装。

【校记】

①来，写本作"末"，误。

②贸，写本作"贺"，误。

③说，写本作"諡"，误。

④矣，写本有涂改，旁注"矣力"。

⑤呶哟若，旁注日文假名"ニユーヨルク"（即New York）标注读音。

【笺注】

〔一〕贾舶：商船。宋·周邦彦《汴都赋》："越舲吴艚，官艘贾舶。"

十五日（丁丑），阴

刘树槐来送别，赠永宁以山楂、桂圆、巨栗、橄榄、醉蟹、火腿。

十一点钟前光、忠道、丽正往布国领事安纳克①告别。

午后陈福勋作书送忠道，乃惩治钞犯案件也。其书曰：

  大日本国通商权大佑品川忠②道开拆，同治九年闰十月十五日移。启者：前于九月二十一日，经贵权大佑暨熊翻译因访闻沪地有私刻钞票③印板情事，查系吴吉甫等刊刻，当经本分府派差饬提吴吉甫、曹阿毛等诸人，节次〔一〕会同贵权大佑等讯取各④供，均经抄送尊处备查，并将无干之人分别保释。兹于闰十月十二日，又经本分府会同贵权大佑及柳原权大丞、郑权正、熊翻译齐帮办，饬带在押⑤之吴吉甫、曹阿毛、李子根、张复生四名复加研讯，供复如前，亦已抄送各在案。本分府当查此案，起出钞票印板四块⑥，讯系南山堂刻字店主吴吉甫所刻，讯据吴吉甫乃绍兴人李姓定刻，既不能指出李姓名字，又不能指交其人，殊难凭信，是吴吉甫情罪较之曹阿毛为重。至向做刻字生意之曹阿毛，虽非刊刻钞板，惟经卖其吉甫处所藏钞板，显有串同，核其情节较之吴吉甫稍次。其文元斋⑦刻字店主李子根处所存钞票一百张，年司⑧月之人出具甘结〔二〕备案。已承贵权大佑并柳原权大丞等会商允治完案，所有起案板模已经贵权大佑等带回销毁，应毋庸议。除俟奉到道宪批示再行钞录奉达外，合将复讯定断缘由先行布请备查。顺颂台祉。

黄昏应昌槐请使员等赴同新楼饯宴。酒酣辞归，路过金桂轩观剧。戏目曰《打龙袍》《虹霓关》《黄鹤楼》《双钉记》《闹嘉兴》《祭江》《退婚》《南阳关》《趣会》。此处亦京都班也。

其⑨《双钉记》乃演淫妇偷闲⑩汉，及情密遂杀亲夫，被包龙图审明其奸情事也。当杀夫时，妇以两根长钉乘夫醉寝⑪从鼻孔中穿入致死，用水洗拭血浆⑫以为病死。及事发，龙图命检尸，仵⑬作〔三〕（检尸之小吏也）不能得其杀之痕，乃责。仵作不堪其责，归家闷坐，妻问何为而然，仵作告以故。妻云："汝检⑭尸鼻即得痕也。"仵作进禀再检尸，龙图听之，乃由鼻中拔出两钉。龙图问何以知此，仵作述⑮以实，龙图命唤伊妻。妻到，龙图赐以大锭银奖赏其贤，乃问曰："汝与今夫结发乎？再醮⑯〔四〕乎？"妇曰："是继夫也。"龙图命卒缚妇，发先夫坟而检之，果有两钉插入鼻中。此因一案而雪两冤，当时称神明焉。包龙图宋代人，名⑰拯，为龙图阁大学士。

【校记】
①安纳克，旁注日文假名"アンナクール"标注读音。
②忠，写本作"當"，旁注"マヽ忠カ"。
③票，写本作"粟"，误。
④各，写本涂抹，旁注"各カ"，即疑为"各"。
⑤押，写本涂抹，旁注"押カ"，即疑为"押"。
⑥块，写本作"槐"，误。
⑦斋，写本作"齐"，误。
⑧司，写本旁注"マヽ"，即原本如此。原本或不易辨读。
⑨其，旁注"原本虫食不明"。
⑩闲，写本作"间"，误。
⑪寝，写本上部作"穴"，旁注"マヽ寝カ"。
⑫浆，写本上部作"壯"，误。
⑬仵，旁注"マヽ"，即原本如此，誊写者存疑。
⑭检，写本作"捡"，误。同日条中以下"检"字皆误作"捡"。
⑮述，写本作"逑"，误。
⑯醮，写本作"蘸"，误。
⑰写本衍一"名"字。

【笺注】
〔一〕节次：逐次，逐一。宋·朱熹《劝农文》其一："其塍畔斜生茅草之属，亦须节次芟削，取令净尽，免费分耗土力。"
〔二〕甘结：具结保证的文书。旧日官府断案，凡被告人所写的服判文书、关系人所写的保证文书，均命本人作一情甘遵命的字据，上写花押，称为甘结。明·高明《琵琶记·义仓赈济》："左右与他取了甘结。"
〔三〕仵作：也作伍作、仵匠、忤作，旧时官府中检验死伤的差役。唐·李商隐《杂纂·恶行户》："暑月仵作。世代刼墓。行法刽子。"
〔四〕再醮：也作改醮，妇女再嫁。《北齐书·羊烈传》："烈家传素业，闺门修饰，为世所称，一门女不再醮。"

十六日（戊寅），晴

陈福勋来寓送别。

是日,本月初三日本省发来书信到。

永宁往陈福勋告别,适不在家,留刺回寓。六点钟福勋致书曰:

> 即刻劳驾,失迎为罪。弟奉道宪面谕,因有事不克〔一〕分身前来,时委弟代送吉施〔二〕,并面交各件。弟约六点钟再图一晤,此订。并颂荣〔三〕喜。

此夜忠道、丽正、延长设筵于寓中,送别也。时陈福勋承道署命,代述送别之情,并赠日前所约笔迹〔四〕楹联及《宋名臣言行录》〔五〕一部为贶。

【笺注】

〔一〕不克:不能。《诗经·齐风·南山》:"析薪如之何,匪斧不克。"

〔二〕施:给予,施舍。《玉台新咏·古诗为焦仲卿妻作》:"留待作遗施,于今无会图。"

〔三〕荣:荣归(故里)之节略,多指富贵还乡或得胜归来。高明《琵琶记》第四一齣:"你今日荣归故里、光耀祖宗,虽是他生前不能享你的禄养,死后亦得沾你的恩典。"

〔四〕笔迹:手迹,字画真迹。唐·杜甫《韦讽录事宅观曹将军画马图》:"贵戚权门得笔迹,始觉屏障生光辉。"

〔五〕《宋名臣言行录》:南宋朱熹、李幼武撰写的史学著作,共75卷,汇编了散见于文集、传记中的宋代重要人物的事迹,广泛涉及宋代政治、经济、外交、军事、文化等方面,除作为可信的史料外,也可用作后世大臣的借镜。

十七日(己卯),晴

十点钟下船,忠道、丽正、延长、昌槐送至船。十二点钟起①碇。二点钟过吴淞江。四点钟海水渐蓝,知已离杨子江口也。是夜风稍大。

【校记】

①起,写本作"趓",旁注"マヽ起カ"。

十八日(庚辰),晴

有风,船在大洋中终日摇摆。

十九日(辛巳),晴

黎明起①上舳头望,船已在五岛〔一〕前。

十二点钟抵长崎，上岸投村山某家。前光作书送与出使吉冈弘②毅、森山茂、广津弘信于朝鲜〔二〕，并寄一诗曰：……③

知事野村盛秀来访，前光曰："神代延长留在上海，须转为外务省官员，予欲白卿收之，何如？"盛秀曰："可。"即去。

夜十点钟下船。

【校记】

①起，写本作"趌"，旁注"マヽ起カ"。

②弘，写本作"弖"。同日条另一"弘"字亦作此写。

③写本该处有两行空白，未抄录诗作。

【笺注】

〔一〕五岛：五岛列岛，日本九州西海岸外的福江、久贺、奈留、若松和中通五岛以及附近众多岛屿，呈东北—西南向，属长崎县。

〔二〕1870年1月（明治二年十二月）日本外务省派佐田白茅等去朝鲜，再要求两国修好，被东莱府使郑显德拒绝，无功而返。同年10月（明治三年九月）外务省又派遣外务权少丞吉冈弘毅，偕随员森山茂、广津弘信等赴朝鲜釜山，欲再度进行复交谈判。

二十日（壬午），晴

早起船在壹岐岛〔一〕前。四点钟过赤马关。

【笺注】

〔一〕壹岐岛：位于日本九州北方玄界滩，属长崎县壹岐市，除本岛以外，还有21个附属岛屿。《古事记》中称"伊伎岛"，《三国志·魏书·东夷传》"倭人"条称"一支国"，属邪马台国。壹岐岛—对马岛之间称对马海峡，壹岐岛—九州岛之间称壹岐海峡，自古以来即是朝鲜半岛与日本九州之间的中继点。

二十一日（癸未）

早起船在南海山阳间行。五点钟入播州洋〔一〕，过和田岬〔二〕，入神户港。

前日义质致书本县大参事中山信彬〔三〕预点馆舍。甫上岸，早有天满屋某候迎，接至店中。闻大纳言〔四〕岩仓具视〔五〕、大藏卿〔六〕伊达宗城〔七〕、外务大辅寺岛宗则〔八〕在大坂〔九〕，前光作书告归。

【笺注】

〔一〕播州洋：日本濑户内海的一部分，淡路岛、播磨平原、小豆岛、四国间的海域。冈千仞《观光纪游》谓："欧人过此，嗟赏不已，曰山海秀丽，宇内无双。"

〔二〕和田岬：今兵库县神户市兵库区一地名，大阪湾内面对神户港的海岬，因读音相同也称轮田、和太。日本江户时代末期，为防备黑船来袭，胜海舟曾于1864年在此地建造和田岬炮台。

〔三〕中山信彬(1842—1884)，江户幕府末期佐贺藩士，明治时期官僚、实业家。王政复古后任堺县大参事。1870年10月—1871年12月任兵库县知事。1872年1月作为岩仓具视的随从相继访问美、欧十二国。回国后在外务省任职。后辞官转从实业。

〔四〕大纳言：日本律令制官制中的职官名，系太政官的次官，以三、四品亲王或诸王、诸臣中之正三位者充任。明治初年亦置，与左右大臣、参议等组成太政官，1871年废除。

〔五〕岩仓具视(1825—1883)，出生于京都，原姓崛河，1836年被贵族岩仓具庆收养而改姓，号对岳，幕府末期、明治初期的公卿、政治家，明治维新功臣，宫廷中倒幕势力的核心人物。明治维新后历任大纳言、右大臣，一直活跃于中枢。1871年岩仓具视带领大久保利通、木户孝允、伊藤博文等重要官员访问欧美，进行修改条约的预备谈判，并考察欧美近代国家的制度和文化以求改革之道。1873年回国后反对征韩论，努力充实内政。去世后于1884年获封公爵。

〔六〕大藏卿：日本内阁大藏省的首脑，亦称大藏大臣。近代的大藏省创立于1869年，初设时不仅主管财政、金融，而且还负责通商产业和建设等。后改称大藏相，为内阁五相(首相、外相、陆相、海相、大藏相)之一。

〔七〕伊达宗城(1818—1892)，江户后期大名、明治初期政治家。1869年任民部卿兼大藏卿，为铺设铁道向英国借款。1871年作为正使出使中国，签订《中日修好条规》，回国后被罢官。1884年华族令实施后被授予伯爵爵位。

〔八〕寺岛宗则(1832—1893)，本姓长野，后改名寺岛陶藏，通称宗则，日本幕末武士，明治维新的元勋，明治时期政治家、外交家。曾负责重大外交谈判，如处理赫斯珀里亚号事件，和清政府缔结关于琉球群岛的条约，和俄国缔结《库页岛千岛交换条约》，和朝鲜缔结《日朝修好条规》等。

〔九〕大坂：即大阪，日本古都、副都、第二大都市，大阪都市圈中心城市，近畿地区经济、文化中心。广义上的大阪指以大阪市为府厅所在地的大阪府，也指以大阪市为中心的大阪都市圈(也称近畿地方、近畿圈)。

二十二日（甲申），晴

往兵库县〔一〕厅晤中山信彬。四点钟下驿船。

【笺注】

〔一〕兵库县：日本47都道府县之一，位于本州岛中西部，为大阪都市圈的组成部分，近畿地区的中心之一，是日本唯一既临日本海又接濑户内海的县，县厅驻地为神户市。

二十三日（乙酉）

晓起船在纪洋〔一〕。十二点钟过志州洋〔二〕。申晡〔三〕入远州洋〔四〕。

【笺注】

〔一〕纪洋：日本纪州南部的海域。纪州，即古纪伊国地区，今和歌山县、三重县南部地区。

〔二〕志州洋：日本志摩半岛附近的海域。

〔三〕申晡：亦作申时、晡时，下午三点至五点。

〔四〕远州洋：日本古远州国南部海域。远州即律令国时代的远江国地区，今静冈县大井川以西地区。

二十四日（丙戌），晴

早晨过豆州海〔一〕，直入横滨，投伊势屋某家。

乘马车进京，途经川崎〔二〕，入蒲田〔三〕梅庄呼酒酌，喜。

三点钟抵外务省，见卿、辅、诸员，即呈总理衙门恭亲王书函二匣，并述清国情状，乃退。

【笺注】

〔一〕豆州海：伊豆半岛附近海域。豆州即古伊豆国，位于伊豆半岛，现属静冈县。

〔二〕川崎：日本东京都市圈的重要城市，日本著名的工业城市之一。

〔三〕蒲田：日本东京都大田区南部一地名。

二十五日（丁亥），晴

十点钟前光造〔一〕朝，见右大臣、大纳言、参议〔二〕等诸员，展恭亲王信函请呈览。即传旨亲问清国事情，前光具陈所见，三点钟乃退。

【笺注】

〔一〕造：到，去。《周礼·地官·司门》："凡四方之宾客造焉，则以告。"

〔二〕参议：日本太政官下辖的一官职，从四位。太政官起草、审议政策时采取协商方式，有左、右大臣、大纳言备天皇咨询，下设秘书官少纳言、外记和统管八省及诸国政务的事务局左、右弁官，后又增设中纳言和参议。

二十六日（戊子），晴

长崎县报送涂宗瀛所答之书，其文曰：

远隔重洋，欣批惠翰。八月十七日贵邦委员权大丞诸公辱临敝署，本道以礼款接，稍尽地主之谊，惟embarrassed多辀亵〔一〕，颇切歉怀。至预商通信事宜，非本道所敢擅议，已转请通商大臣咨呈总理各国事务衙门酌核矣。权大丞诸公即欲遄〔二〕往天津，本道未克挽留，徒增驰系〔三〕耳。泐此布复，希照不宣。

【笺注】

〔一〕辀亵：轻简亵渎。

〔二〕遄：疾速。《易·损》："已事遄往，无咎，酌损之。"

〔三〕驰系：犹驰念，想念远方的人或物。宋·苏轼《与袁彦方书》："累日欲上谒，竟未暇辱教。承足疾未平，不胜驰系。"

二十七日（己丑），晴①

【校记】

①写本此日有目无文。

二十八日（庚寅），晴①

【校记】

①写本此日有目无文。

二十九日（辛卯），晴①

【校记】

①写本此日有目无文。

十一月朔（壬辰），晴①

【校记】
①写本此日有目无文。

二日（癸巳），晴①

【校记】
①写本此日有目无文。

三日（甲午），晴

召前光及义质、永宁于朝，赏奉使之劳。赐前光以直垂①一领、金五百两。赐义质、永宁以绢各二匹、金各三百两。义质以病不朝，永宁代领赐。

此日前光传朝命，召信敦及政道于本省，赐信敦绢一匹、金二百两，政道绢一匹、金百五十两。

【校记】
①垂，写本写若"乖"，旁注"マヽ垂カ"。

七日（戊戌），晴

前光等作书谢陈福勋，其文曰：

谨呈宝蕖老先生阁下：迩惟五纹添线，六管飞灰〔一〕，伏稔荣业鼎新，嘉祺云集，曷胜欣贺。前者前光等奉使往返，道经沪上，备荷鸿施，藉能诸获妥办成功。月前二十四日船抵横滨，即日进京报缴销差，渥蒙朝廷嘉悦奖赏矣。兹回忆惩办钞犯一事，非荷仁人一片慈祥之念，未易使民有耻且格〔二〕，而安能协成两邦之好哉。老先生和蔼性成，固行其所无事〔三〕，而不啻品川、斋①藤之所尤依赖，伊〔四〕商民之在申者受泽亦不浅也。谚云"造塔到顶"〔五〕，前光等窃②望之于阁下焉。今乘鳞鸿〔六〕之便，特奉片函，藉鸣感佩，顺候迩绥〔七〕，不尽驰企〔八〕。

【校记】
①斋，写本作"齐"，误。
②窃，写本作"窃"，误。

【笺注】

〔一〕五纹添线，六管飞灰：表示冬天来到。本自唐·杜甫《小至》："刺绣五纹添弱线，吹葭六管动浮灰。"

〔二〕有耻且格：指人有知耻之心，且能自我检点而恪守正道。语本《论语·为政》："道之以德，齐之以礼，有耻且格。"

〔三〕行所无事：亦作行若无事，意为行为举止从容，不慌不忙。

〔四〕伊：发语词，无义。唐·刘知幾《史通·浮词》："伊、惟、夫、盖，发语之端也；焉、哉、矣、兮，断句之助也。去之则言语不足，加之则章句获全。"

〔五〕造塔到顶：也作"摆渡摆到江边，造塔造到塔尖"，意同"送佛送到西"等说法，谓善始善终。

〔六〕鳞鸿：犹鱼雁，指书信，信使。晋·傅咸《纸赋》："鳞鸿附便，援笔飞书。"

〔七〕绥：安泰。《荀子·儒效》："绥绥兮其有文章也，熙熙兮其乐人之臧也。"

〔八〕驰企：犹驰仰。晋·王羲之《周参军帖》："经月驰企。"

二十七日（戊午），晴

陈福勋回书至，其文曰：

迳复者：十一月十六日接展惠函，正如五色郇云〔一〕从空飞下，临风三复〔二〕，纫佩〔三〕五中〔四〕，欣谂〔五〕三位仁老先生露冕〔六〕宣猷〔七〕，星轺〔八〕返旆〔九〕，奉使荷朝廷之宠眷，言旋〔一〇〕蒙贵国之褒嘉，遐听〔一一〕之余，莫名雀忭①〔一二〕。承示前办钞犯一案，本分府推念贵国之慈爱，且思既已通商，来日方长，今日之宽其既往，正所以警彼将来，并以代仁老先生暨诸君子宣②布仁惠之心，有如是优渥者也。福勋承乏〔一三〕沪江，从公栗碌〔一四〕，薪劳如旧，无善可陈。惟幸顽③陋躯惝适，是告远怀。明岁台从〔一五〕何日重临沪上，倘捧檄〔一六〕有期，尚希先为示知，藉可再聆雅教，曷胜欣企。专泐奉贺，敬颂均绥，惟希亮察，不具。陈福勋顿启。

【校记】

①忭，写本作"抃"，误。
②宣，写本作"宜"，误。
③顽，写本作"禃"，旁注"マヽ顽力"。

【笺注】

〔一〕郇云：郇公五云体之节略，犹郇笺、朵云，参见上册八月十六日条笺注二。

〔二〕临风三复：迎风反复诵读。宋·赵蕃《次韵周钦止送别》："临风三复罢，有恨落无涯。"

〔三〕纫佩：语本《楚辞·离骚》"纫秋兰以为佩"，谓捻缀秋兰，佩带在身。后用以比喻对别人的德泽或教益铭感于心。

〔四〕五中：犹言五内，本指五脏，代指内心。《素问·阴阳类论》："五中所主，何藏最贵？"

〔五〕谂：知悉。元·戴良《跋钱舜举所临阎立本〈西域图〉》："姑志所闻如是，博雅君子，必有能谂之者。"

〔六〕露冕：官员治政有方、皇帝恩宠有加。本自晋·陈寿《益都耆旧传》："郭贺拜荆州刺史。〔汉〕明帝巡狩到南阳，特见嗟叹，赐以三公之服，黼黻旒冕，敕去幨露冕，使百姓见此衣服，以彰其德。"

〔七〕宣猷：施展谋划与方略。唐·刘禹锡《上中书李相公》："运思于陶冶之间，宣猷于鱼水之际。"

〔八〕星轺：使者所乘的车，亦借指使者。唐·白居易《奉使途中戏赠张常侍》："早风吹土满长衢，驿骑星轺尽疾驱。"

〔九〕返斾：班师，返归。晋·陆机《晋平西将军孝侯周处碑》："潜光阳甸，返斾吴丘。"

〔一〇〕言旋：回还。言，语首助词。《诗经·小雅·黄鸟》："言旋言归，复我邦族。"

〔一一〕遐听：遐听远闻之节略，从远处听闻，谓视听范围很远很广。本自唐·姚思廉《梁书·武帝纪中》："庶以矜隐之念，昭被四方，遐听远闻，事均亲览。"

〔一二〕雀忭：欢欣雀跃。清·魏秀仁《花月痕》第五十回："高宴三日，自大将军以至走卒，无不雀忭。"

〔一三〕承乏：补充空缺的职位，多用为在任者的谦辞。《左传·成公二年》："敢告不敏，摄官承乏。"

〔一四〕栗碌：也作栗陆、栗六，言事务忙碌。

〔一五〕台从：犹台驾。从，仆从。不敢直斥其人，故呼其仆役。清·黄轩祖《游梁琐记·裕州刀匪》："下走犯渎台从，容请降舍负荆。"

〔一六〕捧檄：也作捧檄自喜，奉命就任。典出《后汉书·刘平等传序》。唐·骆宾王《渡瓜步江》："捧檄辞幽径，鸣榔下贵洲。"

参考文献

原典

〔日〕柳原前光：《使清日记（明治三年）（上、中、下）》，东京：临时帝室编修局，1922年。

中文文献

论文

陈可畏：《应宝时与1871年的中日天津修约》，《清华大学学报（哲学社会科学版）》2010年第6期。

付玉旺：《中日1871年立约述评》，《西南交通大学学报（社会科学版）》2002年第4期。

韩东育：《日本拆解"宗藩体系"的整体设计与虚实进路——对〈中日修好条规〉的再认识》，《近代史研究》2016年第6期。

侯庆斌：《晚清上海会审公廨谳员群体与租界华洋权势变迁——以陈福勋、葛绳孝和金绍城为例》，《历史教学问题》2019年第4期。

黄荣光编选：《同治年间中日经贸交往清档》，《历史档案》2008年第2期。

李启彰：《近代中日关系的起点——1870年中日缔约交涉的检讨》，《"中研院"近代史研究所集刊》第72期，2011年6月。

罗志田：《清季科举制改革的社会影响》，《中国社会科学》1998年第4期。

米庆余、薛敬文：《一八七一年中日立约分析》，《历史档案》1982年第4期。

史桂芳：《简论近代日本人中国观的演变及其影响》，《首都师范大学学报（社会科学版）》2007年第4期。

孙洛丹：《外交文本修辞的背后：中日〈修好条规〉考论》，《清华大学学报（哲学社会科学版）》2010年第2期。

孙洛丹：《作为话语实践的中日〈修好条规〉》，《外国问题研究》2020年第4期。

王魁喜：《近代中日关系的开端——从一八七一年〈中日修好条规〉谈起》，《东北师大学报（哲学社会科学版）》1981年第1期。

严绍璗：《20世纪日本人的中国观》，《岱宗学刊》1999年第2期。

严绍璗：《战后60年日本人的中国观》，《日本研究》2005年第3期。

叶伟敏：《1870年的中日交涉——以总署大臣历届办法的运用为中心》，《云南社会科学》2006年第1期。

〔日〕横山宏章：《1862年日本人眼中的上海——长崎派遣船"千岁丸"随员们的中国观》，《档案春秋》2004年第6期。

著作

陈诗启：《中国近代海关史》，北京：人民出版社，2002年。

陈寅恪：《陈寅恪集 隋唐制度渊源略论稿·唐代政治史述论稿（第二版）》，北京：生活·读书·新知三联书店，2009年。

邓小南：《祖宗之法：北宋前期政治述略（修订版）》，北京：生活·读书·新知三联书店，2014年。

冯天瑜：《"千岁丸"上海行——日本人1862年的中国观察》，北京：商务印书馆，2001年。

葛剑雄、侯杨方、张根福：《人口与中国的现代化》，上海：学林出版社，1999年。

葛兆光：《古代中国的历史、思想与宗教》，北京：北京师范大学出版社，2006年。

顾廷龙，戴逸主编：《李鸿章全集4》，合肥：安徽教育出版社，2008年。

顾廷龙，戴逸主编：《李鸿章全集5》，合肥：安徽教育出版社，2008年。

贾桢等编：《筹办夷务始末（咸丰朝）（八）》，北京：中华书局，1979年。

蒯世勋等编著：《上海公共租界史稿》，上海：上海人民出版社，1980年。

李廷举、吉田忠主编：《中日文化交流史大系·科技卷》，杭州：浙江人民出版社，1996年。

刘建辉：《魔都上海：日本知识人的"近代"体验》，甘慧杰译，南京：凤凰出版社，2023年。

茅海建：《天朝的崩溃：鸦片战争再研究（修订版）》，北京：生活·读书·新知三联书店，2014年。

钱穆：《中国历代政治得失》，北京：生活·读书·新知三联书店，2001年。

汤志均主编：《近代上海大事记》，上海：上海辞书出版社，1989年。

汪荣祖：《从传统中求变——晚清思想史研究》，南昌：百花洲文艺出版社，2002年。

王芸生编著：《六十年来中国与日本：由一八七一年同治订约至一九三一年九一八事变（第1卷）》，北京：生活·读书·新知三联书店，2005年 。

萧公权：《中国政治思想史》，北京：新星出版社，2005年。

萧公权：《康有为思想研究》，汪荣祖译，北京：新星出版社，2005年。

熊月之：《西学东渐与晚清社会》，上海：上海人民出版社，1994年。

徐洪兴等主编：《东亚的王权与政治思想》，上海：复旦大学出版社，2009年。

刘岳兵：《近代以来日本的中国观 （第三卷，1840—1895）》，南京：江苏人民出版社，2012年。

杨联陞：《国史探微》，北京：新星出版社，2005年。

杨湘钧：《帝国之鞭与寡头之链：上海会审公廨权力关系变迁研究》，北京：北京大学出版社，2006年。

余英时：《现代危机与思想人物》，北京：生活·读书·新知三联书店，2005年。

张京媛主编：《新历史主义与文学批评》，北京：北京大学出版社，1993年。

中华书局编辑部、李书源整理：《筹办夷务始末（同治朝）（一）》，北京：中华书局，2008年。

中华书局编辑部、李书源整理：《筹办夷务始末（同治朝）（八）》，北京：中华书局，2008年。

周育民：《晚清财政与社会变迁》，上海：上海人民出版社，2000年。

〔美〕艾尔曼：《从理学到朴学：中华帝国晚期思想与社会变化面面观》，赵刚译，南京：江苏人民出版社，1995年。

〔法〕白吉尔：《上海史：走向现代之路》，王菊、赵念国译，上海：上海社会科学院出版社，2005年。

〔日〕高纲博文、陈祖恩主编：《日本侨民在上海（1870—1945）》，上海：上海辞书出版社，2000年。

〔美〕海登·怀特：《后现代历史叙事学》，陈永国、张万娟译，北京：中国社会科学出版社，2003年。

〔美〕芮玛丽：《同治中兴：中国保守主义的最后抵抗（1862—1874）》，房德邻等译，北京：中国社会科学出版社，2002年。

〔日〕狭间直树：《日本早期的亚洲主义》，张雯译，北京：北京大学出版社，2017年。

〔英〕亚当·斯密：《国富论》，郭大力、王亚南译，北京：商务印书馆，2015年。

〔日〕野村浩一：《近代日本的中国认识》，张学锋译，南京：江苏人民出版社，2014年。

〔日〕伊原泽周：《从"笔谈外交"到"以史为鉴"——中日近代关系式探研》，北京：中华书局，2003年。

〔日〕佐藤三郎：《近代中日交涉史研究》，徐静波、李建云译，上海：上海人民出版社，2013年。

〔美〕周策纵：《五四运动：现代中国的思想革命》，周子平等译，南京：江苏人民出版社，1999年。

〔美〕周锡瑞：《义和团运动的起源》，张俊义、王栋译，南京：江苏人民出版社，2021年。

日文文献

論文

薄培林「東アジア国際秩序の変容における対日新関係の摸索――日清修好条規交渉時の清朝官僚の『聯日』論」、『法政研究』第72巻第4号、2006年3月。

長井純市「日清修好条規締結交渉と柳原前光」、『日本歴史』第475号、1987年12月。

藤村道生「明治初年におけるアジア政策の修正と中国――日清修好条規草案の検討」、『名古屋大学文学部研究論集』(44)、1967年3月。

森田吉彦「幕末維新期の対清政策と日清修好条規」、『国際政治』第139号、2004年11月。

安井達弥「日清修好条規締結の外交過程」、『学習院大学法学部研究年報』通号12、1977年。

著作

外務省調査部編『大日本外交文書』第三巻、東京：日本国際協会、1938年。

外務省編『日本外交年表並主要文書』(1-2巻)、東京：原書房、2007年。

小島晋治監修『幕末明治中国見聞録集成』第1,11巻、東京：ゆまに書房、1997年。

坂野正高『近代中国外交史研究』、東京：岩波書店、1970年。

佐々木揚『清末中国における日本観と西洋観』、東京：東京大学出版会、2000年。

藤村道生『日清戦争前後のアジア政策』、東京：岩波書店、1995年。

彭沢周『明治初期日韓清関係の研究』、東京：塙書房、1969年。

松沢弘陽『近代日本の形成と西洋経験』、東京：岩波書店、1993年。

英文文献

Burks, Ardath W., ed., *The Modernizers: Overseas Students, Foreign Employees and Meiji Japan*, Boulder & London: Westview Press, 1985.

Chamberlain, Basil Hall, *Things Japanese, Being Notes on Various Subjects Connected with Japan*, London: Kegan Paul, Trench, Trübner & Co., 1890.

Hearn, Lafcadio, *Japan: An Attempt at Interpretation*, New York: Grosset & Dunlap, 1906.

Reischauer, Edwin O., *Japan: Past and Present*, New York: Alfred A. Knopf, 1946.

Thompson, Richard Austin, *The Yellow Peril: 1890-1924*, New York: Arno Press Inc., 1978.

The Cambridge History of Japan, Vols. 1-6, Cambridge: Cambridge University Press, 1988.

附录：《使清日记》写本书影

《使清日记（上）》写本封面

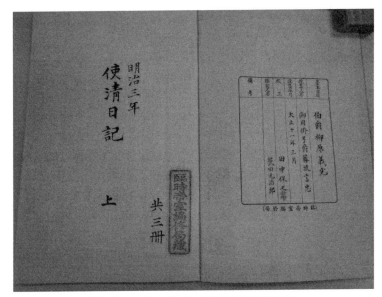

《使清日记（上）》写本扉页与版本信息页

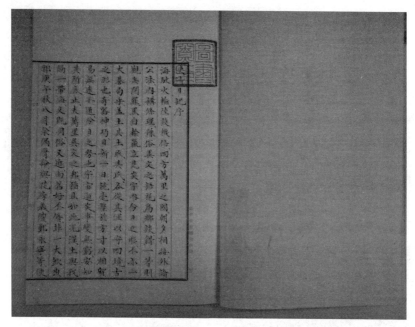

《使清日记序》第一叶

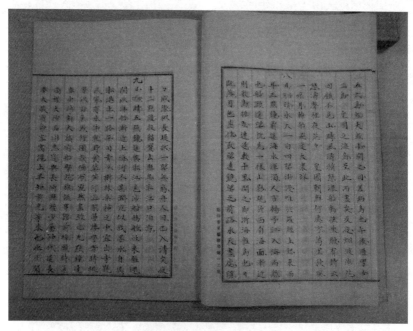

《使清日记（上）》正文第六叶
记柳原前光等初到上海船上所见

附录：《使清日记》写本书影　307

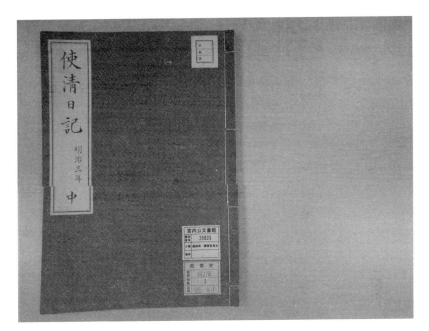

《使清日记（中）》写本封面

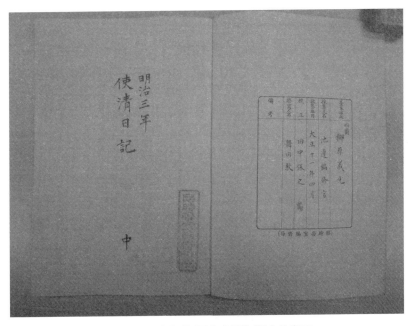

《使清日记（中）》写本扉页与版本信息页

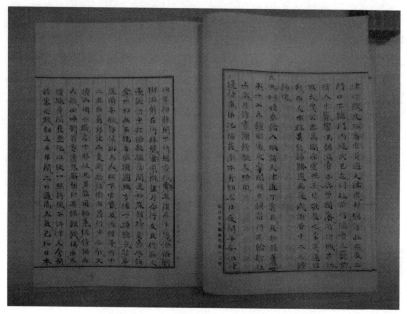

《使清日记(中)》写本正文第十一叶
右页记柳原前光等拜会李鸿章、丁寿昌、萧世本事

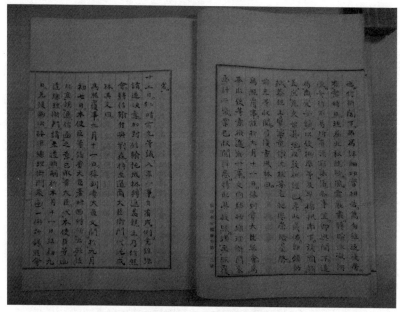

《使清日记(中)》写本正文第十八叶
录总理衙门致成林书信;柳原前光复成林照会与书信

附录：《使清日记》写本书影　309

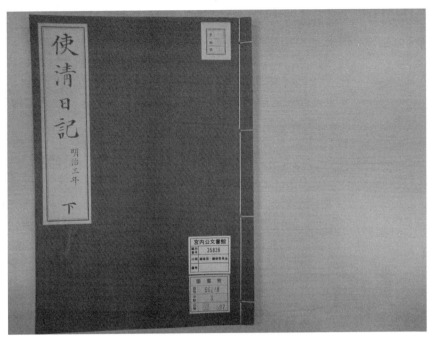

《使清日记（下）》写本封面

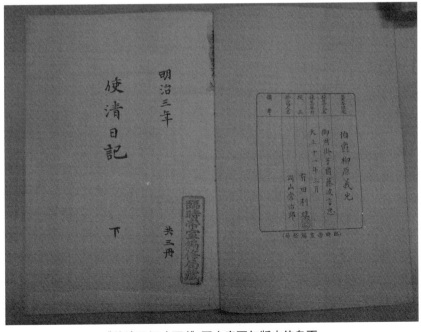

《使清日记（下）》写本扉页与版本信息页

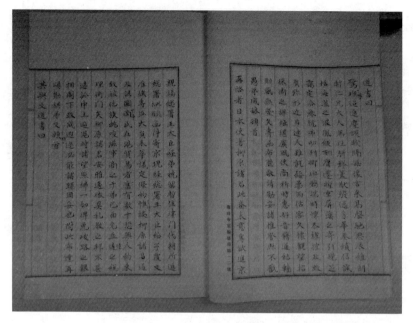

《使清日记(下)》写本正文第十四叶
录成林致涂宗瀛书信

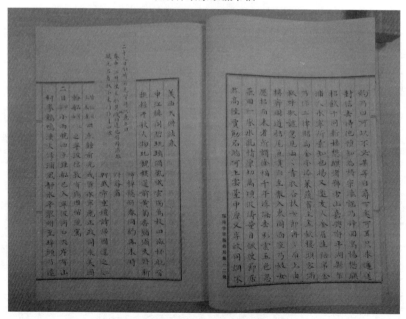

《使清日记(下)》写本正文第三十叶
左页覆以白纸,增补二十九日内容

后　记

　　2018—2020年入学随我读书的三届六位研究生分别来自四个本科专业，为兼顾同学们的知识背景和语言基础，我们每周一次的师生读书会选定柳原前光《使清日记》为阅读材料，参与者都有程度不等的心得和收获，而我三个学期的读书会成果就是这本《柳原前光〈使清日记〉研究与校注》。

　　读书会先从识读、录文入手，对日记中涉及的重要人物、节点事件展开追踪调查，辅以更广阔的社会语境考察。当我在微观层面追问具体文句的意蕴时，对部分诗文用典出处和难解字词随手做了一些笺注，锱铢积累竟也有了一定篇幅，后发展为本书"校注篇"。无论是参加读书会的同学还是先行研究大都倾向于将《使清日记》视作"信史"式的文献，我则更强调日记作为文学的一面，从赋予言说以意义的文学性研读入手，从文学"发生学"角度考量日记文本的生成机制，参加读书会的老师和同学都颇为赞同。这成为本书"研究篇"的逻辑主线。

　　参加读书会的师生盛时有近二十人，陈小法教授、张新朋教授和谢咏老师持续参加了一学期，王伟瑛、宋来伟、刘菁、刘云佳、朱冰清和张婷诸君是最积极参与的同学。感谢老师们、同学们对我历次分享和口头发表的辩难、纠偏和补充。

　　饮水当思源，我对文学发生学的点滴理解皆来自业师严绍璗先生的耳提面命，先生2022年仙逝，我对先生的怀念与日俱增。感谢天津师范大学王晓平先生，王先生在获悉我正从事这方面研究后，第一时间向我分享文献校雠"宝典"，引我思索如何平衡可观与致远。感谢研究期间曾多次请教过的中国海洋大学修斌教授和北京语言大学周阅教授。感谢中国科学院自然科学史研究所孙显斌研究员，有几次我断句拿不准，显斌兄不仅自己帮我推敲，还向更多同好咨询，汇总各家意见反馈给我。

　　感谢国家社科基金后期资助项目五位不具名的评审专家，每一位都给出了切中肯綮的学术评价和高屋建瓴的修改意见。感谢《汉学研究》《东亚学》《国际中国学论丛》和《中国海洋大学学报》刊发本书部分章节，各位主编、责编和外审专家都给出了极具价值的修改建议，对我完善全书很有启发。

感谢北京大学出版社张冰编审多年来不遗余力的奖掖提携,令我研究中少了很多后顾之忧。感谢责任编辑兰婷老师的温婉细腻和精益求精,我每校对一稿都大量修改一定给她增添了不少负担。

最后,本书如在事实方面或阐释角度存在任何舛错悉由本人负责,并期待方家批评指正。

聂友军
2023年10月8日